# 沿边跨境经济合作区
# 人力资源优化配置研究

## ——以云南省为例

田静 等◎著

人民出版社

# 目　录

# 前　言

　　跨境经济合作对于维护边境稳定、联通两国经济、促进本地区及拉动其他地区社会经济发展、造福两国人民都起到了极为重要的作用。跨境经济合作区是伴随着经济全球化、区域经济一体化（也称区域经济集团化）的发展而发展的。1958 年，荷兰—德国边境出现了"Euregio"的模式，即两国边境的上莱茵河地区或康斯坦茨湖地区合作区。从 1971 年起，欧洲边境地区协会（the Association of European Border Regions，AEBR）开始致力于跨境合作的积极推广，使得跨境经济合作区在欧洲大量出现。"北美自由贸易区""东盟""东非共同市场""加勒比共同体"等区域经济集团中的一些国家也逐步开展跨境经济合作区的实践。20 世纪 90 年代我国开始提出边境经济合作的构想。1992 年，中央政府提出开放沿边的 14 个市、镇，并对应成立包括云南省的瑞丽、畹町、河口在内的 14 个边境经济合作区。2011 年、2013 年，国务院又批准设立了新疆吉木乃边境经济合作区和云南省临沧边境经济合作区，至此，经国务院批准的边境经济合作区共 18 个。云南省建成 4 个国家级边境经济合作区（瑞丽、畹町、河口、临沧）。2013 年 9 月和 10 月，习近平总书记先后提出了建设"新丝绸之路经济带"和"21 世纪海上丝绸之路"的战略构想（以下简称"一带一路"）。2015 年 10 月 26 日至 29 日，党的十八届五中全会举行，会议提出"完善对外开放战略布局……提高边境经济合作区、跨境经济合作区发展水平"。可以看出，在沿边开放的探索中，我国遵循了一条"边境经济合作区—跨境经济合作区"的发展路径，以突破国家边界效应影响，实现"边境—跨边境""点—线—片"的空间联动，而跨境经济合作区战略也必将随着"一带一路"倡议的实施得到落实和发展。在国家有关部委和地方政府的积极推动下，中国瑞丽—缅甸木姐、中国磨憨—老挝磨丁、中国河口—越南老街三个跨境经济合作区和缅甸皎漂、密支那，老挝万象三个境外经济合作区建设全面推进。红河综合保税区也正式获批，成为云南省首个综合保税区。同时，云南依托各类园区，连点成线、织线成面，逐步形成了四条经济走廊和数个经济合作聚集区的雏形。跨境经济合作区的建设有利于深化次区域经济合作，提升边境地区对外开放程度和边境贸易水平，促进地区经济的可持续发展。云南与缅甸、老挝、越南接壤，和泰国互为近邻，与周边国家山同脉、水同源，是中国跨境民族最多的省份之一，共有 17 个民族跨国而居，这使得云南的跨境经济合作区建设具有了天然的优势，同时也对云南跨境人力资源的优化配置提出了要求。跨境经济合作区建设不仅需要大量的人力资源作为支撑，同时也对人口的文化素质、专业技术人才的数量、人力资源结构、人力资源产业分布和行业分布等提出了要求。因此，深入实地调查研究跨境经济合作区人力资源供需形势、特点、优劣势等，提出相应的开发利用、合理配置策略，加快形成人力资源优先发展的战略布局，是云南跨境经济合作区建设的一大基础性工程。

2016 年，国家社会科学基金西部项目"云南跨境经济合作区人力资源供需形势与优化配置研究"立项。2017 年，我们在前期资料研究的基础上开展了对瑞丽跨境经济合作区、畹町镇、勐腊跨境经济合作区、磨憨镇、河口跨境经济合作区的调研，调研单位涉及县、市统计局、教育局、人力资源和社会保障局、商务和工业信息化局、口岸、企业、职业高级中学等，乡镇调研除政府机构外，还走访了村民、学校、村图书屋等（发放问卷、访谈等）。在调研的基础上完成了瑞丽、畹町、勐腊、磨憨、河口的调研报告。2018—2020 年，我们多次到勐腊、瑞丽、河口相关单位及跨境区进行调研，调研内容更为深入，涉及跨境流动人口就业与培训、职业教育、幼儿双语教育以及跨境企业订单式人才培养等方面，这些调查均设计了相关问卷及访谈提纲。同时，项目组不仅对与云南合作建设跨境区的越南、老挝、缅甸开展了相关研究，还对欧盟、美国、英国人力资源优化进行了研究，在此基础上对研究结论进行了不断完善。

　　本书主要内容如下：

　　第一章，沿边跨境经济合作区人力资源优化配置的理论研究。主要从人力资源优化配置的内涵，人力资源优化配置促进沿边跨境经济合作区可持续发展的理论依据，沿边跨境人力资源优化配置的基本理念、系统框架等方面进行探究，由于沿边跨境经济合作区地理位置的独特性和人力资源构成的特殊性，在研究人力资源优化配置的基本问题时考虑到了人口境内境外流动、区域产业结构优化升级、人力资本协同提升等因素，为后续研究提供了思想引领和理论基础。

　　第二章，云南沿边跨境经济合作区概况。首先，对跨境经济合作形成的原因、作用，跨境经济合作区的概念与特点、模式及影响因素进行理论挖掘，探讨其内在机理。其次，对云南与周边三国（缅甸、越南、老挝）的交流与合作进行研究，着重探讨了缅甸、越南、老挝社会经济、教育（包括华文教育）等的发展状况，并对云南与周边三国交流与合作的历史、跨境民族、边境贸易状况进行研究。最后，对云南三个沿边跨境经济合作区的建设情况如建设过程、布局、定位等进行研究。这一研究为后续的实证研究做了铺垫。

　　第三章，云南沿边跨境经济合作区人力资源状况与产业格局。遵循调查研究、分析现状、把握问题的原则，首先，从人力资源的总量状况、结构特征如文化层次结构和民族结构等方面进行分析。其次，对三个沿边跨境经济合作区的第一产业、第二产业、第三产业（简称"三产"）的发展、结构、特色进行研究。最后，从城乡结构、产业结构、经济类型等方面对三个沿边跨境经济合作区人力资源配置现状进行调查分析。

　　第四章，欧盟、美国和英国人力资源优化配置的经验与启示。主要从市场理论、政府理论、国际关系理论等多个视角对欧盟、美国和英国的人力资源的配置情况、开发状况等进行分析。

　　第五章，云南沿边跨境经济合作区人口流动与区域人力资源优化配置。对相关政府部门的调查及对流动人口的访谈等采用由上至下、由下至上双向互动的方法，基于推拉理论等对云南沿边跨境经济合作区人口流动的动因进行探讨，对城乡流动、外籍人口流动、基于留学深造的人口流动等情况进行分析，明确存在的问题，提出优化配置的策略。

第六章，云南沿边跨境经济合作区产业结构变动与人力资源优化配置。主要采用霍夫曼定理、产业结构偏离度等理论分析云南沿边跨境经济合作区产业结构的变动与存在的问题，并从产业结构与人力资源结构协调发展的角度，提出如下策略：优先发展教育，奠定产业结构优化的基础；促进劳动力转移，推动产业结构优化升级；大力引进高层次人才，加快产业结构优化升级；优化产业结构，促进产业结构和就业结构协调发展。

第七章，云南沿边跨境经济合作区人力资源调查个案研究。主要涉及勐腊县磨憨镇农村人力资源现状和职业教育对策研究、云南畹町镇农村人力资源开发策略研究、云南边境民族地区中等职业教育国际化发展个案研究。

第八章，云南沿边跨境经济合作区人力资本优化的对策研究。这一研究是根据新时期沿边跨境经济合作区社会经济环境变化状况作出的针对性探讨，目的在于推动人力资源优化实践创新的总体框架和理想愿景的勾勒。因此，本章对人力资本优化的基本原则、战略目标、实施重点、实现路径、策略等进行了具体构建和设计。

第九章，云南沿边跨境经济合作区人力资源合理配置的对策研究。在对云南沿边跨境经济合作区人力资源合理配置的基本目标、原则、模式的选择，人力资源宏观、微观合理配置的思路和策略构架等研究的基础上，提出人力资源合理配置的相关对策。

本书对云南沿边跨境经济合作区人力资源状况进行调查研究，有针对性地提出优化配置的对策，既有利于为政府制定人力资源政策提供科学依据，为沿边跨境经济合作区建设提供智力支持和人才保障，也有利于构建云南边境地缘安全体系，共筑人类命运共同体。对云南周边三国发展状况及与我国合作交流情况的分析，对欧盟、美国、英国人力资源优化配置的研究，以及对云南沿边跨境经济合作区流动人口、农村人力资源开发、教育状况等的探究与揭示，为实现人力资源优化配置提供了理论和实证前提。探索沿边跨境经济合作区建设中人力资源供需形势及优化配置的理论架构及系统策略，丰富和发展了人力资源的理论体系，对人力资源规划工作具有一定的借鉴意义和咨询价值。

# 第一章　沿边跨境经济合作区人力资源优化配置的理论研究

## 第一节　人力资源优化配置的内涵

### 一、人力资源的基本内容

#### （一）人力资源的概念

目前通识的"人力资源"概念是彼得·德鲁克提出的，他认为人力资源是一种特殊的资源，需要通过一定的激励制度才能开发和利用，是能为企业带来直观经济效益的资源。此外，还有很多学者对人力资源进行了不同的理解及阐述。人力资源通常也称为劳动资源或劳动力资源，指的是可被作为生产要素投入到社会经济生活中、具有生产劳动能力的人的总称。人力资源的数量和质量能具体反映出某个国家或某个地区总量人口中已有的劳动力。从历史的角度看，先有人力资本理论，后有人力资源理论。人力资本理论是人力资源理论的基础和重点，人力资本强调投资付出的代价及其回报，而人力资源强调其形成、开发、利用、配置和管理等多种规律和形式。人口资源与人力资源也有一定的区别，人口资源反映的是一个区域人口的总体数量等特征，而人力资源则会对人口质量、结构等方面有更为清晰的认识，能够反映出人力对区域发展的推动与创新作用，即在一个区域内人力资源越丰富，说明该区域经济发展的潜力越巨大，在一定程度上可以认为人口资源包含人力资源。

（二）人力资源的特点

人所具有的创造禀赋使人力资源成为生产力中的活跃因素，也使人力资源的优化具有了无限的可能。人力资源和其他资源有所不同，对人力资源进行优化配置要遵循其特有的规律和特点。当前世界经济飞速发展，各国注重人才以及对人才能力的培养和发展，因为这影响着各个国家综合国力的竞争。在国家核心竞争力和综合国力竞争的过程中，人力资源成为重要的一部分。

1. 人力资源兼具生物性和社会性

人力资源依附于人这一个体之中，是具有生命的鲜活资源，并且和人的自然生理特征相关联，因此对于人力资源的研究要结合人的自然属性和生理特征进行。另外，从宏观的角度来看，人力资源总是与一系列的社会活动相联系，即人力资源的形成、配置、开发等。人力资源的形成依赖于社会，人力资源的配置需要通过社会，人力资源的使用要置于整个社会劳动分工体系中。

2. 人力资源具有流动性

现代化的必要条件之一是人的自由流动。在古代，由于人身依附的关系，大多数劳动者对自身的劳动力没有自由支配的权利。随着时代的变迁，劳动者对自身的劳动力有了支配权。人力资源的流动性表现为：首先，在社会经济发展的状况下，人力资源流动会呈现出一种趋势，即由第一产业流动至第二、第三产业；其次，由于科学、技术的迅猛发展，新的知识、岗位、技术不断地涌现出来，导致原有的人力资源被能够胜任新岗位和新工种的人力资源所替代；最后，随着技术的进步和科技的发展，劳动生产率快速提升，生产中的单位、企业需要投入的人力资源就相对减少，这迫使一部分人力资源从原有的岗位和企业中流出。

3. 人力资源具有可再生性

一般资源可分为非再生与再生资源。非再生资源（如矿产资源等部分自然资源）本身不可再生，随着消耗量的增加，总量会不断减少。再生资源则是指在一定的环境条件下，资源可以不断生长和繁殖。人类通过繁衍来实现人口生产，所以人力资源是可再生的。从个体来说，在劳动中，人力资源的劳动力会有所消耗，但是通过一定时间的休息和能量的补充，劳动能力又会恢复；

从总体来看，人类始终处于一个不断繁衍的状态，人力资源会不断地产生，并且利用生产资料创造出社会的物质财富与精神财富来促进社会的发展。

4.人力资源具有时限性

人力资源与其他资源有所不同，不能够长时间储存。人力资源的智力和体力并不会一直保持最佳状态，会随着年龄的增长而有所下降。因而，要及时运用青壮年劳动力的智力和体力。此外，劳动者的知识技能水平也会影响其产出，要及时开发利用。劳动年龄人口可作如下划分：15 至 29 岁，为青年劳动力；30 至 44 岁，为中年劳动力；45 至 59 岁或 64 岁，为年长劳动力。在所有的流动人口中，年长劳动力所占比重低于 12% 称为青年型，高于 15% 则称为老年型。[①] 我国目前将劳动年龄人口界定为 16 至 60 岁的男子和 16 至 55 岁的女子的人口总量。[②]

（三）人力资源的结构

人力资源的结构大致可以从以下三个方面进行分析：自然机构、社会结构以及经济结构。

1.自然结构

人力资源的自然结构主要包括劳动人口的年龄、性别、种族等。年龄结构是指各个不同年龄段的劳动力在总劳动力中所占的比率。从总体的情况来看，适龄劳动力所占比重较大有利于促进社会经济的发展。反之，如其所占比重较小，会导致人才匮乏，进而影响社会经济的发展。在性别结构方面，由于男、女在生理方面存在的差异，导致他们所从事的职业有所不同。男性劳动人口有较强的劳动力，适应能力强，受家庭事务的影响较女性小，流动受限较少。而女性则相对来说受限较多，但是女性劳动人口具有一些先天优势，比如更多从事教育、医学、语言等工作。综上所述，人力资源的自然结构会对其供给、使用和优化配置造成影响。

2.社会结构

人力资源的社会结构主要涉及人力资源的教育、职业、文化及宗教等方

---

① 袁志刚、封进、张红：《城市劳动力供求与外来劳动力就业政策研究——上海的例证及启示》，《复旦学报》(社会科学版)2005 年第 5 期。

② 吴忠观主编：《人口科学辞典》，西南财经大学出版社 1997 年版。

面。其中最重要的是教育和职业。在人力资源的教育结构方面，一个国家或区域，社会经济越发达，所需的高素质、高学历的人力资源数量就越多，但需考虑社会发展的实际情况和现有的生产力水平，不能够简单地认为高素质、高学历的人力资源数量足够多就会促进社会经济的发展。不同的职业存在很大的差异，主要表现在劳动环境、劳动对象、劳动条件、劳动内容及方法等方面，因此，出现了职业分类，随之也出现了人们对不同职业的选择及社会评价。一旦高素质、高学历的人力资源超过现实社会经济发展的客观需求，一部分人力资源就不能发挥应有的作用，如果从事与其素质、能力不符的工作，会降低其利用效率，违背相关经济原则，只有适宜的比率才有助于社会经济的发展。

3. 经济结构

经济结构主要涉及区域、不同产业、城市农村、工作分工等方面。其中，产业结构与城乡结构较为有代表性。人力资源的产业结构主要指分布在国民经济各产业、各部门的劳动力状况，可体现出国家或区域经济发展的实际状况，也能够从中看出人力资源使用的分布状态。2018年国家统计局《关于修订〈三次产业划分规定（2012）〉的通知》明确了三次产业的范围：第一产业是指农、林、牧、渔业（不含农、林、牧、渔服务业）；第二产业是指采矿业（不含开采辅助活动），制造业（不含金属制品、机械和设备修理业），电力、热力、燃气及水生产和供应业，建筑业；第三产业即指服务业（除第一产业和第二产业以外的其他行业）。当前世界经济发展迅猛，产业结构的调整和转移是大势所趋。促使第一产业劳动力转移至二、三产业，一是推动农村劳动力转移至大中型城市，二是人力资源留在当地就业或流动至小城镇就业。第二产业的人力资源就业情况与工业部门的发展息息相关，工业部门发展越快，就业比例就越高，但是当比例达到50%左右时会出现下降的情况。从目前世界各国发展的情况来看，第三产业人力资源的比例呈上升趋势，一个国家经济越发达其第三产业就业人数比重就越高。

作为人力资源经济结构不可或缺的方面——人力资源城乡结构的分析同样非常重要。人力资源的城乡结构也反映出一个国家或区域的经济发展状况。农村以第一产业为主，人力资源主要从事农业经济活动，城镇则以第二、三产业为主。平稳有序地开展城乡的经济活动主要基于充足的城市和乡村人力资源，在城乡之间流动的人力资源可以调节城市与乡村之间人力资源的分布。城乡人力资源结构发生变化一般是乡村人力资源流动至城市引起的。值得注意的是，对于乡村人力资源流动到城镇的情况，需要一定且合理化的前提，即不仅要提高农业劳动生产率，也要符合城市发展的需求。反之，如果乡村人力资源流动至城市出现过剩的情况，就会增加城市的就业压力，造成城市失业人员增加，亦可能导致乡村人力资源缺乏，从而影响城乡经济有序发展，造成人力资源的不合理使用。在研究沿边跨境经济合作区人力资源问题时，除了研究区内城乡间的人力资源流动情况，也应积极关注跨境人口的流动情况。

**二、人力资源优化配置的基本概念**

（一）人力资源优化配置的概念

在经济学理论中，配置主要是指在现有的经济体制下，社会或经济主体在生产过程中对其所拥有的各类资源及生产要素进行安排及分配。劳动力作为生产中的投入要素，需要考虑如何将其进行合理、最优化的配置。

人力资源配置可理解为在一定的区域范围内，为达到劳动力最优利用，对其进行合理分配和布置。具体从以下三方面进行理解：第一，人力资源利用最大化，最终实现人尽其才；第二，配置可从宏观与微观两个层面来进行，宏观配置主要是为了满足和促进国家的发展战略，微观配置主要是让地方人口达到最优的配置率；第三，人力资源配置和物质资源配置要相互协调，实现均衡配置，以促进人力资源更合理、有效的利用。

人力资源优化配置，就是通过如政府调控、市场作用、劳动力合理流动、人才开发等方式，把符合单位、部门、企业等发展需要的各级各类劳动力及时、合理地安排到适宜的工作岗位上，人尽其才，使之与其他资源相结合，提高生产率，最大限度地创造更多的经济效益与社会效益。①

---

① 郭绍芳：《浅论人力资源开发》，《理论探索》2005 年第 3 期。

（二）人力资源优化配置的内容

从经济角度来看，人力资源优化配置是指在生产技术、资本存量以及社会、资源环境保障情况不变的条件下，使国内生产总值（GDP 经济总产出）达到最大值时的人力资源配置；从社会角度看，应涉及劳动者个体的兴趣需要与工作岗位的适配等内容。从动态和静态方面来看，静态的优化配置是指在劳动者的人数和构成相对稳定的状况下对其进行新一轮的分配；动态的优化配置主要包括人力资源的教育和培训，从而使劳动者的素质和供给不断适应社会发展的新需求。

（三）人力资源优化配置的目的

在实际情况中，理想人力资源配置的实现是较为困难的，人力资源优化配置最终实现对生产率的提升效果也需要结合各地实际情况进行验证。经济学家结合已有模型和实际收集的数据，通过模拟分析和实证研究发现，重置要素对全要素生产率会产生极大的影响。例如，根据在中国、印度和美国制造企业收集的数据，学者谢和克尔诺提出，如果资本和劳动力能够实现完全无限制地自由流动，并且两者能够趋于最优配置状态，那么中国、印度和美国的制造业全要素生产率都会有不同程度的提高。[1] 人力资源配置优化的根本目的是更好地运用"人力"。人力资源优化配置就是要合理而充分地利用包括体力、智力、知识力、创造力和技能等方面的能力，通过一定的途径，创造良好的环境，使其与物质资源有效结合，以产生最大社会效益和经济效益。

## 第二节 人力资源优化配置促进沿边跨境经济合作区可持续发展的理论依据

### 一、人力资本理论

人力资本是附着于人身上的资本，是"非物质资本"，主要体现在劳动

---

① C. Hsieh and P. Klenow, "Misallocation and Manufacturing TFP in China and India", NBER Working Paper, No. 13290, August 2007, *Quarterly Journal of Economics*, Vol. 124, No. 4, 2009, pp. 1403–1448.

人员的知识水平、技能、健康状态等方面，可通过对其投资而得以提升。欧文·费雪在 1906 年发表的《资本的性质与收入》一文中首次提出了人力资本的概念。舒尔茨系统阐述了人力资本理论。西方人力资本理论中有关人力资本配置和流动的内容主要可以概括为以下几个方面：第一，人力资本的迁移和流动可以看作一种人力资本投资的方式，舒尔茨认为，教育、保健、在职培训和迁移是进行人力资本投资的主要方式。"好多我们称之为消费的东西，就是对人力资本的投资。直接用于教育、保健以及为了取得良好的就业机会而用于国内移民的费用，便是明显的例子。"[①] 第二，阻碍人力资本流动的各类因素会降低人力资本的投资水平。舒尔茨认为，"在职业的自由选择上存在着许多障碍。……这种人为的干扰使得这种类型的人力资本投资远低于最优水平"[②]。人力资源一旦在职业选择上受限，那人力资本投资将有可能不能获得预期的效益，进而抑制再次投资。第三，人力资本的不合理配置或者错置会导致人力资本的效率下降。"一种错置的资源就无异于配置的是一种低生产率的资源。"舒尔茨还认为，人力资本同样存在折旧问题，闲置会带来人力资本的贬值，"当劳力处于闲置状态时，人力资本便会退化"[③]。第四，人力资源的优化配置与合理流动需要依靠有效率的市场价格以及正确的人力资本的市场价格机制。"薪金即意味着价格，它们隐含着市场规律。……作为对该市场上薪金的一种反映，人们会在国家之间进行流动，因此，有些人力资源的配置是在国际范围内进行的。"有效率的市场价格的缺失是资源无效配置的重要原因，"由于缺乏有效率的价格，资源的错置便蔓延开来"[④]。现代社会的经济增长已从原始的依赖积累物质资本转向依赖科技和人力资本。人力资本要发挥促进经济增长的作用，就要充分考虑人力资本的存量和有效配置程度。人力资本存量的多少取决于对人的投资，学历教育、岗位培训、职业教育、技术推广、医疗保健等都是人力资本投资的内容。

---

① ［美］西奥多·W.舒尔茨：《论人力资本投资》，吴珠华等译，北京经济学院出版社 1990 年版，第 1、13—14 页。

② 同上书，第 13 页。

③ 同上书，第 19、13 页。

④ 同上书，第 184、191 页。

## 二、"人力资源管理与适配"理论

1984 年，迈尔斯和斯诺等学者提出了"人力资源管理与适配"理论，当时企业的总体环境和发展战略等与人力资源管理存在冲突与矛盾。迈尔斯和斯诺等学者认为，人力资源管理与企业环境和战略之间存在着紧密的"适配"关系，并对如何"适配"进行了一些理论上的探讨。[①] 后来经过舒勒、杰克逊、施奈尔等人补缺和修正，到伦格尼克·霍尔时发展为"双向适配"[②] 理论。（见图 1-1）以上理论从内容上看基本都属于定性描述，缺乏定量分析，这必然导致"单向适配"理论和"双向适配"理论缺少实际可操作性，同时，"适配"理论只讨论了单个企业，侧重于微观层面，并没有延伸拓展至宏观层面。但以此作为基础来探讨沿边跨境经济合作区的人力资源优化配置是有必要的，因为此理论涉及区域与行业的应用。

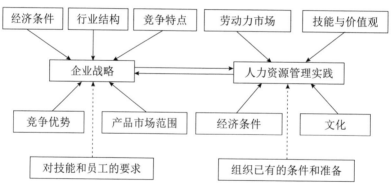

图 1-1　企业战略与人力资源管理的双向适配模型 [③]

## 三、推拉理论

在研究流动人口和移民问题时，推拉理论作为重要的理论之一被广泛使

①　衣保中、任莉：《论日本的区域经济政策及其特色》，《现代日本经济》2003 年第 5 期。

②　张弘、赵曙明：《人力资源管理理论辨析》，《中国人力资源开发》2003 年第 1 期。

③　Lengnick Hall, C. A. and Lengnick, M.L., "Strategic Human Resource Management: A Review of Literature and Proposed Typology", *Academy of Management Review*, Vol. 13, No. 3, 1988, pp. 454-470.

用。赫伯拉与米切尔分别于 1938 年和 1946 年提出、发展了这一理论。他们认为，原居住地的推力主要包括缺乏基本的生活设施、农业生产成本繁重、应对自然灾害的能力不足等，这些因素会迫使人们迁移到其他区域；同时，迁入地的拉力主要是指良好的生活环境和基础设施、充足的就业岗位和机会、较高的薪资等，这些因素吸引着人们流动到迁入地。在赫伯拉和米切尔观点的基础上，唐纳德·博格于 20 世纪 50 年代提出了更为系统化的推拉理论，他认为还需考虑个人因素的影响，即在同等的推力和拉力条件下，为什么人们的选择不同（有的人留在原居住地但有的人则选择迁入其他地方）？博格还将影响迁移的因素具体划分为两大类，即"推力"和"拉力"。他认为在市场经济条件下人口流动相对自由，人们选择流动到其他地域，主要是通过流动增加就业机会、提高薪资待遇进而提高生活条件和质量。因此，将迁入地中能够改善人们生活条件的因素称作拉力，而将流出地中不利于社会经济发展的环境、条件等称作推力。这两股力量（推力和拉力）共同促进了人口的流动。①

### 四、比较收益理论

贝克尔基于微观均衡视角，开创性地将收入分配理论同人力资本投资理论相联系进行了理论分析与研究，他指出，劳动者对自己的"人力资本投资"与其未来的个人收入之间存在着密切的联系。② 贝克尔认为，人力资本投资若要达到均衡状态，在生命周期的某一阶段，个人和单个家庭对自身人力资本的投资的边际成本应与个人和单个家庭预期利润和价值的"现值"相等。贝克尔认为，人力资本投资均衡条件需要包括以下几个方面：首先，劳动者的最优投资成本与个人年龄的增长成反比，随着个人年龄的增长，对其人力资本投资的边际成本将会逐年增加，并且劳动者能够预期的收益在逐年降低（个人生命周期的原因会导致获得投资收益的时间减少）。因此，要想最大限

---

① Donald J. Bogue, "Internal Migration", In *The Study of Population: An Inventory and Appraisal*, edited by Philip Hauser and Otis Dudley Duncan, Chicago: University of Chicago Press, 1959, pp.486–509.

② ［美］加里·S.贝克尔：《人力资本——特别是关于教育的理论与经验分析》，梁小民译，北京大学出版社 1987 年版，第 1—3 页。

度地发挥劳动者的效用价值，应在其青年时期加大人力资本的投资。其次，劳动者的人力资本折旧率与人力资本投资力度成反比。劳动者在青年时期会加大自身人力资本投资，随之其收入也会增加；中年期的劳动者，会因收入增长放缓而降低对自身的投资；老年期的劳动者处于将要退休的状态，会一再降低对自身的人力资本投资，以抵消"人力资本折旧"。最后，可以从公式 W=AH（工资率定义公式）展开分析，劳动者的工作努力程度用 A 表示，如果劳动者的努力程度不足，即 A 变小，未来劳动者的收益也会相应减少。所以对于那些期望值较低的劳动者，其对自身人力资本投资的意愿和动力不足，获得的投资收益自然就少。如果加大对这类劳动者的引导，进行合理有效的激励，会促使劳动者增大对自身相关专业领域的投资，同时也会更好地服务于用人单位。

此外，贝克尔通过研究人力资本和物质资本积累方式的特征，认为人力资本的投资回报率和人力资本存量积累呈正相关，假如劳动者对人力资本的投资回报率大于其对物质资本的投资回报率，劳动者才会对自身的人力资本进行持续的投资。贝克尔指出，人力资本投资回报率和物质资本投资回报率之间存有一均衡值 H，这一均衡值表示物质资本投资回报率等于人力资本投资回报率。假若人力资本投资回报率大于均衡值 H，人力资本投资回报率大于对物质资本进行投资的收益，劳动者自身会产生很强烈的内生动力，并进行人力资本投资，在这种情况下，区域内的人力资源存量会有较大的变化。上述观点的合理性也在一些生育率较低的发达国家得到验证。如果人力资本投资回报率小于均衡值 H，那么对人力资本投资的收益将会少于对物质资本投资的收益，这样区域内的劳动者就会缺乏内生动力，继而降低自身人力资本投资，区域内的人力资源存量就会在一个时期处在较低水平。这一观点也从一个侧面对马尔萨斯的人口陷阱理论进行了论证。由此，我们可以得出人力资本比较收益理论对沿边跨境经济合作区人力资源优化配置的启示：区域内的人力资源存量会影响一个国家或者地区的人力资本投资回报率，并且人力资本的投资收益和物质资本投资收益相对比的结果会影响该区域内人力资本的投资规模。

## 第三节 沿边跨境经济合作区人力资源优化 配置的基本理念、系统框架

**一、沿边跨境经济合作区人力资源优化配置的基本理念**

随着信息技术的迅速发展，经济全球化、政治多极化以及文化多元化不断向前推进。对于沿边跨境经济合作区人力资源的配置应该从更大的格局视域进行理解，在构建人类命运共同体的背景下，在构建周边地区命运共同体的现实视域下研究问题。以往对于沿边跨境经济合作区人力资源的研究多立足于跨境务工、跨境教育、"三非人员"① 等单一角度，本书将从整体上对沿边跨境经济合作区人力资源进行分类并调查研究。

沿边跨境经济合作区流动人口所占比重较大，其人力资源优化配置具有自身独特的特点，所以应从影响人力资源变动的直接因素和间接因素来考虑。影响人力资源变动的直接因素主要包括当地经济增长情况、投资增长情况、就业政策、人才引进政策和人力资源开发政策等。间接因素主要包括市场机制、改革开放的力度、产业结构调整的情况、科技创新程度、城市建设规划、人口政策等。由于沿边跨境经济合作区的特殊性，其人力资源优化配置应主要考虑经济增长、人口跨区域流动、产业结构转型升级、人力资本提升、市场经济、综合评价等因素。

（一）人力资源优化配置的前提条件是保持当地经济的增长

如果当地经济发展滞后，人才引进和人力资源的充分就业就无从谈起，进而会影响沿边跨境经济合作区现有设施的完善以及政策资金的支持。因此，推进沿边跨境经济合作区人力资源优化配置，应以当地经济持续增长为前提。当地经济的增长不仅可以保证充分就业，还可以创造大量的财力资本，为当地基础设施建设和产业结构转型升级提供充足的资金。当地经济的快速发展还与科技创新、对外开放、制度更新等密不可分，能从更为宽泛的视域

---

① "三非人员"指的是"非法入境、非法居留、非法就业"的人。

反映经济增长在推动人力资源优化配置过程中的作用。

（二）明晰政府与市场的职责推进市场经济发展

人口的流动有利于优化人力资源的配置，人力资源的流动又受到市场机制的影响。在进行人力资源优化配置的过程中，当地的城市发展规划、产业空间布局等能够有效促进人力资源在劳动力市场的自由流动和分布。综合评价则会对人力资源优化配置的效果起到督导和评价的作用。综合评价还可以衡量政府与市场在职责分工上是否合理，进而确定是否继续强化市场在人力资源配置中的作用以及政府是否需要增加和调整相应政策来保证人力资源得到优化配置，以上问题都需要更加深入地思考。

（三）政府出台的激励政策直接影响人力资源优化配置

人才政策和就业政策的颁布体现了政府对市场的直接干预，改革开放前国家实行计划经济体制，以政府调控为主，就业政策对人才的配置有极其重要的影响。伴随社会主义市场经济的发展，市场作用凸显，但也出现一系列的问题，如职工下岗分流、大学生就业、农村剩余劳动力转移、人才流动等，这些问题的解决需要政府发挥作用。因此，要将政府出台的就业、人才等激励政策与以市场为中心的资源配置机制相结合，才能逐步优化人力资源配置。

（四）产业结构调整变动直接影响人力资源配置结构

按照钱纳里和赛尔昆模型的研究，产业结构、就业结构一般都与当地经济发展水平相适应，在发展过程中，产业结构改变会先于就业结构，但总体来说两者基本保持一致。一旦产业结构改变，就业结构也会随之变动，产业结构的调整和变动能够优化人力资源在不同产业间的分布结构。产业结构趋于高端能够引导人力资源进行流动，并持续提升人力资源的综合素质和实践技能。

## 二、沿边跨境经济合作区人力资源优化配置的系统框架

可以将沿边跨境经济合作区人力资源优化配置看作一个系统（见图1-2），在这个系统框架中，人力资源优化配置离不开自身的变化调整，同时也离不开政府和市场等外部环境的协调互动。外部环境对于沿边跨境经济合作区人

力资源优化配置影响较大，当地的经济增长情况、政府部门的工作协调能力、基础设施建设情况、人才引进和促进就业政策、科技创新能力和产业结构状况等内外部因素都不同程度地影响着当地人力资源优化配置的进程。此外，还应考虑人口流动与人力资源优化配置的关系、人才引进和就业政策与人力资源优化配置的关系、当地劳动力市场与人力资源优化配置的关系、产业结构变动与人力资源优化配置的关系等。

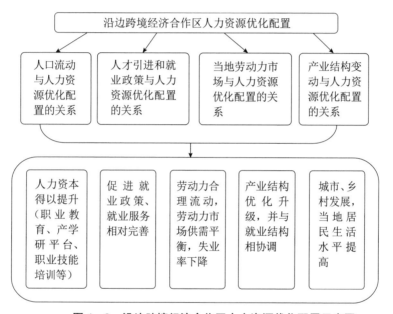

图 1-2　沿边跨境经济合作区人力资源优化配置示意图

人力资源配置与其他物质资源配置有所不同，因为人力资源有社会性、流动性和时限性。人力资源的特点决定了其有自身独特的资源配置机制，人力资源配置机制需计划配置和市场配置共同协调完成。单一的配置机制存在弊端，如市场配置机制能够体现出效率高的优势，但却带有盲目性和滞后性。在人力资源配置过程中，需要政府提供相应的政策支持和法律保障，以维护市场秩序，才能更好地提高市场配置效率。要积极促进沿边跨境经济合作区流动人口、当地人员充分就业，制定合理的人才发展政策，帮助弱势群体就业、再就业，不断提升沿边跨境经济合作区人力资源配置水平。

由于沿边跨境经济合作区地理位置的独特性和人力资源构成的特殊性，

在研究其人力资源优化配置的基本问题时应考虑人口流动、产业结构优化升级、人力资本提升、综合评价等因素的影响。还可以学习借鉴一些发达国家出台的不同政策和宝贵经验，并结合当地实际情况，推进人力资源的优化配置。

# 第二章　云南沿边跨境经济合作区概况

## 第一节　沿边跨境经济合作区的理论分析

### 一、沿边跨境经济合作区形成的原因

（一）边境与边境区位

云南位于中国大陆西南部与中南半岛（以下简称"半岛"）的交叉地带，是连接亚欧大陆腹地与中南半岛、印度洋的枢纽。云南也位于元江、澜沧江、怒江、伊洛瓦底江等的上游地带，这些河流在汇入大海之前，在半岛形成了一个巨大的水系。简单来说，云南边境区域与东南亚周边国家同根同源，同脉同江。由于历史交流的原因，云南边境大部分地区的世居民族在生活方式、经济形态、文化形态等方面均与中南半岛各国的民族基本相同或者完全相同。如今，在云南的国境线上，仍有 16 个除汉族以外的民族跨境而居。自古以来，他们互相通婚、互访亲友、互市贸易、共庆节日，进出频繁，往来密切，在语言、文化、经济活动以及心理素质等方面具有相同的特征。

（二）沿边跨境经济合作区形成的现实依据

边境地区最敏感的问题是主权与安全的问题，所以必须遵循"国家的安全与主权"这一中心原则，区域经济的发展必须建立在主权与安全的基础之上。区域经济发展离不开对核心区域各种生产要素的依赖，由于人才、资金、技术等原因，边缘地区与城市核心区之间的经济发展差距在逐渐扩大。按照

内生潜力理论分析，边境地区地处两国交界，不同国家的经济发展水平存在差距，两国可以优势互补，落后国家可以借助较发达国家的科技、政策、资金等要素，促进边境地区经济的发展。

按照边界区位理论分析，一方面，边境经济发展具有内向性，过于注重国家内部的发展，阻碍了国家之间的经济往来，在一定程度上导致资源的配置效率降低。另一方面，边境经济发展又具有外向性，边境地区为两国经济交往提供了平台，在两国的经济交往中具有独特的、天然的区位优势。在经济全球化的今天，各国之间贸易往来日益密切，贸易量也逐年增加，刺激了边境地区的过境需求，边境地区只有不断完善基础设施建设，吸引国际投资，成为跨国经济发展的集中地，才能促使边境地区从"边缘地带"向"中心地带"转变，更好地发挥边境的中介作用，最终促进经济的发展。[1]

1. 边境地区资源丰富

边境地区在气候条件、要素禀赋、接近外国市场等方面具有独特的优势，同时也存在着缺乏经济活动、生产能力闲置等问题。边境地区可以通过吸引投资等方式发挥这些优势，促进经济发展。例如，云南边境地区的气候条件有利于咖啡生产，中国政府正在积极促进该地区的咖啡种植。缅甸沿边跨境经济合作区将有助于降低运输成本，提高竞争力。因此，沿边跨境经济合作区可以通过对自身优质资源的开发，来提高边境地区资源的使用效率，推动现代工业和出口导向型经济发展。

2. 可充分利用跨境互补性资源

每个国家和地区都有优势资源，这使得两国互补性资源的进出口成为可能。在大湄公河次区域，各国经济发展差距很大，相对发达的经济体有泰国、越南与中国，仍处于初级发展阶段的经济体有柬埔寨、老挝与缅甸。沿边跨境经济合作区为不发达的经济体提供了一个通过边境经济区域参与到相邻发达国家生产网络的机遇。例如，不发达经济体可以向沿边跨境经济合作区提供廉价劳动力，进而提升就业率。

---

① 吕珂、胡列曲：《跨境经济合作区的功能》，《学习与探索》2011年第2期。

3. 可将边缘转化为核心

从本质上讲，沿边跨境经济合作区是地域相邻的国家政府推动建设的企业聚群，具有较完善的基础设施、优质的服务、良好的商业环境、有效率的监管等。从集群产业及相关产业的发展趋势来看，它们的进一步扩张，将导致该地区企业间的竞争和与其他集聚经济体的竞争，反过来会刺激研发，催生新技能和服务。边境企业可凭借密切合作、隐性知识、低通信成本和其他源于近距离产生的特色优势，加强地区对外商直接投资的吸引力，通过这种方式，加快形成产业集群，促进地方发展。

4. 公共设施成本低

由于技术、资金等各种条件的限制，不发达国家基础公共设施建设不健全。在边境地区，不发达国家的企业可以更好地利用发达邻国提供的电力、水、通信等服务设施。沿边跨境经济合作区也通过提供较优越的基础设施和服务等，提高边境地区的竞争力。

5. 市场扩张与规模经济的发展

边境地区为企业跨境扩张提供了新的机遇，同时也为消费者提供了一个更宽广和更高质量的产品及服务市场，这有利于推动边境地区的市场竞争，有利于获得新的进口资源。另外，它们同样为跨国企业创造了商业机会，跨境地区产业的发展也会推动技术和管理经验向本国企业转移，这尤其适用于中小企业，它们通常比大企业更愿意面向相邻的国家，因为它们受到比大企业更多的国际增长的内部约束，如有限的资本、管理、实践和经验。近年来，不同类型的跨境中小企业伙伴关系建立的成效已经显现出来。例如，从20世纪80年代起，中国南部各省经济的发展很大程度上得益于高效的跨境中小企业联盟和包括中国内地在内的合资企业的发展等。

6. 国际关系的和平与稳定发展

国际关系的和平与稳定发展是促进沿边跨境经济合作区形成的重要原因，政治的稳定为国家之间经济的合作提供了保证。无论是战争、革命还是政治冲突，都会严重影响地区经济的发展。伴随着经济全球化的发展，各国也积极采取有效措施促进交流合作，尤其对于经济方面的合作也有了更大的期待，这也促进了沿边跨境经济合作区的形成。

（三）沿边跨境经济合作区的作用

在全球化时代，跨境经济发展与政治合作显得日益重要。在中国政府的推动下，南北交通走廊建设步伐平稳、进展明显，这也为中越、中老与中缅的沿边跨境经济合作区建设奠定了扎实的基础。沿边跨境经济合作区也因此成为经济走廊的链接点，成为促进"一带一路"建设的重要机制。

1. 沿边跨境经济合作区对建立区域或全球产业链起着一定的作用

沿边跨境经济合作区是贸易走廊的节点，连接着中国与邻国的产地和市场，并为边界两边（尤其是中国）的资源型产业提供了粗加工产品。虽然边境经济区对建立当地经济走廊具有重要作用，但是边境经济区并不能从本质上提高边境地区的发展能力。就区域经济而言，边境经济区本身是一个国家产业链的边缘部分，依附于国内更发达的地区，它们对区域经济增长的贡献非常有限，对推动经济增长所起的作用不大。然而，与边境经济区不同的是，建立沿边跨境经济合作区的一个重要目标是培育经济增长极，以此带动区域经济的发展。因而，沿边跨境经济合作区并不是简单由边境经济区扩大或合并而成，除发挥国际经济合作的作用之外，它还能提高当地的发展能力。尤其是在建立沿边跨境经济合作区的过程中，人力资本、与产业发展相关的服务都将得到提升，其中投资服务和市场服务是重点。因此，除了区位优势与资源优势，沿边跨境经济合作区将能培育出更高级的比较优势，促进区域经济一体化发展。

2. 解决跨境产品和低成本公用物品的欠缺问题

沿边跨境经济合作区的建立可以解决跨境公共产品（如固体垃圾处理和污水处理等）和低成本公用物品（电和自来水等）不足的问题，公共产品和公用物品不足的主要原因是没有解决费用分摊问题。公共产品和公用物品的使用者分布不集中，导致投资效率低下。边境地区的发展离不开跨境公共产品的供给，在公共产品和公用物品投资上，沿边跨境经济合作区既是投资主体也是受益方，区内企业集聚也可以提高公共产品投资的效率。

3. 促进边境地区经济发展

沿边跨境经济合作区可以为当地企业融入区域或者全球产业链提供平台。它能促进产业结构优化，规避相邻国家在产业发展上的无序竞争，并促进邻国间在国际分工上的合理化与深度化。在中国与其他国家的跨境地区，企业通过向其他地方的企业提供商品而融入区域产业链。边境地区参与区域和国际劳动分工的程度由其所供应货物的种类和产品加工的深度所决定。促进边境地区参与国际劳动分工，需要引进以技术为主的企业，以增强当地产业的支撑能力，进而建立起出口加工基地。沿边跨境经济合作区吸引了国内和国外资本，有助于开发当地的优势资源，促进工业和贸易的发展，创造更多就业机会，提高地方政府和人民的收入。

4. 确保国内和国际的和平与稳定

在沿边跨境经济合作区，开放性与非歧视性是双方合作必须遵循的原则，此原则可以促进国内和国际的和平与稳定。在全球化发展的时代，各国经济联系密切，经济上的发展会影响国家在政治上的决策。由于边境地区地处国家的边界，并且大多数是本国经济比较落后的地区，安全系数不高。沿边跨境经济合作区通过在边境地区给劳动者创造更多的就业机会，可以促进边境地区的经济发展，进而保障边界的安全与稳定，实现和谐发展与民族团结。沿边跨境经济合作区还可以促进各个国家的交流，减少经济摩擦，进而促进国家之间政治的稳定。

5. 沿边跨境经济合作区可以降低"边境效应"

"边境效应"（border effect）这一概念主要用来解释边境与贸易的相关程度或者说边境对贸易的影响程度。对于距离和经济规模相同的两个地区，同一国家的两个地区之间的贸易量要明显大于不同国家的两个地区之间的贸易量。而跨境经济合作可以很好地解决"边境效应"问题，在边境地区建立经济合作区，通过双方的合作，在区内实行货物贸易、技术贸易和投资的开放政策，整合区内资源，进而提高参与方的经济发展水平，形成成熟的经济圈。也正是由于沿边跨境经济合作区在地理上的位置优势，与其他高层次的经济合作相比，具备直接、迅速、灵活性大、主权成本低的独特优势。从经济学的角度来看，跨境经济合作的实质是生产要素在这个特定区域范围内趋向自由化的流动，以此推动生产资源的有效配置以及生产效率的提高，主要体现为合作区内贸易和投资的自由化。

### 二、跨境经济合作区的概念与特点

（一）跨境经济合作区的概念

跨境经济合作区是指在两国边境附近划定特定区域，赋予该区域特殊的财政税收、投资贸易以及配套的产业政策，并对区内部分地区进行跨境海关特殊监管，吸引人流、物流、资金流、技术流、信息流等各种生产要素在此聚集，实现该区域的加快发展，进而通过辐射效应带动周边地区发展。

跨境经济合作区是两国接壤边境地区间的一种紧密合作机制，是接壤国家边境地区跨境合作的集中体现。根据边境地区对外开放的基础、特点和优势，在边境贸易和边境经济合作区发展的基础上，将海关特殊监管和营造良好产业合作政策环境结合起来，通过双边地区的对接，实现边境地区双边的充分互动和优势互补，进而带动边境地区经济的发展。跨境经济合作区不同于国内其他的特殊经济区域，明确的地理范围、特殊的管理模式、优惠的区域政策又使得其不同于一般意义上的次区域合作和跨境经济合作。

当前云南的三大跨境经济合作区主要是：

一是中国磨憨—老挝磨丁跨境经济合作区，中老跨境经济合作区包括核心区和支撑区两部分：中方核心区为国家已批准的磨憨边境经济贸易区，周边支撑区为西双版纳州；老方核心区为磨丁黄金城经济特区，周边支撑区为南塔省。合作区依托昆明—新加坡国际大通道和经济走廊建设，由口岸旅游贸易服务区、仓储物流（含铁路物流）区、保税区、替代产业加工区和综合服务区五个部分组成。

二是中国瑞丽—缅甸木姐跨境经济合作区，它是以昆明—仰光经济走廊、昆明—南亚经济走廊和传统的边境贸易供货地及目标市场为经济腹地，在瑞丽江两侧河谷地带的 600 平方千米范围内，建立的集国际经济贸易、保税仓储、进出口加工装配、国际会展、跨境金融保险服务、跨境旅游购物、跨境投资和边境社会发展事务合作于一体的综合型跨境经济合作区，也是兼顾国际物流和旅游的贸工型自由贸易区。

三是中国红河—越南老街跨境经济合作区，其启动建设较早，是当前云南配套设施最完善、条件最成熟的跨境经济合作区。它占地 130 平方千米，由 62.5 平方千米的越南老街周边的北沿海出口加工区、东新坡工业区、腾龙工业区和贵沙矿区以及以金城商贸区为主的老街口岸区和中方的 65 平方千米的红河工业园区和 2.85 平方千米的河口北山口岸区共同构建。作为河口北山口岸区的重要设施，中越红河公路大桥、口岸联检楼于 2009 年 9 月建成试运行，中国—东盟河口国际贸易中心于 2010 年 11 月建成，并成为 2010 年中越（河口）边交会的主场。

（二）跨境经济合作区的特点

当前，我国已经建立多个跨境经济合作区，跨境经济合作区并没有统一的模式，但是具有一些共同特征。

第一，跨境经济合作区是两个国家之间特殊的经济合作模式，不涉及整个国家之间的合作，其合作的地理范围仅限于相邻跨境区域。如云南建立的三个跨境经济合作区，合作的范围都仅限于特定的区域。

第二，跨境经济合作区是在相邻两国中央政府的指导下就接壤的相关区域之间的经济合作达成一致意见而形成的，这一合作模式的具体执行主体是相关地区的政府部门。接壤两国的地区政府主要负责跨境经济合作区政策以及各方面措施的具体执行，协议的签订、管理体制、管辖权限以及相关的招商引资政策等都是由两国地方政府商讨决定。相邻两国中央政府主要是统领整个大局，制定如联合声明、备忘录、框架协议等，通过这些声明、文件等表达政府对于设立跨境经济合作区的意愿并且使之付诸实践，制定相应的优惠政策，赋予特殊权限，解决一些地方政府不能解决的问题。

第三，跨境经济合作区的合作内容、范围和程度具有一定的弹性和灵活性。跨境经济合作区一般涉及贸易、投资等方面的合作，在贸易方面，主要是促进贸易的自由化，建立区域保税区。在投资方面，跨境经济合作区凭借其地理优势以及特殊权限，吸引了各种经济资源以及力量。在合作的范围上，突破贸易与投资这两大领域，扩展到跨境旅游、基础设施建设、环境保护、各类资源开发等方面。[①]

---

① 曾彦、曾令良：《跨境经济合作区的特征与法律和机制保障》，《时代法学》2012 年第 5 期。

第四，跨境经济合作区也得到一些相关国际组织的支持。如中、缅、泰、柬、越等六国共建的大湄公河次区域经济合作区得到了亚洲开发银行的支持，中越跨境经济合作区也得到联合国开发计划署的支持。这也是国际组织在履行其促进贫困国家的发展、给较落后的国家提供国际援助等职责。

### 三、跨境经济合作区的模式

（一）按照硬件设施发展状况分类

按照硬件设施发展状况对跨境经济合作区进行分类，可以分为生产区域、商业区域两类。[①] 这两类区域发展程度不同，导致了均衡型模式或主导型模式的产生。

1. 均衡型模式

当一个跨境经济合作区的商业区和生产区均有一定程度的发展，双方会相互促进。当跨境经济合作区成长到一定阶段时，商业区产品市场日益完善，金融服务业、旅游展览中心逐步健全，这将对生产区的发展产生正向刺激作用；反过来，生产区的发展会增加商品种类，提高居民收入水平，产业链条不断强化，将进一步促进商业区的繁荣。[②] 然而，在现实的跨境经济合作区发展中，生产区和商业区的均衡发展是难以实现的，因此这种模式在合作区发展初期一般难以执行。

2. 生产主导型模式或商业主导型模式

如果一个跨境经济合作区具有一定的人力资源和自然资源，生产区建设较为发达，那么该跨境经济合作区的重点建设要放在生产区。若该地区具有较强的潜在市场，人口基数大且相对集中，那么在跨境经济合作区建设当中则应偏重发展商业区。

3. "一区多园"模式

"一区多园"是跨境经济合作区建设的一种经典模式，能有效发挥以点带面、以面撑点、辐射全局的作用。"一区"是跨境经济合作区的核心区（又称

---

① 王赞信、魏巍：《跨境经济合作：原理、模式与政策》，社会科学文献出版社2017年版，第178—181页。

② 同上书，第179页。

"围网区"），区内实行"一区两国、境内关外、自由贸易、封闭运作"的管理模式，使核心区成为物流中转、自由贸易和口岸综合服务的轴心。"多园"是指配套的产业园区，重点发展配套的进出口加工业。在园区选址方面，除核心区靠近边境外，其他分园多依托原有的产业园区进行拓展，便于产城联动、互动依托，同时靠近交通枢纽便于人员和货物流通。在面积规划上，核心区的面积多为 10 平方千米左右，配套园区的面积则依各地的经济发展水平和产业状况确定。①

（二）国内外典型跨境经济合作模式

1. 欧盟合作模式

欧盟合作模式的形成和发展依赖于三大条件：一是优越的自然地理条件，由于欧洲各个国家国土面积相对较小，与邻国互动往来，无论从时间还是空间上来讲，较省时便利，有利于欧洲各邻国展开合作；二是社会历史因素的影响，第二次世界大战以来，欧洲经济建设受到重创，如何恢复和发展国家的经济实力，成为欧洲各国关注的焦点，正是基于这种需求，为欧盟的合作打下了基础；三是政治因素，第二次世界大战结束之后，冷战开始，美、苏对立，形成两极格局，欧洲各国为发展经济、增强政治实力，开始联合起来，实施一些共同的社会经济等政策。

2. 东盟合作模式

东盟合作模式的独特之处在于成员国全部为发展中国家，属于由发展中国家建立的地区性经济、文化、安全合作组织。东盟形成的条件之一在于成员国之间的地理位置，条件之二在于悠久的交往互动历史，条件之三在于维护地区安全、实现繁荣的共同目的。东盟成员国通过开展经济、政治、文化、军事合作，明确内部分工，发展外向型经济，推动成员国国家经济的发展，并积极加强与日本、美国等国家的合作交流。东盟成员国之间存在极大的差别，但正是因为这样的差距存在，才有了内部有序的分工合作，发展层次较高的成员国将失去发展优势的产业转移到发展层次较低的成员国去，发展层

---

① 王展硕、周观平：《跨境经济合作区建设：模式、困难与对策——以中国龙邦—越南茶岭跨境经济合作区的建设为例》，《国际经济合作》2017 年第 11 期。

次较低的成员国利用合作机会，发展本国优势产业。这样一来，东盟内部成员国之间便形成一种互助互补的良性合作关系。但由于各个成员国的国际影响力有限，在没有大国引领的情况下，东盟很难真正在国际上发挥其影响力。

### 3. 珠港地区合作模式

珠港地区的合作基于双方资源的互补性。珠江三角洲地区拥有大量的较为廉价的劳动力和土地资源等，并且该地区对外开放程度较高，对外贸易渠道畅通，而香港地区存在着土地资源匮乏、缺乏廉价劳动力的问题。可以说，双方的经济合作是优势互补。伴随着这一区域经济合作的深度发展，香港商人也开始通过投资的方式，与珠江三角洲地区达成金融方面的合作，进一步提高了该地区的合作水平。除此之外，香港还参与了珠江三角洲地区的基础设施建设，开展承包工程的劳务合作。

### 4. 中国（凭祥）—越南（同登）跨境经济合作区（封闭式）模式

2007年，中越两国签署了备忘录，规划建立中国（凭祥）—越南（同登）跨境经济合作区。2008年，两国开始将此合作区建设作为研究项目，努力将该合作区打造成为区域性国际贸易中心、物流中心以及进出口加工中心。在合作区的规划上，中国与越南分别划出一部分土地，形成了总面积17平方千米的合作区。在合作区内，中越两国发挥各自优势，开展货物、服务贸易，畅通投资渠道，实现了自由贸易。在管理方面，主要实行"封闭式运作"，在两国边界划定一片区域且在该区域内实施贸易自由化的政策。该合作区模式的独特之处在于"两国一区"，具有封闭与自由并存的特点，这一合作模式在一定程度上加强了两国之间的经济、贸易交流合作，促进了双边区域的优势发展。

### 5. 中哈霍尔果斯跨境经济合作区（松散式）模式

2004年，中国与哈萨克斯坦签署《关于建立中哈霍尔果斯国际边境合作的框架协议》，开始建设中哈霍尔果斯跨境经济合作区。为了简化合作区的通关手续，实现贸易自由化，在合作区的中心区域实行人员流动自由、经济贸易合作自由、投资自由的开放政策。虽然中哈双方并未签署畅通贸易渠道的实质性条款，但是合作区的核心区却实现了一种高度的贸易自由化，这得益于中哈两国对建设该跨境经济合作区的相互信任态度以及积极配合。

### 四、跨境经济合作区的影响因素

在传统框架下，跨境经济合作区取得成功有三个至关重要的因素：企业特定因素、宏观环境因素和微观环境因素。环境因素包括区域内与投资相关的各项条件：高质量基础设施、财政激励、行业法规的豁免和放松、有效的公司治理，前三者为宏观环境因素，后者为微观环境因素。[1]

跨境经济合作区的发展还受国家政策、发展空间、产品转型、经济管理权限、法律地位、建设资金等因素的影响。区域可持续协调发展的系统观认为，区域协调发展系统包含的要素有社会、自然环境、生态环境、经济、政治等，这些要素是相互作用的关系。这个理论强调生态环境的良性循环，这就对地方经济建设提出了要求，即要保持经济、社会和环境的均衡发展，保持区域可持续协调的发展。[2]

20世纪二三十年代提出了传统的区位理论，当时，学者们对于"边境"强调最多的是其对国家经济发展不利的方面。拉蒂提出，边境是国家间经济合作的阻碍。而且边境问题必然涉及两国（多国）的法律、财政、经济等因素，而这些因素又进一步延长了彼此之间的空间距离与时间距离。[3] 亨克认为空间是均质的，边境的人为划分对于各种经济资源的自由流动起到阻碍的作用，致使地区的资源无法在更广阔的空间进行更优化的配置，降低了边境区域的空间可达性，其双方的摩擦成本大大高于均质空间的成本。[4]

---

① 王赞信、魏巍：《跨境经济合作：原理、模式与政策》，社会科学文献出版社 2017 年版，第 181 页。

② 徐影：《珲春—罗先跨境经济合作区发展模式的选择》，长春工业大学硕士学位论文，2014 年。

③ Ratti, Remigio, "Spatial and Economic Effects of Frontiers: Overview of Traditional and New Approaches and Theories of Border Area Development", in Remigio Ratti and Shalom Reichman (eds), *Theory and Practice of Transborder Cooperation*, Basel: Helbig & Lichtenhahn, 1993, pp. 23–54.

④ Henk. V. Houtum, Internation is Ation Aan Mental Borderrs, *Tijdschrift voor Economische en Sociale Geografie*, Vol. 90, No. 3, 1999, pp. 329–335.

## 第二节　云南周边三国概况：越南、缅甸、老挝

### 一、越南

（一）越南概况

1. 越南的社会经济状况

越南的陆地国土面积为 32.9 万平方千米，有四分之三为山地和高原。《国际统计年鉴—2022》调查数据显示，2021 年越南总人口达 9816.9 万人，其中男性、女性占比分别为 49.9%、50.1%，农村人口较多，占比 61.9%。越南的人口密度约为每平方千米 335 人，是世界上人口密度较高的国家之一。越南共有 54 个民族，主体民族京族占总人口数的 80% 以上。19 世纪末，越南曾经遭受了法国的殖民统治，政治经济一直受到殖民国家的控制，直到 1945 年越南才成立了民主共和国，实现了国家的独立。但是国内局势动荡，直到 1975 年，越南才由南北分裂走向了南北统一。越南是一个一党制的国家，唯一的政党是越南共产党。国家主席是国家的元首、政府的首脑。

种植业在越南农业中占据主要地位，能源、化工、钢铁、纺织加工、食品等是其主要工业产业。旅游业作为越南新发展的产业，发展迅速，在 2017 年，到越南的游客已经达到 1290 万人次。

越南于 1986 年开始实行改革开放战略。1989 年，为了使经济与国际接轨，越南开始与国际货币基金组织等开展谈判，建立进出口联系，每年出口大米 100 万至 150 万吨。1993 年，越南与国际货币基金组织、世界银行建立了信贷关系。1995 年，越南正式加入东盟。2000 年，越南加强了与美国的经济往来。2006 年，越南加入世贸组织。2019 年，越南加快发展的步伐，与多国签订了多个双边或多边自由贸易协定。[1]

改革开放促进了越南经济的快速发展，越南从一个农业为主的国家转变为服务业占主导的国家，截至 2018 年，越南的服务业总产值已经占国内生

---

[1] 潘金娥：《越南经济革新的历程及理论探索》，《前线》2020 年第 8 期。

产总值的 42.2%；外汇储备从 2000 年的 34 亿美元上升到 2018 年的 551 亿美元。1995 年后，越南的国内生产总值平稳增长，人均国内生产总值也逐年增加，从 2000 年的 388 美元上升到 2020 年的 2786 美元，贫困户比率从 1993 年的 58.1% 降低到 2019 年的 4%。[①]

越南的经济发展虽然起步晚，但发展快。1986—2020 年，越南的经济发展取得了惊人的成果，不仅在国内实现了工业化与现代化，而且实现了与国际的接轨，经济实力不断增强，国际地位不断提升。

2.越南的教育情况

从 1917 年到 1976 年，越南现代教育体制经历了半个多世纪的发展，才拥有了较为完善的教育体系。办学的形式有公办学校、民办学校和私塾。三种学校颁发的文凭具有相同的法律效力。2000 年，越南基本上实现了全国扫盲及普及小学义务教育的目标，从 2001 年开始普及 9 年义务教育。[②] 越南政府对教育相当重视，尤其是进入 21 世纪以来，越南政府更为注重对教育的投资，使全国教育事业得到进一步发展。

越南在实现国家统一后加快了幼儿教育的发展。1989—2017 年，入园幼儿由 16.084 万人增加到 440 万人。2017 年，全国有幼儿园 14863 所，幼儿教师 25.08 万人。[③]

在初等教育阶段，课程主要有语文、历史、地理和算术等学科。考试分为学年考试和升学考试。抗美战争时期，教学的教科书主要是中文、俄文教科书的越译版。目前，越南的小学教材基本采用本土教材，除少数民族地区之外，教学用语全部使用越南语。2016—2017 学年，越南有小学 15052 所，在校生 780.16 万人，小学教师 39.71 万人。[④]

1979 年，越南政府开始对教育阶段进行重大调整。为了给学生打好基础，普通教育的年限从以前的 10 年增加到 12 年。越南统一之后，越南的中等教育发展迅速。2016—2017 学年已有初中 10155 所，在校生 247.72 万人，初中

---

① 国家统计局编：《中国统计年鉴—2021》，中国统计出版社 2021 年版。
② 王士录：《简论越南现代教育的形成与发展》，《东南亚》1992 年第 4 期。
③ 陈立生、洪波主编：《中国—东盟年鉴（2018）》，线装书局 2018 年版。
④ 同上。

教师 31.1 万人；高中 2391 所，在校生 247.72 万人，高中教师 15.07 万人。

1990 年，越南仅有 103 所各类高等院校，2016 年增加至 229 所。在校大学生也由 1990 年的 4 万多增加至 2016 年的 180 多万人。2020 学年，越南全国有 402 所大学、472 所专科学校和 1039 个继续教育中心。

越南的海外留学教育也发展快速，2015 年 1 月 23 日的《联合早报》刊登《东盟观察：越南学生海外求学人数逐年增加 注重能力培训提高就业价值》一文指出，在 2015 年，越南出国留学的人数已达 12.5 万人，并呈现出逐年递增的趋势，大多数学生选择赴欧美留学。除此之外，由于经济条件的限制，一些学生也会选择在东南亚国家留学。据中国教育部《2014 年全国来华留学生数据统计》，2014 年越南到我国留学的有 10658 人。

总体来讲，越南自统一以来，教育得到了快速发展，各个教育阶段的人数不断增长，国家对教育的投资也呈快速增长趋势。

3. 越南的华文教育

在 20 世纪之前，越南华文教育主要以家教的形式进行。后来由于在越南的华人逐渐增多，一位福建商人捐资自建了明昌华人华文学院，这所华文学院对越南华文教育影响重大。1908 年，林联庆、谢妈延等人在堤岸创办第一所华文学校（闽漳学校）。① 自此，越南的华文教育逐步发展，南北方的华文学校都不断增长。第二次世界大战后，越南的教育遭到了极大的破坏，华文教育也未能幸免。受战争的影响，许多学校被摧毁，学生被迫停课。战后财政支持力度不够，导致重建工作难度大。越南在战后被分成南北方，实行不同的政策，华文教育作为非正式教育，只能在夹缝中求生存。1991 年中越两国关系正常化后，越南大力发展华人教育。

2005 年，中越两国签署了《中越 2005 年至 2009 年教育交流协议》，以加强在汉语教学方面的交流合作。中方每年向越方提供一定的暑期汉语教师进修班奖学金名额，并在汉语教材编写和在越培训汉语教师方面与越方合作。

越南华文教育主要通过在普通学校设置华语班及华文教育中心的形式开展。越南的华文教育中心开办地主要在华人学生较多的普通学校。华文教育

---

① 周胜皋编：《越南华侨教育》，华侨出版社 1961 年版。

中心与华文学校之间的区别在于，华文教育中心是公立普通学校中的一个机构，而华文学校则是由私人创办的学校。华文教育中心的校长就是公立学校的校长，教育经费来源于学生的学费，教学形式为半日制，每周上 10—15 节课，教师由华文教育中心聘请。华文教育中心的学习与其他学科一样，在学期期中和期末会举办考试，试题不统一，各华文教育中心自主命题。但是由于华文教育中心颁发的毕业证书不属于规范的华文学历，因此，华文教育中心每年都会让水平较高的学生参加由市教育培训厅举办的国家中文水平 A、B、C 等级考试，以获取国家认可的中文水平证书。①

（二）中越两国的交流与合作

1. 历史背景

自古以来，云南与越南就开展了广泛的交流与合作。汉朝时期，云南先民开辟了"马援故道"。唐宋时期，又开辟了"步头路"。此后，中国的生产工具、生产技术、科学文化及丝绸、瓷器等不断通过这些通道传入越南及东南亚国家，而越南的一些农作物也开始传入中国。到了清代，中越的交流以朝贡贸易为主，云南发展了进入越南的两大通道：一是由云南河口进入越南老街、河内；二是由云南金平进入越南莱州。1950 年 1 月，中越正式建交，展开了密切的交流与合作，签署了各种贸易协定，但是两国的交流还没有达到更深的层次。1979 年爆发的中越战争中断了两国的经济贸易关系。1991 年，中越正式恢复邦交，双方在政治、经济、文化以及边境合作等方面均展开了实质性的交流。2000—2007 年，中越两国贸易额从 29.6 亿美元增长至 158.6 亿美元，翻了约 5 倍。2009 年 11 月，两国完成陆地边界勘定工作。双方在外交、公安、国防和安全等领域的合作不断深化，理论交流和青少年交往进展顺利。2015 年 4 月 7 日至 10 日，越共中央总书记阮富仲访华，双方共同发表《中越联合公报》，同意共同推进各领域友好合作向前发展。2015 年 11 月 5 日至 6 日，中共中央总书记、国家主席习近平首次访问越南，实现两国最高领导人年内的首次互访，两国领导人达成了积极推动中国"一带一路"倡议和越南"两廊一圈"规划的战略对接等一系列重要共识。2017 年 1 月

① 关英伟：《越南当前的华文教育》，《八桂侨史》1997 年第 4 期。

12 日至 15 日，越共中央总书记阮富仲访华，5 月 11 日至 15 日，越南国家主席陈大光访华并出席"一带一路"国际合作高峰论坛。11 月 10 日至 13 日，中共中央总书记、国家主席习近平赴越南出席亚太经合组织第二十五次领导人非正式会议，并对越南进行国事访问。11 月 13 日，国务院总理李克强在菲律宾首都马尼拉出席东亚合作领导人系列会议期间会见越南总理阮春福。12 月 15 日，在云南大理出席澜沧江—湄公河合作第三次外长会的外交部部长王毅会见越南副总理兼外长范平明。2018 年 1 月 10 日，国务院总理李克强在柬埔寨首都金边出席澜沧江—湄公河合作第二次领导人会议期间会见越南总理阮春福。

### 2. 跨境民族

在中越边境的跨境民族中，越南有 26 个，中国有 12 个，还有 2 个民族成份没有确定。跨境民族因为同宗同源，交往非常密切，不仅通过边民互市进行跨国经济贸易，通婚现象也非常普遍。但是在这种表面的经济社会现象背后还隐藏着各自的政治诉求。对于进行跨国经济活动的跨境民族来说，政治的影响主要体现于国家观念和民族情感的关系方面。虽是同一民族，但国籍不同，即便他们有相同的民族情感，国家观念也存在差异。在两国发生冲突时，国家情感往往超越民族情感，占据主导地位。

### 3. 边境贸易

中越自古以来就存在边境贸易，边民们乘着竹筏、木船渡过红河、南溪河探亲访友。近代以来，越南遭受法国殖民者的统治，中越边境贸易曾一度陷入停滞状态，直到 1991 年中越邦交正常化后，边境贸易才逐步复苏。河口地区中越往来密切，商贸繁荣，商品交易发达。越南边民通常会携带农副土特产卖给中国边民，并从中国购买日用百货。1992 年，河口县内建成了一条"越南街"，越南边民在这里固定设摊，销售各式产品。之后，"越南街"已由最初的简易货棚发展成为一个很大的商场，叫做河口边贸商场，商场内商品琳琅满目，这些商品基本都是越南生产的，包括拖鞋、香水、化妆品、工艺品、咖啡、糖果，还有鸡蛋果、人参果等各种热带水果，商场内可以用人民币自由交易，越南摊主基本都能说汉语，中国人到这买东西非常方便，边民互市一片欣欣向荣。1991—1995 年，双方贸易额几乎翻了 10 倍，交流范围从经济领域扩大到技术领域。

1999—2004 年，随着各种政策的出台与协议的签订，云南省与越南贸易呈现平稳快速发展的态势，这一时期云南向越南出口的商品主要为化学用品，从越南进口的商品主要为水果及一些原料。随着两国经济贸易的不断发展扩大，双边在科学技术方面的合作也不断加强。2016 年 9 月，中越双方签署《中越经贸合作五年发展规划补充和延期协定》，并重签《中越边境贸易协定》。2017 年 11 月，双方签署"一带一路"倡议与"两廊一圈"规划发展战略对接协议，并就电子商务、基础设施合作、跨境合作区谈判等签署相关协议，制定五年规划重点项目清单。2017 年，中越双边贸易额达 1212.7 亿美元，同比增长 23.4%，如期实现 2013 年提出的 2017 年中越贸易额达 1000 亿美元的目标。其中，中国对越南出口额为 709.4 亿美元，同比增长 16.1%；自越南进口 503.3 亿美元，同比增长 35.4%。越南已成为中国全球十大贸易伙伴之一。据中国海关统计，2019 年中越双边贸易总额达 1620 亿美元，同比增长 9.6%，越南连续 4 年成为中国在东盟国家中的最大贸易伙伴。截至 2019 年底，中国企业在越南有效投资项目达 2807 个，累计合同额 162.65 亿美元，在 135 个对越南投资的国家和地区中居第七。① 据越南海关统计，2021 年中越双向贸易总额达 1658 亿美元，较 2020 年增长 24.6%。中国仍是越南第一大贸易伙伴和第二出口市场。

### 二、缅甸

#### （一）缅甸的社会经济状况

缅甸位于中南半岛西部，北部和东北部与中国西藏和云南接壤，西部与印度、孟加拉国毗邻，东部与老挝和泰国交界。缅甸曾经遭受英国的殖民统治，1948 年宣告独立，现在也是东盟的成员国之一，是一个以农业为主的国家。

缅甸是东南亚联盟国家中人口增长速度第二慢的国家。根据缅甸《镜报》

---

① 商务部国际贸易经济合作研究院、中国驻越南大使馆经济商务处、商务部对外投资和经济合作司：《对外投资合作国别（地区）指南——越南（2020 年版）》，中国商务部网站，2021 年 6 月 3 日。

2020 年 4 月 2 日报道，缅甸劳工、移民和人口部人口司以 2014 年全国人口普查数据为基础，计算并公布了截至 2020 年 4 月 1 日缅甸全国人口数量，约 5458 万。各省、邦人口统计数据分别如下。（见表 2-1）

表 2-1 缅甸各省、邦人口统计数据 [①]

| 省、邦 | 男 性 | 女 性 | 合 计 |
|---|---|---|---|
| 克钦邦 | 100 万 | 92 万 | 192 万 |
| 克耶邦 | 16 万 | 17 万 | 33 万 |
| 克伦邦 | 79 万 | 82 万 | 161 万 |
| 钦邦 | 25 万 | 27 万 | 52 万 |
| 实皆省 | 263 万 | 296 万 | 559 万 |
| 德林达依省 | 74 万 | 75 万 | 149 万 |
| 勃固省 | 234 万 | 260 万 | 494 万 |
| 马圭省 | 180 万 | 213 万 | 393 万 |
| 曼德勒省 | 308 万 | 346 万 | 654 万 |
| 孟邦 | 94 万 | 105 万 | 199 万 |
| 若开邦 | 159 万 | 175 万 | 334 万 |
| 仰光省 | 397 万 | 442 万 | 839 万 |
| 掸邦 | 320 万 | 323 万 | 643 万 |
| 伊洛瓦底省 | 304 万 | 323 万 | 627 万 |
| 内比都专区 | 62 万 | 67 万 | 129 万 |
| 全国 | 2615 万 | 2843 万 | 5458 万 |

缅甸城市化进程较慢，《国际统计年鉴—2022》调查数据显示，2021 年缅甸国内农村人口比重为 68.6%[②]，较 2005 年的 72.1% 有所降低；2018 年城市人口比重为 31.4%，较 2005 年的 27.9% 略有上升。缅甸国内劳动人口从 2000

---

① 《缅甸公布最新人口数据》，中华人民共和国商务部网站，2020 年 4 月 3 日。
② 国家统计局编：《国际统计年鉴—2022》，中国统计出版社 2023 年版。

年的 2185 万人上升到 2021 年的 2247 万人，2021 年劳动参与率为 54.7%，女性劳动参与率为 50.2%。

《国际统计年鉴—2019》调查数据显示，2005 年、2010 年、2015 年、2017 年、2018 年缅甸的 GDP 增长率分别为 13.6%、9.6%、7.0%、6.8% 和 6.2%。增长值总额从 2000 年的 73 亿美元增长到 2017 年的 671 亿美元，其中农业、狩猎业、林业和渔业增长总额从 2000 年的 42 亿美元增长到 2017 年的 159 亿美元；采掘业，制造业，电、煤气和水供应业从 2000 年的 6 亿美元增长到 2017 年的 200 亿美元；制造业总额从 2000 年的 5 亿美元增至 2017 年的 158 亿美元；建筑业总额从 2000 年的 1 亿美元增至 2017 年的 43 亿美元；批发、零售贸易、旅馆和饭店业增长总额从 2000 年的 17 亿美元增至 2017 年的 138 亿美元；运输、仓储和通信业增长总额从 2000 年的 4 亿美元增至 2017 年的 87 亿美元；其他服务业增长总额从 2000 年的 2 亿美元增至 2017 年的 44 亿美元。2000 年、2005 年、2010 年、2015 年、2017 年和 2018 年人均国内生产总值增长率分别为 12.4%、12.7%、8.9%、6.2%、6.1% 和 5.6%。[①]

世界银行 WDI 数据库 2021 年数据显示，第一、二、三产业占缅甸国内生产总值比重分别为 22.8%、35.8% 和 41.4%。《中国统计年鉴—2021》数据表明，2018—2019 年缅甸国内从事第一产业的人员占比由 49.7% 下降到 48.9%，从事第二产业的人员占比由 16.0% 小幅度上升到 16.1%，而第三产业占比由 34.3% 小幅度上升为 35%。由此可见，缅甸国民经济的基础是农业，缅甸国内仍然有近一半的就业人口从事第一产业。联合国 FAD 数据库显示，2016 年，缅甸农业生产指数为 137.0，略高于世界平均值（127.3）。

在对外贸易方面，2017—2018 财年，缅甸的对外贸易总额达到 240.67 亿美元。世界贸易组织数据显示，2018 年缅甸进出口贸易总额达 363 亿美元，较 2000 年的 40 亿美元有了显著的增长。[②]出口货物构成中，农业原材料占 1.9%，食品占 27.8%，燃料占 21.6%，矿物和金属占 5.5%，制成品占 43.1%，

---

① 王雨婷：《经济风险对中国在东盟直接投资的影响研究》，广西民族大学硕士学位论文，2019 年。

② 唐威迪、刘明明、廖亚辉：《缅甸：2017 年回顾与 2018 年展望》，《东南亚纵横》2018 年第 1 期。

其他占 0.2%。进口货物构成中，农业原材料占 0.6%，食品占 13.1%，燃料占 20.7%，矿物和金属占 0.8%，制成品占 64.8%，其他占 0.1%。从整体上看，缅甸货物和服务贸易出口占国内生产总值的比重从 2000 年的 0.5% 上升到 2018 年的 20.0%，而货物和服务贸易进口占国内生产总值的比重从 2000 年的 0.6% 上升到 2018 年的 28.0%。

（二）中缅关系

1950 年 6 月 8 日，中缅建交。近年来，中缅两国各领域的交流与合作进一步加强。2011 年 4 月，时任全国政协主席贾庆林对缅甸进行友好访问，成为缅甸新政府成立后到访的首位外国领导人；5 月，时任缅甸总统吴登盛访华，两国宣布建立全面战略合作伙伴关系。2012 年 2 月，时任缅甸联邦议会人民院议长吴瑞曼访华。2013 年 4 月，时任缅甸总统吴登盛正式访华，并出席博鳌亚洲论坛 2013 年年会；9 月，时任缅甸总统吴登盛应邀出席在广西南宁举行的第十届中国—东盟贸易会；10 月，缅甸国防军总司令敏昂莱访华。2014 年 4 月，时任缅甸联邦议会议长兼人民院议长吴瑞曼访华，时任缅甸副总统年吞应邀来华出席中国—东盟文化年开幕式。2015 年 4 月，国家主席习近平在印尼雅加达出席亚非领导人会议期间会见缅甸总统吴登盛；9 月，时任缅甸总统吴登盛专程来华出席中国人民抗日战争暨世界反法西斯战争胜利 70 周年纪念活动，并分别会见习近平主席和李克强总理。2016 年 3 月，国务院总理李克强在三亚会见代表缅甸总统吴登盛来华出席澜沧江—湄公河合作首次领导人会议及博鳌亚洲论坛 2016 年年会的时任缅甸副总统赛茂康。2017 年 4 月，缅甸总统廷觉访华，习近平主席和李克强总理分别会见了廷觉。2018 年 3 月 31 日，国务委员兼外交部部长王毅在越南河内会见缅甸副总统亨利班提育。2020 年 1 月，中国国家主席习近平对缅甸进行国事访问，会见缅甸总统温敏等人，两国领导人共同宣布构建中缅命运共同体，启动中缅建交 70 周年及中缅文化旅游年系列活动。这是中国国家主席时隔 19 年再次历史性访问缅甸。①

---

① 商务部国际贸易经济合作研究院、中国驻越南大使馆经济商务处、商务部对外投资和经济合作司：《对外投资合作国别（地区）指南——缅甸（2018 年版）》，清远市人民政府网，2020 年 12 月 2 日。

（三）教育情况

相较于东南亚其他国家，缅甸的教育事业起步晚，较为落后。经过长期发展，缅甸的现代教育学制已较为完备，除普通教育外，鼓励扩大非正式教育。教育部是缅甸教育的主要行政机构，下设各司或部门分管不同的教育事务。从整体上看，缅甸的教育虽然落后，但也有其独特之处，如寺庙教育、对英语教育的重视以及关注教育对本国宗教信仰及传统文化的保护等。①

小学阶段的教育属于义务教育，分为两个时期，初小包括以幼儿园为主的 1 年学制的学前教育以及一二年级；高小包括三年级和四年级。宪法规定 5 岁为小学一年级的入学年龄。随着缅甸新政府对教育重视程度的加强，教育经费投入也逐年增加。②

缅甸国内主流媒体《缅甸之光》报于 2019 年 10 月在第 9 版上披露了近几年缅甸政府的教育与卫生经费，具体数据见表 2－2。

表 2－2　缅甸 2013—2019 年教育经费数据

| 年　度 | 教育经费 |
| --- | --- |
| 2013—2014 | 8930 亿缅元 |
| 2014—2015 | 11060 亿缅元 |
| 2015—2016 | 14060 亿缅元 |
| 2016—2017 | 16120 亿缅元 |
| 2017—2018 | 16520 亿缅元 |
| 2018—2019 | 22520 亿缅元 |

由此我们不难发现，缅甸的教育经费在逐年增加。缅甸基础教育的目标在于培养缅甸公民具备健康的体魄和良好的道德品德，最终成为一个身心健康的人，同时为以后接受适当的职业教育和高等教育打好基础。③《国际统

---

① 孙文桂：《缅甸教育概况及其教育特色研究》，《广西青年干部学院学报》2016 年第 6 期。
② KHIN SWE SWE WIN（李瑞文）：《缅甸教育制度背景下中小学汉语课程大纲编制研究》，中央民族大学博士学位论文，2012 年。
③ 孙文桂：《缅甸教育概况及其教育特色研究》，《广西青年干部学院学报》2016 年第 6 期。

计年鉴—2022》调查数据显示，2020 年缅甸国内 15 岁及以上成人识字率为 89.1%，男性识字率为 92.4%，女性识字率为 86.3%。2017 年全国初等教育入学率为 112.2%，同年世界初等教育平均入学率为 103.7%；中等教育入学率为 64.3%，同年世界中等教育平均入学率为 75.4%；高等教育入学率为 15.7%，同年世界高等教育平均入学率为 37.9%。[①]

在职业教育方面，随着工业、农业、医药、商业和服务业等行业的发展，缅甸国内对各行业专业人才的需求越来越迫切，职业技术教育也随着发展起来。为满足社会经济发展对技术人员的需求，政府大力支持各类职业技术学校的开办，同时鼓励国内各层次教育机构开设一些职业教育课程，并为相关技术人员提供到国外考察、参加相关业务培训的机会。缅甸当前实施的《职业技术教育法》(1989 年修订)提到，缅甸的职业技术教育以培养具有爱国精神，适应缅甸政治、经济和社会发展的技能型人才，培育国家工业和农牧业所需要的熟练技术人员为教育目标。

缅甸的职业技术教育包括两种类型：一是教育部负责的正式教育体系中的职业技术教育，按培训层次可分为中等职业技术教育和高级职业技术教育；二是非正式教育类型的职业技术教育与培训，由社会培训机构通过各种职业培训班、就业前培训班和在岗培训等形式开展培训。

在高等教育方面，受英国殖民统治的影响，1920 年，缅甸的第一所大学(仰光大学)才正式建成，而直到 1948 年缅甸实现国家独立以前，这所大学一直是国内唯一一所大学。在缅甸，由教育部高等教育司负责管理国内的高等教育事业，高等教育学制从 4 年到 6 年不等，大多数为 4 年，5 年学制的一般是专业性较强的专业，诸如计算机、农业和法律等；6 年制则包括对专业能力要求更高的医药、畜牧、工业、林业等。

《缅甸之光》报于 2019 年 10 月 25 日在其增刊上发表了一系列的图表及数据资料，介绍当时缅甸高等院校的情况。

军政府时期，缅甸大力推进高等院校建设，高等院校的总数在这个时期有了一个飞跃。2019—2020 年，教育部下属的高等院校共有 134 所。这些高

---

① 国家统计局编：《国际统计年鉴—2022》，中国统计出版社 2023 年版。

等院校主要分为三大类：属于本科大学的文理科大学共有49所、属于科技大学及计算机的共有60所（这些大学在军政府时期属于科学暨技术部，民盟政府执政后取缔科技部，现在归入教育部管辖），属于教育师范院校的有25所。[①] 这些大学的学生和教师等数据见表2-3、2-4。

表2-3　缅甸2016—2020学年在校大学生人数

| 年份<br>学校种类 | 2016—2017<br>学年 | 2017—2018<br>学年 | 2018—2019<br>学年 | 2019—2020<br>学年 |
|---|---|---|---|---|
| 文理科大学 | 268,477人 | 298,378人 | 322,022人 | 328,964人 |
| 科技暨计算机大学 | 69,699人 | 74,971人 | 48,961人 | 9,250人 |
| 教育师范学院 | 17,334人 | 20,049人 | 20,246人 | 10,782人 |

表2-4　缅甸2016—2020学年在校教师、讲师人数

| 年份<br>学校种类 | 2016—2017<br>学年 | 2017—2018<br>学年 | 2018—2019<br>学年 | 2019—2020<br>学年 |
|---|---|---|---|---|
| 文理科大学 | 13,400人 | 13,855人 | 13,072人 | 13,390人 |
| 科技暨计算机大学 | 6,202人 | 6,781人 | 6,616人 | 6,691人 |
| 教育师范学院 | 1,933人 | 1,897人 | 2,290人 | 1,804人 |

2016—2020学年，共有60多万人通过就读这些大学获得结业证书、文凭、学士学位、硕士学位及博士学位等。具体情况见表2-5、2-6、2-7、2-8。

表2-5　2016年各类大学获得结业证书及学位的人数

| 学校种类 | 结业证书 | 文凭<br>（Diploma） | 学士学位 | 硕士学位 | 博士学位 | 合计 |
|---|---|---|---|---|---|---|
| 文理科大学 | — | 3,407 | 91,047 | 3,999 | 380 | 98,833 |
| 科技暨计算机大学 | — | 211 | 36,267 | 446 | 146 | 37,070 |
| 教育师范学院 | 9,172 | 5,107 | — | — | — | 14,279 |
| 合计 | 9,172 | 8,725 | 127,314 | 4,445 | 526 | 150,182 |

①　注：以上是指教育部下属的大学院校。缅甸还有许多大学院校不属于教育部管辖，例如医科大学等卫生院校属于卫生体育部管辖，农业大学及有关院校、合作社大学等属于农牧水利部管辖，等等。

表2-6　2017年各类大学获得结业证书及学位的人数

| 学校种类 | 结业证书 | 文凭<br>（Diploma） | 学士学位 | 硕士学位 | 博士学位 | 合计 |
|---|---|---|---|---|---|---|
| 文理科大学 | — | 3,392 | 110,024 | 4,310 | 306 | 118,032 |
| 科技暨计算机大学 | — | 1 | 22,223 | 550 | 88 | 22,862 |
| 教育师范学院 | 5,517 | 5,792 | — | — | — | 11,309 |
| 合计 | 5,517 | 9,185 | 132,247 | 4,860 | 394 | 152,203 |

表2-7　2018年各类大学获得结业证书及学位的人数

| 学校种类 | 结业证书 | 文凭<br>（Diploma） | 学士学位 | 硕士学位 | 博士学位 | 合计 |
|---|---|---|---|---|---|---|
| 文理科大学 | — | 7,506 | 108,286 | 2,728 | 249 | 118,769 |
| 科技暨计算机大学 | — | 79 | 11,966 | 666 | 92 | 12,803 |
| 教育师范学院 | 5,576 | 5,985 | — | — | — | 11,561 |
| 合计 | 5,576 | 13,570 | 120,252 | 3,394 | 341 | 143,133 |

表2-8　2019年各类大学获得结业证书及学位的人数

| 学校种类 | 结业证书 | 文凭<br>（Diploma） | 学士学位 | 硕士学位 | 博士学位 | 合计 |
|---|---|---|---|---|---|---|
| 文理科大学 | — | 2,396 | 124,298 | 5,052 | 153 | 131,899 |
| 科技暨计算机大学 | — | 78 | 16,232 | 197 | 63 | 16,570 |
| 教育师范学院 | 2,438 | 7,024 | — | — | — | 9,462 |
| 合计 | 2,438 | 9,498 | 140,530 | 5,249 | 216 | 157,931 |

（四）边境贸易

　　缅甸作为东盟成员国，目前已加入东盟自贸区、中国—东盟自贸区、韩国—东盟自贸区、日本—东盟自贸区、印度—东盟自贸区等。同时，享受美国、欧盟等给予的贸易普惠制（GSP）待遇。在过去几十年里，缅甸对外贸易主要用美元、英镑、瑞士法郎、日元以及欧元进行结算。①

　　缅甸商务部的数据显示，2017—2018 财年，缅甸外贸总量达 333.2 亿美元，其中，出口额为 146.75 亿美元，进口额为 186.45 亿美元。缅甸的主要贸易伙伴为亚洲国家和地区，与邻国的贸易占外贸总额的 90%。缅甸中央统计局的数据显示，中国为缅甸第一大贸易伙伴。位居前 5 位的贸易伙伴依次为中国、泰国、新加坡、日本和印度。2016—2017 财年，缅甸与东盟各贸易伙伴国的贸易总额达 96.07 亿美元，其中缅甸出口额为 30.93 亿美元，进口额为 65.13 亿美元，占缅甸全财年进出口总额的 33%。缅甸主要贸易出口商品有天然气、大米、玉米、各种豆类、橡胶、矿产品、木材、珍珠、宝石和水产品等，主要进口商品有日用消费品、电子设备、生产资料、汽车和汽车配件以及中间产品等。②

　　缅甸辐射市场主要为东盟国家，近年来，缅甸与中国、泰国、新加坡、马来西亚、印度尼西亚、越南等国经贸合作稳步发展，与韩国、日本、印度投资贸易领域合作逐步扩大。2012 年下半年至今，欧洲国家如英国、德国等也陆续进入缅甸市场，寻求合作机会。缅甸通过 15 个边境贸易点，主要与中国、泰国、印度和孟加拉国等邻国开展边境贸易。坐落在中缅边境的木姐口岸是缅甸最大的边境贸易口岸。根据缅甸国家计划与财政部下属的投资和公司管理局数据，2016—2017 财年缅甸共吸引外资 66.5 亿美元，较上财年减少 28.3 亿美元。2016—2017 财年吸引外资领域主要为交通与通信业、制造业、电力、房地产、酒店和旅游业等。

　　据中国商务部统计，2017 年，中缅双边贸易额达 135.4 亿美元，同比增长 10.2%，其中中国对缅甸出口 90.1 亿美元，从缅甸进口 45.3 亿美元，同比分别增长 10.0% 和 10.5%。2021 年，中缅进出口贸易总额为 183 美元，中国对缅甸的贸易顺差为 24 亿美元。中国对缅甸主要出口成套设备和机电产

---

① 缅甸联邦共和国主权信用评级报告，https://www.docin.com/p-21633 17806.html，2020 年 1 月 26 日。

② 商务部国际贸易经济合作研究院、中国驻越南大使馆经济商务处、商务部对外投资和经济合作司：《对外投资合作国别（地区）指南——缅甸（2018 年版）》，清远市人民政府网，2020 年 12 月 2 日。

品、纺织品、摩托车配件和化工产品等，从缅甸主要进口原木、锯材、农产品和矿产品等。中国为缅甸第一大贸易伙伴、第一大出口市场和第一大进口来源地。

### 三、老挝

#### （一）老挝的概况

公元 1353 年，昭法昂以武力首次统一了老挝地区，建立澜沧王国，都城定于芒相通（今琅勃拉邦）。1893 年，老挝成为法国的殖民地。1945 年，老挝宣布独立，隔年法国再度入侵。1953 年，老挝王国正式独立。1975 年，老挝建立起具有社会主义性质的国家。老挝国内平原低谷较少，山地高原多。

1. 社会经济状况

老挝经济发展水平落后，但近些年来，老挝的经济得到稳步发展。《国际统计年鉴—2022》调查数据显示，2021 年老挝的国内生产总值（GDP）为 188 亿美元，其第一产业在所有产业中的占比从 2001 年的 40% 降为 16.1%，第二产业在所有产业中的占比从 2001 年的 20% 上升为 34.1%。老挝的农业增加值占国内生产总值比重逐步减少，工业逐步成为驱动老挝经济发展的动力。由于老挝具有得天独厚的自然环境优势，国家大力发展旅游业，服务行业持续增长，占国民生产总值的比重不断提升，2021 年服务业增加值占国内生产总值比重为 38.8%。在过去 20 多年，老挝不断调整国内的产业结构，已经从过去"农业优先、服务业次之、工业垫底"的传统结构转变为"服务业优先、工业次之、农业垫底"的新结构。在发展过程中，农业的占比越来越低，工业的占比越来越高，服务业占比保持稳中有升。老挝已经逐步从过去落后的农业小国变成拥有一定产业基础的发展中国家。

以居住地的不同为标准，老挝把各个民族归入三个族系，分别为老龙族（平原河谷地区）、老听族（半山、丘陵地区）和老松族（高山顶上）。大体来说，无论哪个语系的民族，只要居住地区类似，便被划归在同一族系之内。2000 年 12 月 18 日，老挝人民革命党中央政治局批复老挝建国阵线 2000 年 11 月 7 日 205 号申请，同意取消老龙族、老听族、老松族三大民族的称呼，全部统一称为老挝民族，其中又包含了 49 个民族，他们分别属于四个语族，即汉族语族（7个民族）、老挝语族（8个民族）、孟—高棉语族（32个民族）、苗瑶语族（2个民族）。实行民族平等政策，将"少数民族"的称呼改为"人口较少民族"。

在老挝，佛教被视为国教。除此之外，婆罗门教也占有一定地位，在老挝的一些寺庙建筑上可以看到婆罗门教的印迹。老挝僧侣所信奉的佛教经文大多直接刻写在贝叶上，以绳穿之成册，称为贝叶经。僧侣们到金边、曼谷甚至是斯里兰卡、印度等地的一些佛学学府学习深造之后，才有可能获得高级佛学学位。在社会上，人们也把是否入寺为僧作为衡量佛教信仰者是否具有良好品格的标准。在政治层面，佛教的塔玛育派得到了政府的极大支持。对于老挝而言，寺庙除传播佛学外，还具有文化教育、娱乐、体育、公益、文学艺术等方面的功能。

在老挝的外侨主要是华侨、越侨和泰侨。历史上的华侨大部分来自中国的云南和广西。老挝90%的华侨从事经商活动，促进了老挝商品经济的发展，为开发老挝市场作出了重要的贡献。老挝境内多崇山峻岭，交通十分不便，如果没有华侨商人给当地居民送去各种用品，他们几乎与外界隔绝。华侨吃苦耐劳，在条件艰苦的老挝奋斗创业，曾一度掌握了老挝90%以上的商业和工业，可以说老挝经济基本上是依赖华侨而得到发展的。①现如今，随着老挝经济的不断发展，中老关系的正常化，越来越多的华侨来到老挝全国各地。

2. 教育情况

在法国入侵前，老挝的文化教育较为发达，法国入侵之后却快速衰落。当时，老挝的很多学龄儿童无法前往学校接受学校教育，只在寺庙等场所学习有限的文化知识，致使老挝的文盲率高达95%以上。1945年，老挝全国共有启蒙学校（寺庙学校）180所，学生1万多人，仅有1所中学，没有大学。②21世纪以来，为解决教育管理体制僵化、地方教育管理机构以及学校缺少灵活性和自由度的问题，老挝政府正在逐步实施"去中央化"——中央

---

① 申旭、马树洪编著：《当代老挝》，四川人民出版社1992年版。
② 同上。

宏观调控，加大地方政府的办学自主权。

老挝对小学实施国家强制教育，学生在完成初中教育之后，进入高中阶段，在这一阶段，除了可以接受普通高中教育，还可以选择职业教育，学生在职业学校参加为期6个月到3年的课程或培训，并修完相应的学业学分即可获得职业教育证书或培训证书（1—4级）。完成了高中阶段教育之后，学生可以参加全国高考，通过后便可接受高等教育。

（1）学前教育

学前教育主要向儿童传授基础知识，包括听力、讲话、写作、阅读、观察以及画画。学前教育是终身教育的开端，在整个教育系统中起着基础性的作用，但老挝很多儿童并没有接受到良好的开端教育。农村地区特别是少数民族地区没有幼儿园，许多适龄儿童仍然存在上学难的问题；有幼儿园的地区，幼儿园的教育质量也难以得到保证，适龄儿童也面临着难上好学的问题。同时，老挝父母对儿童的学前教育并不重视，导致许多儿童失去进入幼儿园的机会。

（2）高等教育

1958年，万象建立了第一所大学，标志着老挝高等教育的开端。由于政治动荡，长期的战争使得老挝的教育事业受挫。1975年老挝建国之后，为适应国家建设的需要，政府十分关注人才培养，出台多项政策促进高等教育的恢复和发展，但因为过于追求教育规模的扩大，忽视了教育质量。1986年，老挝召开第四次全国人民代表大会，针对当前的社会经济发展现状，进一步调整发展路线，这也使得高等教育得到进一步的发展。这一时期大学的数量迅速增多，规模扩大，在国立大学不断优化的同时，民办高校也进一步得到政府的规范和支持。自21世纪以来，老挝高等教育进入了创新时期，不仅为经济部门培养了专门人才，推动了社会经济的发展，更重点关注高等教育的效益与质量，促进产学研一体化。总而言之，老挝的高等教育发展速度缓慢，且入学率不高，《国际统计年鉴—2022》数据显示，2020年老挝高等教育入学率仅为13.5%，说明老挝高等教育水平仍有待提升。

（3）职业教育

老挝的职业教育主要包括中等、高等两个教育层次。在中等职业教育层面，有职业培训院校和技术教育院校两类职业教育机构。老挝政府除了为初中毕业生提供职业教育，还为社会弱势群体提供参加职业教育的机会，提供一些职业教育的短期课程——综合职业教育和培训。在高等教育层面，高等职业技术教育同样由教育部门与体育部门负责。但受经济发展水平的限制，高等职业技术教育资金仍然短缺，大量的资金由国外援助。在老挝，职业教育也可以由其他部门来提供，例如，老挝的劳动与社会福利部门创办了四个技能发展中心，培养对象主要是辍学儿童和成年人，为他们提供短期或者长期的职业培训。

（4）华文教育

华文教育同样是老挝教育体系的重要组成部分，华文学校具备完整的华文教育体系，即提供从幼儿园、小学、初中以及高中的教育，完整的华文教育体系可以有效地留住生源。华文学校在创建之初，全部以汉语作为教学语言，现在，老挝教育部规定华文学校必须采用汉语、老语进行双语教学。尽管华文教育的规模不大，却承载着传承中华文化的功能，可以促进中老文化的交流融合。老挝政府对华文学校没有经费支持，出于对中华文化的热爱，老挝的华人华侨担起了办学的重任，在他们的努力下，老挝华文学校的教学质量得到了极大的提升，甚至超过一些公办学校。中国驻老挝大使馆的外交官也支持华文教育，使得华文教育在老挝得到了不断发展。[①]

（二）中老两国的交流与合作

云南省勐腊县与老挝接壤，县城内居住着许多跨境民族居民，他们与老挝联系密切，有频繁的经济文化交流，这一方面促进了中老的友好交流，另一方面也推动了文化的多样性发展。由于族源相同，虽处于不同发展程度的国家中，这些跨境民族仍保持着密切的往来。首先，在经济贸易方面，老挝主要输出热带水果等农产品，中国轻工业较为发达，主要输出生活用品到老挝境内。其次，在政治交流方面，官方层次的交流互动十分频繁。两国的乡镇政府会定期组织探访、学习、交流会议，开展多种多样的文化竞赛活动，签订经济合作协议等。最后，在文化交流方面，民族节日、宗教交流以及联

---

① 陈美君：《老挝华校华文教育的现状、困难与改革》，苏州大学硕士学位论文，2012年。

姻通婚等也使得边境的跨境民族得以相互交流与借鉴。总而言之，勐腊县的跨境民族为中老之间的合作与交流打下了重要的族源、文化基础，对跨境经济合作区的发展来说，无疑是促进两国合作交流的"润滑剂"。

在"一带一路"倡议下，2017年中老签署了《关于共同推进中老经济走廊建设的谅解备忘录》，这对于建设中南半岛经济走廊具有关键意义。到2020年，"一带一路"倡议提出已经七周年了。"一带一路"国家也通过与中国合作得到了发展。

中老铁路是中老两国合作的标志性项目。2015年12月2日，中老铁路举办开工奠基仪式。2021年12月，中老铁路开通运营。这是中老深厚传统友谊的体现，进一步推动了中老命运共同体的构建。《万象时报》评论称："中老铁路使老挝从以前的'陆锁国'变成了'陆联国'，这将促进老挝经济的加速发展。"中老铁路使得老挝成为连接亚洲各个国家的交通中枢，促进了老挝与周边国家的合作。中老铁路也对中国的贸易经济产生了影响，该铁路的建设密切了中国与东盟各国的经济联系，扩大了中国农产品交易市场，推动了中国"一带一路"倡议的实施，巩固了中国边境贸易经济安全。①

总之，中老铁路的建议对中老两国的发展都产生了积极的影响。老挝现代化建设加速推进，中国也因此进一步打开国内市场，同时也构建了中老经济走廊并取得显著成效，主要表现在基础设施建设取得新进展：昆明至曼谷的公路也为沿线城市发展、旅游开发、物流人流联动提供了交通条件。更重要的是，昆曼公路带动了沿线公路配套基础设施的建设，如服务站、沿线货场、工业园区等，公路的经济集聚和辐射效应已全面展现。昆曼公路的贯通，大幅提高了物流水平，降低了物流成本，加快了双边国际贸易的发展，切实提升了沿线居民的生活水平，推动了老挝第二大产业旅游业的快速发展。② 根据"一带一路"网数据统计，2018年，老挝与中国的进

---

① SISOMPHONE TOUKTA（习逗逗）：《中老铁路建设对中老经贸关系的影响研究》，海南大学硕士学位论文，2020年。

② 段学品、刘军：《"一带一路"背景下中老经济走廊建设的进展与挑战》，《云南行政学院学报》2020年第4期。

出口总额为 347215 万美元，老挝从中国进口 201815 万美元，老挝对中国出口 145400 万美元。据国家统计局数据，2019 年，中国向老挝出口总额为 176245 万美元，中国向老挝进口总额为 215700 万美元。2021 年，中老双边贸易额达到 43.5 亿美元，同比增长 21.4%。其中老挝进口 16.7 亿美元，增长 11.9%，出口 26.8 亿美元，增长 28.2%。中国已成为老挝最大出口目的地。

但老挝经济走廊建设仍然存在一些问题。2008—2018 年，老挝经济发展保持了较为稳定的增长，人均 GDP 不断增加，前景较好。但总体来看，老挝发展较为缓慢。方文提出，中老经济走廊建设中的问题在于：一是老挝产业底子相对薄弱；二是老挝经济发展动力相对不足；三是投资环境不够宽松；四是交通相对滞后。[①] 段学品、刘军等人提出，中老双方合作意向明确，意愿强烈，但中老合作也存在重大隐性问题，如实践先行、研究滞后、信息不对称可能带来的决策失误，云南势单力薄，通关不畅等问题。[②] 因此，中老经济走廊建设任重而道远，仍然需要一步规划和完善。

## 第三节　云南沿边跨境经济合作区的发展

### 一、河口跨境经济合作区的建设

中越向来就有政治、经济、文化合作关系。当前我国已经处于工业化发展的中后期，掌握了一定的先进技术，科技水平居于世界前列，而越南仍然处在工业化发展的初级阶段，机械化、现代化水平仍然较低。在这个意义上说，我国的工业产品和越南的自然资源形成了一种互补，因而两国的合作前景广阔。（见表 2—9）

---

① 方文：《中老经济走廊建设论析》，《太平洋学报》2019 年第 3 期。
② 段学品、刘军：《"一带一路"背景下中老经济走廊建设的进展与挑战》，《云南行政学院学报》2020 年第 4 期。

表 2-9　中越跨境经济合作区建设推进表

| 时　间 | 事　件 |
|---|---|
| 2007 年 | 云南提出规划建设中国河口—越南老街跨境经济合作区 |
| 2009 年开始 | 国家和云南省级财政每年安排 2000 万元资金用于河口口岸基础设施建设 |
| 2010 年 6 月 | 正式签署《关于加快推进中国河口—越南老街跨境经济合作区建设的框架协议》 |
| 2011 年 5 月 | 国务院《关于支持云南省加快建设面向西南开放重要桥头堡的意见》出台，其中明确提出，要优化基础设施建设、优化发展布局、加强经贸交流合作、建设外向型特色产业基地等，在此意见指导之下，中越跨境经济合作区的建设上升到国家战略层面 |
| 2012 年 10 月 | 云南省委托中国国际工程咨询公司编制了跨境经济合作区的发展规划并通过专家评审 |
| 2013 年 | 云南省人民政府出台了《支持红河州河口跨境经济合作区建设若干政策》，明确了投资、金融、产业、土地和通关等方面的鼓励政策和支持措施 |
| 2013 年 10 月 | 李克强总理访越南期间中越两国总理在发展中越合作关系上达成一致共识，两国将通过海上、陆上、金融三条通道进行合作，实现互利共赢。商务部高虎城部长与越南工贸部部长武辉煌签署了《关于建设中越跨境经济合作区的谅解备忘录》，标志着中国河口—越南老街跨境经济合作区建设成为国家对外开放战略的重要组成部分 |
| 2014 年 1 月 | 中方以云南省副省长高树勋为团长的代表团与越方以越南老街省副主席阮清阳为团长的代表团在河口举行会谈，双方就中国河口—越南老街跨境经济合作区建设相关事项进行磋商并签署了《关于落实〈中华人民共和国商务部与越南社会主义共和国工贸部关于建设跨境经济合作区谅解备忘录〉的合作备忘录》 |
| 2015 年 4 月 | 中越两国联合发布了《中越联合公报》，提出中越将推进落实重点合作项目清单和双方业已签署的各项经贸合作协议 |
| 2016 年 9 月 | 中越双方签署《中越经贸合作五年发展规划补充和延期协定》，并重签《中越边境贸易协定》 |
| 2017 年 11 月 12 日 | 在中共中央总书记、国家主席习近平和越共中央总书记阮富仲的见证下，中国商务部部长钟山与越南工贸部部长陈俊英在越南河内正式签署《中国商务部与越南工贸部关于加快推进中越跨境经济合作区建设框架协议谈判进程的谅解备忘录》 |

2017 年 11 月，双方签署"一带一路"倡议与"两廊一圈"规划发展战略对接协议，并就电子商务、基础设施合作、跨境合作区谈判等签署相关协议，制定五年规划重点项目清单。两国政府有关部门还就"一带一路"与"两廊一圈"发展战略对接制定了细化落实方案。

（一）建设措施

优惠政策方面，根据国家、省、州、县等出台的相关文件可以看到，从国家到地方，都给予了跨境经济合作区诸多的政策支持，这不仅有利于河口跨境经济合作区的发展与建设，而且有利于吸引各类企业入驻。

机制建设方面，各级政府成立了相关的管理机构。在客货通关方面，河口县公安局积极为跨境经商和从业人员办理出入境通行证。在基础设施建设方面，跨境经济合作区的基础设施与配套设施不断完善。在招商引资方面，河口县利用跨境经济合作区平台，积极参与国内外的各项招商引资活动，并取得了较好的成效。

（二）中越跨境经济合作区的发展趋势

1. 成为中越互利合作的重要平台

中越两国有各自的优势产品，经济互补性较强，两国经贸合作发展迅速，双边贸易连年上新台阶。截至 2016 年，中国连续 13 年成为越南的第一大贸易伙伴。2017 年，中越两国的双边贸易额已突破 1000 亿美元。据中国海关统计，2019 年双边贸易额 1620 亿美元，比上年增长 9.6%，其中中国对越出口978.7 亿美元，比上年增长 16.7%，进口 641.3 亿美元，比上年增长 0.3%。越方贸易逆差 346.4 亿美元。随着招商引资的不断推进，跨境经济合作区基础设施不断完善，中国河口—越南老街跨境经济合作区的发展后劲强大，成为中越互利合作的重要平台。

2. 成为中越重要的交通物流枢纽

随着中越跨境经济合作区基础设施的日趋完善，各种桥梁、公路、铁路建设相继完成通车。两国交流合作的时空距离缩短，提高了商业贸易的效率，双边的货运往来呈逐年上升的趋势。中国与越南的交流合作日益紧密，货物流通也不断增加，河口口岸的"链接"效应日趋明显，跨境经济合作区成为中越两国重要的交通物流枢纽。

### 3.成为国际购物和旅游热点地区

河口县具有民族众多、文化多元等特点，长期以来都有无数的游客到此旅游。云南本就是旅游大省，旅游业带动了其经济发展，河口县作为云南省红河州的一个旅游胜地，多年来也在吸引着各国的游客。如今，随着跨境经济合作区交通条件的逐步改善，跨境旅游兴盛起来，如 2017 年河口口岸出入境旅客就已突破 400 万人次，在购物消费时，游客可以使用人民币进行结算，给游客带来了许多便利，中国河口—越南老街跨境经济合作区正逐步成为国际购物和旅游热点地区。

### 4.成为沿边金融综合改革试验基地

2013 年 11 月 27 日，中国人民银行联合 11 个国家部委印发《云南省广西壮族自治区建设沿边金融综合改革试验区总体方案》，支持云南省加快建设面向西南开放的重要桥头堡，促进广西壮族自治区深化与东盟的开放合作，积极探索跨境金融改革创新，推动沿边地区和民族地区经济金融创新发展。到 2020 年，云南河口县已经取得了较大的成效。2016 年，河口县首次跨境调运越南盾现钞，开启了云南通过边境口岸与周边国家直接开展外币现钞跨境调运工作的先河，成功从越南老街农行调入 10 亿越南盾现钞（折合人民币 28.9 万元），调出 9.65 亿越南盾现钞（折合人民币 28.3 万元）。2016 年 3 月 17 日，在河口发布了云南首个区域性人民币与越南盾兑换的指导性汇率（简称 YD 指数），熨平了河口县各金融机构之间人民币与越南盾兑换汇率的差异，规范了中越货币兑换市场，为建立独立、统一的中越货币兑换汇率机制奠定了基础。[①]

## 二、瑞丽跨境经济合作区的建设

瑞丽古称"勐卯果占毕"，意思是产香软米的地方。后称瑞丽，因位于瑞丽江畔而得名。瑞丽位于云南西部，隶属于德宏傣族景颇族自治州。处于东经 97°31′—98°02′、北纬 23°38′—24°14′ 之间。其东连芒市，北接陇川，西

---

① 熊保安：《中国河口—越南老街跨境经济合作区建设的意义、现状和前景》，《红河学院学报》2019 年第 4 期。

北、西南、东南三面与缅甸山水相连、村寨相望，毗邻缅甸国家级口岸城市木姐，是中国唯一按照"境内关外"模式实行特殊管理的边境贸易区。1991年，国务院批准瑞丽为全国沿边对外开放县市之一，并由县制改为市。瑞丽是中国西南最大的内陆口岸，是重要的珠宝集散中心，是首批中国优秀旅游城市之一。瑞丽还是中国 17 个国际陆港城市之一，也是中缅油气管道进入中国的第一站。瑞丽是目前中缅边境上最大的口岸。由于中缅公路与中印公路在境外交汇相通，交通上的优势为中缅边境贸易提供了极大便利。2011 年 5 月，云南省委省政府在瑞丽召开重点开发开放试验区启动大会和加快桥头堡建设大会，明确提出要把瑞丽重点开发开放试验区作为全省桥头堡建设的突破口。2020 年 9 月 30 日，云南临沧市政府与缅甸商务部缅甸贸易促进局共同签署了《共同举办中国—缅甸边境经济贸易交易会意向书》。[1] 中缅两国一起探讨了中国瑞丽—缅甸木姐跨境经济合作区的发展模式，改变了以前以边境贸易带动为主的单一发展模式，提出以商业贸易、经济投资、加工制造业、货物流通、特色旅游等促进综合发展的新模式；与此同时，将跨境经济合作区建设作为区域发展的切入口，以口岸枢纽、跨境交通基础设施建设为保障，以城市为支撑点，促进边境区域经济发展及产业结构调整，加快形成昆明、瑞丽、木姐、仰光经济走廊的重要经济增长极。[2]

（一）布局

目前，我国云南省德宏州边境经济合作区建有一个贸易区，即姐告边境贸易区，以及两个工业园区，分别是潞西工业园区和瑞丽工业园区。瑞丽—木姐跨境经济合作区是中缅经济走廊的重要节点项目[3]，也是中缅最具开发潜力的跨境经济合作区，该合作区有四条跨境公路从中国通往缅甸，是中缅边境通道最多、国家级口岸最密集的区域。其中瑞丽口岸是中国最大的对缅贸

① 肖文巧：《抢抓瑞丽国家开发开放试验区建设机遇打造国际边境金融中心——瑞丽国家重点开发开放试验区金融创新思考》，《时代金融》2013 年第 26 期。
② 杨得志：《中缅跨境民族问题研究》，华中师范大学博士学位论文，2014 年。
③ 李晨阳、孟姿君、罗圣荣：《"一带一路"框架下的中缅经济走廊建设：主要内容、面临挑战与推进路径》，《南亚研究》2019 年第 4 期。

易陆路口岸，与缅甸国家级口岸木姐对接。① 根据缅甸商务部部长发言，通过对瑞丽—木姐跨境经济合作区的细致规划，该合作区将拥有免税店、酒店、工厂、银行等配套设施。

根据瑞丽的地理特点和交通状况，按照区域空间优化、多口岸经济分工有序的要求，瑞丽—木姐跨境经济合作区提供尽可能多的"最优区位空间"，转变单一的"畹町—九古""瑞丽—木姐""弄岛—南坎"口岸经济空间模式，围绕瑞丽江两岸河谷地带，形成由"一轴一带一环、双核双辅双廊"共同支撑的跨境区域性合作发展模式，以大幅提升区域整体竞争力。

"一轴一带一环"的"一轴"是指以泛亚铁路的西线、连接昆明、瑞丽、仰光的高等级公路以及中国缅甸陆地河道联运的大通道共同构成的国际大通道为轴，发挥大运量、远距离交通运输功能；"一带"是指沿瑞丽江而形成的滨水旅游文化景观带②；"一环"指的是中方瑞丽—弄岛—缅方南坎—木姐—105码—九古—中方畹町—瑞丽的区内交通环线，实现了合作区内部的通达。③

"双核双辅双廊"的"双核"是指处于跨境经济合作区核心的姐告边境贸易区与木姐白象街商贸区对接而成的中缅跨境合作中心、畹町边境经济合作区起步区与木姐峦应村对接而构建的中缅跨境工业园；"双辅"是指以畹町—九古口岸经济区、弄岛—南坎口岸经济区为两个辅助区域；"双廊"指的是中方瑞丽市西北侧山系和缅甸木姐地区东南侧山系构筑的生态绿色长廊。④

秉持着科学发展原则、互利共赢原则、政府调控与市场导向相结合原则以及先易后难、分阶段推进原则，中缅瑞丽—木姐跨境经济合作区优先发展国际经贸服务业和进出口加工业，充分发挥两国资源优势及产业互补优势，促进两国发展，实现互利共赢。

---

① 《瑞丽国家重点开发开放试验区　中国（云南）自贸试验区德宏片区开启沿边开放新篇章》，《人民周刊》2019 年第 24 期。

② 张梦瑶：《中缅边境经济合作区区域旅游合作模式构建与路径选择》，云南财经大学硕士学位论文，2014 年。

③ 汤国辉：《姐告边境贸易区发展的思考》，《云南省国际贸易学会云南省国际贸易学会理事会暨 2001 年学术年会论文集》，云南省国际贸易学会，2002 年 6 月。

④ 全洪涛、杨寿禄、龙汝林、李全民编著：《沿边开放的战略选择：中缅跨境经济合作区研究》，经济管理出版社 2012 年版，第 79 页。

（二）措施

第一，共同推进经济走廊基础设施建设，为两国合作打下基础。交通方面，加强陆水通道网络的建设。能源方面，基于中缅油气管道的建设，促进沿线成品油加工生产、天然气管网等配套设施的建设。

第二，将跨境经济合作区建设作为经济走廊建设发展的抓手、示范区。跨境经济合作区的建设可以应对双边合作的现存问题，激活两国共同的经济增长点，实现资源互补，并促进周边区域的经济发展。当前，瑞丽、木姐、清水河、滚弄两个跨境经济合作区的建设是促进经济走廊形成的先行先试区，以此为平台有利于两国的产业合作和对接。

第三，改善民生项目，加强人文交流。两国都秉持"民生优先"的发展理念，如为促进缅甸农村的发展，联合设立农业问题咨询处；共建职业学校，互派留学生；开展医学援助等。在人文交流方面，中缅两国共建中缅经济合作学院和中缅友好职业技术培训学校，为合作区培养更多的人才。这些软实力的交流、互动实践为两国经济合作创造了良好的舆论氛围，促进了中缅文化的交融。

第四，以"数字丝绸之路"和"智慧城市"作为发展理念。主要是将新兴的信息技术等用于中缅经济走廊建设，促进其数字化发展。此外，两国还将智慧城市的新理念用于经济走廊节点的建设，如排水系统建设和公共交通系统建设等。①

### 三、勐腊跨境经济合作区的建设

勐腊县是普洱茶的故乡，历史上曾有过"万亩茶山万担茶"的兴旺时期。那时生产的元宝茶不仅是进献清政府的贡品，还靠马帮经老挝运到密赛（泰国）、打七里（缅甸）、莱州（越南），再用船运出海，畅销东南亚。② 勐腊区位独特，东、南、西南三面与老挝山水相连，西北面与缅甸隔澜沧江相

---

① 李晨阳、孟资君、罗圣荣：《"一带一路"框架下的中缅经济走廊建设：主要内容、面临挑战与推进路径》，《南亚研究》2019 年第 4 期。

② 王建中、李彩云、周防主编：《云南边境经济贸易全书》，云南人民出版社 1993 年版，第 316 页。

望，北与普洱市江城县毗邻，国境线长 740.8 千米（中老段 677.8 千米、中缅段 63 千米）。由于勐腊拥有独特的区位优势，基于勐腊（磨憨）重点开发开放试验区的建设和中国磨憨—老挝磨丁经济合作区的不断发展，勐腊县的经济得到了飞速提升。2022 年，勐腊县实现生产总值 1526832 万元，比上年增长 4.6%；全年接待国内外游客 623.78 万人次，比上年增长 68.8%；旅游综合收入 791681 万元，比上年增长 54.8%；对外经济贸易总额 4438718 万元。[①]

（一）勐腊（磨憨）重点开发开放试验区

试验区内总人口约 30.65 万，少数民族人口约占 77%；区内有国家一级口岸——磨憨口岸，澜湄航道的国家级口岸——景洪港关累码头，勐满、曼庄、新民等多条联通中国老挝的陆路通道、澜湄黄金水道、昆明至曼谷的国际大通道与泛亚铁路（中线）纵贯试验区全境，从试验区出境可通往老挝、泰国，直至新加坡。

在空间布局上，依托澜沧江—湄公河黄金水道、中国昆明—泰国曼谷国际大通道，搭建"两带"（勐仑、磨憨通道经济带，景洪、关累沿江经济带）、"两核"（磨憨经济合作区、勐腊现代服务集聚区）、"五区"（水港经济功能区、进出口加工功能区、文化旅游功能区、特色农业功能区、生态屏障功能区）的空间格局。

（二）中国磨憨—老挝磨丁经济合作区

1. 交流互动

勐腊地理位置特殊，与邻国老挝有着密切的联系与合作。2011 年 9 月 2 日，为了积极推进西南桥头堡战略实施，加强与周边国家的联系与交往，由县团委、县委统战部、县职高共同举办的老挝语初级短期培训班在县职高举行开班典礼。2015 年，两国政府正式签署《中国磨憨—老挝磨丁经济合作区建设共同总体方案》。[②] 2017 年 4 月 27 日，老挝南塔省勐新县投资计划局局

---

[①] 孟勐腊县统计局：《勐腊县 2022 年国民经济和社会发展统计公报》，勐腊县人民政府网，2023 年 5 月。

[②] 陈磊、陈昭：《中国老挝磨憨—磨丁经济合作区——"一带一路"愿景的落地与承接》，面向"一带一路"的律师法律服务——第八届西部律师发展论坛，2016 年 9 月 22 日。

长坎江·乔巴瑟、副局长派婉·塔隆馨等一行 4 人到勐腊县开展工作交流，勐腊县发展改革和工业信息化局及勐腊县外事办等部门陪同开展工作交流活动。2019 年 8 月 16 日，黄刚副县长带领勐腊县商务局、县外办等部门领导，到勐满镇与老挝勐醒县委书记、县长展政华先生率领的由老挝勐醒县商务、发改、交通、团委、妇联等相关部门组成的访问团队进行了深入座谈和交流。

2. 定位

跨境经济合作区的产品定位遵照优势互补、合理布局、双边互利共赢的原则，着重发展国际商业贸易、加工制造生产、特色旅游、国际金融及现代物流等，并根据合作区发展状况适时进行调整。加快发展特色商品和专业交易市场，推进核心贸易区的规范化，建构中国与东盟各国重要的贸易平台。在加工制造业方面，致力于中国—东盟互补产品深度开发，重点发展农业副产品、纺织业、机械制造、电子制品、橡胶产品、包装等加工制造业；引入生物医药、新能源、新材料等新兴产业，将跨境经济合作区建设成为中国老挝边境特色加工、生产制造业基地。发挥两国旅游资源优势，加强边境在旅游基础设施、产品开发、市场主体培育、市场服务监管等方面的交流与合作，推动实现中老缅泰四国主要旅游目的地之间的互联互通，形成四国边境旅游环线。在国际金融方面，推进在合作区内设立银行、证券、保险等金融机构，发展国际证券、国际期货、保险等业务，鼓励社会、企业共同参与搭建投融资新平台。支持金融机构在跨境经济合作区设立分支机构，构建商业银行、证券公司、保险公司等形式多样、优势互补、结算功能完备的金融新体系。在现代物流方面，构建服务于产业链、加工制造业、边境贸易发展的国际商贸物流、国内商贸物流、保税、冷链、加工等物流服务体系。提高磨憨—南塔—清迈—曼谷、磨憨—琅勃拉邦—万象国际物流通道辐射能力和水平，最终将合作区构建成面向东盟的国际物流枢纽和货物集散配送中心。

3. 优势

勐腊县是中国与老挝两国互联互通及面向东南亚各国的重要通道，是与各国进行商贸和交流合作的交汇点。磨丁口岸是中国面向东南亚市场的重要国际性口岸。2013 年，昆曼公路的贯通，使中老两国的客运线路更为完善，促进了两国人员的来往，也为东南亚各国交往提供了便捷的交通条件，同时磨憨、磨丁口岸建立了相关协作机制，通关水平也不断提高。

跨境经济合作区产业合作空间广阔。老挝是典型的农业大国，盛产稻谷、咖啡、橡胶、烟叶、茶叶等作物，但农业技术发展落后，缺乏资金、市场和技术的支持。而中国虽然也是农业大国，但是中国的加工技术已经发展到一定水平，可以提供资金、市场和技术的支持，利用老挝当地的原材料和廉价劳动力来生产食品，这样既可以促进老挝当地的经济发展，又缓解了国内的竞争压力，减轻了自然资源的负担。

4. 困境

建设资金缺乏。勐腊县处于边疆、民族、山区、贫困地区，经济基础薄弱，财政十分困难。虽然云南省地区生产总值一直保持高速的增长态势，但是主要集中在滇中地区，像勐腊县这样的边境地区经济发展仍比较落后，缺少融资渠道，能够用于跨境经济合作区建设的财政资金有限。

缺乏产业支撑。勐腊县虽具有一定的经济优势、产业优势，但在将地区优势、资源优势转化为地方的经济优势方面还有一定的难度。县区规模以上企业只有 9 家，工业基础薄弱。跨境区域的企业大多为边疆地区的企业，实力比较弱，不仅缺乏竞争力，抗风险能力也比较差。

实现双边或多边共赢是全球化发展的必然趋势之一。跨境经济合作也已成为当今世界发展的主要趋势之一，边境各国依托地理的相邻性、民族文化的相似性采取积极有效的对外交流措施，不断实现合作共赢。跨境经济合作区的顺利建设要以国家地位的平等为前提，注重双边合作的成果惠及民生，形成互惠互利的经济发展格局。

# 第三章 云南沿边跨境经济合作区人力资源状况与产业格局

## 第一节 云南沿边跨境经济合作区在我国经济发展中的战略地位

### 一、云南沿边跨境经济合作区概况

（一）云南沿边跨境经济合作区自然地域情况

云南三个沿边跨境经济合作区位于云南省西南部，地处热带和亚热带气候区，气候暖热，降雨充沛，植被种类多样。其中，瑞丽市位于横断山脉南部的延伸段，西北高，东南低，市域面积944.75平方千米，山区与坝区面积比约为4:1，森林覆盖率接近70%；平均气温在20℃—25℃，全年出产各类鲜花水果，被誉为"热区宝地"。河口县县域面积1332平方千米，其地势北部高，南部低，并呈阶梯状向东南倾斜；该县域海拔76.4—2354.1米，落差较大，近年平均气温约为25℃，总降雨量超过2000毫米，动植物资源种类繁多。勐腊县县域面积6860.84平方千米，其地势东北高，西南低，并呈阶梯状逐渐下降，山地占95.63%，多属侵蚀山地，坝子占4.37%；自然条件优越，终年暖热，平均气温21.8℃，年降水量1714.2毫米，气候湿润，境内原始森林超过400万亩，森林覆盖率高于全国平均水平，达到88%，动植物种类多样，资源丰富。

（二）云南沿边跨境经济合作区行政区域

勐腊县隶属西双版纳傣族自治州，全县辖 8 个镇（勐腊镇、勐捧镇、勐仑镇、关累镇、勐满镇、勐伴镇、尚勇镇、易武镇），2 个乡（瑶区乡、象明乡），4 个农场管委会（勐腊农场管委会、勐捧农场管委会、勐满农场管委会、勐醒农场管委会），县域有 7 个居委会，52 个村民委员会，529 个村民小组，并内驻中央科研单位——中科院勐仑植物园。

河口瑶族自治县隶属红河哈尼族彝族自治州，全县辖 2 个镇（河口镇、南溪镇），4 个乡（老范寨乡、桥头苗族壮族乡、瑶山乡、莲花滩乡），4 个农场（河口农场、坝洒农场、南溪农场、蚂蝗堡农场），3 个居委会，27 个村民委员会，285 个村民小组，驻有沙坝热带作物研究所等机构。国境线长约 193 千米。

瑞丽市隶属德宏傣族景颇族自治州，辖 3 个镇（勐卯镇、畹町镇、弄岛镇），3 个乡（姐相乡、勐秀乡、户育乡），2 个国营农场（瑞丽农场、畹町农场），4 个经济开发实验区（姐告边境贸易区、畹町经济开发区、瑞丽边境经济合作区、畹町边境经济合作区）。国境线长 169.8 千米。

**二、云南沿边跨境经济合作区的区位优势**

云南沿边跨境经济合作区地缘优势明显，东西、南北交通便捷，是我国"一带一路"建设的关键区域。勐腊县域内现有 5 条公路通往老挝、缅甸的边境口岸。该县的关累码头为县内重要航运码头，沿其可通过澜沧江进入东南亚诸国，由于澜沧江通达太平洋，通过该航道也可由太平洋进入南亚各国，因此，勐腊县是我国面向东南亚的陆路、水路口岸，在面向中南半岛开放过程中具有重要区位优势。近几年，勐腊县在云南省实施"中路突破，打开南门，走向亚太"的经济发展战略和"两强一堡"建设中成为前沿阵地，也是我国建设澜沧江—湄公河次区域经济技术合作的门户。近年来，勐腊县充分发挥区位优势，抢抓国家沿边开发和云南省"五网"建设政策机遇，全力推进交通基础设施建设。小磨高速等级提升项目建成通车，昆明至曼谷的公路实现云南境内全高速。同时，勐腊县也在全力配合泛亚铁路（中线部分）勐腊段的建设，该铁路已在 2021 年全面建成通车；2025 年前将建成勐腊机场并投入使用。澜沧江—湄公河长年可通行船舶达到 300 吨级，为了满足未来发展的需要，该县即将启动相关航道整治工程，未来县域内港口的吞吐和航道通航能力将得到进一步提升。届时，勐腊县将构建起公路、铁路、航空、水路为一体的交通运输网络，成为联通中南半岛各国的重要交通枢纽。在此基础上，勐腊县充分发挥试验区先行先试的政策优势和合作区的高端平台作用，积极促进与老挝方面的政策联通，持续巩固双边战略合作伙伴关系。合作区围网项目正在建设实施，与磨丁经济专区形成定期交流互访关系，与老挝边境省确立了定期会晤制度等，以便于三国及时协商并解决合作区在各项国际重大项目建设推进过程中遇到的困难和问题。与老方开通 17 条国际运输线路，推动跨境物流合作深入发展，2021 年 12 月 3 日中老铁路的正式开通运营，进一步打通了老挝与东南亚各国的通道。深化农业领域合作，积极推广水稻、玉米、橡胶、甘蔗等境外种植，大力开展中老边境地区动物疫病屏障建设合作项目，截至 2019 年全县有 288 家企业在老挝开展经济技术合作。与老挝南塔省勐新县、乌多姆赛省纳莫县、泰国清莱府清孔县达成缔结友好城市意向，与老挝南塔省勐新县巴铺村、南买村等村寨缔结边境友好村寨关系，中老战略合作关系不断巩固，情感交流更加密切。

河口县作为边境县，利用其区位优势与越南等东南亚国家建立了紧密联系。在区域位置方面，河口与越南的老街、谷柳隔河为邻，距离其首都河内约 245 千米，且双方通行便利，铁路、公路、红河航道形成县内陆运、水运、铁运交织的立体交通网络。滇越铁路是一条通往东南亚国家的国际铁路。河口县是泛亚铁路的必经之地，与越南形成公路、铁路和水路相通相连的交通网络布局。河口口岸是云南省面向东南亚开放的前沿阵地，是云南省实施"中路突破，打开南门，走向亚太"经济发展战略的关键区位，被称为"黄金通道"。近年来，河口县与越南口岸进一步加强设施方面的功能衔接以及信息方面的互动联通，探索实行"两国一检"等便利化措施，加快复制推广"一口岸多通道"监管制度创新，促进对外贸易规模不断扩大，加强对外合作交流。另外，河口跨境经济合作区的发展历史悠久，早在 1992 年便成为我国首批国家级边境经济合作区之一，并实现了快速发展。同时，国家给予当地发展诸多优惠政策，通过实施招商引资、项目建设、产业发展与优化等措施，大力发挥产业集聚效应，并特别强调在经济贸易方面深化与周边国家的合作，以促进区域功能的升级。近年来，通过一系列扎实有效的措施，基础设施建设加强，便利化程度提高，并在此基础上逐步构建了区域性交流合作平台，促进双方友好发展。

瑞丽是中国西南片区最大的内陆口岸，具有沿边地区的典型地理特征，肩负对外开放的任务，是一个以国际商贸和旅游为主要产业支撑的地级城市。瑞丽市内交通体系完善，是 320 国道、杭（州）瑞（丽）高速的终点，昆（明）瑞（丽）公路与中印公路的交会处，还有 4 条跨越中缅的公路，分别为瑞（丽）木（姐）公路、瑞（丽）南（坎）公路、瑞（丽）八（莫）公路、畹（町）九（谷）公路，市域内各类渡口和交通通道共 36 个，是中国和缅甸陆水联运大通道的内陆港，并被规划为未来泛亚铁路西线的重要站点，内外联系通达度较高。2010 年，我国提出"积极建设广西东兴、云南瑞丽、内蒙古满洲里等重点开发开放试验区"，瑞丽依据该文件提出了"瑞丽构想"的发展方略，并按照"一核两翼，联动发展；一区多园，政策叠加"的思路，在对外发展方面积极配合我国国际陆海物流通道的建设，具体路线为由瑞丽出境、经缅甸皎漂港后进入印度洋。同时，瑞丽市不断加强与我国发达地区和周边国家在经济、技术、资金和人才方面的合作，建立引进人才、出口、贸易、仓储物流、旅游、商务等基地和平台；在对内联动方面，瑞丽市积极搭建以自身为支点的德宏沿边经济带，期望通过该经济带的发展辐射滇西南边境地区，推动我国沿边开放新格局的建立。目前，瑞丽市的产业聚集效应正逐步显现，通过招商引资、政策优惠等措施已吸引大量内地及周边国家的企业入驻当地工业园区和加工基地，产业发展规模不断扩大。

### 三、云南沿边跨境经济合作区发展潜力分析

云南沿边跨境经济合作区是我国面向东南亚开放的重要区域，对提高云南省乃至我国的沿边对外开放水平、加快对外加工贸易的发展、深化睦邻友好合作具有重要意义。同时，贯彻与邻为善、协同发展的周边外交方针，对维护我国西南边境领土、能源和各类资源安全，落实"兴边富民"工程项目

具有重要意义。通过合作区 2015—2019 年经济发展情况（见表 3－1）可知，近年来，合作区三地均呈现经济稳定增长的态势，其中以河口县的 GDP 增长最为显著，均保持 10% 以上的增长率，2017 年增速超过 20%，体现出当地生产力的持续提高和经济发展稳定向好的情况。合作区良好的经济发展态势有助于促进我国与东南亚国家的经济贸易往来，推动云南省对外开放经济项目建设，更能进一步发挥云南在边境经济发展中的良好带动作用。

表 3－1　2015—2019 年云南沿边跨境经济合作区经济情况 ①

| 县、市 | 年　份 | 2015 | 2016 | 2017 | 2018 | 2019 |
|---|---|---|---|---|---|---|
| 勐腊县 | 地区生产总值（GDP） | 72.51 亿 | 81.51 亿 | 86.9 亿 | 92.41 亿 | 125.87 亿 |
| | 同比增长（%） | 8.8 | 11.4 | 9.1 | 8.2 | 9.1 |
| 河口县 | 地区生产总值（GDP） | 37.31 亿 | 42.14 亿 | 51.42 亿 | 60.03 亿 | 98.03 亿 |
| | 同比增长（%） | 10.9 | 12.0 | 21.5 | 16.8 | 15.5 |
| 瑞丽市 | 地区生产总值（GDP） | 77.1 亿 | 89.4 亿 | 102.4 亿 | 107.4 亿 | 149.1 亿 |
| | 同比增长（%） | 5.7 | 15.0 | 16.0 | 6.1 | 9.4 |

由表 3－2 可知，勐腊县三次产业生产总值分别占西双版纳自治州的 34.8%、13.5% 和 20.6%，第一产业占比较大，是当地的重要支柱产业，为全州的经济发展作出了重要贡献。勐腊县气候适宜，阳光雨量充沛，在农林牧渔业的生产方面具有得天独厚的优势，对保证全州相关产品供给和推动产业结构进一步调整具有重要作用。但也体现出勐腊县一、二、三产业发展不均衡、融合不深入的问题，相关农产品存在规模不大、结构单一、深加工不够、品牌知名度低等问题。随着产业结构的优化调整，勐腊县三次产业表现出较大的发展潜力。

① 勐腊县统计局编：《勐腊县统计年鉴》（2015—2018 年）；河口瑶族自治县编：《2015—2019 年领导干部经济工作手册》；瑞丽市统计局编：《瑞丽统计年鉴》（2015—2018 年）。

表 3-2　2018 年勐腊县生产总值占全州比重 [①]

|  | 勐腊县 | 全州 | 占全州（%） |
|---|---|---|---|
| 第一产业 | 35.54 亿 | 102.09 亿 | 34.8 |
| 第二产业 | 15.45 亿 | 114.33 亿 | 13.5 |
| 第三产业 | 41.42 亿 | 201.37 亿 | 20.6 |

表 3-3　合作区三地人口情况 [②]

|  | 城镇人口数 | 农村人口数 | 总户籍人口 | 人口自然增长率 | 城镇化率 | 人口密度（人／平方千米） |
|---|---|---|---|---|---|---|
| 勐腊县 | 8.59 万 | 16.49 万 | 25.08 万 | 4.06% | 34.25 | 43 |
| 河口县 | 4.29 万 | 5.03 万 | 9.32 万 | 6.19% | 46.03 | 83 |
| 瑞丽市 | 6.34 万 | 7.58 万 | 13.92 万 | 7.20% | 67.89 | 222.5 |

由表 3-3 可知，合作区三地除瑞丽市外，勐腊县、河口县人口密度均低于全国平均水平（143 人／平方千米），可见合作区的土地利用率较低。但合作区的人口保持不断增长的态势，且农村人口数量多于城镇人口，城镇化发展水平有待提高，除瑞丽市外均低于我国的平均城镇化水平（59.58%）。合作区三地经济发展现状具有一定不均衡性，以勐腊县和瑞丽市为例，勐腊县户籍人口总数比瑞丽市多 11.16 万，但 2015—2018 年的地方 GDP 总值均少于瑞丽市，且城镇化率和人口密度较低。另外，合作区三地人均 GDP 差异较大，河口县最高，为 88960 元，超出全国平均人均 GDP 约 18068 元，是红河哈尼族彝族自治州最高的县，高出州平均人均 GDP 42333 元；瑞丽市为 70923 元，仅超出全国平均人均 GDP 31 元，但也是德宏傣族景颇族自治州最高的县市，高出州平均人均 GDP 31891 元；而勐腊县为三地最低，相较于全国平均人均 GDP、河口县和瑞丽市人均 GDP 分别低了 39558 元、57626 元和 39589 元。

---

① 勐腊县统计局编：《勐腊县统计年鉴》（2018 年）。

② 勐腊县统计局编：《勐腊县统计年鉴》（2018 年）；河口瑶族自治县编：《2019 年领导干部经济工作手册》；瑞丽市统计局编：《瑞丽统计年鉴》（2018 年）。

（见表3—4）但发展的不平衡更能发挥优势地区对落后地区的渗透和带动作用，激发地方的发展潜力。随着生产力的提高和人口的增长，特别是在全国人口压力不断增大和合作区经济实力逐渐增强的背景下，合作区还有大片的区域属于乡村，从空间方面看还有较大潜力可挖掘，发展后劲充足。如果能提高土地的利用率，通过招商引资、项目投资、基础设施建设推动经济发展，吸引人口进入，将有助于促进城镇化水平的提高。

表3—4　云南沿边跨境经济合作区人均GDP比较表

| 人均GDP | 全国 | 西双版纳傣族自治州 | 勐腊县 | 红河哈尼族彝族自治州 | 河口县 | 德宏傣族景颇族自治州 | 瑞丽市 |
|---|---|---|---|---|---|---|---|
| 总值（元） | 70892[①] | 35286[②] | 31334[③] | 46627 | 88960 | 39032 | 70923 |

沿边跨境经济合作区是一种不同于边境合作区的次区域经济合作模式，它是边境两国或者是多国政府在接壤地区划出特定区域，给予特殊的经济政策支持，将其作为共同管理的集多种功能于一体的综合经济区；其特点可归纳为"两（多）国一区、分别管理、统筹协调、境内关外、一区多园、封闭运行、政策优惠"。在诸多经济政策扶持下，合作片区提高了跨国交通通达度，完善了口岸和边境基础设施建设，增加了固定资产投资，如河口县启动并推进国门形象工程，开展了城市"四治三改一拆一增"和农村"七改三清一提升"整治行动。同时，合作片区大量引进国内各地及周边国家的企业并建立相应的产业基地，如瑞丽市的红木加工区、金属加工区和轻工业园区等，勐腊县的制糖业、茶叶加工区，河口县的电子信息产业园、林果产业和生物制药等，以逐渐增加产业的集聚效应并加大对相关行业的规范和整合力度，营造更好的经济环境，激发合作区发展潜力。

---

①　《中华人民共和国2019年国民经济和社会发展统计公报》，中华人民共和国中央人民政府网，2020年2月28日。

②　《全国唯一傣族自治州西双版纳人均GDP70年翻238倍》，中国新闻网，2019年8月9日。

③　勐腊县统计局编：《勐腊县统计年鉴》（2018年）。

## 第二节　云南沿边跨境经济合作区人力资源基本特征

人是区域社会发展的推动者，人力资源对国家或地区经济的可持续增长具有重要作用。人力资源是知识储存的载体，其他发展因素（技术、资本、政策等）都需要附着其上才能发挥作用，因此人力资源被称为现代经济发展的源泉。特别是当社会经济发展步入知识经济时代时，人力资源在经济社会发展和社会管理中发挥的作用将更为突出。对于经济基础较为薄弱、地理条件受限的云南沿边跨境经济合作区而言，人力资源更是一种不可替代的资源，对当地的经济发展发挥着重要的作用。关注区域内人力资源的数量和结构，是实现该区域经济发展的必要之举。

### 一、人力资源总量状况

对地区人力资源的总量进行探索，可以了解现有人力资源数量是否满足地区发展需要，并可作为衡量地方发展潜力的重要指标。从表 3—5 可以看出，云南沿边跨境经济合作区男女比例平衡，农村人口皆多于城镇人口，城镇失业率较低，但各地均存在各自问题，其中勐腊县的城乡人口分布差异明显，大多数劳动人口集中在农村地区（农村户籍人口比城镇户籍人口多 78961人，占总劳动人口的 76%），表明当地劳动人口多在农林相关产业就业，就业分布偏差大。另外，外来常住人口约为 4.5 万，约占总常住人口的 18%，人口总量较少，体现出当地对人力资源的经济吸引作用有限，以传统农业为主的就业方式使得当地难以提供更多的工作岗位吸引外来人口到当地就业及生活；河口县人口总数较少，但人口密度高于勐腊县，城乡分布偏差相对较小，农村户籍人口比城镇户籍人口多 6924人，占总户籍人口的 53.7%，但同样存在常住外来人口总量少的问题，仅有 1.8 万人，占总人口的 15.9%，体现出当地经济发展缓慢，商业和工业项目建设有限，人口吸纳能力不足；瑞丽市在合作区三地中人口密度最高，且常住外来人口约为 70971人，占总人口的 33.8%，人口数量较多，对外来人口的吸引力较大。瑞丽市地区生产总值超百亿元，经济较为发达，产业发展更为成熟，形成了以红木、翡翠相关贸易加工为主体的特色产业链，不仅带动了当地人口就业，更吸引了大量从业者涌入。

表3-5　云南沿边跨境经济合作区人口情况 [①]

|  | 勐腊县 | 河口县 | 瑞丽市 |
|---|---|---|---|
| 男性人口（户籍） | 123643 | 47283 | 67560 |
| 女性人口（户籍） | 127168 | 46091 | 71665 |
| 城镇人口（户籍） | 85925 | 43225 | 63449 |
| 农村人口（户籍） | 164886 | 50149 | 75776 |
| 总户籍人口 | 250811 | 93374 | 139225 |
| 常住人口 | 29.59万 | 110978 | 210196 |
| 人口密度 | 43 | 83 | 222.5 |
| 城镇登记失业人数 | 407 | — | — |
| 城镇登记失业率（%） | 2.76 | 3.07 | — |

## 二、人力资源结构特征

### （一）总人口年龄结构相对协调

年龄是人口基本的自然属性，年龄结构不仅表现人口现状，更能预测未来人口发展的类型、速度和趋势。人口经济学认为，一个地区的人口年龄结构关系当地劳动力市场的现状与未来，将从劳动力供给和市场需求方面影响当地产业发展，并进一步影响未来地区社会经济的可持续发展，特别是当人口年龄结构表现出老龄化趋势，将对区域产业发展、劳动力市场、投资和项目建设等产生不利影响。对云南沿边跨境经济合作区人力资源的年龄构成进行分析，可先对区域人口按年龄段进行划分，统计区域人口的年龄分布情况，以了解合作区适龄劳动人口数、人口老龄化程度、人口的体能负荷等，进而判断该地区吸纳新知识和发展新技术的能力，地方人力资源的工

---

① 勐腊县统计局编：《勐腊县统计年鉴》（2018年）；河口瑶族自治县编：《2019年领导干部经济工作手册》；瑞丽市统计局编：《瑞丽统计年鉴》（2018年）。

作性质、从事产业或职业的性质与人口年龄的匹配度，以此为未来区域产业结构的调整和优化提供参考。①第七次全国人口普查数据显示，勐腊县全县人口中，0—14岁人口为58455人，占总人口的19.17%；15—59岁人口为209945人，占总人口的68.84%；60岁及以上人口为36553人，占总人口的11.99%，其中65岁及以上人口为22670人，占总人口的7.43%。与2010年第六次全国人口普查相比，0—14岁人口的比重下降了1.56个百分点，15—59岁人口的比重下降了2.48个百分点，60岁及以上人口的比重上升了4.03个百分点，65岁及以上人口的比重上升了2.16个百分点。河口县全县人口中，0—14岁人口为19962人，占总人口的19.58%；15—59岁人口为69476人，占总人口的68.13%；60岁及以上人口为12533人，占总人口的12.29%，其中65岁及以上人口为8407人，占总人口的8.24%。与2010年第六次全国人口普查相比，0—14岁人口的比重上升了0.84个百分点，15—59岁人口的比重下降了4.43个百分点，60岁及以上人口的比重上升了3.59个百分点，65岁及以上人口的比重上升了2.15个百分点。瑞丽市全市人口中，0—14岁人口为48702人，占总人口的18.20%；15—59岁人口为195693人，占总人口的73.12%；60岁及以上人口为23243人，占总人口的8.68%，其中65岁及以上人口为14407人，占总人口的5.38%。与2010年第六次全国人口普查相比，0—14岁人口的比重下降了0.66个百分点，15—59岁人口的比重上升了17.22个百分点，60岁及以上人口的比重上升了1.65个百分点，65岁及以上人口的比重上升了0.74个百分点。1982年维也纳老龄问题世界大会提出，如果一个国家或地区60岁及以上人口比例超过总人口的10%，则可将其划为严重老龄化区域。勐腊县、河口县的人口指标体现出该县老龄人口比重均超过10%，人口老龄化问题凸显。同时，勐腊县、瑞丽市0—14岁人口的比重下降，多数人口集中于35—59岁，未来老龄化的趋势可能更为显著，亟须采取相应措施进行解决。

人口发展的类型可分为增长型、稳定型和缩减型，如果一个国家或区域

---

① 尹乐、苏杭主编：《人力资源战略与规划》，浙江工商大学出版社2017年版，第12页。

的青年人口在总人口中比重较大，新生儿比率较高，老龄化系数较低，则将该地区视为人口增长型；如果地区人口各年龄组分布较平均，出生率低，人口数量呈现较慢的增长，该地区被称为人口稳定型；而当地区人口年龄结构以"两头小，中间多"的形态分布，表明该地区为低出生、低增长的缩减型人口年龄结构，老龄化水平较高。[①] 云南沿边跨境经济合作区中的勐腊县和河口县的人口发展类型都属于缩减型，绝大部分人口处于 25—60 岁之间，适龄劳动力资源占比较大，人口增加缓慢（可能受计划生育政策的影响），老龄化程度较高。但两地的具体情况又有差异，勐腊县老龄化人口负担较轻，现阶段人力资源比例相对协调，有利于人力资源的开发配置。少年儿童人口相对较少意味着新生人口的数量在减少，可能会出现少子化趋势，会影响未来人力资源的结构；而河口县的老龄人口系数远高于勐腊县及相关老龄化标准，老龄化问题严峻，已经对现有社会保障体系、人力资源市场等造成一定影响，且少年儿童人口较少，导致人力资源后备力量不足，影响了老、中、青三代的交接。

（二）人力资源文化结构：整体水平较低，有待提高

"以智能为代表的人力资源是一种全新意义上的人力资本概念，是知识丰富的高质量的人力资源。"[②] 而提高人口受教育程度则是促进地方知识经济发展的重要举措。人口的文化结构表示区域总人口中不同学历水平的各类人口分布情况，即接受初等教育、中等教育和高等教育或其他教育的人口在总人口中的构成特征。云南沿边跨境经济合作区人口的受教育程度关系当地人口的整体质量，可以通过教育投资提升人口素质，从而为地区经济向高质化、高层次化发展奠定基础。

第七次全国人口普查数据显示，河口县总人口（常住人口）为 101971 人。全县 3 岁及以上人口中，大学（指大专及以上）文化程度的人口为 9926 人；高中（含中专）文化程度的人口为 9967 人；初中文化程度的人口为

---

① 曾明星：《极化增长区域人力资源优化配置研究——以长江三角洲大都市圈为例》，华东师范大学博士学位论文，2005 年。

② 尹乐、苏杭主编：《人力资源战略与规划》，浙江工商大学出版社 2017 年版，第 12 页。

31595 人；小学文化程度的人口为 34539 人（以上各种受教育程度的人包括各类学校的毕业生、肄业生和在校生）。与 2010 年第六次全国人口普查相比，每 10 万人中大学文化程度的人数由 5417 人上升为 9734 人；高中文化程度的人数由 9167 人上升为 9774 人；初中文化程度的人数由 29753 人上升为 30984 人；小学文化程度的人数由 35024 人下降为 33871 人。全县 15 岁及以上人口中，文盲人口（15 岁及以上不识字的人）为 4626 人，与 2010 年第六次全国人口普查相比，文盲人口减少 8423 人，文盲率由 12.47% 下降为 4.54%，下降了 7.93 个百分点。勐腊县总人口（常住人口）为 304953 人，比 2010 年第六次全国人口普查时的 281730 人，增加 23223 人，增长 8.24%。全县 3 岁及以上人口中，大学（指大专及以上）文化程度的人口为 26427 人；高中（含中专）文化程度的人口为 29273 人；初中文化程度的人口为 83838 人；小学文化程度的人口为 117329 人（以上各种受教育程度的人包括各类学校的毕业生、肄业生和在校生）。与 2010 年第六次全国人口普查相比，每 10 万人中大学文化程度的人数由 4036 人上升为 8666 人；高中文化程度的人数由 7321 人上升为 9599 人；初中文化程度的人数由 24824 人上升为 27492 人；小学文化程度的人数由 41191 人下降为 38475 人。全县 15 岁及以上人口中，文盲人口（15 岁及以上不识字的人）为 21113 人，与 2010 年第六次全国人口普查文盲人口 36171 人相比，文盲率由 12.84% 降低为 6.92%，下降 5.92 个百分点。瑞丽市总人口（常住人口）为 267638 人，比 2010 年第六次全国人口普查时的 180627 人，增加 87011 人，增长 48.17%。全市 3 岁及以上人口中，大学（指大专及以上）文化程度的人口为 31328 人；高中（含中专）文化程度的人口为 39554 人；初中文化程度的人口为 97511 人；小学文化程度的人口为 62946 人（以上各种受教育程度的人包括各类学校的毕业生、肄业生和在校生）。与 2010 年第六次全国人口普查相比，每 10 万人中大学文化程度的人数由 5989 人上升为 11705 人；高中文化程度的人数由 10021 人上升为 14779 人；初中文化程度的人数由 33952 人上升为 36434 人；小学文化程度的人数由 34415 人下降为 23519 人。

拥有一定数量特别是一定素质的劳动人口是地方经济社会发展的重要保证。人们普遍认为，如果一个区域人口总量中受过高等教育的人口比重低于

7%，为低水平文化结构，7%—14% 为中等水平文化结构，高于 15% 为高水平文化结构。云南沿边跨境经济合作区河口县、勐腊县和瑞丽市三地就业总人口中接受过高等教育的人口比重分别为 9.73%、8.66% 和 11.7%，表明当地人口整体受教育程度呈现出中等水平文化结构，与 2010 年第六次全国人口普查数据相比较，三个地方高中、初中、小学文化程度的人数增多，文盲率下降。但合作区三地男性受教育程度普遍优于女性，大多数学历层次上的男性人口都多于女性，一定程度上体现出合作区的教育存在性别不均衡的问题。

人力资源受教育程度的提高对地方生产力有直接显著影响，首先，受教育程度会影响人力资源个体和群体的思想意识。[①] 人的行为会受到其意识形态和思想观念的引导，人力资源的职业道德、行为、意识形态、精神等都会影响其知识能力的发挥，进而影响地方生产力的提高。其次，受教育程度影响人力资源的知识技能素质。知识技能素质主要涉及知识素质和技能素质，知识素质涉及普通文化知识、专业技能知识、工作经验等；技能素质包括操作技能、表达技能及组织管理技能等，这些知识技能素质对人力资源的市场竞争力和地方经济发展有直接影响。随着时代的变迁，区域社会、用人单位也会对劳动者的知识技能素质提出更高的要求。最后，人力资源的受教育程度对人力资源的开发和配置有重要影响。一方面，当代发展经济学将人力资源视为最重要的经济资源之一，但人口并不是一种能直接利用的资源，而是需要开发，在提高其质量后才能向人力资源转换，而教育是最为重要的措施。另一方面，大力普及义务教育、全民教育、扫盲、职业技术教育等可有效改善人力资源的文化技能结构，所以说教育是促进人力资源开发的根本途径。另外，人力资源素质必须与组织的工作现状相匹配，合作区政府在促进地方经济发展的同时要深化教育改革，促进教育的发展。

（三）人口民族结构

云南省作为全国民族种类最多的省，民族关系的和谐和稳定发展对当地经济、政治和文化发展至关重要。云南沿边跨境经济合作区三地皆位于民族

---

① 尹乐、苏杭主编：《人力资源战略与规划》，浙江工商大学出版社 2017 年版，第 12 页。

自治区，民族众多是合作区的重要特性。少数民族人口在合作区当地占有较大比重，对地方发展的影响是多重的，囊括经济、社会、文化、政治等方方面面，波及个体、家庭与集体等主体，涉及物质、制度、组织、观念、行为、宗教信仰与精神文化等具体领域。合作区三地中河口县 2019 年汉族人口为 28298 人，主要少数民族人口达 65076 人，占比 69.7%，超过汉族人口数量。勐腊县 2018 年人口统计发现，当地户籍人口中汉族人口占比 25.9%，少数民族人口占比达 74.1%，其中哈尼族和傣族占比达 25.0% 和 24.8%，与汉族人口相近，而彝族、瑶族和其他少数民族的占比分别为 9.7%、7.9% 和 6.7%。瑞丽市 2018 年总常住人口为 210196 人，其中汉族人口 123395 人，占比 58.7%，少数民族人口中傣族人口 61148 人，占比 29.1%，景颇族 14792 人，占比 7.0%，德昂族 1932 人，占比 0.9%，傈僳族和阿昌族分别为 950 人（0.5%）和 556 人（0.3%），其他民族为 7423 人，占比 3.5%。从三地的民族构成看，合作区内多民族混居，除瑞丽市的汉族人口多于少数民族人口外，河口县和勐腊县的汉族人口都少于少数民族总人口，虽然各地主要少数民族的构成不同，但傣族占比都较高。

人是推动社会发展的主要力量，对少数民族数量众多的云南沿边跨境经济合作区而言，提高少数民族人口素质至关重要。但由于合作区当地经济基础薄弱、发展较为滞后且自然条件有限、贫困面积较大、人的观念落后，在一定程度上制约了当地的发展。要想促进合作区经济的发展需注重当地少数民族人口的发展，最主要的是推动其现代化发展。一方面，在生育现代化方面，应积极鼓励少数民族优生优育，保证人口稳定增长，促进人口结构向现代化转变；另一方面，在人口素质现代化方面，应通过教育增加合作区少数民族的现代化知识，增强他们对瞬息万变的社会的适应能力，以促进本地区自然环境、经济水平、人口素质、生产经验、科学技术等方面的发展，推动区域现代化。同时，合作区应依据各少数民族地区已有条件，充分调动资源，改善地方卫生条件，促进人口身体素质（身体发育、体质、耐力、智力等）的提高。少数民族区域的发展不仅能促进云南沿边跨境经济合作区经济的可持续发展，更能够促进民族融合，铸牢中华民族共同体意识，丰富人口现代化理论，对合作区全方位建设具有重要意义。

## 第三节　云南沿边跨境经济合作区的产业结构状况

### 一、云南沿边跨境经济合作区产业结构的整体情况

改革开放后，中国经济周期的波动总体表现为"高位—平缓型"，它既源于内在传导机制效应增强，又与各种外在冲击弱化有关。[①] 云南沿边跨境经济合作区的经济产业发展顺应我国经济发展的整体趋势，即随着经济总规模的扩大，产业结构也发生了变动及升级，社会经济的内在稳定性不断加强。云南沿边跨境经济合作区的一、二、三产业整体呈现增长态势，且高级化趋势明显，第一、二产业比重不断下降，第三产业比重不断上升。国际上将综合性经济区域第三产业总产值认定在 65% 以上，合作区中勐腊县和河口县的占比皆低于该标准，2018 年勐腊县第三产业总产值占比仅为 44.8%，2019 年河口县占比为 57.5%，对比之下，瑞丽市占比达到 73.8%，超出标准 8.8%，说明当地产业结构相对合理。有学者认为，各个产业增长率波动对经济周期波动的影响是有差异的，第二产业增长率波动幅度较大是经济周期波动的主要根源，如果第二产业的比重下降，则可减轻经济周期波动的剧烈程度。但如果第三产业占 GDP 的比重呈现出上升趋势，尤其是第三产业占比超过第一产业时，整个经济周期的波动更趋于平缓。[②] 可见，云南沿边跨境经济合作区的经济周期波动较为稳定，需要注意的是，在大力发展第三产业的同时需兼顾合理化和高度化，且产业结构高度化是合理化的基础，否则只能是一种"虚高度化"。

勐腊县第三产业占比在合作区三地中最低，但在 2015—2019 年也分别达到 45.0%、46.0%、45.7%、44.8% 和 51.7%，并保持 10% 以上的增长速度，呈现一个基本稳定的发展状态；而该县第一产业的占比略低于第三产业，在 2015—2019 年分别为 41.0%、39.0%、38.3%、38.5% 和 34.4%，其增速仅为 6% 左右，虽然增长最慢但占比过高，且在 2018 年对当地经济的贡献率仅为

---

① 张莹玉：《经济发展与人力资源配置》，立信会计出版社 2000 年版，第 126 页。

② 同上。

29.8%，体现出当地第一产业的投入和产出不均衡。另外，勐腊县第二产业的占比过低，约为 16%，在 2015—2019 年的增速分别为 13.8%、20.8%、11.1%、8.4% 和 27.3%，增长不稳定，对经济周期的波动造成较大影响。可见勐腊县三次产业结构有待调整，特别是第一产业占比较大，远超过同年中国的第一产业占比（4.4%），第二产业的发展不稳定，应给予更高的重视。要推动产业结构发展重心由第一产业向第二、三产业转变，以提高区域经济发展水平。

2015—2019 年河口县第三产业占比分别为 54.5%、54.3%、57.5%、56.2% 和 57.5%，5 年内均保持 10% 以上的增长速度，2017 年的增速更高达 29.1%，且发展稳定，而该县 2017 年以前一、二产业的占比较为相近（第一产业为 23.8%、22.6% 和 19.8%，第二产业为 21.7%、23.1% 和 22.7%）。但 2018—2019 年第一产业占比下降为 12.7% 和 12.9%，第二产业占比则上升为 26.1% 和 29.6%，但依然低于同年我国第二产业的占比（38.9% 和 39.0%）约 10%，发展空间较大。同时，该县第一产业的增速较为稳定，保持在 6% 左右，而第二产业的增速较大并呈现加快趋势，其中 2016 年为 23.9%，2018 年为 28.0%，2019 年高达 31.6%。可见，河口县在保证第三产业持续发展的同时正积极促进产业结构的调整，加快第一产业向第二和第三产业转移，推动产业结构高级化发展。

瑞丽市第三产业占比为合作区三地中最高的，2015—2019 年分别为 69.7%、66.6%、68.9%、71.3% 和 73.8%，增速为 7.8%、8.7%、18.8%、9.3% 和 8.5%，呈现稳定发展的态势。而瑞丽市第一产业的发展规模非常有限，仅占到该市总产值的约 10%，增速也仅维持在 5% 左右，但依然略高于我国 2018 年第一产业的占比（4.4%）。另外，瑞丽市第二产业的占比在 2015—2019 年分别仅为 18.3%、22.5%、21.3%、18.9% 和 17.6%，低于 2019 年我国第二产业的占比（39%）近 20%，且同比增长不稳定，分别为 −1.3%、45.2%、12.2%、−3.9% 和 15.1%。可见，瑞丽市的三次产业结构有待调整，第三产业的发展占有绝对优势并且还在稳定增长，但占比过高，容易造成产业结构失衡；第二产业占比过低且增长不稳定；而第一产业的发展则较为合理，体现出瑞丽市的发展对第三产业的绝对依赖，对第二产业较为忽视，产业结构调整应侧重于二者之间。

表3-6　2015—2019年云南沿边跨境经济合作区产业发展情况表 [①]

| | 产业类型 | 指　标 | 2015 | 2016 | 2017 | 2018 | 2019 |
|---|---|---|---|---|---|---|---|
| 勐腊县产业发展情况 | 第一产业 | 总值（万） | 297695 | 320483 | 332376 | 355474 | 432300 |
| | | 占比（%） | 41.0 | 39.0 | 38.3 | 38.5 | 34.4 |
| | | 增速（%） | 5.5 | 5.9 | 5.9 | 6.5 | 5.3 |
| | 第二产业 | 总值（万） | 101450 | 120881 | 139782 | 154472 | 175300 |
| | | 占比（%） | 14.0 | 15.0 | 16.0 | 16.7 | 13.9 |
| | | 增速（%） | 13.8 | 20.8 | 11.1 | 8.4 | 27.3 |
| | 第三产业 | 总值（万） | 325974 | 373689 | 396793 | 414106 | 651200 |
| | | 占比（%） | 45.0 | 46.0 | 45.7 | 44.8 | 51.7 |
| | | 增速（%） | 9.4 | 13.4 | 11.0 | 9.4 | 6.6 |
| 河口县产业发展情况 | 第一产业 | 总值（万） | 88744 | 95179 | 101646 | 105992 | 126035 |
| | | 占比（%） | 23.8 | 22.6 | 19.8 | 12.7 | 12.9 |
| | | 增速（%） | 6.6 | 5.6 | 6.1 | 6.3 | 5.7 |
| | 第二产业 | 总值（万） | 80856 | 97209 | 116844 | 150862 | 290656 |
| | | 占比（%） | 21.7 | 23.1 | 22.7 | 26.1 | 29.6 |
| | | 增速（%） | 17.0 | 23.9 | 18.9 | 28.0 | 31.6 |
| | 第三产业 | 总值（万） | 203459 | 229047 | 295741 | 343432 | 563650 |
| | | 占比（%） | 54.5 | 54.3 | 57.5 | 61.2 | 57.5 |
| | | 增速（%） | 10.0 | 10.2 | 29.1 | 15.9 | 10.7 |
| 瑞丽市产业发展情况 | 第一产业 | 总值（万） | 92215 | 97751 | 100372 | 105399 | 128200 |
| | | 占比（%） | 12.0 | 10.9 | 9.8 | 9.8 | 8.6 |
| | | 增速（%） | 4.4 | 5.8 | 6.0 | 6.1 | 5.6 |
| | 第二产业 | 总值（万） | 141172 | 200964 | 217774 | 202508 | 262600 |
| | | 占比（%） | 18.3 | 22.5 | 21.3 | 18.9 | 17.6 |
| | | 增速（%） | -1.3 | 45.2 | 12.2 | -3.9 | 15.1 |
| | 第三产业 | 总值（万） | 538024 | 595299 | 705515 | 766174 | 1100000 |
| | | 占比（%） | 69.7 | 66.6 | 68.9 | 71.3 | 73.8 |
| | | 增速（%） | 7.8 | 8.7 | 18.8 | 9.3 | 8.5 |

注：增速为按可比价同比增长。

---

① 勐腊县统计局编：《勐腊县统计年鉴》（2015—2018年）；河口瑶族自治县编：《2015—2019年领导干部经济工作手册》；瑞丽市统计局编：《瑞丽统计年鉴》（2015—2018年）。

产业结构的变化与经济环境密切相关，不同的经济环境会影响区域内人力资源的就业和职业选择，并影响产业结构的进一步调整。合作区的经济环境会影响劳动力在各产业就业岗位的分布，第三产业的大力发展可能会造成更多的劳动力由制造业和农业逐渐转移到服务业，包括金融、医疗、交通运输、社会服务和教育等领域。但第三产业的占比过大容易造成产业结构失衡，影响当地产业的可持续发展。一方面，容易造成产业结构固化。随着时间的推移会导致同类产品市场竞争加剧，利润减少。如果地方产业结构固化而造成产品单一会降低市场的抗压和应变能力，如果支柱产业受挫会严重危害地方经济稳定。另一方面，在地方产品供给单一时，市场竞争的加剧便在所难免，甚至可能造成恶性竞争，使产业发展遭遇瓶颈，勐腊县第三产业占比为44.8%，但经济贡献率达到54.1%，而瑞丽市第三产业占比高达73.8%，但经济贡献率仅为66.2%，其经济贡献与产业结构占比不协调，表明当地第三产业的发展已难以保证较高的经济效益，并容易造成资源浪费、产能过剩和发展滞后等问题。同时，合作区中河口县和瑞丽市第一产业的占比偏低，其中河口县2015—2019年第一产业占比呈现急速下降的趋势；而瑞丽市近年的占比皆在10%以下且经济贡献率很低，2018年仅为4.9%。（见表3-7）

表3-7　勐腊县和瑞丽市三次产业结构比情况表[①]

| 地　区 | 产业经济贡献率（%） | | | 产业结构比 |
|---|---|---|---|---|
| | 第一产业 | 第二产业 | 第三产业 | |
| 勐腊县 | 29.8 | 16.1 | 54.1 | 38.5∶16.7∶44.8 |
| 瑞丽市 | 4.9 | 29 | 66.2 | 8.6∶17.6∶73.8 |

总的来说，云南沿边跨境经济合作区三地中，第二产业发展较为落后，但河口县的增长较快，产业结构向高级化发展的潜力较大。勐腊县产业结构调整的空间相对较大，第一产业占比过高虽然容易限制第二、三产业的发展，不利于当地产业结构的调整升级，但也代表其具有更大的发展潜力；瑞丽市

---

① 勐腊县统计局编：《勐腊县统计年鉴》（2018年）；瑞丽市统计局编：《瑞丽统计年鉴》（2018年）。

第一、二产业占比较小且发展相对迟缓，而第三产业占比过高且不断发展，容易导致产业结构发展不协调、产业偏差明显。

### 二、云南沿边跨境经济合作区三次产业的具体发展情况

（一）第一产业发展情况

第一产业主要包括农业、林业、牧业和渔业，是人民生产生活的基础，也是国民经济运行的基础，但是由于其效率低、劳动力投入多但 GDP 贡献有限和其本身循环不良等问题，容易被地方忽视。虽然第一产业占比下降和第三产业占比上升被视为产业结构升级的标志，以及促进区域提升生产力、推动社会进步和经济发展、促进劳动力就业的重要推手，但在加速发展第三产业的同时也要发展第一、二产业，因为一、二产业是第三产业的原料提供者和生产支持者，其发展也能反作用于第三产业。只有正确处理三次产业间的关系，推动三次产业共同发展，才有利于经济的可持续发展和社会的稳定。因此，针对瑞丽市和河口县的产业发展情况，保持第一产业的适当占比对促进当地产业结构的调整、保证经济发展的稳定有重要意义。但两地第一产业的发展不是简单地扩大规模和增加资金及人力投入，而应致力于提高其生产效率，适当发挥政府的调控作用，突破传统农村经济格局，构建第一产业发展的支持体系，并增加物质技术的投入，改善第一产业的生产条件，增加产品附加值，提高产品竞争力。

（二）第二产业发展情况

第二产业是一个国家或区域经济社会发展的主要动力和重要支撑，主要包括各类工业（采掘业、制造业、电力、煤气及水的生产和供应业）以及建筑业等，其中一些关系国计民生的加工工业更是国家稳定发展的基础。合作区三地的第二产业发展相对薄弱，结构比均在 30% 以下，勐腊县和瑞丽市皆低于 20%，对当地经济发展的促进作用有限，且合作区当地工业企业以中小型为主，企业整体竞争力不强，其中一些企业发展呈现下滑趋势，缺少龙头大企业的带动，对地方 GDP 的支撑仍显薄弱。从第二产业的具体发展情况看，合作区三地各有特征。

表3-8 瑞丽市、河口县和勐腊县工业生产总值①

| | 瑞丽市 | 河口县 | 勐腊县 |
|---|---|---|---|
| 工业生产总值（万元） | 523134 | 211259.7 | 352425 |
| 规模以上 | 396224 | 156452.1 | 312121 |
| 规模以下 | 126910 | 54807.6 | 40304 |
| 轻工业 | 115352（规模以上） | 65189.1 | 50853 |
| 重工业 | 280872（规模以上） | 146070.6 | 301572 |

2019年，瑞丽市的工业生产总值大约是52亿元，为合作区三地中最高，规模以上产值近40亿元，其中轻工业约为11.5亿元，重工业产值是轻工业的两倍多，约28亿元，而规模以下工业产值不到13亿元。（见表3-8）但瑞丽市的工业产品多以轻工业为主，如成品糖、饮料和酒、茶叶等，多为与日常生活紧密相连的基础产品。（见表3-9）另外，瑞丽市工业单位数量较多，达到1472个，其中规模以上工业单位28个（轻工业12个，重工业16个），规模以下工业单位1444个，占总单位数量的98%。在总工业单位中，个体经营户为1155家，约占78.5%，但产值仅有约7.3亿元，占该市工业总产值的13.9%；而该市共有法人单位（企业公司）317家，占总工业单位的21.5%，生产总值约为45亿元，约占该市工业产值的86.1%，其中中型企业3家，占总企业数的0.94%，生产总值约为5.8亿元，占整体企业产值的12.8%，小型及微型企业314家，占比超过99%，生产总值为39.3亿元，占整体企业产值的87.2%。（见表3-10）

表3-9 2019年瑞丽市②主要工业产品产量

| 产品名称 | 单位 | 绝对数 | 增长率（%） |
|---|---|---|---|
| 成品糖 | 吨 | 52208 | -15.6 |
| 饮料和酒 | 千升 | 7324.76 | 74 |
| 其中：白酒（折合65度，商品量） | 千升 | 242.26 | -10.9 |

① 河口瑶族自治县编：《2019年领导干部经济工作手册》；勐腊县统计局编：《勐腊县统计年鉴》（2018年）；瑞丽市统计局编：《瑞丽统计年鉴》（2018年）。

② 《瑞丽市2019年国民经济和社会发展统计公报》，瑞丽市人民政府网，2020年8月5日。

（续表）

| 产品名称 | 单位 | 绝对数 | 增长率（%） |
|---|---|---|---|
| 其中：啤酒 | 千升 | 7082.5 | 79.8 |
| 精制茶 | 吨 | 196.91 | 22.1 |
| 实木地板 | 平方米 | 57036 | 3.2 |
| 家具 | 件 | 19357 | −26.5 |
| 其中：木质家具 | 件 | 19357 | −26.5 |
| 塑料制品 | 吨 | 2341.06 | −20.1 |
| 商品混凝土 | 立方米 | 417635.57 | 12.1 |

表 3—10　2018 年瑞丽市工业单位数及总产值 ①

| 工业单位类型 | 单位 | 数量 | 产值（万元） |
|---|---|---|---|
| 全部工业单位 | 个 | 1472 | 523134 |
| 其中：法人单位 | 个 | 317 | 450570 |
| 个体经营户 | | 1155 | 72564 |
| 一、规模以上工业企业 | 个 | 28 | 396224 |
| 其中：轻工业 | 个 | 12 | 115352 |
| 重工业 | | 16 | 280872 |
| 规模以下工业企业 | 个 | 1444 | 126910 |
| 二、按经济类型分 | — | — | — |
| 国有企业 | | 4 | 1470 |
| 股份合作企业 | | 1 | 0 |
| 有限责任公司 | | 30 | 230510 |
| 股份有限公司 | 个 | 1 | 289 |
| 私营企业 | | 273 | 162767 |
| 其他企业 | | 2 | 0 |
| 外商及港澳台投资企业 | | 6 | 55534 |
| 个体经营户 | | 1155 | 72564 |
| 三、按企业规模分 | — | — | — |
| 大型企业 | | 0 | 0 |
| 中型企业 | 个 | 3 | 57524 |
| 小型及微型企业 | | 314 | 393046 |

① 瑞丽市统计局编：《瑞丽统计年鉴》（2018 年）。

2019 年，河口县的工业生产总值在合作区三地中最低，约 21 亿元，规模以上工业总产值约 15.6 亿元，占比约为 74.1%，规模以下工业总产值约 5.5 亿元，占比约为 25.9%；其中轻工业总产值约为 6.5 亿元，占比约 30%，重工业产值约为 14.6 亿，占比约 70%。（见表 3－8）河口县的工业产品以重工业为主，铁矿原石、商品混凝土、水泥等产品的产量较大，但不少传统产品的产量呈现下降趋势。而通信及电子网络用电缆和变压器的产量却呈现大幅增长的趋势，增幅分别达 2406.23% 和 348.74%，说明当地新兴通信产业市场需求较大，涉及基本建设，交通、能源和电力的建设。通信电缆是现代化城市建设的"神经"和"血管"，为国民经济发展和各行各业顺利运行提供了重要保障。中国人口约占世界人口总量的 1/5，但是中国电缆产业的产值仅占全世界产值的约 15%，表明包括合作区在内的国内市场还有较大开发空间。随着城市化进程的加快和通信技术的普及，河口县相关新兴产业的发展也具有广阔市场。（见表 3－11）

表 3－11　2019 年河口县主要工业产品产量 ①

| 指标 | 单位 | 绝对数 | +、－绝对数 | +、－% |
|---|---|---|---|---|
| 供电量 | 万千瓦小时 | 24337.44 | −800.72 | −3.2 |
| 铁矿原石 | 吨 | 52257.00 | −10136.00 | −16.25 |
| 发酵酒精 | 千升 | 20779.73 | 15999.52 | 334.70 |
| 软饮料 | 吨 | 858.00 | −270.00 | −23.94 |
| 合成橡胶 | 吨 | 4690.20 | −199.94 | −4.09 |
| 商品混凝土 | 立方米 | 204957.60 | −33325.90 | −13.99 |
| 砖 | 万块 | 680.64 | −1395.27 | −67.21 |
| 自来水 | 万吨 | 264.70 | −71.80 | −21.34 |
| 集成电路 | 万块 | 49162.01 | 15461.01 | 45.88 |
| 水泥 | 吨 | 50833.00 | −16586.00 | −24.60 |
| 铜材 | 吨 | 129.39 | −1075.77 | −89.26 |

---

① 河口瑶族自治县编：《2019 年领导干部经济工作手册》。

| 指标 | 单位 | 绝对数 | +、−绝对数 | +、−% |
|---|---|---|---|---|
| 变压器 | 千伏安 | 127254.00 | 98896.00 | 348.74 |
| 通信及电子网络用电缆 | 对千米 | 3107.22 | 2983.24 | 2406.23 |
| 规模以上工业主营业务收入 | 万元 | 158552.40 | 56283.00 | 55.00 |
| 规模以上工业利税 | 万元 | 3460.60 | −3482.30 | −50.20 |
| 利润 | 万元 | 1329.30 | −1161.40 | −46.60 |

2018 年，勐腊县的工业生产总值约为 35.2 亿元，规模以上工业产值约31.2 亿，占比超过 88.6%，规模以下工业产值为 4 亿元，占比 11.4%；工业总产值中轻工业约为 5 亿元，占比 16.8%，重工业约为 30 亿元，占比是 83.2%。（见表 3−8）该县主要工业产品为轻工业，与瑞丽市产品相似，包括茶叶、成品糖、饮料和酒、水泥等一些生活必需品，但大部分产品产量增速呈下降趋势，产品市场较为饱和。（见表 3−12）另外，勐腊县工业单位共 950 家，生产总值超过 35.2 亿元，规模以上单位（注册公司或企业）16 家，总产值约31 亿元，其中有限责任公司 9 家，占 56%，但总产值超过 27 亿元，占全县总产值的 87%；轻工业 4 家，产值为 3.2 亿元，占全县轻工业总产值（50853万元）的 63.7%；重工业 12 家，产值约为 28 亿元，占全县重工业总产值（301572 万元）的 92.8%；在 16 家企业中，亏损企业达到 10 家，占比为62.5%。另外，该县规模以下单位 230 家，占全县工业单位总数的 24.2%，产值约为 4 亿元，占全县工业单位生产总值的 11.4%；该县工业个体单位为 704家，占全县工业单位总数的 74.1%。（见表 3−13）

表 3−12　2018 年勐腊县主要工业产品产量 [1]

| 产品名称 | 计量单位 | 产量 | 增速（%） |
|---|---|---|---|
| 精制茶 | 吨 | 1335 | 0.8 |
| 成品糖 | 吨 | 62895 | 29.2 |

---

[1]　勐腊县统计局编：《勐腊县统计年鉴》（2018 年）。

（续表）

| 产品名称 | 计量单位 | 产量 | 增速（%） |
|---|---|---|---|
| 发酵酒精（折 96 度，商品量） | 千升 | 1423 | -3.2 |
| 硅酸盐水泥熟料 | 吨 | 132418 | -2.9 |
| 其中：窑外分解窑水泥熟料 | 吨 | 132418 | -2.9 |
| 水泥 | 吨 | 173865 | -2.9 |
| 中成药 | 吨 | 24 | -7.7 |
| 自来水 | 万立方米 | 369 | -2.6 |
| 单色印刷品 | 令 | 658 | 24.6 |
| 饮料 | 吨 | 708 | -11.2 |

表 3-13　2018 年勐腊县工业企业数量和生产总值 [①]

| 单位类型 | 单位 | 数量 | 总产值（万元） |
|---|---|---|---|
| 全部工业单位数 | | 950 | 352425 |
| 轻工业 | 个 | — | 50853 |
| 重工业 | | — | 301572 |
| 一、规模以上工业单位数 | 个 | 16 | 312121 |
| 按登记注册类型分 | — | — | — |
| 有限责任公司 | 个 | 9 | 272489 |
| 私营企业 | | 7 | 39632 |
| 其中：亏损企业 | | 10 | 123332 |
| 　　国有控股企业 | 个 | 3 | 44897 |
| 　　轻工业 | | 4 | 32368 |
| 　　重工业 | | 12 | 279753 |
| 二、规模以下工业单位数 | 个 | 230 | 40304 |
| 三、个体 | 个 | 704 | — |

① 勐腊县统计局编：《勐腊县统计年鉴》（2018 年）。

由发达国家产业结构调整的经验可见，20世纪80年代以来是第三产业大力发展而第二产业发展能力不断削弱的时期，但第二产业中的高科技部门（电子制造业、科学制造业、电子设备等）数量正在逐渐扩大，越来越多的劳动者从业于高新技术部门，而传统工业部门就业人数相对减少。改革开放后，我国对科技发展高度重视，伴随着科技的进步和生产力的提高，我国产业结构开始自发调整，表现为第一产业大幅下降，第二产业地位有所下降，第三产业地位迅速上升，并向知识密集型产业转化，其原因是人民消费水平提高，特别是文化产业开始迅速发展。云南沿边跨境经济合作区本身经济基础薄弱、自然环境较差，其第二产业的发展面临着更严峻的问题。合作区多数工业企业规模较小、质量较差且创新能力不足，导致产品结构与市场需求脱节，并且由于得不到技术支持，产业升级和体制转换困难，第二产业的发展步履维艰。因此，合作区第二产业应加大科技投入，并依托得天独厚的地缘优势和政策支持进行更深层次的产业结构调整。一方面，大力引进技术人才，促进高新技术工业发展，并通过技术创新改造传统工业产业，提高产品技术含量，提升市场竞争力，并根据市场需求安排生产；另一方面，发挥合作区的区位优势，通过对外开放将合作区企业推入国际市场，使国内市场成为国际市场的一部分。

（三）第三产业发展情况

云南沿边跨境经济合作区地处两国交界，拥有独特的民俗、宗教、生态、文化、休闲等旅游资源和特殊的热带或亚热带景观，使当地旅游消费市场潜力巨大，特别是瑞丽市，它不仅是中国西南最大的内陆口岸，而且靠近翡翠原产地，成为重要的珠宝集散中心。当地旅游、商贸市场繁荣稳定，为第三产业的成长、发展提供了支持，也推动着第三产业成为其重要支柱产业。同时，科技的进步和半自动化、自动化工厂的发展，以及机械生产效率的提高，也会对劳动者素质提出更高的要求，导致劳动者的主动游离或被动分流，使劳动力在各个不同产业部门之间的分配比例发生变化。随着生产力的提高，可以用越来越少的资源生产出人类所需要的工业商品，进而把越来越多的资源转向服务业，以促进第三产业的发展，提高人们的生活水平。

表 3-14　云南沿边跨境经济合作区第三产业各行业生产总值①

|  |  | 在三次产业中的占比 | 生产总值（万元） | 按可比价同比增长（%） |
|---|---|---|---|---|
| 河口县 | 第三产业 | 57.5 | 562551 | 10.7 |
|  | 其中：批发和零售业 | 32.8 | 321465 | 14.3 |
|  | 交通运输、仓储和邮政业 | 2.9 | 28328 | 6.9 |
|  | 住宿和餐饮业 | 4 | 38782 | 8.8 |
|  | 金融保险业 | 2.2 | 21208 | -2.4 |
|  | 房地产业 | 2.2 | 21842 | 5.4 |
|  | 其他服务业 | 13.4 | 130926 | 6.6 |
| 勐腊县 | 第三产业 | — | 391958 | 9.4 |
|  | 其中：批发和零售业 |  | 29100 | 4.0 |
|  | 交通运输、仓储和邮政业 |  | 24585 | 3.8 |
|  | 住宿和餐饮业 | — | 22981 | 4.2 |
|  | 金融保险业 |  | 77382 | -5.5 |
|  | 房地产业 |  | 14515 | 13.1 |
|  | 其他服务业 |  | 223395 | 17.2 |
| 瑞丽市 | 第三产业 | — | 763844 | 9.3 |
|  | 其中：批发和零售业 |  | 378383 | 12.3 |
|  | 交通运输、仓储和邮政业 |  | 12654 | 7.8 |
|  | 住宿和餐饮业 | — | 65625 | 8.2 |
|  | 金融保险业 |  | 71615 | -14.4 |
|  | 房地产业 |  | 19097 | 7.2 |
|  | 其他服务业 |  | 216470 | — |

　　云南沿边跨境经济合作区第三产业中各行业发展情况如表 3-14 所示，其中河口县和瑞丽市的批发和零售业生产总值最多，均超过 30 亿元，行业发展规模较大。批发和零售业为最广大的人民群众提供日用品，与人民生活紧密联系，是一项基础性的经济活动，直接关系地方群众的生活水平和质量；第三产业工种多样，一些工种入职门槛低，可广泛吸纳社会就业人员，能为

---

① 河口瑶族自治县编：《2019 年领导干部经济工作手册》；勐腊县统计局编：《勐腊县统计年鉴》（2018 年）；瑞丽市统计局编：《瑞丽统计年鉴》（2018 年）。

当地人民提供大量就业渠道，对维护地方经济良好运行起了重要作用。其他服务业包括营利性服务业和非营利性服务业（医疗卫生、群众演出、教育等），种类繁杂，整体占比相对较高。另外，合作区三地的第三产业整体呈现增长趋势，但金融和保险行业产值是下降的。金融业在第三产业中属于门槛较高的行业，其从业人员的素质、学历及收入偏高，且是一个强调与国际接轨和资金高度汇集的行业，该行业的发展对地方招商引资和产业结构调整起到重要作用，合作区应结合地方实际情况关注金融业发展，注重引入和培养相关人才，通过与发达地区和邻国的合作推动金融业的稳定发展。

第三产业具有环保、投入少、利润高、容纳劳动力多、能满足日益变化的消费需求等特点，是典型的"朝阳产业"，而第三产业的发展和升级，是产业结构合理化的重要表现。合作区原有第三产业的发展在整体产业结构中非常引人注目，并在地方经济发展中发挥了举足轻重的作用，成为提供就业岗位最多的产业。未来合作区第三产业的发展首先应积极建立高效开放、流通可控的市场体系，发展多种贸易形式，把生产和流通统一起来，使之相互促进，这是促进第三产业发展的重要前提。其次，实行"两手抓"策略，推动招商引资和民营经济的发展。一方面，抓住招商引资，引进大项目。合作区应扩大土地存量，充分利用当地土地资源并提高载体的配套功能，改善当地人们的居住环境，提升人们的消费和娱乐层次，为投资者创造一个安全稳定的社会环境，吸引外来投资者，提升第三产业的水平。同时，发挥地缘优势，特别要关注国外投资，加大政策的扶持力度，引进外来的品牌商家，提升当地的服务水平和消费水平。另一方面，注重民营经济的发展。规划、实施"三产升级"的发展战略，坚持党的领导，遵循市场规律，推动物流、商贸、企业和环境的升级。其中特别要支持优势特色企业的发展，综合利用各种资源，为大项目做好配套服务，提升民营企业的核心竞争力。同时，大力推进信息化建设，充分利用现有信息技术研发资源，为第三产业发展提供相关支持，保证产业结构的合理性和市场运行的协调性，深化信息技术在企业建设、运行、监管、营销等环节的应用，形成新产业群体。

## 第四节　云南沿边跨境经济合作区人力资源配置现状

人力资源、物质资源和技术资源是影响地区经济发展的关键因素，而人力资源作为劳动力本身的自然生产力，其自身拥有的知识、技能和智慧对地区"有效劳动"的质量和效率产生了重大影响，同时也为区域发展带来经济效益。"配置"是指某一社会、区域或集团在一定社会经济体制、法律法规等的制约下，对其涉及的发展要素进行统筹安排。"当代经济增长理论把人力资源投入视为经济生产过程中必要的投入资源，就必然存在如何配置的问题，而相关投入资源的优化配置是经济生产过程中投入产出效用最佳的必备条件。"[1]

区域人力资源的配置即遵循经济理论中资源利用效率最大化的原则，在对一定区域现有人力资源质量（包括文化结构、技能类型和水平、工作经验、健康情况等）和对其他资源（包括物质资本、技术投入、产业结构优化措施和经济发展政策等）合理评估的基础上对人力资源进行分配与安排的过程。促进生产要素之间的合理配置，才能实现劳动力价值的最大化。人力资源的配置反映了人力资源的一种结果状态，研究认为，实现区域人力资源的最优配置应主要考虑该区域的城乡差异、产业结构和经济类型。

### 一、城乡差异与人力资源配置

人力资源是经济社会发展中的重要生产要素，人在与外界互动的过程中，不断地积累经验、增长知识技能，这使其有别于其他的资源。随着区域城乡建设及其发展变化，农村劳动力的自由流动不仅与城乡发展方向相一致，更关系地区经济社会发展的质量，为未来区域整体发展提供了人力支持。当前，我国城乡发展的不平衡依然是制约社会经济发展的重要因素，而城乡人力资源配置一体化还直接关系产业结构的优化调整和城市化进程的推进。[2]云南

---

[1]　陈雷：《东北地区人力资源配置研究》，中国社会科学出版社 2018 年版，第 35 页。

[2]　李静、盖志毅：《发达国家城乡人力资源配置一体化模式比较》，《世界农业》2016 年第 4 期。

沿边跨境经济合作区的城镇化水平整体不高，其中勐腊县总户籍人口 250811 人，农村户籍人口占比达到 65.7%；河口县总户籍人口 93374 人，农村户籍人口占比 53.7%；瑞丽市总户籍人口 139225 人，农村户籍人口占比 54.4%。（见表 3-15）

表 3-15　云南沿边跨境经济合作区户籍人口分布情况 [①]

| | | 勐腊县 | 河口县 | 瑞丽市 |
|---|---|---|---|---|
| 城镇人口（户籍） | 人数 | 85925 | 43225 | 63449 |
| | 占比 | 34.3 | 46.3 | 45.6 |
| 农村人口（户籍） | 人数 | 164886 | 50149 | 75776 |
| | 占比 | 65.7 | 53.7 | 54.4 |
| 总户籍人口 | 人数 | 250811 | 93374 | 139225 |
| | 占比 | 100 | 100 | 100 |

云南沿边跨境经济合作区的人力资源大部分在农村地区，一方面，容易导致产业分散和第一产业占比过大的问题，不利于聚集型经济的发展，影响当地产业聚集和规模化发展。另一方面，云南沿边跨境经济合作区三地各自独立，人力资源的供给和对人力资源的需求基本处于一种相对均衡的状态，但随着城市化进程的加快和城市建设的推进，如果人力资源不能在城乡之间自由流动，人力资源城乡配置不协调的问题会更为突出，进而会带来一定程度的失业问题，这不利于社会的稳定与经济的可持续发展。因此，云南沿边跨境经济合作区在推进城市建设进程的同时，应提高农业的产业化程度并推动农村人口向城市的流动，这是合作区合理配置人力资源和调整产业结构的重要举措。但由于云南沿边跨境经济合作区以山地地形为主，自然环境、地形面貌对农村人力资源的迁徙以及非农资本的投资限制较多，当地产业结构调整困难，人口流动不畅，影响着人力资源的配置。

在此背景下，云南沿边跨境经济合作区首先应分析该区域内的物质资源

---

① 河口瑶族自治县编：《2019 年领导干部经济工作手册》；勐腊县统计局编：《勐腊县统计年鉴》（2018 年）；瑞丽市统计局编：《瑞丽统计年鉴》（2018 年）。

总量、经济发展现状及区域人口和人力资源存量，充分利用现有政治经济政策，推动城乡劳动人口的充分流动，实现该区域人力、物力、科技等资源的合理配置。其次，虽然农业经济是国家经济安全的基础，但只有促进农业产业化、信息化，逐步从粗放型经营转变成集约型经营，从劳动资源密集型转变为知识技术密集型，提高农业生产规模和农业人力资源的基本素质，才能促进农业现代化，推动第一产业的发展。可以在维持甚至增加现有产能的基础上适当减少相关从业人员，协调人力资源的城乡配置。最后，应充分发挥云南沿边跨境经济合作区特殊的地理环境优势，协调不同地区甚至不同国家的不同类型的人力资源，既为合作区人力资源市场注入新鲜血液，又能在一定程度上打破云南沿边跨境经济合作区相对封闭的劳动经济结构，促进区域内城乡人均收入水平的提高，缩小收入差距。

### 二、产业结构与人力资源配置

一国经济发展不仅表现为国民生产总值的增长，而且还表现为产业结构的调整与优化，经济发展中的资源总量和结构会存在矛盾且矛盾时有转换，因此，研究经济增长中人力资源配置问题，首先应研究产业结构变动与就业变动的关系。[①] 地方人力资源分布情况与其产业结构的布局和发展密切相关，影响产业结构、格局的要素很多，其中经济发展和城市本身的性质是主要影响因素，而不同地区的产业发展形态对当地人力资源的配置有重要影响。

产业结构与人力资源配置呈互动相关关系，如果某一产业劳动力过多，会降低劳动效率，进而导致行业利润低下，但如果某产业人力资源不足，则会影响产业规模的扩大和产业结构的优化。因此，分析一个区域的产业结构及其就业结构，需明确这一区域的产业发展状况及劳动力配置现状。以瑞丽市为例，2018年社会总从业人数为164742人，其中第一产业从业人数为47233人，占总从业人数的28.7%，第二产业从业人数为17214人，仅占总从业人数的10.4%，而第三产业从业人数为100295人，占总从业人数的60.9%。（见表3－16）可见瑞丽市第三产业与当地人力资源配置的关联度最高，第二

---

① 张莹玉：《经济发展与人力资源配置》，立信会计出版社2000年版，第128页。

产业与当地人力资源配置的关联度最小，表明瑞丽市相关人力资源配置对第三产业的发展有较强的依赖性。

表 3-16　2018 年瑞丽市各产业人力资源配置情况 [①]

|  | 第一产业 | 第二产业 | 第三产业 | 社会从业人员 |
|---|---|---|---|---|
| 人数（人） | 47233 | 17214 | 100295 | 164742 |
| 占比（%） | 28.7 | 10.4 | 60.9 | 100.0 |

表 3-17　2016 年勐腊县各产业人力资源配置情况 [②]

|  | 常住人口 | 从业人口 | 第一产业 | 第二、三产业 |
|---|---|---|---|---|
| 人数（人） | 531275 | 300039 | 253051 | 46988 |
| 占比（%） | — | 100 | 84.3 | 15.7 |

表 3-18　2016 年河口县各产业人力资源配置情况 [③]

|  | 常住人口 | 从业人口 | 第一产业 | 第二、三产业 |
|---|---|---|---|---|
| 人数（人） | 97148 | 43310 | 28372 | 14938 |
| 占比（%） | — | 100 | 65.5 | 34.5 |

### 三、经济类型与人力资源配置

自 1992 年党的十四大提出建立社会主义市场经济体制以来，在公有制经济进一步发展的同时，其他生产要素如资本、技术和劳动力等市场也得到了大力发展，市场在资源配置中的作用明显增强，不同经济类型的企业都得到充分发展。在中央集中统一领导下，赋予地方和不同所有制经济组织较大的自主权，实行计划与市场、宏观与微观协调统一的社会主义市场经济体制。经济类型对云南沿边跨境经济合作区的人力资源配置有重要影响，市场经济

---

① 瑞丽市统计局编：《瑞丽统计年鉴》（2018 年）。
② 同上。
③ 国家统计局农村社会经济调查司编：《2016 年中国县域统计年鉴（乡镇卷）》，中国统计出版社 2017 年版。

的发展使得企业间充分竞争，促使人力资源得以充分流动，并通过不断地优化和调整逐渐完善人力资源配置。

勐腊县 2018 年末总从业人数为 235850 人，其中城镇（非私营）的 344 家单位从业人数为 16109 人，占总从业人数的 6.8%，其中企业单位 81 家，占非私营单位的 23.5%，从业人员 4822 人，各企业平均人数（从业人员 / 单位数）约为 60 人，女性占比为 38.5%；事业单位数量最多达到 191 家，占非私营单位数的 55.5%，总从业人数为 7627 人，各事业单位平均约 40 人，女性占比为 56.9%；机关单位数量为 72 家，占非私营单位数的 20.9%，总从业人数 3660 人，各机关单位平均约 51 人，女性占比为 35.5%。可见该县非私营单位中事业单位数量最多，但平均人数最少；企业单位平均人数最多；而机关单位数量和从业人数最少且女性占比最低。另外，勐腊县农村乡镇从业人数为 179229 人，占全县总从业人数的 76%，表明该县绝大部分的人力资源集中在农村地区，多以农业生产活动为主，人力资源配置不够优化；而私营企业和个体工商户相关从业者较少，分别为 9149 人和 31363 人，占该县总从业人数的 3.9% 和 13.3%。（见表 3-19、3-20）

表 3-19　2018 年勐腊县就业结构 [①]

|  | 城镇单位 | 农村乡（镇） | 私营企业 | 个体工商户 | 总从业人数（人） |
|---|---|---|---|---|---|
| 人数 | 16109 | 179229 | 9149 | 31363 | 235850 |
| 占比（%） | 6.8 | 76.0 | 3.9 | 13.3 | 100.0 |

表 3-20　2018 年勐腊县非私营单位数和年末从业人员人数 [②]

|  | 单位数 | 总从业人数 | 女性 | 在岗职工 | 劳务派遣 | 其他 |
|---|---|---|---|---|---|---|
| 企业 | 81 | 4822 | 1856 | 4359 | 27 | 436 |
| 事业 | 191 | 7627 | 4340 | 7606 | 8 | 13 |
| 机关 | 72 | 3660 | 1300 | 3633 | 27 | 0 |
| 总计 | 344 | 16109 | 7496 | 15598 | 62 | 449 |

---

① 勐腊县统计局编：《勐腊县统计年鉴》（2018 年）。

② 同上。

河口县的主要经济单位总从业人数为 11170 人，国有经济单位共有在岗职工 8045 人，占主要在岗职工的 72.0%，其中农垦系统（河口农场、坝洒农场、南溪农场、蚂蟥堡农场）职工为 2216 人；城镇集体单位在岗职工为 916 人，占主要在岗职工的 8.2%；其他经济单位在岗职工为 2209 人，占主要在岗职工的 19.8%。（见表 3—21）可见，河口县主要经济单位的在岗职工就业结构明显偏向国有经济单位，这与不同经济类型单位的发展和人力资源吸纳力息息相关。

表 3—21　河口县在岗职工就业结构 [①]

|  | 国有经济单位（含农垦系统） | 城镇集体单位 | 其他经济单位 | 总从业人数 |
|---|---|---|---|---|
| 人数 | 8045（2216） | 916 | 2209 | 11170 |
| 占比（%） | 72.0 | 8.2 | 19.8 | 100.0 |

瑞丽市主要经济单位总从业人数为 25388 人，约为河口县的 2 倍，其中国有经济单位共有在岗职工 13194 人，占主要在岗职工的 52.0%；城镇集体经济单位的在岗职工最少，仅为 203 人，占主要在岗职工的 0.8%；其他经济单位在岗职工数量高于河口县，并接近于该市国有经济单位的在岗职工人数，为 11991 人，占主要在岗职工的 47.2%，体现出瑞丽市主要经济单位的在岗职工就业结构以国有经济单位和其他经济单位为主。（见表 3—22）

表 3—22　瑞丽市在岗职工就业结构 [②]

|  | 国有经济单位 | 城镇集体经济单位 | 其他经济单位 | 总人数 |
|---|---|---|---|---|
| 人数 | 13194 | 203 | 11991 | 25388 |
| 占比（%） | 52.0 | 0.8 | 47.2 | 100.0 |

注：就业结构按经济类型划分。

另外，非公有制经济包括了个体、私营、外资经济等，是市场经济的重

---

[①]　河口瑶族自治县编：《2019 年领导干部经济工作手册》。
[②]　瑞丽市统计局编：《瑞丽统计年鉴》（2018 年）。

要组成部分，在提高生产力、发展经济、缓解就业、激发市场活力等方面发挥了巨大作用。未来，我国非公有制经济将在与公有制经济的平等竞争、相互推动中得到大力发展。同样，非公有制经济也是云南沿边跨境经济合作区经济发展的重要动力。相对于我国发达地区的生产力而言，合作区的经济发展表现出不发达、不协调的特点，发展非公有制经济不仅可以为居民提供各类用品，也会促进当地经济发展。一方面，非公有制经济是合作区政府重要的税收来源。特别是对于第一、三产业占比较大的合作区来说，非公有制经济的 GDP 贡献率较大，其税收占比将不断增加。另一方面，非公有制经济也促进了劳动力的转移，因其创造了更多的就业机会。促进云南沿边跨境经济合作区产业结构的升级、城镇化率的提高和人力资源的合理配置需要创造更多的就业机会，但需要较长周期且面临较大困难。近年来，非公有制经济的发展为合作区创造了诸多就业岗位，缓解了国有企业改革造成的人口失业压力。

云南沿边跨境经济合作区的非公有制经济主要分为个体工商户和私营单位，个体工商户往往规模较小，多以家庭为单位在法律允许的范围内从事工商业经营。"私营企业是指由自然人投资设立或由自然人控股，以雇佣劳动为基础的营利性经济组织。"① 合作区当地非公有制经济基本情况如表 3－28 所示，其中河口县非公有制经济注册总户数 8967 户，注册资金 744287.48 万元（近 75 亿），总从业人员 27768 人。在该县非公有制经济中个体工商户共 7444 户，占比约为 83.1%，但注册资金仅为 71861.06 万元，在全县非公有制经济中的占比仅为 9.7%，而当地个体工商户从业者为 16269 人，占该县非公有制经济总从业人数的 58.6%；该县私营企业共 1523 家，占比约为 17.0%，注册资金共 672426.42 万元，占比高达 90.3%，而从业人数为 11499 人，占全县非公有制经济总从业人数的 41.4%。可见河口县非公有制经济中个体工商户数量最多，但注册资金仅占该县非公有制经济户数的 9.7%，经济规模较小；而私营企业虽然户数总量仅占 17.0%，但经济规模较大，注册资金占到该县

---

① 国家市场监督管理总局：《关于划分企业登记注册类型的规定》，国家统计局网站，2011 年 11 月 1 日。

非公有制经济的90.3%，而在人力资源配置数量方面，私营企业略低于个体工商户。

勐腊县非公有制经济注册总户数为18632户，注册资金近200亿元，总从业人员为44212人。该县非公有制经济中个体工商户户数为16241户，占全县非公有制经济户数的87.2%，注册资金为151088万元，在全县非公有制经济中的占比仅为7.6%，而相关从业人员为31368人，占比达到70.9%；而该县私营企业总户数为2391户，占全县非公有制经济户数的12.8%，注册资金达到1831201万元，在全县非公有制经济中的占比为92.4%，而相关投资者和雇用职工数为12844人，占该县非公有制经济从业人数的比重仅为29.1%。可见勐腊县非公有制经济中个体工商户的数量远多于私营企业数量，但经济规模即注册资金数量仅占到7.6%，远小于私营企业；而在相关人力资源配置方面，该县非公有制经济中个体工商户的从业人员占比达到70.9%，高于私营企业（29.1%）41.8个百分点，可见，该县非公有制经济吸纳了绝大部分人力资源，为当地提供了一定数量的就业岗位。

瑞丽市非公有制经济注册总户数为38098户，注册资金为4389566.88万元（近440亿元），总从业人员为73729人。在该县非公有制经济中个体工商户户数为33613户，占全县非公有制经济户数的88.2%，注册资金为323555.05万元，在全县非公有制经济中的占比仅约为7.4%，而相关从业人员为65853人，占比达到89.3%；而该县私营企业总户数为4485户，占全县非公有制经济户数的11.8%，注册资金达到4066011.83万元（超过400亿元），在全县非公有制经济中的占比为92.6%，而相关从业人员（仅限投资人）为7876人，占该县非公有制经济从业人数的比重仅为10.7%。可见瑞丽市非公有制经济中个体工商户的数量同样远多于私营企业，占比超过私营企业占比76.4个百分点，但经济规模即注册资金数量占比少于私营企业近85.2个百分点，而在相关人力资源配置方面，该县非公有制经济中个体工商户的从业人员占比达到89.3%，高于私营企业（10.7%）78.6个百分点，吸纳了该县非公有制经济中的绝大部分人力资源。

表 3-23　云南沿边跨境经济合作区非公有制经济基本情况 [①]

| 县、市 | 数量、% | 个体工商户 | | | 私营企业 | | | 合计 | | |
|---|---|---|---|---|---|---|---|---|---|---|
| | | 户数（户） | 从业人数（人） | 注册资金（万元） | 户数（户） | 从业人数（人） | 注册资金（万元） | 户数（户） | 从业人数（人） | 注册资金（万元） |
| 勐腊县 | 数量 | 16241 | 31368 | 151088 | 2391 | 12844（投资人＋雇工） | 1831201 | 18632 | 44212 | 1982289 |
| | % | 87.2 | 70.9 | 7.6 | 12.8 | 29.1 | 92.4 | 100 | 100 | 100 |
| 河口县 | 数量 | 7444 | 16269 | 71861.06 | 1523 | 11499 | 672426.42 | 8967 | 27768 | 744287.48 |
| | % | 83.1 | 58.6 | 9.7 | 17.0 | 41.4 | 90.3 | 100 | 100 | 100 |
| 瑞丽市 | 数量 | 33613 | 65853 | 323555.05 | 4485 | 7876（投资人） | 4066011.83 | 38098 | 73729 | 4389566.88 |
| | % | 88.2 | 89.3 | 7.4 | 11.8 | 10.7 | 92.6 | 100 | 100 | 100 |

　　综上所述，相对于公有制经济而言，云南沿边跨境经济合作区三地非公有制经济能为当地创造更多就业岗位，也对人力资源的配置影响重大，关系大多数人口的就业与分布。在非公有制经济中，相对私营企业而言，个体工商户对人力资源配置的作用较大，其中瑞丽市的非公有制经济发展规模最大，个体工商户和私营企业的户数、注册资金及相关从业人员的数量在合作区三地中最多，特别是当地个体工商户的发展尤为突出，虽然其注册资金占比在三地中最低，但注册户数和相关从业人员的占比却为三地中最高，为当地人力资源的配置提供了大量空间，并由于其灵活性，在一定程度上增强了当地人力资源配置的流动性和多样性，但也容易增加当地人力资源配置的不稳定性。勐腊县非公有制经济的发展规模在合作区三地中居于第二位，从业人员约为河口县的两倍，对地区人力资源的配置有重要影响。而河口县非公有制经济的发展规模为三地中最低，但私营企业从业人数虽然同样低于个体工商

---

　　① 河口瑶族自治县编：《2019 年领导干部经济工作手册》；勐腊县统计局编：《勐腊县统计年鉴》（2018 年）；瑞丽市统计局编：《瑞丽统计年鉴》（2018 年）。

户，但差距仅为 17.2 个百分点，而勐腊县和瑞丽市个体工商户从业人员占比分别高于私营企业从业人员占比 41.8 和 78.6 个百分点，且河口县私营企业从业人员占比分别高于勐腊县和瑞丽市 12.3% 和 30.7%，体现出当地私营企业对非公有制经济人力资源配置具有较大影响。

# 第四章 欧盟、美国和英国人力资源 优化配置的经验与启示

经济全球化加剧了国际市场的竞争，竞争中的佼佼者一般都占据了更多高素质人力资源，因为经济竞争一定程度上可以说是人才竞争，是人力资源综合素质的竞争。欧美发达国家人力资源管理为我们提供了经验参考和政策借鉴，有助于促进云南沿边跨境经济合作区人力资源的开发与管理。

在欧美发达国家人力资源管理的研究中，笔者思考了下列问题：哪些因素促进了欧美发达国家人力资源的开发与配置？欧盟、美国和英国的人力资源发展具有哪些典型的经验？从这些经验中我们可以得到什么有意义的启示？因此，本章主要介绍四个方面的内容：第一，欧盟、美国和英国人力资源的发展背景，包括国际和国内两方面的背景情况。第二，欧盟、美国和英国的人力资源配置情况，包括人力资源政策、三次产业发展情况、劳动力概况和劳动力就业状况等。第三，欧盟、美国及英国的人力资源开发状况，包括教育与培训等方面。第四，欧盟、美国和英国的人力资源管理经验对我国的启示，着重从人力资源开发和配置两个方面来分析。

## 第一节 欧盟、美国和英国人力资源优化配置综述

本节分为两部分：第一部分将从分析框架和整体经验展开论述；第二部

分将从不同国家与地区的案例和经验展开论述。

## 一、分析框架与整体经验

### （一）市场理论及其视角的经验

一些经济学家提出，通过市场而实现的资源有效配置是促进经济长期、快速发展的关键，在国内外市场竞争中形成的合理价格则是保持经济增长率最大化的必要及充分条件。这种以市场为基础配置的经济资源可以最大限度地促进经济发展。越来越完善的市场经济制度是资源深度开发利用的前提条件，将这种市场理论应用于对人力资源开发和配置的分析，可以总结出欧盟、美国和英国的一些重要经验。

1. 以市场扩大劳动者的职业选择

市场制度和劳动力市场的建立和完善扩大了劳动者的职业选择。在过去，由于种种原因，劳动力被限制在特定的领域。如今，各种肤色和民族的人们都可以根据自己的能力来申请工作的机会，能者居上的市场化配置扩大了劳动者的职业选择，从而为人力资源的有效开发和优化配置提供了前提条件。

2. 以市场推动劳动者素质的提高

随着世界经济和社会的不断发展，人类已经进入数字化时代，老旧行业的没落和新型行业的兴起使市场发生了巨大变化，这种变化也对人才提出了新的要求。人们只有不断调整和提高自己的技能，才能适应不断发展变化的市场需求。市场对人力资源配置的不断优化，促进了人力资源的优胜劣汰，也促进了劳动者整体素质的提高。

3. 以市场促进劳动力的自由流动

劳动力的市场化配置是人力资源管理的重要特征，也是劳动力市场发展的内部需要。英美等国的市场经济体系已经非常成熟完备，人才市场成为人力资源配置的主要场所。在英美等国，企业根据自身需要发布劳动力招聘信息，并以公开公平和双向选择的方式进行员工招聘。就业者在择业时，关注劳动力市场需求信息的变化，并根据发布的招聘信息来进行分析选择，以达到专业与爱好、专业与市场需求相一致。市场化机制为人力资源的流动提供了指引。欧盟制定了一系列相关政策来确保劳动人员在其成员国之间自由流动，就业者可以根据自己的实际情况在欧盟任何国家就业，欧盟内部形成了统一的大市场和统一的货币政策，以市场促进劳动力的自由流动。

（二）政府理论及其视角的经验

1. 建立和完善法律制度

国家通过法律制度对人力资源管理进行规范，具有强制性的特点。在薪酬、培训、雇佣和裁员等方面明确人力资源管理的具体要求。欧盟、美国和英国都特别注重提供公平的就业机会，并颁布了相关的法律、法规。公平的就业机会是指所有的人皆可凭借其业绩、知识能力、潜力公平竞争、入职，且获得持续发展的权利。史卓提供了一个有用的模型，将机会均等分为三个方面：一是机会上的机会均等，创造一个公平的施展才华的平台；二是升迁渠道的机会均等，提拔名单上的定量规定；三是收益上的机会均等。然而在生活中，由于这样或那样的原因，就业机会公平成为人力资源管理中最难实现的方面之一。因此，要从根本上保障就业者的公平就业机会，就需要相关就业法的落实。

2. 促进投资和就业

政府在引导国内外市场为国家目标服务方面发挥着战略性作用。市场导向和政府干预的有效结合促进了经济的良性发展，在人力资源开发和配置方面起到了重要作用。

第一，帮助企业和劳动者扩大人力资本投资。一方面，政府为企业提供大量的投资和贷款；另一方面，制定相关政策，为劳动者接受教育和培训提供政策与资金支持。第二，增加劳动就业，维护社会安定。劳动力充分就业是经济发展的一个有利条件，如果就业不足或存在大量失业，他们就会成为经济和社会发展的沉重负担。就业率的提高也意味着社会稳定性的提高，意味着人们的生活有保障。

（三）国际关系理论及其视角的经验

1. 建立开放式和外向型经济

"全球化是促进世界经济发展的主要驱动力，基于高科技和信息的经济体制越来越明确全球化，并且把商业周期调整到其中。在欧洲、美国和亚洲的现金流、劳工、服务和商品都是建立在高科技的基础上的。其中，商业全球化是指资本、商品、服务、观念、信息和人才进行跨越国界的全球自由流动。每个国家的市场都成为本国或他国竞争对手抢夺市场份额的战场。"① 例如，可口可乐公司总收入的 80% 来自美国以外的市场。商业全球化意味着市场的全球化，全球公司为顾客而竞争，它们为顾客提供国内无法得到的产品或服务，顾客也能在全球化的市场上满足自己多样化的需求。

在这样一个全球化的环境下，每个国家和地区都要建立开放式和外向型经济，以适应时代的发展和市场的需求。欧盟、美国和英国都是发达国家，它们已建立起开放式和外向型经济，整合了全球的优质资源，促进了生产要素、产品等较为自由的跨国流动。与此同时，国际化也为本土企业带来了一些挑战，为了迎接挑战，企业就必须以开放的姿态进入全球市场，不断提高全球竞争力，同时还要对员工进行相应的培训。

在人力资源领域，员工的技能水平和学习能力是一个国家最重要的竞争财富。任何一个国家的资本、技术、原材料和信息都是可以替代的，唯一不能被替代的是员工。优秀成熟的员工能解决复杂的问题，哪个企业拥有这样的员工，哪个企业就具有强大的竞争力。

2. 人力资源的全球化引进

经济的全球化要求人们从国际的视角来看待人力资源问题。目前各国都重视高质量人才的引进工作，在欧美发达国家，无论是教育、就业还是社会保障领域都吸引着一批又一批的优秀人才，人力资源的全球化引进也成为欧美发达国家重要的人力资源战略。

欧盟是一个充满包容性的组织，高度重视对于全球人才的引进，尤其是第三世界国家人力资源的移民。欧盟发布了《第三世界国家公民融合行动计划》(*Action Plan of the Integration of the Third Country Nationals*)，以支持第三世界国家的人才进入欧盟并融入欧盟社会。

美国通过引进他国的优秀人才，提高了科技水平，促进了本国经济的发展。美国对于世界人才的吸引力主要在于其较为完善的市场经济制度为人才提供了相对公平的竞争环境，先进的科学技术吸引着大量向学的学习者，同

---

① ［美］韦恩·F. 卡肖：《人力资源管理》，王重鸣译，机械工业出版社 2006 年版，第 359 页。

时，作为一个移民国家，其经济实力也吸引着世界上不同国家的优秀人才到美国安家落户。

2020 年，英国为了进一步增强本国的科技实力，积极推出了基于积分的移民规则，吸引全球顶级科研人员，并为他们提供无限期签证，以此来推动英国科学的发展。英国政府的这一英才计划还承诺不会限制来英的人数，并提供优厚的资金来资助科研人员的实验和科学研究，还提供一系列其他的便利条件。

## 二、欧盟、美国和英国人力资源优化配置的经验

（一）欧盟的经验

1.人力资源管理中的文化包容性

欧盟有 27 个成员国，每个国家的经济发展水平和文化背景都不同，要想做到真正的政治经济一体化，就要有尊重和包容的态度。欧盟倡导的 Unity in diversity，也就是多元文化下的统一。欧盟在成立之初就以统一的欧洲思想作为指导，体现出巨大的文化包容性，在政策上充分考虑成员国间的差异，尊重各国具体情况，并注意对欧盟欠发达成员国的帮助，以促进欧盟的整体繁荣。

在人力资源管理领域，欧盟也极力提倡文化包容性。欧盟劳动力市场的自由流动政策是欧盟改善劳动力市场配置效率、提高劳动力市场创新能力、提升欧盟竞争力的重要举措。欧盟委员会也通过各种计划来促进成员国之间的学习和培训，进而促进劳动力的自由流动。由此可见，只有以整体的眼光来进行跨国员工的管理，才能充分发挥统一劳动力市场的作用。

文化包容性也被广泛地运用在区域协调发展领域。通过区域政策等文化包容性措施，欧盟在扩大一体化进程方面取得了阶段性成果，促进了资源的优化配置，区域政策的制定偏向促进落后地区的发展，缩小了国家之间的差距，增强了欧盟的凝聚力，对进一步推进一体化具有重要作用。总之，文化包容性对于促进欧盟人力资源的高效管理、推动地区的平衡发展和欧盟的大融合都发挥了十分关键的作用。

### 2.完善的法律法规体系

法律规范可以促进人力资源开发利用，保障欧盟人力资源利用效率。因此，欧盟制定了一系列统一的人力资源管理标准，来保证人力资源的有效管理。一方面，欧盟制定了较为全面的人才招聘、解聘及教育培训等方面的法律规定与条款；另一方面，欧盟的各个国家还对劳动者的工资收入、健康及安全、工作环境和时间等作了较为细致的规定。

例如，《欧盟社会权利支柱的 20 项原则》明确规定了保障劳动者进入劳动力市场的平等机会，企业提供公平的工作条件，以及社会对于就业人员的保护和包容。《欧洲联盟运作条约》规定欧盟成员国的就业人员在欧盟各个国家自由流动是他们的基本权利，这一规定为人才的自由流动提供了政策支持。《青年保障》为青年人的就业和培训提供保障，以提高青年就业者的技术水平和就业率。

另外，欧盟高度重视社会政策方面的保障，包括促进社会就业、反对种族歧视、拒绝性别歧视、创造均等机会、保障雇员卫生安全等。这些举措都为欧盟人力资源管理创造了有利的社会条件，为欧盟就业人员提供了政策支持和社会保障。

### 3.完善的教育培训体系

为了提高全球竞争力，欧盟十分重视教育培训的发展。2000 年《里斯本战略》表明，为了使欧盟成为全世界最好的教育名片，欧盟努力将其教育系统打造为全球优质教育的楷模。如其发布的欧洲教育与培训合作战略框架 ET2020，就是基于终身学习的理念，以促进成员国间的交流和相互学习，提高教育教学、技能培训的效率。

通过长期的努力，欧盟已经建立了完善的教育培训体系，在重视成员国教育培训体系建立、完善的同时，积极开展各国间的教育合作，促进欧盟人力资源的自由流动，加深欧盟一体化的实质性融合。欧盟完善的教育培训体系主要包括：注重应用理论和能力培养的国民教育、以市场需求为导向的职业技术教育、培养实用型人才的网络教育和丰富的职业教育。

近些年，根据国际化市场的需要，欧盟通过推进终身学习培养人才的关键能力，主要有批判性思维、创造力、主动性、解决问题的能力、风险评估的能力、决策和建设性的感情管理能力等。为了适应数字经济的发展，欧盟还提供数字培训机会，以提高就业人员的数字能力。欧盟高度重视教育和培训的发展，以人才的发展促进欧盟的发展。

（二）美国的经验

1. 制定相关法律

美国法律体系的建设对人力资源管理的影响如下：美国宪法详细说明了宪法赋予公民的且政府不能侵犯的权利，明确美国每位公民都有权受到美国宪法及法律的平等保护。美国依法设立了立法、行政及司法三大机构出台及落实相关法律法案，例如，劳动者方面的立法及平等就业机会的立法，包括《公平劳动标准法》《职业安全与健康法》《员工退休收入保障法》等。

2. 公平就业机会

在美国，政府高度重视公平就业的推进，1963 年颁布《公平报酬法》（*Equal Pay Act*），规定男性和女性的工资支付做到同工同酬，禁止性别歧视。1964 年颁布的《民权法》（*Title VII of the Civil Rights Act of 1964*）是主要的联邦法律，开启了女性就业权平等保护的大门，同时创立了公平就业机会委员会来促进公平就业。1967 年，《雇佣年龄歧视法》（*Age Discrimination in Employment Act*）规定禁止在雇佣中歧视年龄在四十到六十九岁的人，在之后的修正案中，还取消了对在拥有二十或二十名以上雇员的公司中七十岁强制退休的限制。1990 年，《美国残疾人法》（*Americans with Disabilities Act*）禁止在雇佣或解雇中歧视能够承担工作的残疾人，禁止询问求职者是否有残疾，禁止限制残疾雇员的晋升机会等。1991 年颁布的《民权法》（*Civil Rights Act*）规定，如果妇女、残疾人和宗教的少数群体能够证明他们在工作中受到歧视，则允许他们进行陪审团审判和请求最高为 30 万美元的赔偿。①

3. 发达的教育培训系统

首先，美国具有健全的基础教育体系。美国的义务教育长达 13 年，是世界上义务教育年限最长的国家。《义务教育法》明确规定，不分种族、宗教信

———

① ［美］劳埃德·拜厄斯、莱斯利·鲁：《人力资源管理》，李业昆等译注，人民邮电出版社 2005 年版，第 43—48 页。

仰和性别在全国范围内一律实行平等的公立学校教育，规定由政府出钱，美国的中小学称为 K-12，即一年幼儿园，小学从一年级到五年级，中学从六年级到十二年级。

其次，美国具有与时俱进的课程。基础教育阶段就开始渗透国际知识和技能，注重学生全球领导力的培养。STEM 课程是美国基础教育的典型课程，包含科学、技术、工程、艺术、数学等学科。STEM 课程注重培养学生的综合素养，也根据时代发展增加了机器人、3D 打印和编程等课程。

再次，高等教育发达，科研成果丰硕。2009 年，美国高等教育的毛入学率已经是全球第一，高达 89%。世界排名前 40 位的大学，美国占 50%。从这些数据可以看出美国高等教育的普及化和高质量发展。美国高等教育的蓬勃发展也为科学研究的产出提供了基础条件，21 世纪以来，美国联邦政府以保持美国在科学知识领域最前沿的先进地位为国家发展战略目标，美国的研发费用也居世界首位。

最后，美国重视人力资源的二次开发。美国高校毕业生是通用型人才，由于缺乏工作经验往往不能适应专业岗位的要求。因此，人力资源二次开发的培训机制给毕业生提供了学习的机会，实现了教育与生产劳动的有机结合，从整体上提高了人力资源的技术水平。

（三）英国的经验

1. 反歧视法促进就业公平

在英国，法律干涉的主要目的是反歧视，以保护特定群体。现在的主要立法主要针对性别不同、婚姻状况不同、种族不同、宗教信仰不同、残疾和有案底的人，他们都得到了法律的保护。英国的反歧视法主要针对四个方面的歧视：第一，直接歧视，在法规涵盖的任何一个领域，当一个人受到比其他人差的待遇时，就产生了直接的歧视；第二，间接歧视，当一个明显的中性职位的提供、考核标准或者条例在运用不当影响到受保护的群体之一时，间接歧视就产生了；第三，侵害，当一个员工受到暴力或非法手段损害时，侵害就产生了；第四，骚扰，给环境中的人带来威胁、敌对、冒犯或打扰等影响的行为，就被认定为歧视。

英国有一系列反歧视的法律。如 "1970 年《公平薪资法案》、1975 年

《反性别歧视法案》规定，雇佣中对性别和婚姻的歧视是不合法的，还规定机会均等委员会是一个独立的实体，其使命包括：促进工作中男女同等待遇；监督法规的执行；为了改进法规，向政府提出建议，包括起草实务守则的权力。此外，还有《种族关系法案》(1976年)、《反残疾歧视法案》(1995年)、《避难与移民法案》(1996年)和《人权法案》(1995年)等。"①

2. 推进职业技能培训

20世纪末的英国，技能人才严重短缺，因为当时英国劳动者数理知识和读写能力水平不高。20世纪80年代和90年代，随着英国失业率的快速增长，英国政府不断介入职业教育与培训行业，采取一系列措施提高劳动者的技能水平，提高失业人员和年轻人的就业率。

现代学徒制是英国培养各类技术人才的重要途径。为吸引更多的人入学，英国进行了多次学徒制相关政策的调整，主要体现在以下几个方面。第一，颁发各类职业资格证书。证书制度是英国劳动就业制度与教育制度的重要内容，是由政府制定的统一、通用的资格标准。第二，灵活的课堂模式，多种能力的培养与实践操作并重。第三，学徒固定时间到工厂学习，每周一到两天带薪实习。第四，职业院校承担教育培训任务。第五，企业一线专业教师授课。第六，校企结合分别给予学习者学分考核，并将此作为确定学习者学习是否合格的依据。

3. 创新人才培养模式

在英国的高等教育中，人力资源管理专业的人才培养是其重要组成部分，许多著名高校在人力资源管理专业的教学模式等方面进行了积极探索。教学模式包含以下几个特点："第一，专业化的课程设置。在英国的大学，人力资源管理专业在课程设置方面体现了专业性高、培养方案详细等特点。第二，多样化的教育教学手段。如个案教学、人力资源管理情景模拟、小组讨论、亲验式体验等。教学中强调预习这一好习惯的养成，并且多采用无本教材，教师会补充很多参考资料、个案、必读书目等内容。第

① ［美］史蒂芬·皮尔比姆、马乔里·科布纳基：《人力资源管理实务》，廉晓红、贺靖雯译，经济管理出版社2011年版，第187—188页。

三，多元化的考核方式。第四，应用化的实践教学。实践教学主要体现在调研能力的培养、与企业的紧密合作和诸多的交换生项目以及暑假海外实习计划等。"①

## 第二节 欧盟人力资源优化配置的经验与启示

如今，科技和知识对一个国家的发展起着至关重要的作用，然而科技和知识的发展都依赖于人的发展，故在社会生产、科学技术进步及经济发展中人力资源是一个极为关键的要素。欧盟作为世界上发达的政治经济共同体，在人力资源管理方面有许多值得我们借鉴的经验，可促进我国人力资源管理的发展和人才的培养。

### 一、欧盟人力资源发展背景

欧洲联盟简称欧盟（EU），有 27 个成员国，是当前世界上一体化程度最高的区域性政治、经济组织。欧盟于 1993 年 11 月 1 日正式成立，其总部设在比利时的首都布鲁塞尔。两次世界大战之后，欧洲各国认为，共同努力比相互争斗更好，所以有了成立欧盟的想法。1952 年，欧洲 6 个国家共同成立了欧洲煤钢共同体。1957 年，又相继建立了欧洲经济共同体和欧洲原子能共同体。1965 年，三者合并成为欧洲共同体。1993 年，成员国达到 28 个，欧洲联盟正式取代欧洲共同体。2020 年 1 月 31 日，英国正式脱欧，结束其 47 年的欧盟成员国身份。

（一）欧盟的组织机构

欧盟的主要组织机构有三个：欧盟委员会、欧洲议会、欧盟理事会。这三个机构都很重要，它们密切合作，各司其职，维护欧洲各国的共同利益。欧盟委员会主要职责是建议法律文件，欧洲议会和欧盟理事会讨论这些法律，

---

① 陈倩：《中英人力资源管理专业的人才培养教学模式比较研究与启示》，《经济研究导刊》2016 年第 27 期。

并决定这些法律是否在欧洲生效，如果它们决定一项法律在欧洲生效，欧盟所有国家都必须努力保证这项法律的实施。

欧盟还有其他一些重要机构，如欧洲联盟法院，确保所有法律在欧洲联盟正确实施；审计法院，检查欧洲联盟的资金是否以正确的方式支出；欧洲的中央银行是共同货币政策的制定者、实施者和监督者。欧洲联盟还有其他机构正在开展重要工作。

（二）欧盟的目标和价值

欧盟所有国家共同努力的目标和价值是：欧洲和平、人们有美好的生活、所有人都能享受公平，没有人被遗漏，所有民族语言和文化都得到尊重，有共同货币，以构筑一个强大的欧洲经济体。2012年，欧盟获得"诺贝尔和平奖"。同时，欧洲联盟使人们更容易从一个国家自由迁移到另一个国家。他们可以在欧洲联盟的任何国家生活、学习或工作。物资、服务和资金也可以从欧盟的一个国家自由转移到另一个国家。

（三）欧盟面临的挑战

如今，欧洲公民的生活和工作方式正在迅速变化。有以下主要原因：欧洲和国际经济一体化；新技术的发展，特别信息和通信技术的进步；欧洲社会的老龄化；平均就业率仍然较低及长期失业率很高，使社会保障制度的可持续性受到威胁。

总的来说，全球化有利于经济增长和公民就业，但需要企业和工人作出快速反应以应对全球化带来的变化。近些年，欧盟的就业率一直在增长，失业率在稳步下降，尽管欧盟仍有1500万失业人员（2020年6月数据）。妇女、青年和移民在劳动力市场外来者中占比过高，老年工人在保住或找到工作方面面临着一些困难。即使那些签订无期限合同的人也会感到威胁，因为如果他们被解雇，他们就会面临同样的困难，难以继续从事高质量的工作。

欧盟仍需要进行结构调整，建立一个更加灵活的劳动力市场，以同时满足雇主和雇员新的安全需求；必须创造更多更好的就业机会，以应对变革创新的社会风险；同时减少分割的劳动力市场和不稳定的工作岗位，并促进持续的技能积累和融合。

## 二、欧盟人力资源的配置

### （一）欧盟人力资源政策

法律法规的完善不仅可以促进人力资源开发，也可以提升欧盟人力资源利用效率。

1.《欧洲社会权利支柱》的原则

第一，平等进入劳动力市场的机会。通过教育、培训和终身学习政策，每个人都有权获得优质和包容性的教育、培训和终身学习，以获得和保持技能，充分参与社会并成功进入劳动力市场；必须在所有领域，包括参与劳动力市场、就业条件和职业发展方面，确保和促进男女待遇和机会平等，男女有权同工同酬；不因性别、种族、宗教、年龄或性取向等的不同区别对待。

第二，公平的工作条件。对于安全和适应性强的就业，无论雇佣关系的类型和持续时间如何，工人都有权在工作条件、获得社会保护和培训方面获得公平和平等的待遇。根据立法和集体协议，应确保雇主迅速适应经济环境的变化，确保雇员在优质工作条件下创新工作形式。鼓励创新和自主创业，应促进职业流动，防止出现工作条件不稳定的就业关系，包括禁止滥用非典型合同。任何试用期都应该是合理的期限，且工人有权获得提供体面生活水平的公平工资。应确保适当的最低工资，以满足工人及其家庭生活需要，同时保障就业机会和鼓励寻找工作。

第三，社会保护和包容。儿童有权获得负担得起的幼儿教育和优质照料。儿童有权获得免于贫困的保护。处境不利的儿童有权采取具体措施，加强机会平等。无论其雇佣关系的类型和期限如何，工人以及在类似条件下的自营职业者都有权获得充分的社会保护。失业者有权从公共就业服务获得充分的激活支持，以便（重新）融入劳动力市场，并根据其缴款和国家资格规则，获得合理期限的适当失业福利，这种福利不应妨碍其迅速恢复就业。每个缺乏足够资源的人都有权获得适当的最低收入福利，以确保在生活的各个阶段有尊严地生活，并有效地获得有利的商品和服务。对于那些能够工作的人，最低收入福利应与（重新）融入劳动力市场的激励措施相结合。退休工人和自营职业者有权领取与其缴款相称的养恤金，并确保有足够的收入。

2. 实现欧盟内部劳动力市场的一体化

2016 年 4 月 13 日，欧洲议会和欧盟理事会发布了关于欧洲就业服务网络、工人获得流动服务和劳动力市场进一步一体化的条例 2016/589 号，以及修正条例第 492/2011 号和 1296/2013 号。

劳动者在欧盟各个国家间的自由流动是欧盟公民的基本权利，也是《欧洲联盟运作条约》第 45 条所规定的欧盟内部市场的支柱之一。《联邦法》进一步完善了该法的实施，旨在保障联邦公民充分行使自身及其家庭成员的权利。工人的自由流动是进一步推进一体化劳动力市场形成的关键要素之一，包括在跨境区域，这使得工人的流动性更高，从而增加了人力资源的多样性，促进了欧盟范围内被排除在劳动力市场之外的人的融合。它还有助于为空缺职位找到合适的人才，打破劳动力市场发展的"瓶颈"。

自 1994 年启动以来，欧盟就业查询系统一直是欧盟委员会和欧洲就业服务局之间的一个合作网络，通过其人力网络和欧洲就业查询门户网站上的在线服务工具，为工人和雇主以及希望受益于工人自由流动原则的欧盟公民提供信息、咨询、招聘或安置服务。

3. 建立青年保障（15—25 岁）

"青年保障"指的是青年人在失业或是离开正规教育四个月内所获得的高质量的从业机会、继续教育、学徒或受训的保障。继续教育还可以提供优质培训方案，从而让劳动者获得公认的职业资格。欧洲理事会在 2014—2020 年通过了一个投入 60 亿欧元的青年就业倡议，以支持委员会提出的《青年就业一揽子计划》中规定的措施，特别是支持《青年保障》。

《青年保障》的实施以六个轴心为基础：建立基于伙伴关系的办法、早期干预和启动、有利于劳动力市场一体化的支持性措施、使用联盟资金、评估和持续改进该计划以及迅速实施。其目标是防止提前离校，提高就业能力，消除就业的实际障碍。它们可以得到联盟资金的支持，并不断监测和改进。对欧洲年轻人的人力资本进行投资，将带来经济上的长期收益，并有助于可持续和包容性经济增长。一支积极、创新和熟练的劳动者队伍可以让欧盟充分受益。

4. 数字经济时代的欧盟策略

在数字经济时代背景下，欧盟制定了《欧洲委员会 2019—2024 年政治指导方针》，提出了欧盟的六项重要决议，其中一项重要政策是《一个适合数字时代的欧洲》。此项政策强调通过教育和技能培训来提升人们能力的重要性，认为对人们未来的最好投资就是投资人们自身。教育能增强欧盟的竞争力和创新能力。欧盟致力于在 2025 年建成一个全新的教育领域，以减少成员国间青年学习的障碍，改进总体教育质量，促进欧盟成员国之间的人力资源流动，最终引导社会成员致力于终身学习。

5. 伊拉斯谟筹资方案

伊拉斯谟方案是有关欧洲联盟支持教育教学、技术技能培训、青年出国留学等的方案。2014—2020 年此方案的预算为 147 亿欧元，为 400 多万参与者提供了出国学习、培训、获得经验和志愿服务的机会，它还为伙伴国家的活动提供了 16.8 亿欧元。除了提供赠款外，伊拉斯谟方案还支持关于欧盟主题的教学、研究、网络和政策辩论。个人和组织都受益于伊拉斯谟方案，个人可以获得专门针对学生、学习者、工作人员、受训人员、教师和志愿者的学习机会，组织也可以获得与大学、教育和培训提供者、智囊团、研究组织和私营企业建立联系和探讨发展的机会。

6. 欧洲政策合作——ET2020 框架

ET2020 框架是指欧洲教育和培训合作战略框架，是一个促进成员国交流并相互学习的论坛，是基于终身学习的方法，涉及从幼儿到成人职业教育和高等教育的成果，旨在涵盖所有情况下学习的重要框架。该框架在教育政策方面为建立最佳做法、收集和传播知识以及在国家和区域两级推进教育政策改革提供了机会。

ET2020 追求以下共同目标：促进终身学习和成员国之间人力资源的自由流动，提高教育培训行业的质量、效率；促进社会公平公正、提高社会的凝聚力并确立积极的公民意识；在各级各类教育培训中重视学员的创造力与创新精神的培养，特别是创业精神的培养。高目标高要求是为了取得更优质的教育培训成果，因此，欧盟要求到 2020 年在欧洲实现以下目标：至少 95%的儿童应参加幼儿教育；18—24 岁早期脱离教育及培训的成年人比率应该低于 10%；至少 40% 的 30—34 岁的成年人应该完成某种形式的高等教育；至少 15% 的成年人应该参与学习；至少 20% 的高等教育毕业生和 6% 的 18—34

岁具有初步职业资格的人应该在国外学习或是接受培训一段时间；大学生就业的比例应至少达到 82%。

为了使 ET2020 框架更好地落实，欧盟采用了多种工具和手段，包括成员国专家组、学习活动、审查活动、政策咨询活动、年度检测报告、共同的参考工具和方法，也包括欧洲教育峰会和教育、培训青年论坛。

（二）欧盟人力资源现状

1. 欧盟人口概况

截至 2020 年 8 月 6 日，欧盟成员国人口总量是 4.46 亿，仅次于中国和印度的人口数。欧盟的总面积是 4079962 平方千米，人口密度是 105.3 每平方千米。欧盟国家的人口出生率低，每位女性平均仅拥有 1.6 个孩子，德国的出生率最低，仅为 1.53。

截至 2020 年 10 月 16 日，欧盟 0—14 岁人口占总人口的 15.02%；15—64 岁人口占比 64.6%；65 岁以上人口占比 20.2%。到 2100 年，欧盟 80 岁以上人口占比预计将上升至 14.6%。

欧盟各成员国之间的人口分布差距很大。人口最多的三个国家分别为德国（8300 万）、法国（6700 万）、意大利（6000 万）。人口最少的三个国家分别是丹麦（580 万）、芬兰（550 万）、斯洛伐克（540 万）。

2. 欧盟劳动力就业状况

2020 年，欧盟 15—64 岁的劳动人口总量为 2.88 亿。"欧洲 2020 战略"提出的目标之一就是要解决就业问题，即到 2020 年，使 20—64 岁劳动人口的就业率达到 75%。但是，受新冠疫情影响，2020 年欧盟的失业率从 2019 年的 6.7% 上升至 9%。

（1）欧盟的就业率持续上升

2008—2019 年，欧盟 27 国 20—64 岁劳动力的就业率总体上增长了 3.6 个百分点。2019 年就业率达到 73.1%，这是 2008 年以来的最高比率。2008 年发生金融危机，该年的就业率为 69.5%，直到 2013 年，平均就业率才开始上升。2013—2019 年，就业率增长了 5.6%。

（2）欧盟成员国的就业率差异显著

欧盟成员国的就业率存在显著差异。2019 年，就业率最高的国家和就业率最低的国家之间有 20.9% 的差异，瑞典处于顶端，达到 82.1%，希腊处于底端，仅为 61.2%。根据就业状况可以把欧盟国家分为四个等级：就业率低于 69.9% 的国家有意大利、克罗地亚和西班牙；就业率在 70.0%—74.9% 之间的国家有比利时、罗马尼亚、法国、卢森堡、波兰和斯洛伐克；就业率在 75.0%—79.9% 之间的国家有保加利亚、爱尔兰、匈牙利、塞浦路斯、葡萄牙、斯洛文尼亚、奥地利、马耳他、芬兰、拉脱维亚、立陶宛和丹麦；就业率在 80.0% 或以上的国家有荷兰、爱沙尼亚、捷克和德国。

3. 达到就业目标的欧盟成员国有 17 个

就业率达到 75% 是欧洲 2020 年战略目标之一，欧盟的就业目标已转化为每个成员国的目标，反映出成员国就业的情况和可能性。各国的国家目标差别很大，从克罗地亚的 63% 到丹麦、荷兰和瑞典的 80% 不等。2019 年，17 个欧盟成员国已经达到并超过了其国家目标：瑞典、荷兰、德国、爱沙尼亚、捷克、斯洛文尼亚、葡萄牙、塞浦路斯、匈牙利、拉脱维亚、立陶宛、斯洛伐克、波兰、马耳他、罗马尼亚、爱尔兰和克罗地亚。就业率低于国家目标 5 个百分点的国家包括丹麦、芬兰、奥地利、保加利亚、法国、比利时、卢森堡和意大利。西班牙和希腊就业率与国家目标就业率差距最大，在 5%—10% 之间。

4. 性别就业差距缩小，但仍然持续存在

根据 2019 年性别就业差距的大小对各国进行排名，线越长，性别差距越大。在欧盟 27 国，与 2008 年相比，2019 年的性别就业差距有所缩小：从 15% 缩小到 11.7%。在这十年中，妇女就业率提高，男子就业率实际上保持不变并稳定下来。

与 2008 年相比，2019 年大多数会员国的性别就业差距有所缩小，只有罗马尼亚和匈牙利的性别差距有所扩大。此外，在同一时期，除一些例外情况外，大部分会员国的男女就业率都有所提高。希腊的男女就业率都有所下降，而意大利、西班牙、塞浦路斯、克罗地亚、比利时和丹麦的妇女就业率有所提高，但男子就业率却有所下降。另一方面，在爱尔兰、卢森堡、法国和拉脱维亚，2008 年男子的就业率与 2019 年相比保持稳定，而妇女的就业率则有所提高。

总体而言，各国就业中性别差距的缩小可能由两方面原因造成：在欧盟一半成员国中，男女就业率不断提高，妇女就业率提升比男子快；在另一半国家中，男子就业率不断下降，但是妇女就业率不断提高。

5. 更多的老年人就业

人口老龄化将导致需要扶养的老年人比率大幅增加，到 2050 年，预计会增至 52%。这一增长缘于低生育率和寿命的增加（2018 年男性平均寿命为 78.2 岁，女性为 83.7 岁）。在农村地区，年轻和活跃人口向外移徙是老年受抚养人比率增加的另一个原因。工作年龄人口可能会减少，但受教育的程度会提高。因此，除了提高妇女就业率，欧洲联盟还有提高老年人口就业率的政策目标。2008—2019 年，就业率的变化在很大程度上取决于男女的年龄：在 55—64 岁的老年男女中，就业率分别增加了 13.1% 和 17.8%。在 15—24 岁的年轻人中，这一比例分别下降了 2.3% 和 0.7%。对于 25—54 岁的中年男子来说，就业率下降了 0.3%，而同一年龄组的妇女就业率上升了 3.2%。

将 2019 年的就业率与欧盟层面的欧洲 2020 年目标进行比较，只有 25—54 岁的中年男性群体的就业率高于欧盟目标（75%），2008 年这一群体的就业率最高为 86.7%。对中年妇女来说，情况正好相反：自 2013 年以来，就业率稳步上升，2019 年就业率最高，达到 74.8%，只比欧盟 2020 年的就业率目标低了 0.2%。

6. 更多受过高等教育的人就业

2008 年和 2019 年欧盟按教育程度分列的就业率比较显示，20—64 岁中等和高等教育程度的男女就业率均有所提高。在这里，高等教育程度是指接受过短期高等教育，学士、硕士或博士级别教育（ISCED 级别 5—8）；中等教育程度是指完成了高中或是中学后非高等教育（ISCED 级别 3—4）；而低教育程度是指只完成了小学或初中教育（ISCED 级别 0—2）。

中等教育水平的女性就业率增加了 3.1%，而男性只增加了 1.7%。高等教育水平的女性就业率增加了 1.9%，而男性只增加了 0.9%。受教育程度低的妇女的就业率也略有上升，为 0.5%，而同期男子的相应就业率则下降了 2.3%。

在 2008 年和 2019 年，受教育程度高的人就业率仍然是最高的。在欧盟 27 国，2019 年妇女就业率为 81.8%，男子就业率为 88.2%。

7. 高教育水平就业率的性别差异缩小

无论受教育程度和年龄段如何，男性的就业率总是高于或等于女性的就业率。目前，性别就业差距正随着教育水平的提高而缩小。此外，受过高等教育的男性及女性就业率的差异相对较小，25—54 岁的差异率为 6.6%，55—64 岁的差异率为 7.7%。相反，25—54 岁受教育程度低者的性别就业差距最大，为 23.4%，55—64 岁受教育程度低者的性别就业差距为 17.9%。

### 三、欧盟人力资源的开发

"2010 年教育和培训"工作方案在《里斯本战略》范围内首次建立了欧洲教育和培训领域合作的坚实框架，其主要目的是通过发展欧盟一级相互补充、相互学习、开放协调的良好做法，支持国家教育和培训制度特别是终身学习、高等教育现代化等方面的改革。

（一）欧盟人力资源开发的教育培训现状

1. 4 岁以上的幼儿教育

在欧盟，幼儿教育的参与程度很高，但质量仍然参差不齐。2018 年，参加幼儿教育的平均占比达到 94.8%。然而，一些会员国远远低于 2020 年的基准，特别是希腊（75.2%）、克罗地亚（81.0%）、斯洛伐克（82.2%）、保加利亚（82.4%）和罗马尼亚（86.3%）。

2. 18—24 岁辍学和提前脱离培训的学生

2019 年，提前脱离教育和培训的学生数量占 10.2%，与目标 10% 只差 0.2 个百分点。这表明在 2010—2020 年取得了 4 个百分点的进展。女孩过早辍学的比例（8.4%）低于男孩（11.9%）。各成员国之间的差异巨大，克罗地亚的差异较小，为 3%，西班牙的差异较大，为 17.3%。一些国家取得了相当大的进展，特别是葡萄牙（20.3%）、西班牙（13.6%）和希腊（10.1%）。外国出生者（22.2%）和本国出生者（8.9%）辍学和提前脱离培训的比率一直存在很大差距。

3. 30—34 岁受过高等教育的人

2019 年，欧盟 27 国拥有高等教育学位的劳动者中，30—34 岁的人占 40.3%。这意味着在 2010—2020 年，欧盟 27 国将 TEA 利率提高了 9.2%。其中男性占比 35.1%，女性占比 45.6%，外国出生者占比 37.8%，本国出生者占比 41.3%。

4. 阅读、数学和科学方面的基本技能现状

在最新的 PISA（国际学生评估计划）测试中，2018 年在阅读方面学习成绩不佳的学生占 21.7%，数学方面占 22.4%，科学方面占 21.6%。15 岁以上的人中有五分之一的人在基本技能方面表现不佳，以致他们在职业和私人生活中处于不利地位，这意味着欧洲的教育面临着持续的挑战。在阅读中，只有四个欧盟成员国低于或等于 15% 的 ET2020 基准：爱沙尼亚（10.2%）、丹麦（14.6%）、波兰（14.7%）和芬兰（15.0%）。阅读成绩不佳的占比超过 30% 的国家有：罗马尼亚（46.6%）、保加利亚（44.4%）、塞浦路斯（36.9%）、希腊（35.8%）和马耳他（30.2%）。

（二）欧盟人力资源开发的特色

1. 终身学习培养关键能力

随着全球化的发展，欧洲联盟面临着新的挑战，每个公民都需要努力提高关键能力来适应这个迅速变化和高度关联的世界。教育具有社会和经济双重属性，可帮助欧洲公民获得必要的关键能力。由于个人所处社会、文化或经济环境等不同导致能力也不同，终身学习可以针对个人不同的教育劣势提供特别支持，以发挥其潜力。这类群体包括早期离校者、长期失业者和长期休假后返回工作的人、老年人、移民和残疾人口。

《里斯本战略》指出，欧洲框架应明确向劳动者提供哪些新的核心技能，发展教育以应对经济全球化及新时代的转型，强调人是欧洲的主要资产。"使终身学习的欧洲成为现实"和"终身学习的决议"把新的基本技能确定为优先事项，并强调终身学习必须包括从学前到退休年龄的学习。

2. 研究与创新策略

研究和创新有助于提高欧盟的发展水平，保证个人和社会的福祉。《里斯本条约》加强了欧洲联盟在这一研究领域的行动，目的是建立一个欧洲研究区。预算近 800 亿欧元的"地平线 2020"是欧盟 2014—2020 年间的研究和创新方案。"地平线 2020"旨在使欧盟拥有领先的知识经济、世界级的科学和创新，以确保欧洲的全球竞争力。

2020 年 9 月 24 日，欧盟签署了一份意向书，确定了欧洲创新理事会（EIC）和欧洲创新和技术研究所（EIT）的第一个知识和创新共同体的共同目标，以最大限度扩大欧盟对创新者和企业家的支持。意向书规定了共同原则，包括对创新者的承诺、灵活性、反应性、创新政策的速度和精简、资源和努力等内容。EIC 侧重开发和扩大突破性创新，而 EIT 侧重将教育、研究和创新结合起来赋予创新者权利，两者都有相同的目标，即支持创新者根据欧洲价值观开发和迅速扩大创新、提出可持续的解决方案，创造高质量的就业机会，以应对全球挑战。

对研究和创新的投资是对欧洲未来的投资，这一行动改善了欧洲和世界各地数百万人的日常生活，帮助解决了欧盟面临的一些较大的社会挑战。欧盟鼓励各国和各学科研究团队之间的合作。研究与创新政策目标包括开放创新、开放科学、向世界开放。开放创新意味着向学术界和科学领域以外的有经验的人开放，相互学习。通过让更多的人参与创新过程，实现知识更自由地流通，以开发能够创造新市场的产品和服务。开放科学的重点是利用数字和协作技术传播知识，这是对在研究过程结束时才在科学出版物上发表成果的标准做法的改变。向世界开放，意味着促进研究界的国际合作。这样做将使欧洲能够获得全球最新的知识，招聘最优秀的人才，在新兴市场创造商业机会。

同时，在"地平线 2020"中，性别问题是一个贯穿各领域的大问题，并被纳入工作方案各个不同部分，确保对研究和创新采取更加综合的办法。《2020 年视野中的两性平等战略》有三个目标：促进研究小组的两性平衡，以缩小妇女参与方面的差距。确保决策中的性别均衡。将性别纳入研究和创新范围，有助于提高所产生的知识、技术和 / 或创新的科学的质量和社会相关性。

3. 高等教育的流动与合作

欧盟提出加强高等教育的流动性和合作，大力提高国外学习或培训的高等教育学生比例。为了使出国学习和培训更加容易，欧盟做出了许多努力。首先，学士、硕士、博士结构的优化和质量的提升促进了学生和工作人员的流动，并推动了高等教育机构和系统的完善。其次，大力推进欧洲流动性和质量保证工具的使用，如欧洲信用转移和积累系统（ECTS）、文凭补编和欧洲质量保证登记册（EQAR），以推动双方相互信任、学术认可。再次，伊拉斯谟方案向希望出国学习或培训的人提供直接资助，并向促进高等教育机构之间跨境合作的项目提供资助。最后，委员会发表了一项关于促进自动相互承认文凭和国外学习期结果的理事会建议的提案。委员会还支持欧洲学生卡倡议，该倡议将促进学生信息的交流，并建立欧洲大学联盟，旨在提高教学、研究和创新方面的质量和水平。

（三）欧盟人力资源管理的培训机制

人力资源培训对宏观经济的发展有很大的影响。人力资源培训是指为提高员工工作时所需要的知识水平、技术能力和解决问题的能力而采取的活动。欧盟十分重视人力资源的培训，努力提高其劳动效率、管理水平，以实现人力资源的可持续发展。

1. 欧盟人力资源管理的培训目的与对象

人力资源开发的目的在于：（1）帮助员工掌握现代知识、技能，提升其他各方面的能力，以不断适应工作发展的需要。员工所承担的工作在现在和未来都需要一定的知识和技能，员工实际拥有的知识和技能常常与之存在一些差距，要想缩短这些差距就需要对员工进行培训，通过培训不但能够提高员工的知识水平和技术能力，还能够培养员工工作的积极性、主动性。（2）通过培训可帮助劳动者提高生活质量，获得新的知识技能，培养健全人格，有助于劳动者的全面发展，激励员工创新。（3）人力资源培训有助于培养劳动者正确的职业观、价值观。（4）人力资源培训还有助于提升组织管理的效率，以保障组织的不断发展。[①]

人力资源培训想要有效率，必须正确认识培训的目标，采用正确的方法。人力资源培训包括培训对象和培训技能两方面。针对培训对象，可以分为三个层次：可以改进工作的人、需要掌握新技术的人和具有某种潜力的人。通过对员工的培训，可以改进之前的工作，提高其工作水平与劳动生产率，也可以让员工拥有更多的技术，胜任更复杂和更重要的工作岗位。针对培训技

---

① 赵曙明：《国际企业：人力资源管理》，南京大学出版社 2010 年版。

能，也可以分为三个方面：职业技术培训、人际关系培训及解决问题能力培训。职业技术培训可以促进企业和经济的发展，也可以促进失业人员的再就业；人际关系培训可以使员工之间友好相处，有效率地合作，同时与客户保持良好的关系；解决问题能力培训，可提升员工发现问题、分析问题与解决问题的能力。

2. 欧盟人力资源培训模式与体系

欧盟的人力资源培训模式主要分为三种类型：学徒式培训、新员工培训、在职员工培训。《欧洲优质和有效学徒框架的建议》确定了欧盟国家和利益攸关方为发展优质和有效学徒所采用的 14 项关键标准。2013 年成立的欧洲学徒联盟有效动员了欧盟成员国、欧洲自由贸易联盟和欧盟候选国以及 230 多个利益攸关方参与加强学徒的供应、提升学徒的质量和形象的培训。最近，学徒的流动性也被纳入联盟的目标，建立了欧洲学徒网络，以确保在与职业教育和学徒培训有关的讨论中听取年轻学徒的声音。

在欧盟，人力资源管理具有科学严谨的体系，包括四个方面：首先，培训需求的全面分析，是对各种组织、机构及其学习者的学习目标、知识与技能等方面进行综合系统的分析，确定是否需要进行培训及培训何种内容的过程，这是做好培训的关键。其次，培训计划需精心细致地设计，根据问题、要求确定详细的培训计划，设置适当的课程并选择合适的培训方式。再次，培训手段的现代化，采用现代化的教学手段可使培训更加生动形象，加深受训人员的理解。最后，及时对培训效果进行评估及跟踪反馈，包含对培训效果的评估以及对员工接受培训之后的信息反馈。

3. 欧盟职业教育与培训概况

职业教育和培训（VET）满足了经济发展的需要，也为学习者提供了实现个人发展和拥有积极公民身份的重要技能。职业教育可提升企业业绩、竞争力，促进研究和创新，是成功就业和完善社会政策的一个核心方面。欧洲的 VET 系统可以依靠一个健全的 VET 供应商网络来运行。这些网络在雇主和工会等社会伙伴的参与下进行管理，并在不同的机构如商会、委员会和理事会中进行管理。职业技术教育与培训系统包含了初等及持续的职业技术教育、培训。

（1）初级职业教育和培训

初级职业教育和培训（I-VET）通常在学生开始工作之前的高中阶段进行。它要么发生在学校环境中（主要是在教室里），要么发生在工作环境中（如培训中心和公司），这取决于国家教育和培训制度以及经济结构，因国而异。继续职业教育（C-VET）是在最初的教育和培训之后，或在开始工作之后进行的。它旨在提升知识，帮助公民获得新技能，并促进他们的个人和专业发展。继续职业教育在很大程度上是以工作为基础的，大多数学习是在工作场所进行的。

平均而言，在15—19岁的欧洲年轻人中，有50%左右的人参加了高中阶段的初级职业教育和培训。然而，欧盟各国的平均参与率从15%到70%以上不等，存在重大地理差异。

（2）欧盟的政策和资金支持

为了确保欧盟职业技术教育及培训的优先发展，欧盟做了以下努力：在工作中，促进一切形式的学习，尤其重视学徒制。让一些社会力量参与创新和创业，尤其是企业、商会及职业技术教育培训者；《欧洲职业教育和培训质量保证参考框架的建议》提出，要促进职业教育质量保证机制的快速发展，并根据学习成果在职业教育和培训系统中建立持续的信息和反馈循环；通过更灵活和更具渗透性的系统，提供高效和综合的指导服务，以增加人力资源获得职业教育和培训的机会；加强职业教育和培训课程中关键能力的培养，并提供更有效的机会，让人力资源通过职业教育和培训获得或发展这些技能；在学校和工作环境为职业教育和培训教师、培训员和导师提供系统的方法和机会，使他们能够进行持续的专业发展。

在资金上，欧盟也不遗余力地投入。2014—2020年，近30亿欧元通过伊拉斯谟方案分配给职业教育和培训。每年约有13万名职业教育培训学员和2万名职业教育培训人员受益；欧洲社会基金（ESF）是VET的重要财务杠杆。2014—2020年，教育、科学和技术论坛有一个主题目标，为支持职业教育和培训的行动分配大量预算。除其他目标外，近150亿欧元专门用于促进平等获得终身学习的机会，促进灵活就业，增强教育和培训系统与劳动力市场的相关性。

（3）职业教育和培训的推进模式

欧盟是如何推进职业教育和培训的呢?《欧洲职业教育和培训信贷系统》使职业教育和培训学习者获得的与工作有关的技能和知识更容易被确认和认可;《欧洲质量保证参考框架》是一种参考工具，旨在帮助欧盟国家根据共同商定的参考资料促进和监测其职业教育和培训系统持续改进;一年一度的欧洲职业技能周于2016年启动，这是一场全欧洲的运动，旨在提高职业教育和培训的吸引力和形象。最后，ET2020VET工作组旨在帮助决策者和其他利益攸关方制定政策和策略。目前的工作组侧重职业教育和培训的创新和数字化，以及系统一级的更高VET。由教科文组织领导的职业教育和培训机构间小组，确保参与职业教育和培训政策、方案制定和研究的主要国际组织，包括委员会之间的活动协调。

（4）2020年新冠疫情后的职业教育和培训的恢复工作

2020年，委员会提出了一项雄心勃勃的议程，以指导就业和社会政策领域的COVID-19恢复工作。重点是技能、职业教育和培训。建议包括:《欧洲技能议程:促进可持续竞争力、社会公平和抗逆力的来文》，该信函提出了12项欧盟行动，旨在支持技能伙伴关系，以及赋予劳动者终身学习权利。沟通中的一个主要成果是于2020年11月技能周期间启动一项新的技能契约。它在欧盟层面设定了具体的数量目标，并概述了欧盟将如何支持技能投资。委员会关于促进可持续竞争力、社会公平和抗逆力的职业教育和培训的建议，旨在确保职业教育和培训为青年和老年劳动力提供技能培训，以社会公平的方式支持COVID-19后的社会抗逆力，推动人力资源市场向数字化过渡。

4. 数字机会培训:提高工作中的数字技能

数字技能和就业联盟汇集了成员国、公司、社会伙伴、非营利组织和教育提供者，他们共同采取行动解决欧洲缺乏数字技能人才的问题。联盟希望通过实习或培训、学徒和短期培训方案，为100万青年失业人员提供数字工作培训。支持提高劳动力技能的再培训，特别是采取具体措施，支持在吸引和留住数字人才以及重新培训劳动力方面面临具体挑战的中小企业。现代化教育和培训，为所有学生和教师提供了在教学和学习活动中使用数字工具和材料的机会，并发展和提高了他们的数字技能。利用现有资金，支持数字技能培训，提高对数字技能在就业能力、竞争力和参与社会方面的重要性的认识。

虽然数字技能培训已经取得了一定的进展，但基于以下三个原因，欧洲委员会仍然将数字技能列为 2020 年的工作重点。

数字技能 COVID-19 危机表明了加强欧洲数字解决方案准备的重要性，并指出了弱点所在。过去十年，学校的数字基础设施得到了显著发展，但许多国家仍然存在巨大的差距。欧盟各成员国在拥有高度数字化设备和联网的学校就读的学生比例差别很大。北欧国家最高，从小学 35% 到初中 52% 到高中 72% 不等。然而，村庄或小镇上的学校，只有 8% 的学生可以使用 100Mbps 以上的高速互联网。

此外，在危机前，教师的数字技术教学并没有准备充分。在欧盟，平均不到一半的教师（49.1%）在正规教育或培训中学习了信通技术。此外，虽然越来越多的教师参与使用与数字技术有关的持续专业发展方案，但这并不总是转化为教学实践。

学生的数字技能正在提高，但需要进一步发展。国际计算机和信息素养研究（ICILS）的结果表明，年轻人并不仅仅通过使用数字设备来发展复杂的数字技能。在欧盟，连最基本的信息和通信技术业务都不了解和不使用的情况普遍存在。2018 年，多个国家的小学生信息技术成绩不佳，其中意大利 62.7%、卢森堡 50.6%、法国 43.5%、葡萄牙 33.5%、德国 33.2%、芬兰 27.3%、丹麦 16.2%。

### 四、欧盟人力资源管理对我国的启示

（一）完善我国人力资源配置体系

1. 健全就业政策，发展绿色人力资源市场

在工业化国家的发展中，优胜劣汰的市场运作原则必然带来失业，所以如何降低失业率、提高就业率成了各国社会经济发展的重要课题。欧盟在建立健全就业政策方面有许多有价值的经验，我们可以科学合理地借鉴，以促进我国失业保障制度和就业制度的完善。

欧盟的经验和做法给了我们一些启示：（1）通过立法来调控劳动力市场、推进再就业和落实失业保障制度。（2）协调好失业保险基金的责任方。国家要做好宏观调控，监督企业按比例为其员工缴纳失业保险金，履行其社会责任；劳动者也需加强自我保障意识，做到不等不靠。（3）坚持失业保障和再就业两手抓。（4）实现劳动者再就业培训工作的组织化与正规化。开展劳动者的再就业培训需要注意两个方面：一方面，要分析预测劳动力市场走势；另一方面，培训工作应逐步正规化，建立健全相关组织机构。（5）充分发挥市场机制，积极扩大就业渠道。（6）积极推进劳动力市场改革，促进劳动力自由流动。

2. 完善人口流动政策，保障流动人口权益

欧盟经济一体化是指欧盟内部人员、资本、商品、服务等在其成员国之间自由流动。欧盟对人员的自由流动进行了法律的规范，明确跨国流动人口的国民待遇标准，以此来消除各成员国的歧视政策，欧盟人口流动的市场调节作用缓解了各国的失业问题及劳动力短缺问题。

与欧盟发达国家相比，我国还有一些较为落后的地方，劳动力流动处于向上趋势，即农村向城市流动、贫穷的地方向富裕的地方流动。农村剩余劳动力文化程度较低，缺少技能，向城市流动后引发的矛盾也日益突出，如农民工户口问题、子女入城就读问题、工资福利问题等，不能享受与城市居民同等的权利。因而，出台人口流动政策，构建具有中国特色的完善的人口流动法律法规体系势在必行。

（二）完善我国人力资源开发体系

1. 促进国民教育的发展

国民教育在人力资源开发与培养中的重要作用不言而喻，应持续加大对各级各类教育的投入，突出教育强国、科技强国的理念。但是仅仅增大教育投入是不够的，随着时代的变迁，社会需要更多高素质、具创新精神和创新能力的人才，这就需要我们参考一些成功经验，提高我国的教育质量。

（1）转变基础教育模式，切实发展素质教育

在互联网、物联网、高新科技高速发展的时代，许多机械的、简单的、重复性的工作已被智能机器所代替，那么人力资本的价值在哪里？在于创造

力的培养和发挥，我们需要培养自己的研究和创新团队，才能在未来的高科技竞争中处于有利地位。可以说，未来的竞争还是在于人才的竞争，尤其是具有研究能力和创新能力的人才的竞争。关键能力除了研究和创造能力外，还包括批判性思维、决策能力、解决问题能力、合作能力等。所以关键还在于优化教育评价体系，从小培养儿童的学习能力和关键能力，孩子们才能成长为适应未来社会的人才。

具体来说，我国应当从以下几个方面完善基础教育模式，培养数字时代的人才。第一，树立正确的办学理念，转变学生只有升学才能成才的错误观念。近年来，国家强调体育、美育在基础教育阶段的重要性，各学校和广大家长应当从孩子身心健康出发来培养孩子的能力，而不是给孩子们增加考试的内容和压力。第二，重基础、抓能力，培养学生的创新精神、实践能力，鼓励学生主动探索，同时开展丰富的课内外活动，为学生发展特长、培养兴趣爱好等提供有利的条件。第三，加强道德教育，在素质教育中加强民主精神的培养，促进学生知情意行的全面发展。第四，进行课程和教材的改革，设计科学合理的课程与教材体系，开设活动课、综合实践课，培养学生的创新实践能力，以适应职业教育以及劳动力市场的需求，使得受教育者能够具有较强的业务能力，这样才能培养出社会所需要的人才，真正发挥教育在人力资源开发与培养、促进社会经济发展中的重要作用。[1]

（2）提高高等教育质量，培养综合素质人才

我国的高等教育发展迅速，但在质量上还存在着一定问题：一方面，高等教育内容与市场需求存在一定偏差，新毕业生难以较好地满足用人单位要求；另一方面，高等教育培养的人才与社会对人才的需求存在一定偏差。高等教育直接承担着为社会培养高素质应用型和研究型人才的责任，我国的高等教育质量还不够理想，科学文化建设各类人才仍然不足。如果不加以改变，可能会导致劳动力市场的结构性失衡。因此，高等教育的改革也迫在眉睫。

应当从以下几个方面对我国的高等教育加以完善：第一，以发展创新思

---

① 齐平主编：《欧盟区域性人力资源管理》，吉林大学出版社 2008 年版，第 310—311 页。

维为重点，改革课堂教学。突破教室和课桌的限制，打破一本教材一门课的束缚，为学生提供项目制学习方案，利用网络平台和书库搜集整理所需材料，让学生以小组为单位合作学习，在项目制学习中发挥自己的思考力、创造力和合作力，最后把项目学习成果转化为科研成果甚至技术产品，这样就把学校学习与实际创新结合起来了。第二，以国际化人才为导向，培养综合素质人才。未来的时代是全球化进一步发展的时代，培养国际化人才是市场需求，也是大势所趋。教育国际化要处理好国际化与本土化的矛盾，用国际意识和视野来把握和发展教育，培养心系中华、胸怀天下的人才。

（3）营造全民学习氛围，培养终身学习能力

终身学习能力是人力资源素质的重要方面。学习能让低学历者或低能力者具备基本的就业能力，同时学习本身也是一种能力，具有终身学习能力的人是与时俱进的人，是不断进步的人，是在工作中越来越有自信的人，个人的终身学习是人力资源不断优化发展的重要途径。

终身学习理念的形成首先要靠全民族阅读氛围的形成。爱上阅读、从小阅读、全民阅读，把书籍送到祖国的每个角落，每个城镇都建立图书馆，让所有人都有书可读，营造国家书香氛围，提升全民阅读能力。学校教育要注意培养学生的阅读兴趣，教师要引导学生享受阅读带来的乐趣，而不是为了学知识而阅读，无目的的兴趣阅读才能培养学生对书本的真正热爱。其次，学校要给学生提供丰富的图书资源，给学生时间与空间开展自由阅读，也可以开设读书节、阅读季等活动，使他们从小养成主动阅读的习惯，形成终身学习理念。

2. 建立健全职业培训机制

在我国，职业教育和培训分为两个阶段：中专大专职业技术学校的教育和工作后的职业培训。我国应着力提高职业院校的办学质量，加强职业学校的专业化课程建设，搭建中职＋高职＋本科升学立交桥。同时，孩子们如果能在16—18岁之间到职业技术学校去体验不同的职业课程，然后根据自己的爱好申请相应专业的大学，更有可能选择到自己喜欢且热爱的理想职业。工作后的在职培训或者为了参加某一项工作而进行的培训是职业培训的第二阶段，这个阶段的培训往往由工作单位或上级单位组织，培训的质量和效

果因人而异，国家应出台相关的法律法规来规范各级培训，提高职业培训质量。

## 第三节　美国人力资源优化配置的经验与启示

### 一、美国人力资源发展背景

美国是一个文化多元、种族民族众多的移民国家，其国土总面积大约962.9万平方千米。截至2019年1月，美国全国总人口约3.30亿。自1870年以来，美国的国民经济一直居于全球第一，且在经济、政治、科技、军事等许多领域居世界领先地位。

随着全球化进程的进一步加快，信息时代与知识经济成为21世纪的显著标志。知识经济时代意味着先进的科学知识与职业技能将会在很大程度上决定一个国家的社会经济发展状况。知识经济的显著特点是信息技术的爆炸式增长，社会经济模式的变革加速了产业结构的调整，从事第一、二产业的劳动者减少，而社会的发展对于诸如贸易、运输、金融等第三产业从业者的需求量增大。现代社会的发展对从业者提出了更高的要求，如先进的科学文化知识、扎实的专业操作技能、灵活运用知识与技术的能力等。[1] 信息革命带来了深刻的社会变革，导致全球人才的竞争日益激烈。为应对这种变革，美国社会深刻认识到青年科学技术人才对经济发展的重要推动作用。

进入21世纪以来，美国联邦政府以保持美国在科学知识领域最前沿先进地位为国家发展战略目标[2]，政府部门及其下属科研机构主要负责研发活动与项目。科研统计部门美国国家科学基金会（简称NSF）数据显示，2002年，美国科学研究发展经费预算首次超过1000亿美元；2003年，研发投入经费总额高达1120.47亿美元。值得注意的是，该年用于计算机、软件开发及新技术服务等项目的经费达581亿美元，比上一年的498亿美元提高了17个百

---

① 何顺果：《美国史通论》，学林出版社2001年版，第331页。

② Michael Lubell, *Navigating the Maze: How Science and Technology Policies Shape America and the World*, Academic Press, 2019, p. 4.

分点。2009 年，美国研发经费总额达 4038 亿美元，2010 年达 4067 亿美元，2011 年达 4140 亿美元。[①] 通过对比，我们不难发现，逐年增加的科研经费及其社会贡献率都彰显了美国政府对科技和创新的重视。

美国国家科学理事会的报告数据显示，美国大约有 140 万科研人员，欧盟大约拥有 160 万科研人员。[②] 大量的科技人才为国家的创新发展注入了新鲜活力。根据世界经济论坛《全球竞争力报告 2019》的数据，在全球创新指数（Global Innovation Index）[③] 排名中，美国数值（Score）为 61.73，世界排名第三；而在创新投入分指数（Innovative Input Sub-Index）的排名中，美国数值为 70.85，全球排名第三位；在创新产出分指数（Innovative Output Sub-Index）的排名中，美国数值为 52.61，世界排名第六。不难发现，在这三项指数的全球排名中，美国均位于前列，这与其国内人力资源的开发关系密切。在世界主要国家及地区的全球竞争力指数排名（The Ranking of the Global Competitiveness Index 2019）前 20 位中，美国的全球竞争力指数是 83.7，排名第二，仅次于新加坡（84.8），同年中国全球竞争力指数为 73.9，排名第 28。

### 二、美国人力资源的配置

（一）宏观层面

近几个世纪以来，有超过 7000 万人漂洋过海来到美利坚合众国。而开人类历史上最大规模的文化转移和人口迁徙先河的，要数 1620 年的"五月花号"（Mayflower）船的移民传奇。[④] 1861—1882 年，伴随着南北战争（1861—1865 年）的结束与工业化浪潮在国内的逐渐兴起，美国迎来了"自由移民"时期的第二次移民高潮。工业的发展吸引了廉价劳动力和熟练技工，美国通

---

[①] Boroush M., U.S. R&D *Spending Resume Growth in 2010 and 2011 but Still Lags Behind the Pace of Expansion of the National Economy*, Arlington, Virginia：NSF，2013-01.
[②] 罗青：《美国〈2014 年科学与工程指标〉概论——科技人力资源和科研产出》，《全球科技经济瞭望》2014 年第 5 期。
[③] 全球创新指数（GII）是通过对创新的制度与政策、人力资本与研究、基础设施、市场成熟度、企业成熟度、知识与技术产出以及创新产出等方面的综合评价来衡量一个国家的经济创新能力。
[④] 邓蜀生：《世代悲欢"美国梦"——美国的移民历程及种族矛盾》，中国社会科学出版社 2001 年版，第 4 页。

过引入移民，充分吸纳来自世界各地的农业、手工业和工业等领域的先进技术和人才，这推动了美国经济的快速发展。

据统计，1871—1892年间，到美国的欧洲移民中，有大约23%是熟练的技术工人，他们带来的冶炼、纺织等技术推动了美国的工业化发展。到了20世纪30年代初期至40年代中期，一大批知识精英为躲避政治迫害与战争折磨，被迫迁移到美国，完成了一场20世纪世界瞩目的科学、文化中心的大转移。在50万犹太血统的国际难民中，有超过1.2万名是具有民主进步思想的知识难民，除了5000多人流亡定居到其他国家，有6526人流亡到了美国，其中科学家人数为1090人，教授人数超过700人，其余是各类学者和文化工作者。这组数据意味着在被德意志帝国和奥地利两国驱赶出来的知识难民中，美国吸纳了54.4%的文化精英和77%的一流科学家。[①] 这些移民人才为美国后来的迅猛发展提供了新鲜的血液与持久的动力。美国之所以能吸引世界优秀人才，在于其国力的强盛及相关人才引进政策的制定。

1. 移民政策的调整

20世纪初，由于美国移民的饱和以及新老移民的矛盾，美国政府开始考虑将全面自由移民政策调整为限制移民政策，有知识、有技能的人才可以被优先吸纳为美国公民。早在20世纪30年代，美国就开始从欧洲尤其是纳粹德国的难民中引进优秀的人才，最著名的例子就是物理学家爱因斯坦。

此外，不仅仅是难民，对于敌国的科学家，美国不仅没有将他们列为罪犯，还成立专门的小组去争夺。当时，为了抢在苏联之前争夺轴心国人才，罗斯福总统还专门批准成立了一支名叫"阿尔索斯"的间谍部队，其主要任务就是争抢德国、意大利以及其他被占领国的科学家，让其为美国效力。其中，最典型的代表是德国的火箭专家冯·布劳恩，这位火箭专家帮助纳粹德国研制出了杀伤力极强的V-2火箭，但是美军并没有将他送上纽伦堡审判，而是给予他极高的地位和待遇，后来还让他领导了"阿波罗计划"。"冷战"时期，美国也有一个专项的计划针对社会主义国家阵营，例如，在古巴与美国对峙的年代里，先后接受了80万古巴难民，其中包括大量的高端人才；在

---

① 李工真：《文化的流亡——纳粹时代欧洲知识难民研究》，人民出版社2010年版。

苏联进驻捷克斯洛伐克期间，吸纳了 1500 名捷克斯洛伐克科学家。[①] 除了政府牵头的专项计划以外，美国的一批猎头公司也被列为重点培养对象，这些猎头公司帮助美国的跨国公司在全世界网罗人才，使得跨国公司能够在世界范围内招募到顶尖的人才。

2. 全球移民的吸纳

在吸纳全球移民方面，美国主要考虑两类人，分别是高净值人士和专业技术人才，与其对应有两种移民政策：投资移民和技术移民。投资移民因申请条件较为宽松，所以从申请到入籍整个流程很快，这在保证安全的情况下，最大限度对海外的高净值人士打开了大门，并且相对于欧洲发达国家来说，美国的税率也对高净值人士比较友好，在美国高收入部分的税率远低于欧洲，而且已经有一套很完善的方式去规避遗产税。此外，美国的法律体系完善，且可操作的空间大，对于高净值人士来说是一个很大的利好：美国的法律判决不仅仅依靠法官，律师和陪审团的权力也很大，对于富人来说，一旦陷入法律纠纷，可以请得起更优秀的律师，可以更轻易地影响陪审团，胜算更大。

美国高科技新兴公司要想快速发展，需要在全球市场上进行人才竞争，尤其要挽留住 STEM 学科的人才。因此，国会制定了一系列政策并逐步实施，提供更多的针对 STEM 的签证和绿卡，以吸引大量的技术移民。

3. 留学生政策

对于世界高端人才的抢夺，美国从人才的学生时代就已开始介入，将人才吸引至美国后，通过学校教育给留学生灌输美国的价值观。即便特朗普上台以后实施绝对收缩 H-1B 签证发放的政策，但是对高新技术人才却没有很多限制，甚至特朗普的《改革美国移民制度强化就业法案》被解读为美国要专精于引进高新技术人才的改革。

在留学生政策方面，美国主要采取了提供奖学金、留学生工作签证以及优质科研环境等方面的优惠。一方面，从 1946 年开始，美国政府制定了《福布莱特计划》并开始实施，到现在美国每年都会有各种奖学金项目资助优秀的学生赴美攻读学位，其中博士研究生奖学金十分丰厚，不仅提供科研保障，

---

① 李工真：《文化的流亡——纳粹时代欧洲知识难民研究》，人民出版社 2010 年版。

对比英国博士奖学金的申请难度，美国对博士奖学金的发放十分慷慨。另一方面，应届留学生毕业后还可获得一年的滞留美国工作签证。此外，美国可以为优秀的研究人员提供最好的科研环境和科研设备，以便将赴美研读学位的高才生留在美国。

（二）中观层面

美国农业发达，机械化程度高。2010年，美国拥有约9.2亿英亩的耕地，其粮食产量约占全世界粮食总产量的16.5%。2011财年美国农产品出口总额达到1374亿美元，我国也首次成为美国农产品进口额最大的国家。当年美国的农业生产总值、工业生产总值、服务业生产总值占比分别为1.2%、19.2%、79.6%。第一、二、三产业从业人口占比分别为0.7%、20.3%、79.1%。美国劳工部劳动统计局2016年统计数据显示，美国16岁以上的就业人口为2.52577亿人，其中经济活动人口为1.5889亿人，非经济活动人口为9368.8万人，在经济活动人口中，劳动参与率为62.9%，就业率为59.8%。

中美两国经济统计数据显示，2018年中国的GDP总量为900309亿元人民币（按汇率折算为13.6万亿美元），其中第一产业增加值约为9782.4亿美元，占GDP的7.19%。同期美国的GDP总量约为20.494万亿美元，其中第一产业增加值约为1641.88亿美元，占GDP的0.8%。由此计算得出中国第一产业增加值约为美国的5.96倍，第二产业增加值约为美国的1.45倍，但美国第三产业的增加值是中国的2.33倍。（见表4—1）

表4—1　2018年中美两国GDP及三大产业增加值对比

| GDP及三大产业 | | 中国 | 美国 |
|---|---|---|---|
| GDP/万亿美元 | | 13.6 | 20.494 |
| 第一产业 | 增加值/亿美元 | 9782.4 | 1641.88 |
| | 占GDP比重 | 7.19% | 0.8% |
| 第二产业 | 增加值/亿美元 | 55308.88 | 38151.44 |
| | 占GDP比重 | 40.65% | 18.6% |
| 第三产业 | 增加值/亿美元 | 70960.6 | 165147.47 |
| | 占GDP比重 | 52.16% | 80.6% |

（按当年6.6174:1的人民币与美元的平均汇率换算）

三大产业的结构调整也进一步加快了美国城市化进程，《国际统计年鉴—2022》调查数据显示，世界银行 WDI 数据库对全球农村、城市人口比重（Rural and Urban Population as Percentage of Total）进行了统计，全球农村人口比重从 2005 年的 50.8% 减少至 2021 年的 43.4%，而城市人口比重从 2005 年的 49.2% 上升为 2021 年的 56.6%。当年美国的农村人口比重为 17.1%，较 2005 年的 20.1% 降低了 3%；城市人口比重为 82.9%，较 2005 年的 79.9% 上升了 3%。

根据联合国 ILO 数据库统计，2018 年全世界劳动人口为 345604 万人，较 2000 年的 275802 万人上升了 25.3%，劳动参与率为 66.9%，2018 年美国的劳动人口为 16495 万人，劳动参与率为 72.3%，就业人数由 2000 年的 13689 万人上升到 2018 年的 15576 万人。按产业类型划分的就业构成，美国第一产业从业者占比从 2000 年的 1.6% 下降为 2018 年的 1.4%，第二产业从业者占比由 2000 年的 24.4% 降低到 2018 年的 19.4%，第三产业从业者占比从 2000 年的 74.0% 上升到 2018 年的 79.1%。联合国 WDO 数据库对就业人口按行业进行了分类，2017 年美国就业总人口为 15333.7 万人，比 2000 年的 13689.1 万人增加了约 12%。

（三）微观层面

当今世界已进入知识经济时代，政府部门和企业组织对高质量人力资源的需求越来越多，如何更好更高效地配置现有人力资源和开发潜在人力资源成当务之急。

意大利经济学家帕累托在 1897 年提出了经典的"二八法则"，指出 20% 的员工能为公司创造 80% 的利润，这部分员工即核心员工。如何吸引并留住核心员工是各个企业组织进行人力资源管理的首要问题，而对核心员工的激励实质上是使他们能安心为企业组织继续创造价值利润。从劳动力的开发来看，不管是政府还是企业组织，其人力资源管理的本质都是挖掘人力资源的能力和动力。在全球经济一体化和知识经济发展的背景下，人力资源成为政府和企业组织管理的关键因素。

薪酬反映出人力资源价值的市场形势，也可称为劳动力价格。随着市场经济的发展，"靠工作量来计算工作价值的传统薪酬方式正被逐渐淘汰，取而代之的是向更高层次发展、更能反映人力资源和智力资本的薪酬结算形式"[1]。回溯历史，我们可以将薪酬制度分为四个发展阶段，分别是专制阶段、"温情主义"阶段、科学管理阶段以及现代管理阶段。[2] 这里所要重点探讨的是进入 21 世纪后的现代管理阶段，在这一阶段，薪酬管理发生了很大的变化。首先，薪酬水平不断提高；其次，薪酬形式逐步多样化；此外，员工"内在薪酬"即自身价值得到重视。从薪酬制度的发展进程我们可以看出，对劳动者的薪酬管理经历了重视薪酬的补偿作用、激励作用、非经济薪酬的激励作用的变化过程，体现了"以人为本"的现代管理哲学。

当今社会对于知识型人才的需求越来越大，高质量人力资源的作用日益显现，这一趋势也推动传统的薪酬制度发生改变，要求新的薪酬体系同时关注对人力资源的物质激励与精神激励、经济性激励与非经济性激励。于是，全面薪酬管理应运而生。全面薪酬管理模式体现了"以人为本"，从激励的角度来看，它可以将劳动者个人行为导向工作的目标，是工作动机产生的源泉。全面薪酬管理体系用一个等式表达如下：

全面薪酬 = 外在薪酬 + 内在薪酬
= 货币性薪酬 + 非货币性外在薪酬 + 内在薪酬 +
非货币性内在薪酬
= 直接薪酬 + 间接薪酬 + 非货币性外在薪酬 + 内在薪酬
= 基本工资 + 可变薪酬 + 法定福利 + 非固定福利 +
非货币性外在薪酬 + 内在薪酬

美国人力资源学家韦恩的全面薪酬二维模型可以清楚地明确全面薪酬的所有项目内容。（见表 4—2）[3]

---

① 葛小菊：《邮政企业营销人员激励型薪酬体系研究》，吉林大学硕士学位论文，2006 年。

② 于海兵：《我国国有商业银行薪酬研究》，山东大学硕士学位论文，2006 年。

③ ［美］R. 韦恩·蒙迪、罗伯特·M. 诺埃：《人力资源管理（第六版）》，葛新权等译，经济科学出版社 1998 年版，第 329 页。

表 4-2　全面薪酬的二维模型

| 薪酬方案构成 | 间接薪酬 | 直接薪酬 |
|---|---|---|
| 经济性薪酬 | 保险、保健计划：<br>人身、医疗、健康、意外灾害等<br>社会援助福利：<br>退休计划、交通补助、伤病补助、教育补助、住房补助、员工服务<br>缺勤支付：<br>带薪休假、节假日、病假等 | 工资：<br>薪水<br>佣金<br>奖金<br>津贴<br>利润分享<br>股票认购 |
| 薪酬方案构成 | 内在薪酬 | 外在薪酬 |
| 非经济性薪酬 | 工作：<br>多元化、挑战性、有趣性、责任感、成就感、褒奖的机会、培训的机会、发展的机会 | 工作环境：<br>合理的政策、称职的管理、意气相投的同事、恰当的社会地位和标志、弹性工作时间、缩减的周工作时数、自助式福利、便利的交通和通信 |

此外，为激发员工工作积极性，美国企业还实行岗位等级工资制度，将岗位等级与评价结果挂钩。所有包括提高员工薪酬、完善薪酬制度以及富有弹性的薪酬体系的措施对市场上现有及潜在的人力资源开发具有重要的促进作用。[①]

### 三、美国人力资源的开发

美国经济的腾飞是从 1913 年开始的，1870 年、1913 年、1950 年美国的 GDP 分别占全球总量的 8.9%、19.1% 及 27.3%，呈增长趋势。尽管在第二次世界大战以后，世界向多极化发展，但美国的 GDP 总量一直保持在占全球总量 20% 以上的水平。[②] 同期美国的人口总量仅占全球人口总量的 4.6%，也就是说，不到世界人口二十分之一的美国人创造了超过世界五分之一的财富。

---

① 许海洋：《美国跨国公司留住核心员工激励措施的研究》，东北财经大学硕士学位论文，2007 年。

② 张振助、张珏、陆璟：《教育和人力资源是立国之本——美、日、韩追赶先进国家的历史经验》，《教育发展研究》2003 年第 2 期。

据世界经济信息网数据统计，2019 年美国的 GDP 总量为 21.02 万亿美元（按汇率换算，约为 146.93 万亿元人民币），人均 GDP 为 63809.64 美元（按汇率换算，约为 44.6 万元人民币），远超世界许多国家。

从劳动力的文化水平来看，美国社会经济的快速发展与其发达的教育系统、有特色的公立学校教育、巨额的人才投资分不开，这使得美国拥有了一支高水平人力资源队伍，为其经济的可持续发展提供了动力。

（一）发达的教育系统

回看历史不难发现，从殖民地时期算起经过仅仅 400 余年的发展，美国的教育已领先于世界大多数国家，其中，工业革命对教育的发展有着极为深刻的影响。工业化大生产的发展对劳动者提出更高的文化知识与专业技能的要求，以便提高其工作效率。[①] 其次，19 世纪民族主义高潮的出现，使得各独立国家意识到教育是唤醒和巩固民族意识的有力武器，此外，社会中下层人民对提高学校教育水平的呼声越发高涨。

1.健全的基础教育体系

20 世纪末，美国的初等教育毛入学率达 102%，中等教育毛入学率达 97%，均位居世界各国的前列。[②] 20 世纪 80 年代以来，随着社会的发展，以关注学生的学业成绩为主的美国基础教育评估受到越来越多的质疑。[③] 老布什政府、克林顿政府、奥巴马政府都分别颁发了相关教育战略措施来促进教育的改革与发展。如 2015 年，美国总统奥巴马签署《每个学生都成功法》，提出"地方教育权回归""改革考试制度"等重要举措。2019 年，阿斯彭研究所成立了国家社会、情感和学业发展委员会，并发布报告《从处于危险中的国家到充满希望的国家》，通过多种方式，包括网络研讨、会议讨论、深入一线教育开展案例研究等，广泛听取意见，最终确立"美国基础教育应该重新确立培育'全人'的目标"，将社会、情感和认知能力的可持续和和谐发展作为其教育核心，较好回答了新时代背景下何为"全人"、如何培育"全人"等教育问题。

---

① 水永强：《美国普及义务教育历史研究》，西北师范大学硕士学位论文，2003 年。

② 刘亮：《新世纪美国教育和人力资源政策研究》，《中国教育与经济论坛》2004 年第 5 期。

③ 李政云、孙明星：《培育"整全人"：美国基础教育发展新导向——基于〈从处于危险中的国家到充满希望的国家〉解读》，《教师教育学报》2020 年第 5 期。

2. 与时俱进的课程设置

美国是一个移民国家，文化多样性明显，学校尤其注重基础教育中全球胜任力的培养。[1] 全球胜任力课程将国际知识和技能整合到学科课堂里，其中包括数学和语言艺术课程、视觉艺术课程等。这一独特的多学科教学模式也被称为渗入模式，即根据课程的目标与要求，在各科课程教学中渗透全球胜任力的相关知识，帮助学生获得与全球胜任力相关的知识技能、情感态度及价值观。其中，跨学科课程尤具特色，在该课程设计中，教师可采用跨学科课程的组织模式，以全球胜任力为核心，从各领域中选取有关全球胜任力内容的主题，打破各学科壁垒，然后进行统一整合。

此外，随着信息化时代的到来，STEM 教育逐渐显示出让人无法忽视的优越性。进入 21 世纪，为确保在世界科学技术与工程设计领域的主导地位，美国国内对于 STEM 课程的改革如火如荼。如今的 STEM 课程教育已经不仅仅是科学、技术、工程与数学教育，它更多地把焦点集中在让学生具备应对 21 世纪各种挑战的能力素养。[2] 如工程素养即学生对技术工程设计与开发的理解能力；艺术素养即学生的审美情趣与生活情操；数学素养指学生能够通过发现问题、表达和解释观点，进而解决多种情境下的复杂数学问题，从而进一步提高分析、判断及理性思考的能力。[3] 目前，美国仍在致力于为 STEM 教育扫盲，增加 STEM 教育的多样性、公平性和包容性，为未来社会培养 STEM 教育人才。

3. 高等教育与科研产出

如果说普及义务教育是教育现代化的基石和社会发展的动力源泉，那么高等教育的发端与发展则为国家持续有活力地发展培养了大批高质量的人力资源。

根据马丁·特罗所提出的高等教育大众化理论，毛入学率少于 15% 称为精英教育阶段，大于 50% 则称为高等教育普及化阶段，15%—50% 称为大众

---

[1] 冯愉佳：《美国基础教育中全球胜任力培养研究》，上海师范大学硕士学位论文，2020 年。

[2] 赵中建：《STEM：美国教育战略的重中之重》，《上海教育》2012 年第 11 期。

[3] NGA. *Innovation America*，*Building A Science*，*Technology*，*Engineering And Math Agenda*，Washington，D.C.2007:7.

化阶段。[①] 同时他指出，这一理论不是一个目标理论，它实际上是对已经发生的高等教育现象进行的一种描述及总结，同时也是揭示高等教育变化的理论及信号，具有预警的功能。[②] 从 1911 年至第二次世界大战后期的 1941 年，美国用了仅仅 30 年的时间，就在全世界范围内实现了高等教育大众化，大学毛入学率从 1911 年的 5% 提高到 1941 年的 15%；接着又用 30 年的时间，自 1941 年到 1970 年，最早实现了高等教育普及化，大学毛入学率从 15% 提高到 50%，比英、法、德等老牌发达资本主义国家实现高等教育大众化的时间早了 30 年，普及化时间早了大约 25 年。而在 1996 年，其他高收入国家的高等教育毛入学率达 62%，美国的高等教育毛入学率高达 80.9%，高出近 19 个百分点。

随着社会经济的发展，美国大学发展呈现出多样化趋势，形成了公立、私立大学并存，研究型、教学型及社区大学协同发展，专科、本科、研究生等不同层次的高等教育同时发展的格局。各类大学十分重视自身定位，大力招揽优质生源，突出办学特色，努力打造社会品牌形象，以为国家吸引和培养高质量人才。美国每百万人中研究人员数量从 2000 年的 3493.0 人上升为 2016 年的 4256.6 人。根据美国官方数据预测，到 2026 年秋季，授予学位的高等教育机构总入学率将比 2015 年秋季增加 13%，其中 18—24 岁的学生人数将增长 17%，25—34 岁的学生人数将增长 11%，35 岁以上的学生人数将增长 4%。NSF 的统计数据显示，美国联邦政府研发费用逐年增加。2018 年，全世界的研发费用总和为 17390.45 亿美元，其中美国 5623.94 亿美元，位于第一；中国 2971.15 亿美元，位于第二；日本 1596.99 亿美元，位于第三。（见表 4—3）

---

① Martin Trow, "Problems in the Transition from Elite to Mass Higher Education", In *Policies for Higher Education*, from the General Report on the Conference on Future Structures of Post-Secondary Education, Paris: Organization for Economic Co-operation and Development, 1974, pp.55–101.

② Martin Trow, "Elite and Mass Education Higher Education: American Models and European Realities", In *Research into Higher Education: Process and Structures*, Stockholm: National Board of Universities and Colleges, 1979.

表 4-3　2018 年世界各国研发经费排名

| 排名 | 国别 | 研发经费投入 |
|------|------|--------------|
| 1 | 美国 | 5623.94 亿美元 |
| 2 | 中国 | 2971.15 亿美元 |
| 3 | 日本 | 1596.99 亿美元 |
| 4 | 德国 | 1165.9 亿美元 |
| 5 | 韩国 | 882 亿美元 |
| 6 | 法国 | 641 亿美元 |
| 7 | 英国 | 475.23 亿美元 |
| 8 | 意大利 | 284.38 亿美元 |
| 9 | 澳大利亚 | 279.59 亿美元 |
| 10 | 加拿大 | 265.91 亿美元 |

（二）人力资源的二次开发

作为一种可再生资源，在生产过程中，人力资源的使用价值并不会减少，反而会由于不断实践而得到提升，这种可再生性为人力资源的二次教育开发提供了可能。二次开发也被称为继续开发，指的是普通劳动者在进入经济生产部门后，接受由相关高等院校、企业部门等组织共同实施的继续教育，开发自身潜能。① 政府之所以重视人力资源的二次教育开发，是因为以"培养世界性公民"作为自身定位和办学目标的高等院校所"塑造"的毕业生是通用型人力资源，由于实际工作经验的缺乏往往不能适应专业化岗位要求。同时，随着科技的发展，许多初级人力资源正在面临老化甚至是被职场淘汰的尴尬局面。他们因为所学的知识或掌握的技能落后于时代的发展，达不到岗位新要求而无法为企业或所在单位创造更大的价值，在日渐激烈的竞争中处于相对劣势的地位。

根据美国大学与企业联合会的调查，美国雇主最看重的十项人力资源特质如下。

---

① 李雨锦、石秀霞：《美国人力资源继续教育开发探析》，《继续教育研究》2011 年第 1 期。

（1）组织才能；

（2）沟通能力（口头的和书面的）；

（3）诚实、正直；

（4）团队工作技能；

（5）人际关系技能；

（6）强烈的工作道德感；

（7）动力、主动性；

（8）灵活性 / 适应性；

（9）分析技能；

（10）计算机技能。

而劳动力的二次开发，即围绕各种生产活动展开，实现了教育与劳动生产的有机结合。通过人力资源的二次开发，劳动者会由一般人力资源提升为专业人才资源，使得潜在的人力资源生产要素转换为现实的生产要素，壮大现有人力资源队伍，提升人力资源的技术水平。

通过二次教育开发的人力资源可以在工作中将所学知识与技能和劳动生产有机结合，创造更多的经济价值，体现了教育的生产性功能。

### 四、美国人力资源管理对我国的启示

全球化进程的加快要求我们要善于借鉴不同国家和地区企业的管理知识。[①] 梳理美国人力资源开发的成功经验，结合我国经济转型的实际国情，改善我国人力资源的开发与配置，可从以下四个方面入手。

（一）加强教育对人力资源的培养

只有教育发展起来了，才能源源不断地为国家提供发展所需的人力资源。面向 2035 年基本实现现代化与 2050 年建成现代化强国的战略目标与要求，我国在人力资源发展方面临着劳动年龄人口规模、比例双双下降的困境，我国急需通过促进人力资源的开发，来抵消由于"人口红利"窗口关闭对国

---

① Anne S. Tsui, "From Homogenization to Pluralism: In-ternational Management Research in the Academic and Beyond", *Academy of Management Journal*, Vol. 50, No. 6, 2007, pp.1353–1364.

家经济发展产生的消极影响。因此，需加快教育改革的步伐，创新劳动力培训，建设人力资源强国。首先，要通过改革学制、人才培养体系和模式，扩大高等教育增量，提升高等教育质量，争取到 2035 年使高等教育毛入学率达到 65% 以上。其次，加大职业技术教育、成人教育和培训服务对人力资源的二次开发力度。培养潜在的人力资源，使教育与劳动生产有机结合，努力将人力资源由一般人力资源提升为专业人才资源，使得潜在的人力资源生产要素转换为现实的生产要素，从整体上壮大人力资源队伍，提升人力资源的技术水平。

（二）加大高层次人力资源的开发力度

首先，转变观念、确定劳动力开发理念，从简单供给型逐渐过渡到导向型，摒弃盲目追求数量的思想，将工作重心聚焦在提高人力资源质量上。可充分运用货币政策、财政政策、社会福利保障政策等实现对人力资源科学有效的引流。其次，加大对科学技术人才培养经费的投入力度，加强对顶尖人才的培养，促进不同国家和地区间的人才交流。在重点产业领域培养本土的学科带头人及技术领军人，优化科学技术人才的层次结构。再次，政府要大力促进政、产、学、研合作力度，鼓励各类院校，尤其是职业学校与企业之间的互动交流。具体方式包括：设立科研基金、专项项目，激励产学研三方共同研发；支持高等院校、科研机构、产业界共同创立研究中心；加快学术成果转化、市场化步伐等。最后，政府应出台政策以培育和保护人才市场的健康运行。[①]

（三）进一步完善就业结构与产业结构

在社会主义市场经济体制改革和完善的进程中，我国还需进一步健全劳动力市场，以适应产业结构的调整与升级，可参考的具体措施有：首先，挖掘传统服务业的就业潜力，加速生产性服务业的发展，帮扶科技含量高的新兴服务业（如物流、信息服务、社区服务等）吸纳剩余劳动力，通过扩大第三产业的规模、优化结构缓解严峻的就业压力，进一步完善就业结构。其次，大力支持中小企业，扩大其就业容量，给予中小企业在法律上的平等地位，

---

① 李燕萍、孙红：《我国科技人力资源开发的现状、问题及对策》，《科技进步与对策》2009 年第 4 期。

同时政府要进一步促成担保基金的落实，给予中小企业信息、人力、技术等方面的支持。再次，各企业部门要通过教育培训等方式进一步增强低素质劳动者的就业能力，具体手段包括高度重视高等教育，培养高水平的人力资源；以就业为导向，扩大职业教育范围，培养专业型技术人才；加强对下岗员工的培训，积极为其提供再就业的机会。最后，要不断深化改革，完善社会主义市场经济体制，提高企业的自主创新能力，加快科学研究成果市场化、产业化的步伐。政府要通过基金支持、税收优惠政策、产业投资扶持、贷款贴息等方式支持企业的自主创新活动，激活其创造力。[1]

（四）进一步落实对人力资源的保障

要切实落实新工资条例中的相关规定，包括构建工资总额决定机制、工资集体协商机制、工资支付保障机制、工资监控机制、工资正常增长机制等。在薪酬管理上也要进一步凸显"以人为本"的人文关怀色彩。与此同时，要严格执行人力资源的劳动合同保护制度。此外，建立健全调解、仲裁、法律援助的协作机制，维护劳动者合法权益，加强法律援助案件质量管理等。

## 第四节 英国人力资源优化配置的经验与启示

两次工业革命使英国的生产力大增，英国因此迅速进入强国行列。经过两次世界大战，英国国力受损，但仍在世界舞台上扮演着重要的角色，它是英联邦元首国、北大西洋公约组织创始会员、G8 成员国之一，联合国安理会常任理事国之一。本节主要从英国人力资源发展背景、人力资源配置、人力资源开发、人力资源发展的趋势及启示等方面进行深入探讨。

### 一、英国人力资源发展背景——入欧与脱欧历程

英国加入欧盟，经历了非常曲折的过程。20 世纪五六十年代，英美之

---

[1] 赵曙明：《中、美、欧企业人力资源管理差异与中国本土企业人力资源管理应用研究》,《管理学报》2012 年第 3 期。

间出现裂缝，加之英国的一些殖民地独立，英国国家实力被削弱。1961 年 8 月，英国在认真权衡加入欧洲经济共同体的利弊之后，决定开启"入欧"之路。但是，"入欧"之路却没有想象中的容易。1963 年之前，虽然各国在布鲁塞尔就英国加入共同体进行了激烈的谈判，但仍旧纷争不断。1964 年，哈罗德·威尔逊上任，英国政府由"疑欧"转向了"融欧"。1967 年，英国再次提出"入欧"，戴高乐以英镑危机为由拒绝英国的申请。1970 年，乔治·蓬皮杜上台是英国"入欧"的转折点，英国首相由亲欧的爱德华·希思出任，英国的亲欧态度与乔治·蓬皮杜乐观开放的态度不谋而合。1973 年，英国成为欧共体成员国，完成其"入欧"之路。

丘吉尔曾说过，"我们和欧洲在一起，但并不属于欧洲"。艰难、曲折地入欧历程，并没有如英国政府设想的那样，给英国带来诸多好处。欧债危机、不合理的难民政策，加之英国政府对欧洲大陆的事务皆采取不干预政策，英国与欧盟的关系出现裂缝，国内开始出现"疑欧派"。脱欧的苗头始于 2013 年英国首相卡梅伦关于英国与欧盟关系前景的讲话。英国最终于 2020 年 1 月 31 日正式脱欧，结束了 47 年的欧盟成员国身份。

纵观国际局势，英国脱欧利弊并存。由于脱欧，英国不再需要向欧盟缴纳任何费用，每年节约下来的近 80 亿英镑可以用于贴补公共服务开支。另外，许多中小企业不再受欧盟规章制度的限制，实现更多用人方面的自由，优化自身人力资源。但是，失去了欧盟这个"大托盘"，其国际地位和影响力、对其他国家的贸易吸引力等是否能够保持原态，还有待进一步考量。

2020 年是英国脱欧的过渡期，期间许多政策还在沿用。过渡期结束后，英国一系列政策的出台，对其政治、经济、文化等产生了较大影响，这也给全球人力资源管理带来了新的挑战。

## 二、英国人力资源政策与管理现状

（一）人力资源政策

1. 就业政策

2020 年，世界各地的经济体都在经历 COVID-19 的经济影响。世界银行的分析表明，这将是自第二次世界大战以来最严重的全球经济衰退，也是至少自 1870 年以来人均收入下降最广泛的时期。英国是开放型经济体，在全球范围内面临收缩的风险，英国预算责任办公室（OBR）和英格兰银行分别在 4 月和 5 月发布的数据表明，英国经济可能面临三百年来最大的年度产出下降，并且失业率最高可达 10%。面对这种经济动荡，英国政府推出了冠状病毒工作保留计划、回弹贷款和自雇收入支持计划等，为企业、个人、公共服务提供支持。

2. 吸引人才

（1）移民政策（新积分政策）

英国于 2021 年 1 月引入基于积分的移民制度，任何来英国工作的人要想拿到签证，都必须满足特定的要求才能得分。如表 4-4 所示，申请英国工作总共需要 70 分。

表 4-4　英国移民积分政策表

| 特　点 | 强制 / 可交易 | 点数 |
| --- | --- | --- |
| 由批准的保荐人提供工作 | 强制性的 | 20 |
| 以适当的技能水平工作 | 强制性的 | 20 |
| 达到要求的英语水平 | 强制性的 | 10 |
| 年薪在 20480 英镑至 23039 英镑之间，或该职业薪资水平的至少 80%（以较高者为准） | 可交易的 | 0 |
| 年薪在 23040 英镑至 25599 英镑之间，或至少为该专业工作水平的 90%（以较高者为准） | 可交易的 | 10 |
| 年薪 25600 英镑或以上，或至少是该专业的学历（以较高者为准） | 可交易的 | 20 |
| 移民咨询委员会指定的短缺职业中的工作 | 可交易的 | 20 |
| 学历：与工作相关的博士学位 | 可交易的 | 10 |
| 教育资格：与工作相关的 STEM 科目的博士学位 | 可交易的 | 20 |

该积分系统为英国雇主提供了通过简单、有效、灵活的安排，从世界各地招聘技术工人的多种途径。为了实现经济的快速增长及人力资源配置的进一步优化，英国给予在本国获得研究生学位的留学生两年签证时间，以最大限度地留住优秀的留学毕业生在英工作。

（2）全球人才计划

为了实现全球科学超级大国的梦想，英国自脱离欧盟以后，积极推出了基于积分的《移民规则》，目的在于给世界范围内的高技术人才提供无限签证，以此推动英国科学的发展。英国政府为招揽全球顶尖人才，投入了高达3亿英镑，以资助未来五年内最优秀的全球人才进行的实验和富有想象力的数学科学研究。

为使高端人才尽快来到英国，该路线提供了一些便利条件：

①为了吸引更多的世界顶尖人才，英国研究与创新署（UKRI）推出了可使个人能快速进入签证申请阶段的新快速通道计划；

②合格奖学金的数量增加了一倍；

③继续确保家属有充分的机会进入劳动力市场；

④通过不要求个人在到达或绑定到一份特定工作之前就保留一份工作来保持路线的灵活性；

⑤为在此路线上得到认可的所有科学家和研究人员提供加速的定居途径；

⑥为确保研究人员及其家属在申请定居时不受处罚，英国研究与创新署（UKRI）提供了免除缺勤规定。

3.机会均等

有效的人力资源配置需要将合适的人放在合适的位置上，因此，需要打破种族、肤色、性别、年龄、宗教信仰、婚姻状态、残疾等条件的束缚。20世纪后期，英国政府出台了一系列平等权利政策以保障公民在工资和就业中免受歧视。1999年，教育就业部颁布的《雇佣中年龄差别化的实务守则》也致力于帮助雇主，指导雇主在雇佣活动中的表现。2000年，英国和欧盟的其他成员国采用了欧洲宪章条约第13章中的雇佣与种族法令。该法令为反对非法歧视与骚扰提供了一个普通的参考框架。

《2010年平等法案》要求雇主必须作出合理的调整，以确保残疾或身体与精神健康状况不佳的工人在工作时不会受到很大的不利影响。合理的调整包括：更改招聘流程，以便考虑候选人；以另一种方式做事，例如允许社交焦虑症患者拥有自己的办公桌；对工作场所进行物理更改，例如为轮椅使用者安装坡道或为聋人安装视听火灾报警器等。

4. 教育政策

英国政府在 2020—2021 学年提供了 1.01 亿英镑，为所有 18—19 岁的学生安排高质量课程，在没有工作的情况下，学生们可利用此次机会有针对性地学习高质量 2 级和 3 级课程，以提高未来就业的能力。

该方案侧重于三个领域，使年轻人能够更好地利用国际网络、市场和资源。

在英国，大学和创意机构之间建立合作关系，为学生和富有创造力的企业家提供技能培训。从提出想法开始创业，到保护知识产权和获得财务支持，全程提供数字英语课程，包括数字学习平台、在线课程和针对创业英语的全新大规模开放在线课程（MOOC）。在成立的第一年，英国的 33 所大学和创意机构已经从英国文化协会创意火花基金中受益。正在进行的项目包括亨利商学院（雷丁大学）与佐治亚州的合作伙伴合作建立了一个创新孵化器，使学生能够将他们的想法转化为商业；诺森比亚大学与亚美尼亚大学合作设计了 18 家新创业公司，并为年轻人和富有创造力的企业家提供咨询会议、公开讲座和讲习班。

联合国先前已将创意经济视为世界经济中发展最快的部门之一。根据联合国的一份报告，2002—2015 年，全世界创意产品市场的价值从 2080 亿美元增长至 5090 亿美元。英国创意产业在 2016 年出口了 270 亿英镑的服务，为英国提供了 312 万个工作岗位。

5. 培训政策

2020 年，英国政府采取了一系列措施，确保就业培训项目的顺利进行。如：

（1）将提供额外的 1700 万英镑，使英格兰基于部门的工作学院的安置数量增加两倍，以便为更多人提供职业培训和有保证的面试，帮助他们获得就业机会。

（2）政府将推出一项新的重新启航计划，以资助失业风险高的年轻人创业或再就业。通过就业与退休保障部提供的扩展的"青年优惠"，提供一系列有针对性的支持，以帮助年轻人找到持久稳定的工作。

（3）政府还将通过大量扩展现有拨款来支持人们提升工作所需的技能，提供资金以使见习和基于部门的工作学员安置数量增加两倍，并进一步支持学徒制，使人们在训练时工作。

（4）政府将在未来两年内为国家职业服务局提供 3200 万英镑的额外资金，以便使英国有 26.9 万多人能够获得有关培训和工作的个性化建议。

（5）政府将再提供 1.11 亿英镑用于英格兰的实习生，以资助 16—24 岁年轻人的高质量工作实习和培训。这笔资金足以使参加培训的人数增加 3 倍。政府将首次向给受训者提供工作经验的雇主提供资助，每位受训者可获得 1000 英镑的资助。政府将降低接受培训的资格，并将其资格扩大到 3 级及以下级别的人员，以确保更多的年轻人获得高质量的培训。

（6）政府将为英格兰雇用 25 岁以下新学徒的雇主支付每人 2000 英镑的新款项，并从 1 日起为他们雇用 25 岁及以上的新学徒支付每人 1500 英镑的款项。这笔款项是对政府已经为新的 16—18 岁学徒以及有教育、保健和护理计划的 25 岁以下学徒提供 1000 英镑资助的补充。

在此之前，英国也通过不同途径提升青年就业能力，如：

（1）青年项目——一揽子计划。2019 年，英国政府为了培养青年的成长自信，提升就业能力，增强他们的韧性，同时通过体育和艺术改变他们的生活状态，向全国各地的青年项目发放 1200 万英镑。一揽子计划包括高达 700 万英镑的青年加速器基金，该基金将扩大现有的成功项目，并通过在青年俱乐部举行额外的会议，增加体育和艺术方面的积极活动，来帮助青年发展，提高青年技能及为社区作贡献的能力。

（2）青年投资基金。2019 年 9 月 30 日，英国总理宣布了一项新的 5 亿英镑的青年投资基金。这项投资将帮助在全国建立 60 个新的青年中心，对 360 个现有的青年设施进行翻新，并为难以到达的地区提供 100 多个移动设施。该基金还将为年轻人提供和协调高质量的服务，并对青年劳动力进行投资。

6. 支持创新政策

创新英国（Innovate UK）的新发现表明，英国一半的年轻人认为他们的年龄是商业成功的障碍，将近三分之一的年轻人缺乏将其想法变为现实的信心。研究结果在英国创新与研究部（UKRI）宣布"创新英国"时发布，该研究机构宣布与王子基金会（Prince's Trust）合作进行一项 220 万英镑的青年创新者计划。全国青年创新者奖将授予具有创新性和开创性商业想法的 18—30

岁的年轻人,以支持他们将其变为现实。该计划将在3年内为多达100名年轻人提供支持,他们将获得5000英镑的补助金,一对一的辅导和津贴,以支付生活费用。

(二)人力资源现状分析

1. 人口现状

2019年,英国人口约为66796807人。2018—2019年,人口的增长是2004年以来最慢的,为0.5%(361000)。净国际移民人数为231000人,比上一年减少了44000人。2019年出生的婴儿是自2005年中以来最少的,为722000人。出生人数的减少和国际移民的净减少导致英国15年以来最慢的人口增长速度。2019年,英国65岁及以上的人口有1240万人,占总人口的18.5%,85岁及以上的人口占总人口的2.5%。在英国,老年人口比例最高的地方是英格兰南部和东部的沿海地区。英国的人口分布不均,如伦敦的人口密度为每平方千米5700人,而在英国较偏远的农村地区,人口密度低于每平方千米50人。

2. 就业现状

(1)就业率统计

就业率是指16—64岁就业人口所占比例。自2012年初以来,16—64岁人口的估计就业率总体上一直在上升,这主要是由于妇女的就业率上升。但是,2020年1月—2020年3月,就业率有所下降,这与新冠疫情的暴发相吻合。

(2)不同年龄层的就业人数

仔细观察2019年6月至2019年8月、2019年8月至2020年6月、2020年6月至2020年8月每个时期不同年龄段人口就业情况的变化,可以发现,16—24岁的就业人数减少了22万,降至354万的历史最低点(18—24岁的就业人数减少了191000人,这是创纪录的减少),而65岁及以上的就业人口则减少了24000人,降至128万。相比之下,25—64岁的女性这一季度的总就业人数增加了92000人,达到2777万人(其中25—34岁的女性就业人数达到了创纪录的361万人)。

(3)失业

自2013年底以来,16岁及以上的男性和女性的失业率总体上一直在下降，但最近几年有所增加。2020 年 6—8 月，约有 152 万人失业，比 2019 年同期增加 209000 人，比上一季度增加 138000 人。年度增幅是 2011 年 9—11 月以来最大的，季度增幅是 2009 年 5—7 月以来最大。

（4）经济不活跃

经济不活跃是对没有工作但由于最近四周内一直未积极寻求工作和 / 或无法在接下来的两周内开始工作而未被归类为失业的人群进行的评估。经济不活跃指标主要针对 16—64 岁的人群。自 1971 年开始进行可比记录以来，所有 16—64 岁的人的经济不活跃率总体上一直在下降（尽管在经济衰退期间有所增加），这是因为妇女的经济不活跃率逐渐下降。近年来，男性的经济不活跃率一直相对平稳。2020 年 6—8 月的估计数字显示，有 863 万 16—64 岁的劳动力不在劳动力中（经济上不活跃）。这比五年前减少了 426000 人，比 2019 年减少了 51000 人。

（5）空缺岗位

2008—2009 年的经济衰退期间，英国的职位空缺数量急剧下降。自 2013 年以来，职位空缺总体上有所增加，在 2018 年 11 月—2019 年 1 月达到创纪录的 85.5 万个空缺。职位空缺率一直保持较高水平，直到新冠疫情暴发，国家采取管控措施，职位空缺率才逐步下降。

（6）工作岗位数量

自 2013 年以来，工作岗位数量总体上一直在增加，但到 2020 年 6 月，英国的工作岗位数量下降了 35.4 万，降至 3541 万。这是自 1992 年 9 月以来的最大跌幅。35.4 万个工作岗位的减少包括 22.7 万个雇员职位的减少，12.8 万个自雇职位的减少。

在新冠疫情期间，各部门没有受到同等影响；2020 年 3—6 月，大多数行业的就业人数都在下降，但是，有些行业的就业机会有所增加。季度就业增长最快的部门是"批发和零售贸易"。超市和零售商通过在线提供更多服务。在这些部门中，雇员是推动工作进展的主要动力，自雇工作也起到了积极作用。

（7）未受教育培训或就业培训的年轻人总数

2011 年 7—9 月，该人群所占比例达到峰值 16.9% 以来，一直在逐渐下降，2017 年初以来相对平稳，平均为 11.2%。2020 年 7—9 月，英国有 75.7 万名未接受教育培训或就业培训（NEET）的年轻人（年龄在 16—24 岁）。这是自 2001 年以来的最低水平，因为接受全日制教育的年轻人比例大大增加了。

（8）性别工资差距

性别工资差距的计算方法是：男女平均时薪（不包括加班费）与男性时薪（不包括加班费）的比例（这是衡量英国所有工作的一项指标，并不用来衡量从事同一工作的男女之间的工资差异）。全职雇员的性别薪酬差距为 8.9%，与 2018 年相比变化不大，自 2012 年以来仅下降了 0.6 个百分点。所有员工之间的性别薪酬差距从 2018 年的 17.8% 下降到 2019 年的 17.3%，并且仍在持续下降。

对于 40 岁以下的人群，全职雇员的性别薪酬差距现在接近于零。在 40—49 岁的人群中，这一差距（目前为 11.4%）随着时间的流逝已大大减小。

在 50—59 岁以及 60 岁以上的人群中，性别工资差距超过 15%，并且随着时间的推移并没有明显下降。年龄组之间的性别薪酬差异不同的原因之一是，40 岁以上的妇女更有可能从事低薪工作，与年轻妇女相比，担任经理、董事或高级官员的可能性较小。

（9）种族薪资差距

2016 年，英国政府着手审查工作场所中少数族裔人士所面临的障碍，并考虑可以采取哪些措施解决这些障碍。2017 年的报告"职场竞赛"明确了企业和政府的一系列行动，以帮助改善少数民族背景的人们的就业和职业前景。报告指出，不同种族的平等参与和进步每年可能为英国经济增加 240 亿英镑的价值。为了扫除可能导致不同种族之间的劳动力市场经验差异的任何障碍，2018 年英国政府首次使用"年度人口调查"中的新收入权重来分析种族薪酬差距，以衡量一些少数民族所面临的不利条件。

3. 产业结构现状

（1）经济实力概况

英国的经济实力在世界上排名第 4 位。随着经济全球化的冲击，许多西方大国面临经济衰退的难题。而英国之所以没有陷入经济衰退的漩涡，主要得益于采取了稳增长、低物价、高就业、改善福利等一系列措施。2019 年全年，英国经济实际增速为 1.4%，比 2018 年 1.3% 的增速略有提升，但整体增速依然较低。已完成的 GDP 总量为 22148.89 亿英镑，人均 GDP 超过了 3.3 万英镑。

（2）各产业比重分析

英国的第一产业占比较小，服务业是其支柱产业，钢铁、煤炭、纺织等传统生产制造业在英国产业结构的调整中呈现萎缩的趋势。在服务业中，最有影响力的当属金融等服务业，约占英国经济的 72%，制造业和建筑业占比 23%，能源和自然资源业占比 4%。

（3）进出口贸易、吸引境外投资

英国一直奉行开放、多边自由的贸易政策，英国的国际贸易在全球贸易总额中约占 6%，人均出口额反超美、日，全球排名第 6 位。英国拥有稳定的政治经济形势、完善的法律制度体系、良好的学术研究与商务应用合作氛围，吸引外资的能力较强。《2019 年世界投资报告》显示，2018 年英国资金流入量为 640 亿美元，但低于 2017 年的 1010 亿美元。

（4）能源资源

在能源资源方面，英国也占据较大的优势，其所拥有的石油和天然气资源分别在世界排名第 5 位和第 8 位。英国能源组成比例中天然气占 43%，石油占 38%，煤炭占 17%，其他能源占 2%。

### 三、英国人力资源的开发

（一）英国中小学"学院化"改革

英国的中小学教育系统依然存在着许多问题。2018 年《卫报》发表评论说，成功的学校倾向于选择学业水平高的学生。处境不利的学生和富有挑战性的学生，往往集中在检查时表现不佳的学校。此外，来自富裕家庭的儿童更有可能进入良好或优秀学校，而处境不利的儿童则更有可能进入表现不佳的学校。截至 2015 年，不平等差距正在缩小，来自不同社会背景的优秀学生越来越多。

平等与人权委员会 2016 年的一份报告指出，英国的教育体系中存在种族不平等。研究发现，有 6% 的黑人学校毕业生继续就读罗素集团大学，而混合种族和亚洲学校毕业生继续就读罗素集团大学的比例为 12%，白人学校毕业生该比例为 11%。2009 年，白人学生的预测 A-Level 成绩准确度为 53%，而黑人学生的预测性成绩准确度为 39.1%。黑人学生也最有可能得到老师低估的成绩。2018 年，英格兰国立学校的所有教师中，有 14.1% 来自 BAME（黑人、亚裔和少数族裔）组。同时，来自 BAME 组的小学生占 33.5%，中学生占 31.3%。

作为联邦制国家，教育分权制使英国地方政府在教育问题方面有极大的自主权，地方政府的管理能力与政策支持直接影响着中小学教育的质量。然而，在英国颁布《教学重要性》白皮书之前，英国还是有许多比较薄弱的学校。为了创立一个卓越的教育体系，使英国的教育水平保持世界一流，英国政府进行了积极的改革，其中一项就是推动中小学的"学院化"改革，将传统的中小学转化为"学院化"的学校。

"学院学校"由两部分组成：一种是薄弱学校改造后的受援助学校（sponsored academy）；另一种则是由优秀学校转型而来的转型学校（converted academy）。"学院化"改革之所以取得成功，得益于其各项优惠政策。一般的"学院学校"都不受地方政府的控制，在学校管理方面有较大的自主权，可以自行决定教职工的聘任、入职、履职、考核，自主制定薪酬体系等。"学院学校"教育经费大致有三个来源：第一，经费不再由当地政府支付，而是直接由英国政府的教育资助署（the Education Funding Agency，简称 EFA）拨款；第二，学校还可再从地方政府获得一笔经费补助；第三，一些私人、企业及非营利团体等也会提供资助。

（二）英国中小学的 STEM 教育

PISA[①] 的调查分析显示，英国在科学学科、文化学科的排名都下滑了 10 个名次，数学学科更是降到了第 24 名。一向重视科技创新与人才培养的英国，迅速查找原因，并最终推出了具有英国特色的一系列中小学 STEM 教育改革。

———————————

① 国际学生评估项目（The Programme for International Student Assessment，简称 PISA）是一个世界通用的用来评价 15 岁学生阅读、数学及将科学应用于真实世界能力的评价体系。

英国皇家学会在 2014 年发布报告指出，英国在科学和工程领域仍处于世界领先地位，为了保持这一地位，需要加快推进中小学 STEM 教育的实施。2016 年 3 月，英国教育部发布了《2015—2020 战略规划：世界级教育与关怀》，该规划明确了英国未来五年的教育发展战略，提出要确保为学生提供更多的扩展性的学习项目，推进 STEM 教育，增加 STEM 学习人数，提高质量；改革资格证书考试制度，以增加 STEM 资格证书内容的深度和严谨性。

2017 年，英国发布了《产业战略：建设适应未来的英国》白皮书，这份白皮书提出政府应增加 STEM 教育的投入，其中大部分投资将用于中小学义务教育阶段，以实现政府有意扩大"有能力学习高等数学和其他 STEM 学科的学生群体"的目标；要求政府在未来五年内，投资 8400 万英镑用于改善计算机教学以及提高计算科学课程的学习效率，尤其是女生的学习效率；此外，政府还计划逐步改善对兼职学生的资助，从 2018—2019 学年起，所有第一学位是 STEM 学科和第二学位是 STEM 学科的毕业生都可获得生活费贷款支持。

总体而言，英国政府已经出台了多项包含 STEM 教育的国家政策，以应对新技术的发展与产业革命对 STEM 人才的需求，如今 STEM 教育已渗入教育体系中的各个阶段，在政策与资金的支持下，英国中小学 STEM 教育发展速度迅猛。

（三）教考分离

与中国十分重视各种类型的升学考试不同，英国的中小学教育实行教考分离的办法。学生到了 14 岁，可以选择参加社会权威考试机构举办的各种证书考试。国家课程标准规定了义务教育的 4 个关键阶段和每个阶段开设的课程，具体见表 4—5。

表 4—5 英国义务教育的 4 个关键阶段和每个阶段开设的课程

| 阶 段 | 年 龄 | 年 级 | 开设课程 |
|---|---|---|---|
| 第一阶段 | 5—7 岁 | 1—2 年级 | 英语、数学、科学、技术、历史、地理、艺术、音乐、体育 |
| 第二阶段 | 7—11 岁 | 3—6 年级 | 与上一阶段相同 |
| 第三阶段 | 11—14 岁 | 7—9 年级 | 与上一阶段相同，外加现代外语 |
| 第四阶段 | 14—16 岁 | 10—11 年级 | 英语、数学、科学（生物、化学、物理）、体育、技术和现代外语 |

### （四）开放办学

英国的高等教育素来充满着学术气息，许多科学家、文学家皆出于此，现如今也是许多留学生梦寐以求的留学之地。英国政府抓住时机，积极进行海外教育市场开拓，在传播先进科学文化知识的同时，也为英国经济发展增砖添瓦。海外留学生一年学费大致 6000—8000 英镑，是英国本土学生的 6—8 倍，加上生活费用，一年一个留学生就能给英国带来 1 万—1.2 万英镑的消费收入。

### （五）高等教育——专业的人力资源管理教育

英国的高等教育非常注重人力资源管理专业的人才培养，因此许多著名高校在人力资源管理专业的课程设计、教学设计等方面作出了很大的努力。英国的人力资源管理专业有 HRM、HRO 或 HRD 等不同类型的课程。比如曼彻斯特大学，人力资源管理专业的课程主要有 7 门必修类课程和 4 门选修类课程，包括工作场所研究和分析技能等，整个课程单元的评估方式各不相同，包括考试、论文、课程作业、作业、报告和小组陈述以及它们的不同组合。最后一个学期，还要完成 8000 个单词的论文。该课程已获得英国人事发展学会（CIPD）的认可，这个非营利性组织倡导更好的工作和生活，并在 100 多年来一直为卓越的个人和组织发展设定基准。它在世界各地拥有超过 15 万名会员，通过对职场的独立研究提供思想领导，并为人力资源、学习和发展领域的工作人员提供专业培训和认证。通过 CIPD 认证的研究生，非常受英国企业的欢迎，在择业、就业方面有很大的优势。

### （六）英国的职业教育与职业培训

英国建立了高度发达的职业教育和职业培训体系。1944 年，《巴特勒教育法》是职业教育的一个新起点，它将职业技术教育纳入了公共教育体系。1964 年，英国颁布的《产业训练法》使产业领域职业技术培训有了法律依据。1973 年，针对职业培训体制和管理机制等方面的问题，英国出台了《就业与训练法》。

职业培训经费来源明确，为广泛开展职业培训奠定了物质基础。英国的《工业培训法》规定，所有企业每年都必须按照其支付工资总额的一定比例缴税，作为国家支持全社会开展职业培训的经费，同时提供培训奖学金激励企业积极地为员工提供职业培训。通过这种形式，英国实现了全社会职业培训经费的重新分配，提高了广大企业提供职业培训的积极性，增强了职业培训的公平性。

企业主体职责清晰、参与职业培训的权利和义务明确是英国职业教育培训立法的重要特色。英国的《就业与训练法》规定，凡是未接受过职业培训的劳动者进入企业就业，企业都必须为其提供为期一年的脱产培训，企业在职职工必须以轮换的形式接受必要的在职培训。企业职工接受培训时，工资按照正常工作的标准支付。

（七）英国学徒制

英国政府将现代学徒制作为培养技能型人才的重要途径，在劳动就业和培养方面，制定了统一的资格制度。英国教育劳动部职业资格理事会将职业资格归入 11 个类别（包括贸易、服务、工程、建筑等行业）的 5 个资格等级之内，逐次为熟练工人、技术工人、技术员或监督员、高级技术员或初级管理人员、专业人员或中级管理人员。职业院校承担着学生入职前的教育培训工作，继续教育学院则承担劳动者入职后的教育培训工作。入职之前，学徒如果没有取得相应的学历，则需要通过一系列课程的学习，考取职业资格证书。入职后，企业则会依据法律法规及实际情况，为自己的员工制订学徒计划。

（八）职业教育未来新趋势：T-Level

T 级是 2020—2023 年英格兰引入的技术资格。新的 T-Level 课程旨在改善技术教育的教学和管理，培养就业型人才。T-Level 是 2 年制资格证书[①]，由企业和雇主合作设计，旨在为学生提供在职场上取得成功的技能和知识。如果已获得 GCSE（普通中等职业教育证书）并希望将知识和经验直接用于工作、学徒或高等教育，则 T 等级是理想的选择。学生将在课堂上花费 80% 的时间，在雇主安排的 45 天工作时间中花费 20% 的时间，以获取工作所需的技能和知识。与 A-Level 一样，如果在 19 岁之前就开始学习 T-Level，则无

---

① 注：这是一个专科学业证书。这个学业证书能抵三门英国高中 A-level 科目，选择就读 T-level 的毕业生既可以选择就业也可以选择继续大学的深造 A-Level 更专注学术，T-Level 更专注技术。

需缴纳任何学费。

T级资格证书包含以下必修要素：技术资格，其中包括行业领域的核心理论、概念和技能。核心工作侧重于为学生提供与所选领域相关的基本知识、理解和技能。根据学生选择的 T-Level 水平，通过笔试和雇主设定的项目对学生掌握的专业知识和技能进行评估。

T-Level 与学徒制不同，它将成为未来技术教育和学生选择的技术课程中的新"黄金标准"。T 水平和学徒制基于相同的雇主设计标准，但将适合不同的学习方式。T 级课程将提供更广泛的课程内容，使学生在以后的课程中专注于专业。学徒培训的内容从一开始就比较狭窄，并专注于特定职业所需的知识，为期 45 天的行业实习将使学生尽早获得进入市场的机会，行业布局有助于学生的组织和行业安置，使学生有机会与进入该行业的下一代工人一起工作。与学徒制相比，T-Level 涉及更多的课堂学习，这意味着可以在继续学习的同时体验一个行业。

### 四、英国人力资源管理对云南沿边跨境经济合作区的启示

（一）促进云南沿边跨境经济合作区人力资源配置体系的完善

1. 国家政策支持

因为云南沿边跨境经济合作区位于两国边境地区，有时会涉及一些敏感问题，所以国家、政府的政策支持力度还有待提高。国家政策的大力支持将会为云南沿边跨境经济合作区的发展提供法律保障，使其在法律允许的范围内实现更好地发展。

（1）加强与周边国家的沟通与合作，构建科学的法律框架

云南三个沿边跨境经济合作区的法律法规尚不完善，基于此，我国应积极加强与周边国家联系，共商共建发展大计，加快双边合作步伐，结合双方地方特色，制定一系列切实可行的框架协议、合作协定，为沿边跨境经济合作区的发展提供便利。同时，各国在协议和协定内积极制定本国的法律法规，为沿边跨境经济合作区的发展保驾护航。

（2）落实人才引进政策，规范入境就业管理制度

云南三个沿边跨境经济合作区金融、规划、建设、管理、法律等方面的

人才有待补充，为了吸引更多的人才，应当落实人才引进政策，为引进人才提供诸如资金扶持、落户、住房、子女入学等相关服务。同时，规范外籍入境就业的相关规章制度，规范管理外籍劳工，密切关注、积极解决涉外劳务纠纷，最大限度保障沿边跨境经济合作区的安全稳定。① 积极进行本地人力资源的开发利用，激发他们建设家乡的热情。建立健全人才机制，以吸引人才、留住人才、人岗匹配为目标，建立政企联动机制，完善人才市场，实现人岗对接，统筹人才引进。②

2.推进产业转型升级，改善人力资源开发的环境

当前，云南三个沿边跨境经济合作区仍处于发展的初期，人口数量较少、人口分布不均、结构不合理等问题依然存在，其规模、现代化程度还需升级。本地区主要以农业生产为主，在出口加工基地、进出口货物深加工方面有所发展，出口企业多为中小型企业，一些企业通过降低价格来获得市场，具有区域特色的现代产业体系还未完全建立起来。③ 产业发展模式主要以旅游业为主，近年来旅游业发展迅速，但也存在人力资源分配不合理等问题。

云南沿边跨境经济合作区的发展，要结合地方实际情况，制定科学的产业政策，促进产业结构的优化升级。促进商贸物流、跨境旅游、电子制造等相关产业的加速发展，把产业结构优化升级作为工作的重点。④ 适度发展高新技术产业，为未来产业结构的升级打下基础。

加大旅游业建设力度，与缅甸、老挝、越南三国创建旅游开发创新团队，结合各国实际，打造独具特色的旅游项目，这样不仅可以吸引外资，还有助于扩大就业。鼓励创业，以创业促就业，改善沿边跨境经济合作区人力资源管理环境，吸引更多人才到此定居就业。

云南沿边跨境经济合作区要高度重视对外贸易，提高对外贸易发展层次。

---

① 刘颖甜：《我国边境经济合作区的经济效应与政策研究》，武汉大学硕士学位论文，2019 年。

② 魏靖、田静：《云南河口跨境经济合作区人力资源现状及开发研究》，《山西经济管理干部学院学报》2019 年第 4 期。

③ 牛建宏：《"一带一路"战略背景下临沧边境经济合作区面临的机遇与挑战》，《云南行政学院学报》2016 年第 6 期。

④ 魏靖、田静：《云南河口跨境经济合作区人力资源现状及开发研究》，《山西经济管理干部学院学报》2019 年第 4 期。

地方政府依靠自然资源优势，发展具有地方民族特色的优势产业。同时，要结合周边三国的经济发展状况、人民的消费习惯、地区的资源禀赋和市场需求等，建构外向型、符合现代发展要求的生产方式、经济运行机制，大力建设外向型进出口加工制造业产业基地等。①

3. 提高科学管理能力和服务水平，人员、机构配置合理化

人员、机构的合理配置将会大大提高工作效率。在人员配置方面，海关、边检、检验检疫等部门的工作人员，还存在一定问题。因此，国家和地方政府要积极采取措施，鼓励相关人员加强培训学习，解放思想，更新观念，主动转变工作作风，采取灵活的工作方法，提高服务意识，树立服务边疆地区社会经济发展就是服务国家、服务人民的理念。在规范工作流程的基础上，以服务便利化为宗旨，形成部门联动、企业带动、民间互动的开放发展新格局。②

（二）云南沿边跨境经济合作区人力资源开发体系的完善

1. 优先发展教育事业，提高人力资源质量

（1）加大政策支持力度，增加教育投入，保证教育投入持续增长

教育是人力资源开发最重要的途径。英国的教育历史悠久，有比较完备的法律体系、健全的教育体系。英国教育资源较充裕，目前已对19岁以前在公立学校就读的学生实行免费教育。相比之下，云南沿边跨境经济合作区还需加大对教育的投入力度。具体来说，需要加大政策支持力度，增加教育投入，保证教育投入持续增长。

（2）提高未来从业人员的受教育程度，重视高中教育及职业教育发展

提高教育教学质量一直是英国政府与民众十分关注的问题。英国的识字率自1990年达到99%后，到目前为止保持不变。为保证教育教学质量，英国政府采取了一系列有效的措施，如更新现代信息设备、设立独立的教学评估机构、确定生师比、小班化教学、培养高素质教师队伍等，以提升教育教学质量。收集到的数据显示，英国劳动力人口中拥有中学文凭2级以上的占

① 牛建宏：《"一带一路"战略背景下临沧边境经济合作区面临的机遇与挑战》，《云南行政学院学报》2016年第6期。

② 同上。

87.4%，3 级以上的占 62.6%（2014 年 19—64 岁的成年人），大专文凭 4 级以上的占 41.0%（2014 年 19—64 岁的成年人）。云南三个沿边跨境经济合作区，从就业人口的受教育程度来看，初高中学历及以下劳动力占比较大，高学历的较少，人力资源整体素质并不高。① 因此要加快教育改革，重视高中教育及职业教育发展，培养高素质劳动者。

（3）重视校企合作，建设适应沿边跨境经济合作区的"学徒制"

要想发展好职业教育，我们可以结合当地现状，借鉴英国的"学徒制"改革，创造出一套适应沿边跨境经济合作区的"学徒制"。如瑞丽有两所职业学校，根据当地翡翠珠宝产业的发展设置了与珠宝相关的专业，由于专业的特殊性，该校教师大多来自企业，具有丰富的从业经验，他们站在从业者的角度，教授内容和学生所学技能非常符合未来的从业要求。除了聘请教师来学校授课外，我们也可以采用工学交替、学徒制等方式，让学生在掌握一定技能后，进到企业里面接受再培训，构建"学校—企业—学校—就业"的教育模式。除了技能的学习，我们也不能忽视其他素养的培养，如外语能力能够让学生在未来就业中更有沟通交流的优势，本民族语言能增强民族自信心。也可以与邻国互派教师、留学生，开设一系列学徒制课程，培养适应双边经济发展需要的人才。

2.高度重视职业培训

借鉴英国职业教育的经验，三个沿边跨境经济合作区要高度重视职业培训。大致可从以下几个方面入手：

（1）加强对大量闲置人员和文化水平较低的女性的培训，对人力资源进行充分开发，利用一切可以利用的资源。

（2）企业可以根据实际需要招收外籍务工人员，政府还须作出明文规定，当企业达到一定规模时，可以通过内部或依托州市高级职业院校对员工进行集中强化培训，使其具备一定的专业或职业技能。同时，对于进行培训、教育的机构和投资交通物流基础设施的企业，政府应该给予一些政策优惠。

① 魏靖、田静：《云南河口跨境经济合作区人力资源现状及开发研究》，《山西经济管理干部学院学报》2019 年第 4 期。

（3）成立专门的、专业的职业培训机构，进行语言、技术、管理方面的培训，在学员学习结束后，要有相关的职业技术资格考试，并颁发合格证、职业资格证书。职业资格证书的获得，除了要严格把关之外，还要注重学历的互通性，为未来想要继续深造的学员提供机会与动力。

（4）加大人力资源开发力度，加强政产学研相结合，促进沿边跨境经济合作区人才素质的提升。

# 第五章 云南沿边跨境经济合作区人口流动与区域人力资源优化配置

人口流动和人力资源流动密切相关，经济体制改革、社会制度变迁以及自然环境改变都会促进人口的流动。而导致人口迁移流动和人力资源再配置的直接原因是阶段性的社会结构转换、经济结构的调整及人的需求多样化等。

流动人口具有流动属性，最早被界定为迁移人口或者被称作人口迁移。人口迁移是一种社会现象，在人口学中论述较多。个人、单个家庭或是许多人群越过一定区域界线、更换居住区域的任何一种动机的移动都可被看作人口迁移。人口迁移的现象可能发生在经济活动领域，但更多地受到人文、社会、经济等多方面因素的影响，演变成一种社会现象。在此过程中，往往会存在劳动力资源的顺势流动。劳动力资源流动是指受经济结构变动、经济利益驱动等因素影响，发生在经济领域或经济部门的劳动力资源的分布变换。[1]

就当前云南三个跨境经济合作区的实际发展情况来看，如何有效利用好农村地区剩余劳动力资源、国内其他地区流入劳动力资源以及沿边跨境劳动力的"人口红利"优势显得十分重要。生产力的发展会引起人口迁移和劳动力流动，这是普遍和正常的现象，特别是蓬勃发展的市场经济、不断拓宽的市场范围对人口迁移和劳动力流动的影响较大。因此，研究云南沿边跨境经济合作区劳动力资源流动情况及人力资源优化配置，需结合区域经济的发展来具体分析。

---

① 邵昱:《宏观人力资源开发与配置研究》，西南财经大学博士学位论文，2000年。

# 第一节　云南沿边跨境经济合作区的
## 合作现状及人口流动动因

### 一、现阶段云南沿边跨境经济合作区发展情况

　　从表5-1、5-2中可以看出，在过去的十多年中，云南沿边跨境经济合作区的主导产业是边境贸易、商贸物流等，紧紧围绕边境区位发展相关产业，较好地发挥了地缘优势（如边境旅游）。由于工业基础薄弱，主要进行资源型加工，如农产品加工。2006—2018年云南沿边跨境经济合作区主导产业的结构并未发生较大的变化，存在主导产业结构单一，转型升级迟滞，工业基础薄弱，对先进制造业涉及较少等问题。

表5-1　云南三个沿边跨境经济合作区情况

| 序号 | 名称 | 批准时间 | 面积（公顷） | 核心产业 |
|---|---|---|---|---|
| 1 | 河口边境经济合作区 | 1992.09 | 402 | 边境贸易、边境旅游、口岸物流 |
| 2 | 瑞丽边境经济合作区 | 1992.12 | 600 | 边境贸易、农副产品加工、边境旅游 |
| 3 | 中国磨憨—老挝磨丁经济合作区 | 2016.03 | 483 | 物流、商贸会展、农产品加工 |

　　资料来源：国家发改委等6部委发布的《中国开发区审核公告目录》（2018年版）。

表5-2　云南沿边跨境经济合作区主导产业（2006与2018年对比）

| 序号 | 名　称 | 主导产业（2006年） | 主导产业（2018年） |
|---|---|---|---|
| 1 | 河口边境经济合作区 | 边境外贸、农副产品加工、国际物流 | 边境贸易、边境旅游、口岸物流 |
| 2 | 瑞丽边境经济合作区 | 边境贸易、农副产品加工、边境旅游 | 边境贸易、农副产品加工、边境旅游 |
| 3 | 中国磨憨—老挝磨丁经济合作区 | 未建立 | 物流、商贸会展、农产品加工 |

　　资料来源：国家发改委等4部委发布的《中国开发区审核公告目录》（2006年版）、《中国开发区审核公告目录》（2018年版）。

## 二、瑞丽市、勐腊县、河口县人口流动的动因分析

### （一）区域性的农村劳动力富余

农村劳动力富余会直接引起人口流动。科技的发展推动了农业的进步，目前农业科技已渗透至农业生产的各个方面，农业科学技术的发展促使农业生产结构不断优化，农业生产条件不断改善，规模化农业生产不断涌现，如现代农业科技园、橡胶园、香蕉园等，随着农业生产率的提高，农村对劳动者的需求不断减少。此外，沿边跨境经济合作区三地多高山，土地资源有限，随着科学技术的发展，农村可用耕地与劳动力呈逆向运转，这也促进了沿边跨境经济合作区三个市（县）的农村富余劳动力向城镇转移，从事其他产业的工作。

### （二）受边境地区特殊历史文化的影响

受地理和历史因素的影响，云南与边境邻国的交流与交往源远流长。其中云南的瑞丽市、勐腊县、河口县分别与缅甸、老挝、越南相邻，由于边境地区特殊的人缘、地缘关系，长期以来边境地区跨境而居的民族因相同或相近的血缘关系、民族文化、宗教信仰和生活习惯等，产生了强烈的民族认同感，边境互市、跨境通婚、探访亲朋好友和传统节日聚会等延续至今，这使得边民跨国流动较为频繁。因此，边境地区的历史文化也促进了跨境人口的流动。

### （三）受国际环境、边境地区经济发展的影响

1.边境地区人口流动受国际经济环境的影响

随着我国改革开放程度的加深，劳动密集型的加工贸易企业及第三产业蓬勃发展，不断转型优化，创造了更多的就业机会，推动了人口的跨国流动。特别是近年来，在"一带一路"倡议下，国家积极为沿边跨境经济合作区和自贸试验区建设提供各项支持，加强与边境邻国相关领域的合作，构筑区域经济发展合作联盟。在国家发展政策的支持下，云南的经济发展与周边邻国缅甸、老挝、越南等国家的发展形成对比，较大的经济差异也促使境外人口向云南流动。

2.推拉力因素对边境地区边民流动的影响

"推拉理论"是分析人口流动原因的重要理论。人们为了获得更优的物质

生活条件会选择从原本的居住地流动至更发达的地区，这其中受到推力和拉力因素的影响。拉力是指流入地中那些有利于获得更好生活条件的因素，而推力是指流出地不利于人们获得更好生活条件的因素。其中，经济原因是促使边民跨境流动的重要推力。我国国力的提升、经济的发展是推动边民流入的强大动力。[①] 边境口岸是中国对外开放的重要门户，云南位于中国的西南边境，积极参与了经济走廊、次区域合作等的建设。在"一带一路"倡议下，云南省依靠边境口岸、陆路运输将边境地区同国外市场连接起来，并通过边民互市贸易、沿边跨境经济合作区等多种方式，创设了一个层次多样的对外开放体系。瑞丽边境经济合作区目前已经发展为瑞丽市经济发展的重要支撑点，其贸易进出口总额占德宏州进出口总额较大的比例。河口边境经济合作区的基础设施建设于 2014 年正式展开，经过近几年的发展，河口县与邻国老街省已形成"两国一城"的格局。此外，中国磨憨—老挝磨丁经济合作区作为重要的对外开放窗口以及中老泰经济走廊的必经之路，不仅发挥着积极的辐射带动作用，同时也增强了磨憨口岸的国际服务功能。目前，位于云南省的三个主要口岸经济区已在瑞丽、河口、磨憨与其腹地落地生根，口岸经济区的功能定位已由最初的国家安全更多地倾向于边境区域合作。以上区域的良好发展趋势和对各类人才的需求已经成为吸引外籍务工人员的重要"拉力"。

3. 跨境务工人员收入增加的影响

随着我国西部大开发战略的深入，脱贫攻坚的持续推进，对外开放的不断拓展，云南边境市县基础设施条件日益完善，人民生活水平不断提高，同时沿边跨境经济合作区的建设也创造了大量的就业机会，中国国内远远高于周边国家的工作酬金等成为跨国人口流动的重要动因。[②] 以缅甸为例，缅甸最低工资标准制定委员公布的 2018 年第 10 号公告规定，不区分地区和工种，缅甸全国工人每天最低的薪资标准为 4800 缅元（折合成人民币 20 元左右），这与云南边境地区瑞丽的工资待遇仍有差距。一个在瑞丽打工的普通工人月

① 戴长征、乔旋：《跨国人口流动的原因及其对国家安全的影响》，《教学与研究》2009 年第 1 期。

② 张家忠：《瑞丽市外籍流动人口的特点》，《湖北警官学院学报》2014 年第 1 期。

工资可以达 1200 元人民币，但在缅甸可能只有 600 元人民币。调研中，在瑞丽市随处可见缅籍务工人员的身影。综合以上分析可见，经济因素是促使边境地区跨国人口流动的另一个主要原因。

（四）受边境地区各国政治因素的影响

首先，各国边境不同的治理和管理政策会对人口流动产生影响。边民不仅受到本国政府的管理，还会受到邻国管理政策的影响。其次，国家是否富庶安定也会影响人口流动。如果一个国家常年受自然灾害侵袭、内部政治动荡不安、经济发展滞后，当地民众会迫于生计而选择逃往异国他乡，或者为躲避政治迫害离开本国，选择进入经济发展较好、政治环境安定的国家。

人口迁移的政治动因主要包括战争、外敌入侵、国内政治动荡、局部冲突等，一个国家局部地区的局势变化也会对区内人口流动产生重要的影响。[①]比如，因特殊政治历史缘由，缅北民族地方武装势力长期盘踞在中缅边境沿线，并且该地方武装势力与缅甸中央政府军矛盾较多，内战一直存在。错综复杂的政治格局和国内不稳定的环境使得许多边民往云南边境流动，给目前云南边境地区的治理和管理带来一定困难。

## 第二节　瑞丽市、勐腊县、河口县人力资源流动情况及存在问题

### 一、云南沿边跨境经济合作区人力资源流动情况

（一）瑞丽市、勐腊县、河口县年末社会从业人员情况

瑞丽市统计年鉴数据显示，2014—2018 年瑞丽市年末社会从业人员人数除 2015 年有所减少外，其余年份就业人数都有所增长。勐腊县统计年鉴数据显示，2017 年勐腊县年末社会从业人员人数为 176282 人，较 2016 年末有小幅度的减少，其余年份均有所增长。其中，2018 年社会从业人员人数增长较快，较 2017 年增加 59568 人，增长率为 33.79%。河口县领导干部经济工

---

① 白庆哲、阮征宇：《浅析跨国人口迁移的现实动因》，《学术论坛》2004 年第 6 期。

作手册中的数据显示，2014—2018 年，河口县社会从业人员人数基本保持在
10000—12000 人。2018 年，随着瑞丽市、勐腊县、河口县常住人口数量的
不断增长，年末就业人口也较 2017 年呈现递增态势。为促进当地经济发展，
政府出台了相应的就业支持政策，社会从业人员的队伍也在不断壮大，良好
的就业环境和就业形势，为当地乡村人口流动提供了基础。（见表 5—3）

表 5—3　2014—2018 年三地年末社会从业人员及乡村从业人员人数

| 地　区 | 瑞丽市 | | 勐腊县 | | 河口县 | |
|---|---|---|---|---|---|---|
| 人员<br>年份 | 年末社会<br>从业人员人数 | 乡村从业<br>人员人数 | 年末社会<br>从业人员人数 | 乡村从业<br>人员人数 | 年末社会<br>从业人员人数 | 乡村从业<br>人员人数 |
| 2018 年 | 164742 | 68654 | 235850 | 179229 | 11170 | 30817 |
| 2017 年 | 152103 | 70282 | 176282 | 124736 | 10771 | 29800 |
| 2016 年 | 134788 | 69999 | 178231 | 131648 | 10809 | 29094 |
| 2015 年 | 116965 | 68976 | 169624 | 128850 | 11181 | 29094 |
| 2014 年 | 126873 | 68311 | 163515 | — | 10930 | 29701 |

数据来源：《瑞丽市统计年鉴》（2019 年）、《勐腊县统计年鉴》（2019 年）、《2019 年河
口县领导干部经济工作手册》。

以勐腊县为例，2017 年勐腊县乡村从业人员总人数为 124736 人，2018
年增长至 179229 人，与上一年相比增长 54493 人，增长 43.69%。其中第一
产业乡村从业人员增加 33834 人，增长 27.89%；第二产业乡村从业人员增加
3970 人，增长 97.59%；第三产业乡村从业人员增加 16689 人，增长 83.40%。
2018 年勐腊县乡村从业人员大幅增长得益于当地政府积极推进供给侧结构性
改革，充分利用当地各类资源，促进农业产业结构优化转型，同时挖掘传统
优势产业（如粮食、茶叶、橡胶等）以及特色产业（如澳洲坚果、柚子等）
发展潜力；不断推进旅游度假产业发展，对于重点旅游项目的建设和发展给
予积极支持；建成县域初具规模的仓储、综合物流企业 5 个，增强城市商圈
活力。因此，2018 年勐腊县第二、三产业的发展也促进了乡村从业人员的增
加及流动。

表5-4 2017—2018年勐腊县乡村从业人员基本情况

| 年 份 | 合计（人） | 第一产业（人） | 第二产业（人） | 第三产业（人） |
|---|---|---|---|---|
| 2018年 | 179229 | 155150 | 4068 | 20011 |
| 2017年 | 124736 | 121316 | 98 | 3322 |

数据来源：《勐腊县统计年鉴》（2019年）。

（二）瑞丽市、勐腊县、河口县农村劳动力资源及流动情况

1.瑞丽市、勐腊县、河口县农村人口基本情况

现有可获得数据资料显示，2018年，瑞丽市农村人口为110322人，占瑞丽市总人口数的52.49%；勐腊县农村人口为164886人，占勐腊县总人口数的55.72%；河口县农村人口为51789人，占河口县总人口数的46.98%。另外统计数据显示，2014—2018年，瑞丽市、勐腊县、河口县年末实有耕地面积在逐年减少，随着农业现代化和规模化的发展以及农村人口的增长，农村富余劳动力会不断增加。

表5-5 2014—2018年三地农村人口数

| 年 份 | 瑞丽市（人） | 勐腊县（人） | 河口县（人） |
|---|---|---|---|
| 2018年 | 110322 | 164886 | 51789 |
| 2017年 | 110325 | 158454 | 50681 |
| 2016年 | 108165 | 159324 | 49297 |
| 2015年 | 107154 | 158563 | 49195 |
| 2014年 | 106405 | 150966 | 48796 |

表5-6 2014—2018年三地年末实有耕地面积情况

| 年 份 | 瑞丽市（亩） | 勐腊县（亩） | 河口县（亩） |
|---|---|---|---|
| 2018年 | 187329 | 386170 | 81241 |
| 2017年 | 193768 | 397178 | 81141 |
| 2016年 | 196393 | 403978 | 81094 |
| 2015年 | 198250 | 407370 | 81068 |
| 2014年 | 199252 | — | 81166 |

数据来源：《瑞丽市统计年鉴》（2019年）、《勐腊县统计年鉴》（2019年）、《2019年河口县领导干部经济工作手册》。

2.瑞丽市、勐腊县、河口县农村劳动力转移就业基本情况

贫困人口的充分就业是脱贫攻坚的重要途径之一。2020年瑞丽市继续聚焦劳动力转移就业这一关键环节，通过"政府组织积极推动、市场主体发力牵动、技能培训内生拉动、转移就业直接带动"，促进农村劳动力的转移。经梳理，全市建档立卡农村劳动力8494人，其中省外务工549人，州外务工124人，州内务工2076人，在家务农5741人。通过职业技能培训、政府推动，全市实现对农村群众培训11532人次，其中建档立卡户2316人次；农村劳动力转移就业6856人次，其中新增转移就业建档立卡户1310人次。①

截至2020年11月，勐腊县农村劳动力转移就业60544人，转移就业率65.29%；农村劳动力新增转移就业2024人，其中建档立卡贫困劳动力转移就业910人，完成农村劳动力培训133期8324人。受疫情的影响，为稳定就业工作，勐腊县人社局组织52个村委会538个村小组建立608人的"农村劳动力信息调查员"队伍，形成县、乡、村三级就业服务网络系统，全力推进农村劳动力转移就业工作。②

截至2020年8月，河口县农村劳动力29399人，实现转移就业23346人，转移就业率79.41%。河口县积极贯彻落实区县融合发展思路，通过政策宣传，召开现场招聘会并进村入户推送工作岗位，为进驻自贸试验区的230户企业输送农民工1713人。③

另外，在调研中我们也发现，德宏边境少数地区大部分农村青壮年纷纷外出到内地城市和沿海发达城市务工，导致一些村寨空巢老人和留守儿童增多，这也使得德宏州内劳动密集型产业劳动力短缺，人力资源存量不足。

（三）边境外籍劳动人口流动情况

在"一带一路"背景下，云南边境地区对外开放程度不断提高，与越南、缅甸、老挝等周边国家关系日益巩固。自从沿边跨境经济合作区成立以来，

---

① 《瑞丽市人力资源和社会保障局2019年工作总结暨2020年工作计划》，瑞丽市人民政府网，2020年2月17日。

② 《勐腊县公共就业和人才服务中心2020年度工作总结及2021年工作计划》。

③ 刀靖洲：《国务院督察组赴河口县就农民工就业情况专题督察调研》，河口瑶族自治县人民政府网，2020年8月28日。

边境跨境人口流动日趋频繁。主要有以下几种类型：经商、务工和求学等。这既是跨境的地理流动，也是跨民族的文化流动，更是跨行业的经济流动。①

云南省瑞丽出入境边防检查站统计数据显示，2019 年全年，瑞丽出入境人员超过 2063 万人次。其中，以自助通道形式出入境的有 661.2 万人次，占比 35.8%；瑞丽口岸共接待旅游团 12018 个，国内外游客达到 46636 人次。

2018 年，勐腊县磨憨公路口岸进出口货运量 543.34 万吨，同比增长 33.3%；进出口货值 21.15 亿美元，同比增长 1.9%；出入境人员 141.92 万人次，同比增长 1.1%。②

《2019 年河口县领导干部经济工作手册》中的数据显示，2019 年河口口岸的出入境人员达 660.8 万人次，与 2018 年同期相比增长了 16.7%；出入境的交通运输工具达 43.5 万辆列次，同比增长 32.3%；2019 年全年接待旅行人员 627.92 万人次。

以上统计数据并未包含"三非人员"以及无准确统计数据的境内外跨境流动的边民。随着沿边跨境经济合作区的进一步发展，瑞丽市、勐腊县和河口县跨境人口流动会更加趋于常态化，人口流动形势主要以区域经济、边境旅游、跨国教育和婚姻迁移为主。

1. 边境外籍劳动力人口流动情况

（1）瑞丽市外籍务工人员基本情况

收集到的统计数据显示，2019 年上半年瑞丽市常住人口约 23 万人，其中瑞丽本地人口 13 万人，外省人员约 5 万人，管辖区域内共居留缅籍人员 5 万人左右，缅籍人员为瑞丽本地城镇人口的 1/3 以上。截至 2019 年 6 月，共有 59747 名缅甸籍人员在瑞丽市经商或务工。其中，2.98 万缅籍人持有效期内《云南省边境地区境外边民临时居留证》在瑞丽居住，大部分为务工人员。③ 这部分数据仅仅是登记在册的人数，还有部分"三非人员"无法统计。在瑞丽调研期间，瑞丽口岸联建中心提供的数据显示，近年来平均每天有 5 万人

---

① 付永丽：《中缅跨境民族人口流动现状及其特点》，《楚雄师范学院学报》2018 年第 6 期。

② 中国口岸协会主编：《中国口岸年鉴》，中国海关出版社 2019 年版。

③ 杨雪梅：《瑞丽与木姐共同提升口岸通关效率》，云南网，2019 年 6 月 17 日。

次左右人员通过瑞丽姐告口岸通道出入境，通行车辆约在 1.5 万辆次，瑞丽姐告口岸通道时有拥堵现象发生。瑞丽市公共就业服务和人才中心于 2019 年 6 月进行了相关统计，办证窗口共接待境外边民 7662 名，并为其办理了入境就业务工登记证，此外瑞丽还有 36 家企业办理了聘用境外边民用工登记证。

（2）勐腊县外籍务工人员基本情况

随着勐腊县磨憨口岸的开放及建设，勐腊县经济加速发展，外籍入境务工人员也逐渐增多，特别是老挝籍和缅籍人员。缅籍务工人员薪资要求较低，不要求缴纳社会保险，劳动能力较强，服从企业管理，因此受到众多企业的青睐，2017 年以前在勐腊县境内务工的缅籍人员较多，但由于许多缅籍务工人员未办理合法的入境务工手续，缺乏相应的政策保护，2017 年经公安遣返回原籍后，在勐腊县务工的缅籍人员才相对减少。①2018 年，勐腊县出台《勐腊（磨憨）重点开发开放试验区境外边民入境务工管理试点办法（试行）》，从 2019 年 1 月 1 日起试行，并分别于 2019 年 11 月 7 日、2020 年 5 月 19 日对其进行了补充完善。通过政策的出台及执行，到勐腊县就业的外籍人员得到了有效管理，外籍人员管理工作步入了规范化的轨道，为勐腊县构建和谐边疆提供了重要保障。同时，勐腊县还专门设立了外籍劳动者入境就业（务工）登记服务窗口，为用工单位和外籍务工人员办理相关手续提供畅通的渠道。截至 2020 年 11 月，勐腊县为当地企业发放《招用外籍人员用工登记证》17 本，共 17 户；发放《勐腊县外籍人员入境（务工）登记证》172 本，共 172 人，均为老挝国籍。另外，由于外籍劳动者素质普遍较低，主要从事流水线等机械式工作，因此，当地人社局加强了对招用外籍员工用工企业和外籍就业（务工）人员的法律法规和政策宣传培训，帮助用工企业以及外籍务工人员更好地了解相关政策法规，让入境就业（务工）人员能更好地在境内工作，并通过开展事后跟踪调研检查工作，进一步落实用工管理相关规定，督促用工企业做好外籍员工管理工作。通过培训，外籍就业人员逐渐了解了中国相关法律以及企业规章制度，形成外籍务工人员与中国员工团结友爱的良

---

① 勐腊县人社局：《缅籍入境务工人员在我县务工存在问题的原因分析和建议》，勐腊县人民政府网，2019 年 6 月 13 日。

好氛围。①

（3）河口县外籍务工人员基本情况

河口县与越南老街一江之隔，特殊的区域位置形成了"两国一城"的次区域开发模式，中国较高的工资水平吸引了大量越南务工人员前往河口工作，河口的企业、商家则可以获得廉价的劳动力资源。河口边境经济合作区企业聚群效应既加快了河口产业结构的调整优化，又提供了大量的就业机会。目前，河口边境经济合作区有 3000 多越南籍务工者，这些务工人员主要在边境贸易、外语翻译、旅游服务、餐饮服务等行业工作。从 2015—2019 年河口县为外籍务工人员办理用工备案的情况可以看出，近几年外籍人员流动至河口县务工的人数剧增，而且统计的数据并不包含"三非人员"。

表 5-7　2015—2019 年河口县境外边民入境就业务工证（用工备案）办理情况

| 年份 | 2015 年 | 2016 年 | 2017 年 | 2018 年 | 2019 年 |
|---|---|---|---|---|---|
| 人数 | 146 | 135 | 65 | 5858 | 5472 |

资料来源：《2015—2019 年河口县领导干部经济工作手册》。

2. 外籍务工人员子女基本情况

截至 2013 年 10 月，瑞丽市共有外籍学生 1736 人。幼儿园外籍学生合计 421 人，占当地幼儿园在校学生人数的 5.18%；小学外籍学生 1129 人（其中缅籍 1128 人、美国籍 1 人），占小学在校学生人数的 6.8%；初级中学外籍学生 121 名（其中缅籍 120 人，新加坡籍 1 人），占初中在校学生的 1.74%；普通高级中学外籍学生 12 名（均为缅籍），占高中在校学生人数的 0.57%；职业中学外籍学生 45 人（均为缅籍），占高中在校学生人数的 5.95%。另外，缅籍学生在瑞丽市各小学分布情况如下：姐相中心小学 267 人，姐勒中心小学 215 人，姐告小学 146 人，弄岛中心小学 132 人，姐岗小学 67 人，勐秀中心小学 75 人，勐卯小学 48 人，户育中心小学 85 人，团结小学、芒沙小学、民族小学缅籍学生相对较少；缅籍学生在瑞丽市各中学分布情况如下：瑞丽市一中 44 人，三中 37 人，二中 11 人，四中 18 人，民族中学 8 人，勐秀中

---

① 勐腊县人力资源和社会保障局：《勐腊县外籍边民入境就业（务工）工作开展情况》。

学 2 人。随着瑞丽社会经济的不断发展，将会有大量外籍人口流入瑞丽，到瑞丽市边境学校就读的外籍学生也会越来越多。①

3. 基于留学深造的人口流动情况

（1）瑞丽市留学生情况

截至 2016 年上半年，德宏傣族景颇族自治州共有缅籍学生 4228 人，其中瑞丽市 1871 人，芒市 1161 人，陇川县 637 人，盈江县 559 人。② 自 2005 年起，瑞丽市职业中学便开启了招收缅籍学生的先例，随后就读的缅籍学生人数逐渐增多，由最初的每年 7 人发展到现在每年的 40—50 人。2019 年，瑞丽市职业中学新入学的留学生有 53 人，这些学生大部分来自缅甸木姐、九谷、南坎、棒赛、南帕嘎、贵概、大勐宜地区。截至 2020 年 8 月，瑞丽市另一所中等职业学校——瑞丽珠宝翡翠学校，共招收缅籍留学生 173 人（其中华侨留学生 75 人）。

（2）勐腊县留学生情况

应老挝北部四省要求，从 2001 年起，勐腊县职业高级中学开始招收老挝籍留学生。2001—2018 年 9 月，该校举办的老挝籍汉语翻译人才培训班共开班 34 个，学生累计 1714 名。截至 2019 年 6 月，在校老挝籍学生达 903 人，生源来自老挝诸省及经济特区。2019 年秋季勐腊县职业高级中学共招入老挝籍新生 446 人，在校老挝籍学生 1021 人。另外，《勐腊县统计年鉴》（2018 年）中的资料显示，2017 年勐腊县民族中学招收外籍学生 2 人。

（3）河口县留学生情况

《2018 年河口瑶族自治县年鉴》统计数据显示，2016—2017 学年，河口县职业高级中学招收越南籍新生 65 人，学校有对外汉语专业 3 个班级，其中越南学生 85 人。

4. 边民跨境婚姻人口流动情况

（1）瑞丽市跨境婚姻人口流动情况

瑞丽市地处中缅边境，中缅两国边民世代跨境而居，由于两国边民语

---

① 瑞丽市史志办公室编：《瑞丽年鉴》，昆明骏美彩色印务有限公司 2015 年版。

② 王艳玲、殷丽华、董树英：《中缅边境地区缅籍学生跨境入学现象研究——基于云南省德宏傣族景颇族自治州的调查》，《学术探索》2017 年第 12 期。

言和生活习惯相似，长期相处友好，互市往来，边民通婚现象也一直存在。伴随我国改革开放的不断加强，两国边民交往愈加频繁，通婚人数也在不断增多。据统计，截至 2015 年 1 月，缅甸边民嫁入（入赘）到我国境内的共有 4600 余人，其中，男性 1750 人，女性 2850 余人；纳入境外边民入境通婚备案登记管理的有 2179 人（公安部门提供），与中国公民生育子女 4590 余人。[①] 截至 2018 年底，瑞丽市有跨境婚姻家庭 3000 余户，由于外籍妇女的文化知识、习俗理念、婚姻观念、教育子女方式等与国内不尽相同，对我国政策法规也知之甚少，瑞丽市妇联于 2019 年对跨境婚姻家庭中的外籍人员进行培训，从 6 月 11 日至 19 日，到乡镇、农场巡回培训共计 1195 人。[②]

（2）勐腊县跨境婚姻人口流动情况

由于勐腊县边境线较长，两国边民多为同一民族，在民风习俗、语言文字、宗教信仰等方面相似，并且具有强烈的民族认同感，长期以来当地边民互市通婚的现象普遍存在，并且边民跨境通婚的人数也在日益增加。截至 2019 年 8 月，勐腊县建档立卡户中涉及跨境婚姻登记在册的有 299 户，外籍配偶 303 人，其中老挝籍配偶 301 人，缅甸籍配偶 2 人。[③]

（3）河口县跨境婚姻人口流动情况

数据显示，截至 2014 年 4 月，河口县边民与越南籍边民通婚共计 220 对（其中中国籍男性共计 208 人，女性共计 12 人；越南籍男性共计 12 人，女性共计 208 人），办理了婚姻登记的仅 63 对，而非法婚姻高达 157 对。其中，南溪镇就有 15 个村小组存在跨国婚姻的情况，镇里共有 74 对跨国婚姻（其中越南籍妇女嫁到中国的有 73 人，中国嫁去越南的 1 人），这些越南籍妇女落户中国的仅 4 人。从年龄来看，不到 20 岁的越南女性 5 人，20—29 岁的 51 人，30—39 岁的 15 人，40 岁以上的 2 人。[④] 从搜集到的统计数据来看，

① 彭健俪：《瑞丽市"三项措施"加强涉外婚姻管理工作》，德宏网，2015 年 9 月 14 日。
② 瑞丽市妇联妇女工作简报第三十一期。
③ 勐腊县人民政府扶贫开发办公室：《勐腊县人民政府扶贫开发办公室关于解决跨境婚姻贫困人口"两不愁三保障"工作落实的情况报告》，勐腊县人民政府网，2019 年 8 月 27 日。
④ 吴兴帜、和光翰：《中越边民社会跨境民族婚姻研究——以金平、河口县为例》，《百色学院学报》2015 年第 3 期。

因跨境婚姻形成的流动人口数量较大，特别是瑞丽市因人缘、地缘关系，因跨境婚姻流动到我国边境的外籍人员较多。受多种因素影响，目前边境跨境婚姻的统计工作面临较大困难，但可以预估当前瑞丽市、河口县跨境婚姻的人数应超过以上统计数据。

### 二、云南沿边跨境经济合作区人力资源流动存在的问题

#### （一）外籍人口的流动对当地劳务市场形成冲击

外籍人口的流动在一定程度上对当地劳务市场形成冲击。以瑞丽市为例，大批缅籍务工人员涌入瑞丽从事劳动密集型工作，对当地的劳务市场形成一定的冲击。调研中发现，许多缅籍务工人员在瑞丽打工，他们具有一定的工作经验，并且薪资要求低，吃苦耐劳，受到当地很多企业的青睐。与本地的务工人员相比，大部分民营企业更愿意聘用薪资要求低、能够吃苦的缅籍务工人员，这使得许多本地的务工人员失去竞争力。

#### （二）"三非人员"的存在加大了边境管理难度

国际经济贸易的发展会促进跨境人口流动，在当前开放的国际经济环境下，跨境人口流动势不可挡。边境地区出现的大量外籍务工人员不仅可以缓解当地劳动密集型企业用工短缺的实际困难，同时也可以促进当地社会经济的稳步发展，但与此同时，大量外籍务工人员的流入也给边境地区的治安管理和安定团结带来了挑战。

由于各类原因，非法入境、非法居留、非法就业的外籍人员人数不断增加，这部分人没有固定的居所，没有固定的经济来源，没有合法有效的证件，大多生活拮据，增加了边境地区的不安定因素。例如，中缅边境线没有天然屏障，中缅边境劳动力需求量比较大，雇用当地人的人力成本较高，导致大量的缅籍边民非法入境到云南边境地区打工。目前，云南省境外边民非法就业人员数量较大，流动性较强，导致管理难度加大，边境地区的禁毒防艾工作和疾病防控工作形势也非常严峻。

#### （三）涉外婚姻导致的人口流动增加了管理难度

跨境民族通婚是当地社会固有的问题，也是长期存在的社会现象。目前，跨境婚姻中的大部分外籍人员只能在中国边境公安机关进行边民通婚备案，

无法到当地民政部门办理相关的结婚登记手续，因此导致了外籍人员与我国公民已存在事实婚姻，但因外籍人员相关手续不合法被遣送而遭到家属抵抗情况，遣送工作难度大。同时跨境民族通婚后的家庭问题、跨境已婚外籍妇女社会权利问题以及涉外婚姻家庭的子女权益问题等，给边境外籍人员管理和边境社会治理带来困难。

## 第三节　瑞丽市、勐腊县、河口县流动人力资源优化配置策略

结合瑞丽市、勐腊县、河口县人口流动的现状、存在的问题，我们从人力资源配置机制着手，借鉴相关经验，从以下几方面探讨瑞丽市、勐腊县、河口县如何进行人力资源优化配置：政府的政策引领和市场的主导；政府提供启动资金和社会资金的募集；引进开发项目与当地民营经济契合；考虑提高产业发展的创新性、增强区域便利性等。为实现人力资源应有价值和产生实际效益提供良好的环境和平台，并借此推动人才集聚和优化配置、提升认识促创新、增强区域竞争的综合实力，最终实现云南跨境经济合作区持续稳定的发展。

### 一、服务与管理并行，增强对跨境务工流动人员的监管力度

良好的劳务输入和输出机制能够为跨境经济合作区的人力资源优化配置提供保障，对于跨境务工的流动人员，各国政府可协商建立正常的劳务输入机制，签订跨境人力资源合作协议，探索构建跨境务工人员长效管理机制，简化外籍人员入境务工的各种流程，由政府部门牵头，探索一条切合实际且有效的外籍劳务人员输入机制。两国政府可以考虑在国内指定一个部门来负责外籍人力资源的派遣以及接收，协议中可对外籍务工人员所需满足的条件、派遣和接收的条件、务工人员的最低薪资标准以及其他方面进行详细说明。同时不断完善和加强外籍服务管理中心建设，依据外籍服务管理工作的实际需求，不断完善管理制度，优化对外窗口服务，为外籍人员提供更人性化的

服务。为合法、合规入境的外籍人员提供良好的营商环境和就业环境，并做好后续的职业培训和管理工作。加强对"三非人员"的监管，加强边境防线的巡视、管控和治理，尽量减少"三非人员"入境。公安机关对于"三非人员"的排查和遣送工作应实现常态化、精确化，针对外籍务工人员聚集的区域要不间断做好排查和清理工作，防患于未然。

### 二、为吸引人力资源营造良好的环境

瑞丽市、勐腊县和河口县都存在一定的人力资源流失问题，其中瑞丽市人力资源流失情况较为明显。2019—2022 年受新冠疫情影响，外籍人员暂时不能入境务工，当地企业在劳动力缺乏的时候，会聘用当地的劳动力资源，这在一定程度上缓解了本地劳动资源的流失。为了跨境经济合作区的长远发展，当地政府主管人力资源的部门可以与用人单位加强沟通，及时了解本地区人力资源的数量、人力资源使用存在的问题等，通过采用适当政策手段，为各类人才提供良好的工作环境，激发人力资源的创造性和工作积极性。企事业单位应结合自身实际为员工营造健康、和谐的工作环境、生活环境和学习环境，促使个人将自身的发展和企业的发展结合起来，增强劳动者对其从事职业的认同感、归属感、责任感等。另外，政府应加大基础设施建设力度，特别是水、电、道路、通信设施建设等，提供政策支持吸引投资者，提升当地营商环境，引导进驻企业充分利用当地资源优势，提升本地经济发展水平。在这样的环境下，企业应充分发挥自身优势，通过市场的指导实现人力资源与企业的最优配置，即企业聘用认同自身企业文化与发展的人员，同时被聘用人员在企业能够实现自身价值最大化。

### 三、依靠区位资源优势，激励企业提升竞争力

人力资源是企业发展的重要生产要素，要从根本上提升瑞丽市、勐腊县、河口县企业的竞争力，制定吸引人才的相关政策，尽量实现引得进、留得住。与此同时，劳动力流动与产业集聚、发展、进步相得益彰，不仅可以促进企业不断突破自身发展局限，同时又可以提高企业的创新能力。对于上述地区的企业而言，应该依托现有的区位资源优势，调整和优化当地传统产业结构，

加快发展现代化农业，扩大基础设施建设，改变发展理念，将创新能力的提升作为企业持续发展的重点，在跨境经济合作区建设创新型区域经济发展模式。企业应该将市场作为确定发展方向的"指南针"，突破应用技术难关，提升企业核心竞争力。另外，要用发展的眼光看待当前合作区存在的问题，加大对重点领域和产业的资金和科研投入，实现区域经济的稳步发展。

### 四、加大教育投入，培养多层次人才

要实现云南沿边跨境经济合作区人力资源优化配置，应优先做好保证本地人力资源存量和提升人才质量等工作。针对区域外的人力资源，政府部门应结合本区域特点出台紧缺人才引进、管理的策略，为流入当地的人力资源提供保障和发展空间，并致力于打造一支高素质的人力资源团队，使引进的人力资源更好地服务于当地。针对本区域的人力资源，还应继续加大教育投入力度，培养经济发展所需要的不同层次的人才。从区域经济长远发展来看，瑞丽市、勐腊县、河口县应不断建立和完善人力资源配置机制，按照政府引导和市场主导这一主线展开。一是开发、留住地方人才与引进外来人才相结合。劳动力的数量与质量是地区经济发展的关键，也对本区域产业升级、部门管理有重要影响。要打破人力资源引进的体制性障碍，不断完善人才引进策略，为人才引进提供政策支持，为区域经济合作发展吸引人才、留住人才。与此同时，可以借鉴国外一些国家（美国、德国和日本等）提高人力资源存量的宝贵经验和做法，如给予特殊政策照顾、奖励、配套经费等。二是以产业结构的优化升级、高新产业园的建设反推本地劳动力的培养。企业的不断升级对人力资源提出了更高的要求，高新技术可推动地方职业教育的进一步发展以适应社会的需要。三地不仅需加大对产学研结合的扶持力度，同时也应顺应时代的要求倡导终身学习，构建学习型社区，提高本地人力资源整体素质。此外，还需考虑劳动力与产业配置效率的问题，提高人力资源对新兴科学技术的运用能力，依据本区域人力资源的质量来调整、改进和使用引进的技术。三是要发展不同层次的教育。这里所指的教育不仅仅单指学历教育，还应包括人力资源的继续教育、培训教育、职业教育等。

### 五、依托职业教育，助推产学研相结合

职业种类会随着经济社会的发展不断更新、变化，所以人力资源的开发与优化配置不可能一蹴而就。伴随我国传统产业转型升级，大批农村剩余劳动力不断向外转移、流动，要适应不断变化发展的社会，必须提高劳动者文化水平，而劳动者文化水平提升的关键在于教育，这从一个侧面说明教育要适应社会的变化和需求。本书所探讨的职业教育主要分为两类：一是学历提升；二是职业教育和职业培训，主要是为员工提供岗位所需的职前培训、继续教育培训以及职业教育，以不断更新在职员工的职业知识和职业技能，进而实现"人岗匹配"。对于地处跨境经济合作区的瑞丽市、勐腊县、河口县而言，更需重视职业教育在跨境经济合作区人力资源优化配置中的重要作用。政府应该重视当地职业技术学校的发展，加大教育经费的投入；职业学校自身也应不断调整管理体制和机制，汲取国外先进的职业教育管理经验及方式方法，更新教育教学理念，提高教师职业素养。结合实际情况，各职业学校要调整专业设置，做好专业规划，以保证职业学校毕业的学生在工作岗位能够做到"学用结合"，打破产业结构优化升级过程中劳动者文化素养与专业技能不匹配的"瓶颈"。

职业教育应面向市场培养技能型人才，将"产学研"作为促进职业教育发展的重要模式进行推广。"产学研"可以发挥学校、企业以及科研机构的资源优势，使教育与生产实践相结合，有针对性地为企业培养适用人才，而企业在获得自身发展所需人才的同时，又获得了学校和科研机构提供的技术支持，通过市场实践、技术革新、产品研发扩大企业的经济效益。产学研相结合的目的是将科学技术有效地转化为生产力，高等院校、科研部门和企业各司其职，相互促进。在此过程中，高校顺应企业发展的要求，与企业协商学生的培养计划，使培养的学生可以满足企业发展的需要，推动和支持企业的转型升级。同时学校也应引进社会专业人力资源补充输出后的人力资源库，提升持续输出人力资源的能力。另外，科研机构借助企业这一平台对所研发的技术进行检验，以此来判定研究结果是否具有可行性。在"产学研"推进过程中，学校、企业以及科研机构的行为存在自发性，三方的结合可能会出

现摩擦和风险，为了实现三方共赢，当地政府应该为区域内的"产学研"合作创设一个良好的外部环境，为其组织、管理、协调提供应有的政策、资金等支持。

### 六、产业结构升级与人力资源配置相结合

当前，受国际经济环境的影响，瑞丽市、勐腊县、河口县应把握发展的有利因素，认真分析当地的产业结构状况，抓住发展良机，注重产业结构调整与人力资源优化配置的协调，充分发挥人力资源对当地经济发展的推动作用。在人力资源优化配置过程中，要考虑人力资源知识结构的宽度和广度，提高人力资源进入工作岗位后的适应能力和可替代性，以解决产业结构调整升级过程中人力资源不适配的问题。

首先，建立完善的人力资源信息库，摸清人力资源总量、质量、类别、就业、失业以及跨境劳动力等情况，这有利于对人力资源进行动态监管，及时更新相关信息，也便于查询和共享。这不仅可以为当地政府相关部门进行人力资源的优化配置提供信息支持，企业及其他用人单位还可以根据资源库内的数据信息来查找与岗位匹配度较高的应聘者，可以较大限度降低用人单位寻找人力资源所需费用，降低用人单位的成本。

其次，增加人力资源存量积累，促进农村剩余劳动力的转移。通过查阅瑞丽市、勐腊县统计年鉴以及河口县领导干部经济工作手册我们发现，以上三个地区的第三产业蓬勃发展，但劳动力配置效率并不高，主要原因在于第三产业的从业人员多为农村剩余劳动力，整体的文化素质相对偏低。因此，要继续推进基础教育的均衡发展、内涵发展，加大对农村劳动力的知识技能培训，扩大对跨境流动劳动力的汉语语言能力培训、技能培训等。目前，瑞丽市、勐腊县以及河口县都投入一定的资金用于农村剩余劳动力再就业培训，不断完善农村社会保障体系，特别注重为因跨境务工和边民通婚而形成的流动人口提供保障。通过这种方式，为云南沿边跨境经济合作区人力资源优化配置打下了基础。

最后，着力推动云南跨境经济合作区的建设。跨境经济合作区是为促进区域经济发展而划定的特殊区域，它能够快速吸引外部生产要素，从而促进

自身发展，也能够获得特殊的政策支持。跨境经济合作区在聚集人力资源方面的作用不容忽视，特别是发展较为成熟的跨境经济合作区，会成为人力资源流入的集聚地。随着云南跨境经济合作区的设立以及相关支持政策的出台，瑞丽市、勐腊县和河口县应当充分发挥跨境经济合作区对当地经济的引领作用，聚合高新技术产业，因地制宜地推进技术和产业发展，重点发展传统优势产业，突出特色农业发展，扶持重点企业，研发创新产品，树立形象品牌，形成区域示范，进一步推动区域产业不断发展，辐射周边经济发展。另外，跨境经济合作区管理委员会应积极为企业解决实际困难，提升服务企业的水平，做好本地人力资源的吸引与维系工作，激发跨境经济合作区内生动力，实现资源共享、优势互补。

# 第六章　云南沿边跨境经济合作区产业结构变动与人力资源优化配置

当前，云南沿边跨境经济合作区正处于产业结构调整、经济增长方式转型的关键时期，其中，人才要素的结构状况既是决定科学技术变革的主导力量，也是影响产业结构调整的重要因素之一。本章采用霍夫曼定理等理论分析云南沿边跨境经济合作区产业结构变化与存在的问题，并从产业结构与人力资源结构协调发展的角度提出相关对策。

## 第一节　产业结构变动的基本理论

### 一、三次产业的划分

三次产业的划分是社会生产力发展到一定阶段，为适应宏观经济管理与宏观经济分析的需要而出现的，对深入研究社会再生产和产业结构合理化问题具有十分重要的意义。参照我国《2017 国民经济行业分类注释》中的标准，本书将三次产业划分为以下行业进行研究。（见表 6－1）

表 6－1　三次产业行业分类

| 产业名称 | 行业名称 |
| --- | --- |
| 第一产业 | 主要指农业、林业、牧业、渔业 |
| 第二产业 | 主要指采矿业、制造业、电力、热力、燃气及水生产和供应业、建筑业 |

（续表）

| 产业名称 | 行业名称 |
| --- | --- |
| 第三产业 | 主要指服务业，包括农、林、牧、渔业的辅助性活动，开采业的辅助性活动，批发和零售业，交通运输、仓储和邮政业，住宿和餐饮业，信息传输、软件和信息技术服务业，金融业，房地产业，租赁和商务服务业，科学研究和技术服务业，水利、环境和公共设施管理业，居民服务、修理和其他服务业，教育、卫生和社会工作，文化、体育和娱乐业，公共管理、社会保障和社会组织，国际组织 ① |

## 二、产业结构变动的基本理论

### （一）配第–克拉克定理

17 世纪，英国经济学家威廉·配第出版了《政治算术》一书，他认为世界各个国家产业结构的不同使该国处于不同的经济发展阶段。1940 年，克拉克在配第理论的基础上，提出随着经济社会的发展，劳动力呈现依次从第一产业向第二、第三产业转移的演进趋势。一个国家人均国民收入水平越低，第一产业劳动力占比相对越大，第二、三产业劳动力占比相对越小；反之，人均国民收入水平越高的国家，第一产业劳动力占比相对越小，而第二、三产业劳动力占比相对越大。

### （二）费希尔三次产业分类法

结合配第定理，1935 年，英国经济学家费希尔出版专著《安全与进步的冲突》，在著作中他首次提出了三次产业的分类方法及其分类依据。他认为人类的经济活动可以划分为三个产业：第一产业是人类初级生产阶段，主要生产活动是农业和畜牧业；第二产业以机器大工业的迅速发展为标志，包括采掘业、制造业、建筑业、运输业、通信业、电力业和煤气业等；到 20 世纪初，随着大量的资本和劳动力进入非物质生产部门，第三产业开始形成，包括商业、金融业、饮食业以及科学、卫生、文化教育、政府等公共行政事务。②

① 张增臣：《外商直接投资与产业结构优化升级问题研究》，河北人民出版社 2018 年版，第 12—14 页。

② 史忠良主编：《新编产业经济学》，中国社会科学出版社 2007 年版，第 29—30 页。

### （三）霍夫曼定理

1931 年，德国的霍夫曼出版了《工业化的阶段和类型》一书，他根据近20 个国家的时间系列数据，分析了制造业中消费资料工业和资本资料工业的比例关系，这就是所谓的"霍夫曼比例"[①]。"霍夫曼比例"在工业化进程中是不断下降的，依据"霍夫曼比例"工业化进程可以分成四个阶段：第一阶段霍夫曼系数为 4—6，消费资料工业的生产在制造业中占统治地位，而资本资料工业的生产是不发达的；第二阶段霍夫曼系数为 1.5—3.5，资本资料工业的发展快于消费资料工业的发展，但消费资料工业的规模还是比资本资料工业的规模大得多；第三阶段霍夫曼系数为 0.5—1.5，消费资料工业与资本资料工业的规模达到大致相当的状态；第四阶段霍夫曼系数小于 1，资本资料工业的生产在制造业中占统治地位，规模大于消费资料工业，至此基本实现工业化。[②]

### （四）产业结构偏离度

产业结构偏离度一般用来作为衡量劳动力结构与产值结构是否协调的指标，如果该产业的 GDP 结构与就业结构同步，该值等于零；如果该值小于零则说明该产业存在隐性失业；大于零则说明该产业排斥劳动力，未能实现"充分就业"。[③]

## 第二节　三次产业结构变动及问题分析

### 一、三次产业内部结构分析

近些年来，跨境经济合作区不断对三次产业结构进行调整优化，但仍然存在不合理现象。本节则根据前文对三次产业结构的分类，以云南省瑞丽市、河口县、勐腊县为例，对三次产业内部产值进行分析。

---

① 杨治：《产业经济学导论》，中国人民大学出版社 1985 年版，第 59—60 页。
② 周晓庆：《产业结构优化研究——以福建省为例的分析》，西北大学硕士学位论文，2010 年。
③ 崔松虎：《思想解放与市场经济：理论　实证　借鉴》，光明日报出版社 2013 年版，第 96—97 页。

（一）第一产业内部结构分析

表6-2　云南省河口县农林牧渔业的产值情况表　　（单位：万元）

| 年份 | 农林牧渔业总产值 | 农业总产值 | 林业总产值 | 牧业总产值 | 渔业总产值 | 农林牧渔服务业 |
|------|------|------|------|------|------|------|
| 2009 | 62102 | 32902 | 19896 | 8084 | 1018 | 202 |
| 2010 | 64770 | 37921 | 18496 | 7100 | 1044 | 209 |
| 2011 | 70122 | 57483 | 4023 | 7335 | 1065 | 216 |
| 2012 | 82646 | 52201 | 10553 | 17970 | 1319 | 603 |
| 2013 | 117058 | 82240 | 11886 | 20015 | 1762 | 1155 |
| 2014 | 126589 | 86992 | 13075 | 23333 | 1942 | 1247 |
| 2015 | 134691 | 92289 | 13898 | 25106 | 2064 | 1334 |
| 2016 | 139558 | 95387 | 14046 | 26345 | 2179 | 1601 |
| 2017 | 150311 | 103157 | 14672 | 28521 | 2336 | 1625 |
| 2018 | 154061 | 109482 | 15406 | 24672 | 2655 | 1846 |
| 2019 | 161982 | 115092 | 16210 | 25926 | 2756 | 1998 |

由表6-2可以看出，2009—2019年，河口县农林牧渔业总产值逐年增加，从2009年的62102万元增长到2019年的161832万元，增长160.83%。2009—2019年，农业总产值从32902万元上升到115092万元，总的增长幅度为249.80%，总体来看持续增长，其中2009—2010年增长缓慢，从32902万元增长到37921万元，2011—2012年呈下降趋势，从57483万元减少到52201万元，但是自2013年开始加速增长，特别是2018—2019年农业总产值增长迅速，从109482万元直接上升到115092万元，增加了5610万元。2009—2019年，林业总产值从19896万元下降到16210万元，下降了3686万元，其中2009—2011年呈下降趋势，特别是2010—2011年，从18496万元减少到4023万元，减少了14473万元，从2012年以后逐年持续增长。从总体来看，牧业总产值还是持续增长，从2009年的8084万元上升到2019

年的 25926 万元，总的增长幅度为 220.71%；其中 2009—2011 年呈现下降趋势，从 8084 万元减少至 7335 万元，共减少了 749 万元，2011—2017 年呈快速增长趋势，尤其在 2011—2012 年，从 7335 万元增长到 17970 万元，共增加了 10635 万元，但是从 2017—2019 年又呈现下降趋势。渔业总产值总体呈现快速增长趋势，从 2009 年的 1018 万元上升到 2019 年的 2756 万元，总的增长幅度为 170.73%。由此可见，2009—2019 年在云南省河口县，除林业总产值下降以外，农林牧渔业总产值、农业、牧业、渔业各总产值都持续不断增长。河口县第一产业中的农业产值所占比重大，并且一直呈现持续增长趋势。

表 6-3　云南省瑞丽市农林牧渔业的产值情况表　　（单位：万元）

| 年份 | 农林牧渔业总产值 | 农业总产值 | 林业总产值 | 牧业总产值 | 渔业总产值 | 农林牧渔服务业 |
|---|---|---|---|---|---|---|
| 2014 | 135057 | 64054 | 9476 | 51189 | 7200 | 3138 |
| 2015 | 136804 | 63180 | 7491 | 55467 | 7272 | 3394 |
| 2016 | 144682 | 65438 | 8773 | 59320 | 7803 | 3348 |
| 2017 | 151416 | 69110 | 9692 | 61434 | 7794 | 3386 |
| 2018 | 146520 | 86730 | 8992 | 41167 | 6043 | 3588 |

从表 6-3 可以看出，云南省瑞丽市农林牧渔业总产值呈现出持续增长趋势。但是在 2017—2018 年出现了明显的下降，从 151416 万元下降到 146520 万元，下降了 4896 万元。2014—2018 年农业总产值逐年增加，2017—2018 年增速较快，增长了 17620 万元，增长幅度为 25.49%；林业总产值总体来看增长不稳定，2014—2015 年、2017—2018 年出现下降趋势。牧业总产值时而增长时而下降，总体呈现增长趋势，增速缓慢，2014—2017 年增长幅度为 20.01%，其中 2017—2018 年出现了明显的下降，从 61434 万元下降到 41167 万元，下降了 20267 万元。渔业总产值在 2014—2016 年呈现不断增长趋势，2016—2018 年呈现逐渐下降趋势，尤其在 2017—2018 年下降速度较快，下降了 1751 万元。总体来看，2014—2018 年云南省瑞丽市第一产业中唯独渔业总

产值呈现缓慢下降趋势。

瑞丽市农林牧渔各行业的发展趋于稳定，或增或减，变化幅度不大，从第一产业总产值来看，出现阶段性的上升或下降，处于不稳定的状态，这种局面不利于瑞丽市其他产业的发展与稳定，更不利于三次产业的协调发展。

表6-4　云南省勐腊县农林牧渔业的产值情况表　　（单位：万元）

| 年份 | 农林牧渔业总产值 | 农业总产值 | 林业总产值 | 牧业总产值 | 渔业总产值 | 农林牧渔服务业 |
|---|---|---|---|---|---|---|
| 2014 | 519478 | 290161 | 152518 | 41289 | 12168 | 23342 |
| 2015 | 555985 | 277684 | 189937 | 42921 | 15443 | 30000 |
| 2016 | 568315 | 307000 | 175015 | 45500 | 18500 | 22300 |
| 2017 | 592018 | 307072 | 188404 | 51578 | 22404 | 22560 |
| 2018 | 632604 | 337850 | 189578 | 58715 | 23450 | 23011 |

从表6-4可以看出，2014—2018年勐腊县农林牧渔业总产值呈现出快速增长的趋势，尤其是2017—2018年增速较快，从592018万元增长到632604万元，增长幅度为6.85%。农业总产值虽然在2014—2015年呈现下降趋势，减少了12477万元，但是自2016年开始缓慢增长。林业总产值呈现时而增长时而下降的趋势，2014—2015年增长了37419万元，增长幅度为24.53%，2015—2016年下降了14922万元，自2017年呈现缓慢增长趋势。2014—2018年牧业总产值一直呈现稳定增长状态，增速缓慢，从41289万元增长到58715万元，总增长幅度为42.20%。渔业总产值一直保持快速增长趋势，从2014年的12168万元增长到2018年的23450万元，总增长幅度为92.72%。总体来看，勐腊县的农林牧渔业总产值以及各产业总产值都呈现出稳定增长趋势，有利于勐腊县地区生产总值的提高。

（二）第二产业内部结构分析

第二产业主要包括工业和建筑业，本章主要运用霍夫曼定理对工业进行分析。工业可分为轻工业和重工业，通过对河口县、瑞丽市、勐腊县工业总产值、轻工业总产值以及重工业总产值数据的收集，统计如下。

表6-5　河口县霍夫曼工业化阶段参照表　（单位：万元）

| 年份 | 轻工业 | | 重工业 | | 霍夫曼系数 | 所处阶段 |
|------|--------|--------|--------|--------|------------|----------|
| | 总产值 | 比重（%） | 总产值 | 比重（%） | | |
| 2011 | 18345.1 | 50.5 | 17994.9 | 49.5 | 0.10 | 第三阶段 |
| 2012 | 25074.8 | 61.3 | 15797 | 38.7 | 1.59 | 第二阶段 |
| 2013 | 25615.2 | 56.1 | 20081.4 | 43.9 | 1.28 | 第三阶段 |
| 2014 | 34096.9 | 67.0 | 16777.8 | 33.0 | 2.03 | 第二阶段 |
| 2015 | 41885.3 | 77.2 | 12365.9 | 22.8 | 3.39 | 第二阶段 |
| 2016 | 46815.7 | 74.0 | 16126.1 | 26.0 | 2.90 | 第二阶段 |
| 2017 | 57715.0 | 57.0 | 44266.9 | 43.0 | 1.30 | 第三阶段 |
| 2018 | 53883.6 | 40.0 | 80059.9 | 60.0 | 0.67 | 第四阶段 |
| 2019 | 65172.8 | 33.0 | 130829.4 | 67.0 | 0.50 | 第四阶段 |

从表6-5可以看出，2011—2017年河口县霍夫曼系数显示，当时正处于工业化发展的第二、三阶段。随后，霍夫曼系数从2017年的1.30降低到2018年的0.67，再降低到2019年的0.50，工业化进程从第三阶段进入第四阶段，说明河口县由原来重工业轻工业发展大致相同转向重工业发展逐渐快于轻工业的发展，但是轻工业所占比重还是远大于重工业，其工业化水平明显提高。同时，河口县自2018年以来产业结构变化明显，重工业的发展快于轻工业的发展，轻工业总产值由2017年的57715.0万元下降到2018年的53883.6万元，下降了3831.4万元；重工业总产值则由2017年的44266.9万元增加到2018年的80059.9万元，增加了35793万元，增长幅度为80.86%。此外，2011—2019年河口县第二产业中的工业总产值不断增长，从2011年的36340万元增长到2019年的196002.2万元，增长了159662.2万元。

表6-6 瑞丽市霍夫曼工业化阶段参照表（规模以上工业企业）

（单位：万元）

| 年份 | 轻工业 | | 重工业 | | 霍夫曼系数 | 所处阶段 |
|---|---|---|---|---|---|---|
| | 总产值 | 比重（%） | 总产值 | 比重（%） | | |
| 2013 | 45846 | 56.0 | 35983 | 44.0 | 1.27 | 第三阶段 |
| 2014 | 54169 | 23.7 | 173537 | 76.3 | 0.31 | 第四阶段 |
| 2015 | 40121 | 24.4 | 124178 | 75.6 | 0.32 | 第四阶段 |
| 2016 | 222892 | 62.7 | 132420 | 37.3 | 1.68 | 第二阶段 |
| 2017 | 173277 | 38.6 | 274654 | 61.4 | 0.63 | 第四阶段 |
| 2018 | 115352 | 29.1 | 280872 | 70.9 | 0.41 | 第四阶段 |

从表6-6瑞丽市规模以上工业企业产值可知，瑞丽市在2013年霍夫曼系数为1.27，2014—2015年，霍夫曼系数有所降低，分别为0.31、0.32。虽然在2016年其工业化水平有明显的改观，但是2017—2018年又再次回到第四阶段。同时，数据统计显示，2013年瑞丽市轻工业所占比重为56%，重工业所占比重为44%，自2014年起产业结构出现了明显的变动，轻工业发展缓慢甚至出现下降趋势，重工业得到快速发展，尤其是2013—2014年，轻工业比重从56%下降到23.7%，下降了32.3%，重工业比重则由44%增加到76.3%，增加了32.3%。总的来说，瑞丽市工业结构有了明显变化，重工业的发展快于轻工业的发展。

通过瑞丽市2013—2018统计年鉴得知，其工业总产值出现时而增长时而下降的趋势：2013年实现工业总产值235400万元，2014年增加到331032万元，增长幅度为40.63%；2015年工业总产值为264351万元，与2014年相比下降了66681万元；2016年工业总产值为464942万元，与2015年相比又出现了明显的增长，增长幅度为75.88%；2017年工业总产值为559033万元，与2016年相比增长了20.24%；2018年工业总产值为523134万元，与2017年相比出现了下降趋势，下降了35899万元。这种不稳定局面不利于瑞丽市第二产业内部结构调整，对其他产业的发展也产生了一定的影响。

表6-7　勐腊县霍夫曼工业化阶段参照表　（单位：万元）

| 年份 | 轻工业 | | 重工业 | | 霍夫曼系数 | 所处阶段 |
|---|---|---|---|---|---|---|
| | 总产值 | 比重（%） | 总产值 | 比重（%） | | |
| 2013 | 22353 | 25.3% | 65691 | 74.7% | 0.34 | 第四阶段 |
| 2014 | 33992 | 27.9% | 87654 | 72.1% | 0.38 | 第四阶段 |
| 2015 | 42475 | 27.5% | 111484 | 72.5% | 0.38 | 第四阶段 |
| 2016 | 44618 | 21.2% | 165491 | 78.8% | 0.27 | 第四阶段 |
| 2017 | 56020 | 20.8% | 212953 | 79.2% | 0.26 | 第四阶段 |
| 2018 | 50853 | 14.4% | 301572 | 85.6% | 0.17 | 第四阶段 |

从表6-7可以看出，2013—2018年勐腊县重工业发展明显快于轻工业发展。2014年轻工业产值比重比2013年增长了2.6%，2015年开始出现下降，从27.5%下降到2018年的14.4%。重工业产值比重自2013年就占据勐腊县工业总产值的74.7%，到2018年5年间增长了10.9%，并一直占据主导地位，呈现出不断增长趋势。此外，勐腊县第二产业中工业总产值增速也较快，2013年工业总产值为88044万元，到2018年工业总产值为352425万元，累计增长300.3%。

（三）第三产业内部结构分析

根据前文对第三产业行业的分类，可以明确行业的发展与其特殊的地理位置、经济、文化水平以及各地政府的相关政策密切相关。河口县积极融入改革开放大潮，形成了以跨国商贸物流、进出口加工、国际金融及其他服务贸易为主的边境自由经济产业区，其第三产业总产值也得到迅速提升，但仍然存在内部结构不均衡的问题。①

---

① 王立宾、肖少华、韩秀莲：《美国农民职业培训体系的特点及启示》，《中国成人教育》2016年第4期。

表6-8 河口县第三产业内部结构演变表

| 行业 \ 占比 \ 年份 | 2015 | 2016 | 2017 | 2018 | 2019 |
|---|---|---|---|---|---|
| 运输邮电仓储业 | 6.2% | 5.8% | 4.7% | 5.1% | 5.0% |
| 批发和零售业 | 43.9% | 44.3% | 53.7% | 54.7% | 57.0% |
| 住宿和餐饮业 | 7.6% | 8.4% | 6.9% | 7.2% | 6.9% |
| 金融保险业 | 4.9% | 4.4% | 3.9% | 4.2% | 3.9% |
| 房地产业 | 2.9% | 2.5% | 2.0% | 3.9% | 3.8% |
| 其他服务业 | 34.5% | 34.6% | 28.8% | 24.9% | 23.4% |

由表6-8中数据可知，2015—2019年河口县的第三产业总体得到快速发展，其中批发和零售业、住宿和餐饮业以及其他服务业所占比重大，是第三产业的支柱产业。2015—2019年，批发和零售业一直居于第三产业的首要地位，占比从43.9%上升到57.0%，提高了13.1个百分点；其次是其他服务业，总体来看占据第三产业的第二位，但产业结构呈现出明显的变动，占比从2016年的34.6%下降到2019年的23.4%，下滑趋势明显，共下降了11.2个百分点；运输邮电仓储业、金融保险业、房地产业等新兴产业相对于其他产业也出现了一定程度的上升或下降，但变化幅度不大，由此也说明河口县对新兴产业关注度不够，此问题应该引起重视。

在经济、交通、贸易快速发展的带动下，瑞丽市的第三产业也得到了快速发展，就其内部结构而言，优势与问题并存。

表6-9 瑞丽市第三产业内部结构演变表

| 行业 \ 占比 \ 年份 | 2014 | 2015 | 2016 | 2017 | 2018 |
|---|---|---|---|---|---|
| 运输邮电仓储业 | 5.4% | 1.8% | 1.7% | 1.7% | 1.6% |
| 批发和零售业 | 27.4% | 49.1% | 47.7% | 47.4% | 49.3% |
| 住宿和餐饮业 | 5.4% | 9.9% | 9.8% | 8.8% | 8.5% |
| 金融保险业 | 20.1% | 11.8% | 12.2% | 11.7% | 9.3% |
| 房地产业 | 4.9% | 3.0% | 2.6% | 2.4% | 2.4% |
| 其他服务业 | 36.8% | 24.4% | 26.0% | 28.0% | 28.9% |

从表6-9可以看出，瑞丽市第三产业内部结构稳定但不协调。2014—2018年，批发和零售业、金融保险业以及其他服务业在第三产业中占比较大。除2014年以外，2015—2018年，批发和零售业一直占据第三产业的第一位，行业产值比重趋于稳定，增长或下降幅度较小。2014—2018年其他服务业一直占据第三产业的第二位，增减幅度不大，整体呈现出下降趋势，占比从2014年的36.8%下降到2018年的28.9%，下降了7.9%。2014—2018年金融保险业行业产值比重也呈现下降趋势，从20.1%下降到9.3%，下降了10.8%，但仍然占据第三产业行业产值的第三位。从2014—2018年产业结构内部发展情况来看，运输邮电仓储业、金融保险业、房地产业、其他服务业都呈现出不同程度的下降趋势，只有批发和零售业、住宿和餐饮业呈现出增长趋势，这与瑞丽市独特的地理位置、重视扩大开放口岸、优化区内产业结构、建设国际物流中心等密切相关，也必将带动瑞丽市第三产业中传统行业的发展。

勐腊县是云南省实施"中路突破，打开南门，走向亚太"[①]经济发展战略的前沿，随着跨境经济合作区的建设，勐腊县的基础设施、社会保障机制进一步完善，产业结构调整升级。在此过程中，三次产业结构以及产业内部结构不断调整，虽然也在发展完善，但仍然存在许多不足。

表6-10　勐腊县第三产业内部结构演变表

| 行业＼占比＼年份 | 2014 | 2015 | 2016 | 2017 | 2018 |
|---|---|---|---|---|---|
| 运输邮电仓储业 | 7.8% | 7.4% | 6.8% | 6.6% | 6.3% |
| 批发和零售业 | 9% | 8.5% | 7.7% | 7.5% | 7.4% |
| 住宿和餐饮业 | 6.9% | 6.8% | 6.2% | 6% | 5.9% |
| 金融保险业 | 18.2% | 18.7% | 21.2% | 21.5% | 19.7% |
| 房地产业 | 3.7% | 3.6% | 3.3% | 3.4% | 3.7% |
| 其他服务业 | 54.4% | 55% | 54.8% | 55% | 57% |

① 勐腊县统计局编印：《勐腊县统计年鉴》（2015、2016、2017、2018年）。

显而易见，从表6-10可以看出，金融保险业与其他服务业是勐腊县第三产业中的主导产业，2014—2018年运输邮电仓储业呈现下降趋势，2014—2018年，批发和零售业增长或下降速度缓慢，金融保险业相对于其他行业占比大，略有增幅。总体来说，每个行业发展都比较稳定，行业产值占比增长或下降幅度不大，这也说明勐腊县产业内部结构调整力度不大，应该进一步促进产业内部结构的优化与协调发展。

### 二、产业结构存在的问题

#### （一）三次产业比例不协调

产业发展在一定程度上影响着经济和社会的发展，自对外开放以来，云南沿边跨境经济合作区的跨境旅游、跨境贸易成为第三产业的支柱产业，第三产业结构的变动必然对其他产业的发展产生影响。

河口县第一、二、三产业的产值占该地区生产总值的比重不均衡，但仍然呈现出一定的规律性，即河口县第一产业的发展速度明显滞后于第二、三产业，第三产业始终占据遥遥领先地位，在2009—2019年，只有2014年呈现出下降趋势，但与第一、第二产业相比，第三产业仍然居于首位，此后依旧保持稳定增长状态。比如，2019年该地区第三产业产值占比57.5%，第二产业产值占比29.7%，第一产业产值占比远低于第二、三产业，为12.8%，三次产业之间关联性不强，河口县产业结构也从一、二、三格局转变成三、二、一格局。

瑞丽市三次产业发展速度、产值占比明显不同，2013—2018年第一、二产业总产值整体都呈现出不断下降趋势，第一产业产值占比从18.5%下降到9.8%，下降了8.7%；第二产业产值占比从20.6%下降到18.8%。而第三产业总产值虽然在2013—2018年时而增长时而下降，但总体呈现不断增长的趋势，总产值占比从60.9%增长到71.4%，增长了10.5%。由此可见，瑞丽市三次产业结构发展不协调，不利于瑞丽市经济社会的发展以及边境地区产业结构的进一步调整。

从勐腊县三次产业产值所占比重来看，2014—2018年第一产业总产值所占比重呈现下降趋势，从43.3%下降到38.4%，下降了4.9%；第二产业总产值所占比重则呈现缓慢增长趋势，从 2014 年的 13.9% 增长到 2018 年的 16.7%，增长了 2.8%；第三产业总产值所占比重在 2014—2018 年维持在 42.8%—44.9% 之间，或增或减，变化幅度不大。虽然第一产业总产值的比重在递减，但就目前来看，勐腊县的产业结构呈现三、一、二格局，第三、一产业的发展速度远远高于第二产业的发展速度，造成三次产业发展不协调。

（二）三次产业内部结构不合理

1. 第一产业内部结构存在的问题

通过查阅相关年鉴以及数据分析发现，三个跨境经济合作区三次产业整体比例不协调，各个产业内部结构也存在不合理现象。由相关数据得知，河口县、瑞丽市、勐腊县第一产业中的农业总产值始终占据主导地位并呈现不断增长的趋势。近些年来，跨境经济合作区以"兴边富民、扶贫开发、兴地睦边"等为宗旨，全面加快现代农业建设，使农业经济得到快速发展，但就目前来看仍然存在许多不合理的问题。

在河口县，农作物种植、水果种植是农业中的支柱产业，总体呈现出不断增长的趋势，2016 年农作物播种面积为 116564 亩，2017 年增长到 128511 亩，增加了 11947 亩；2017—2018 年出现缓慢下降，从 128511 亩下降到 126812 亩，减少了 1699 亩；但是 2018—2019 年又呈现明显的增长趋势，从 126812 亩增长到 144292 亩。农作物种植、水果种植占比大、产值高，为河口县农业发展作出了突出贡献，但同时也反映出河口县农业产业结构单一、农业产业布局不合理、新兴特色产业发展缓慢等问题。

在瑞丽市，2016 年，粮食作物播种面积为 186481 亩，油料作物播种面积为 5236 亩，甘蔗种植面积为 34198 亩，烟叶播种面积为 13701 亩，水果种植面积为 68070 亩，橡胶种植面积为 99831 亩。2017 年，粮食作物播种面积为 187770 亩，油料作物播种面积为 4478 亩，甘蔗种植面积为 33036 亩，烟叶播种面积为 13500 亩，水果种植面积为 67584 亩，橡胶种植面积为 103545 亩。2018 年，粮食作物播种面积为 166172 亩，油料作物播种面积为 2725 亩，甘蔗种植面积为 28290 亩，烟叶播种面积为 13100 亩，水果种植面积为 66669 亩，橡胶种植面积为 101539 亩。2019 年，粮食作物播种面积为 134628 亩，油料作物播种面积为 1504 亩，甘蔗种植面积为 28365 亩，烟叶播种面积为

14700 亩。

通过以上数据可以看出，2017—2019 年粮食作物种植面积呈现快速下降趋势，从 2017 年的 187770 亩下降到 2018 年的 166172 亩，减少了 21598 亩；再从 2018 年的 166172 亩下降到 2019 年的 134628 亩，减少了 31544 亩。2016—2018 年水果种植面积也一直呈现下降趋势，只是下降幅度较缓慢。橡胶种植面积在 2016—2017 年有所增长，2017—2018 年又出现下降，但是变化幅度不大。这说明瑞丽市为了促进特色产业的发展，对地区产业结构进行了调整，就目前来看，粮食作物、水果、橡胶三大产业仍然占据瑞丽市农业发展的主导地位，产业内部结构不合理现象仍然存在。

勐腊县的农业主要以粮豆、橡胶、水果种植为主，2015—2018 年粮豆种植面积出现比较大的波动，最少面积为 2016 年的 292530 亩，最多面积为 2017 年的 3015587 亩；2016—2018 年，橡胶种植面积呈现下降趋势，从 2016 年的 2249718 亩减少到 2017 年的 2242801 亩，2018 年稍有增长，为 2247409 亩；水果种植面积总体呈现下降趋势。特别是在 2017 年，粮豆最多面积为 3015587 亩，其他农作物播种面积仅为 8997 亩，到了 2018 年，其他农作物播种面积为 9721 亩。一方面，如此大的差距造成了农业内部结构的不合理；另一方面，产业内部结构优化调整速度慢也值得关注。

2. 第二产业内部结构存在的问题

跨境经济合作区第二产业从总体上来看发展缓慢，主要包括工业和建筑业两部分。

2017 年河口县第二产业总产值为 116844 万元，其中工业总产值为 31906 万元，占总产值的 27%，建筑业总产值为 84938 万元，占总产值的 73%；2018 年第二产业总产值为 218031 万元，其中工业总产值为 54238 万元，占总产值的 25%，建筑业总产值为 163793 万元，占总产值的 75%。2019 年第二产业总产值为 290656 万元，其中工业总产值为 80110 万元，占生产总值的 27.6%，建筑业总产值为 210491 万元，占生产总值的 72.4%。

由此可见，河口县第二产业中建筑业的发展呈现出逐年增长的趋势，但从整体来看建筑业产值比重始终在 70% 以上，远远高于工业产值所占比重。除此之外，由对河口县第二产业内部结构分析得知，近些年来重工业的发展快于轻工业的发展，可见，河口县三次产业结构内部也存在不合理现象。

2016 年，瑞丽市第二产业总产值为 200964 万元，其中工业总产值为 125468 万元，占总产值的 62.4%，建筑业总产值为 75496 万元，占总产值的 37.6%；2017 年第二产业总产值为 217774 万元，其中工业总产值为 130229 万元，占总产值的 59.8%，建筑业总产值为 87545 万元，占总产值的 40.2%；2018 年第二产业总产值为 202508 万元，其中工业总产值为 133785 万元，占总产值的 66.1%，建筑业总产值为 68723 万元，占总产值的 33.9%。

由此可见，瑞丽市第二产业总体发展缓慢，趋于稳定，工业产值、建筑业产值比重变化幅度大、不稳定。比如，2016—2017 年，工业总产值比重由 62.4% 下降到 59.8%，建筑业总产值比重则由 37.6% 增长到 40.2%。同时在工业发展中，自 2017 年以来，重工业的发展明显快于轻工业的发展，因此，瑞丽市工业、建筑业内部结构不合理，发展不稳定，这不利于各产业结构的均衡发展。

2016 年，勐腊县第二产业生产总值为 122028 万元，其中工业总产值为 47004 万元，占总产值的 38.5%，建筑业总产值为 75024 万元，占生产总值的 61.5%；2017 年第二产业生产总值为 139795 万元，其中工业总产值为 49016 万元，占生产总值的 35.1%，建筑业总产值为 90779 万元，占生产总值的 64.9%；2018 年第二产业生产总值为 154485 万元，其中工业总产值为 50667 万元，占生产总值的 32.8%，建筑业总产值为 103818 万元，占生产总值的 67.2%。

通过对勐腊县第二产业行业产值比例的分析可知，产业内部结构仍存在不合理现象。2016—2018 年，建筑业的发展明显快于工业的发展，比如，2016 年工业总产值仅占地区生产总值的 5.8%，建筑业总产值占地区生产总值的 9.2%，2018 年工业总产值仅占地区生产总值的 5.5%，建筑业总产值远高于工业总产值，占比为 11.2%。近年来的相关数据显示，这一发展态势没有明显改观，这在一定程度上会加重第二产业内部结构布局的不合理问题。

3. 第三产业内部结构存在的问题

总体来说，河口县、瑞丽市第三产业中的批发和零售业、餐饮业等传统行业发展较快，以信息、金融、通信等行业为代表的新兴产业发展速度缓慢，有很大的提升空间，并且还由于总量少、发展不够完善，不能满足社会经济发展的巨大需求。① 这也说明跨境经济合作区第三产业结构层次低，由于第三产业的很大一部分，尤其是新兴行业主要是为第一、二产业服务的，因此，第三产业内部结构的不合理及现有行业发展的低层次与低水平，不仅不能带动第一、二产业的发展，还会影响三者之间的协调性。②

## 第三节　人力资源状况及就业结构分析

### 一、人力资源现状

（一）人口数量

云南省地处中国西南边陲，根据云南省第七次全国人口普查数据，全省总人口（常住人口）为 4720.9 万人，其中城镇人口占总人口的 50.05%，乡村人口占总人口的 49.95%，与 2010 年第六次全国人口普查相比，城镇人口比重提高 14.85 个百分点。河口县第七次全国人口普查数据显示，全县总人口（常住人口）为 101971 人，共有家庭户 37337 户，集体户 1146 户，家庭户人口为 97488 人。全县人口中，男性人口为 54425 人，占总人口的 53.37%；女性人口为 47546 人，占总人口的 46.63%。总人口性别比（以女性为 100，男性对女性的比例）为 114.47，比 2010 年第六次全国人口普查的 112.74 提高了 1.73 个百分点。全县人口中，城镇人口为 61462 人，占总人口的 60.27%；乡村人口为 40509 人，占总人口的 39.73%。与 2010 年第六次全国人口普查相比，城镇人口增加了 30330 人，乡村人口减少了 32968 人，城镇人口占总人口的比重提高了 30.51 个百分点。勐腊县第七次全国人口普查数据显示，勐腊县总人口（常住人口）为 304953 人，比 2010 年第六次全国人口普查时的 281730 人增加 23223 人，增长 8.24%。平均每年增加 2322 人，年平均增长率为 0.79%。勐腊县共有家庭户 94501 户，集体户 4514

① 汪先永：《北京产业结构调整研究》，北京工业大学博士学位论文，2006 年。
② 郭立国、贾芳琳：《我国第三产业发展的结构障碍及财政对策》，《哈尔滨商业大学学报》（社会科学版）2003 年第 5 期。

户，家庭户人口为 284894 人，集体户人口为 20056 人。平均每个家庭户的人口为 3.01 人，比 2010 年第六次全国人口普查的 3.51 人，减少了 0.50 人。全县人口中，城镇人口为 131985 人，占总人口的 43.28%；乡村人口为 172965 人，占总人口的 56.72%。与 2010 年第六次全国人口普查城镇人口 84625 人、乡村人口 197105 人相比，城镇人口增加 47360 人，乡村人口减少 24140 人，城镇人口比重提高 13.24 个百分点。瑞丽市第七次全国人口普查数据显示，全市总人口（常住人口）为 267638 人。比 2010 年第六次全国人口普查增加 87011 人，增长 48.17%，年平均增长率为 4.01%。全市共有家庭户 91912 户，集体户 8518 户，家庭户人口为 234729 人，集体户人口为 32909 人。平均每个家庭户的人口为 2.55 人，比 2010 年第六次全国人口普查的 3.09 人减少了 0.54 人。全市人口中，城镇人口为 208658 人，占总人口的 77.96%；乡村人口为 58980 人，占总人口的 22.04%。与 2010 年第六次全国人口普查相比，城镇人口多 115034 人，乡村人口少 28023 人，城镇人口比重提高 26.13 个百分点。

（二）人口质量

1. 人口受教育程度

云南省第七次全国人口普查数据显示，全省 3 岁及以上人口中，大学（指大专及以上）文化程度的人口为 5476730 人；高中（含中专）文化程度的人口为 4880416 人；初中文化程度的人口为 13804371 人；小学文化程度的人口为 16838245 人（以上各种受教育程度的人包括各类学校的毕业生、肄业生和在校生）。与 2010 年第六次全国人口普查相比，每 10 万人中大学文化程度的由 5778 人上升为 11601 人；高中文化程度的由 8376 人上升为 10338 人；初中文化程度的由 27480 人上升为 29241 人；小学文化程度的由 43388 人下降为 35667 人。全省 15 岁及以上人口中，文盲人口（15 岁及以上不识字的人）为 2193281 人，与 2010 年第六次全国人口普查相比，文盲人口减少 574862 人，文盲率由 6.03% 下降为 4.65%，下降 1.38 个百分点。

河口全县 3 岁及以上人口中，大学（指大专及以上）文化程度的人口为 9926 人；高中（含中专）文化程度的人口为 9967 人；初中文化程度的人口为 31595 人；小学文化程度的人口为 34539 人（以上各种受教育程度的人包括各类学校的毕业生、肄业生和在校生）。与 2010 年第六次全国人口普查相比，每 10 万人中大学文化程度的由 5417 人上升为 9734 人；高中文化程度的由 9167 人上升为 9774 人；初中文化程度的由 29753 人上升为 30984 人；小学文化程度的由 35024 人下降为 33871 人。全县 15 岁及以上人口中，文盲人口（15 岁及以上不识字的人）为 4626 人，与 2010 年第六次全国人口普查相比，文盲人口减少 8423 人，文盲率由 12.47% 下降为 4.54%，下降了 7.93 个百分点。

勐腊县 3 岁及以上人口中，大学（指大专及以上）文化程度的人口为 26427 人；高中（含中专）文化程度的人口为 29273 人；初中文化程度的人口为 83838 人；小学文化程度的人口为 117329 人（以上各种受教育程度的人包括各类学校的毕业生、肄业生和在校生）。与 2010 年第六次全国人口普查相比，每 10 万人中大学文化程度的由 4036 人上升为 8666 人；高中文化程度的由 7321 人上升为 9599 人；初中文化程度的由 24824 人上升为 27492 人；小学文化程度的由 41191 人下降为 38475 人。全县 15 岁及以上人口中，文盲人口（15 岁及以上不识字的人）为 21113 人，与 2010 年第六次全国人口普查文盲人口 36171 人相比，文盲率由 12.84% 降低为 6.92%，下降 5.92 个百分点。

瑞丽市 3 岁及以上人口中，大学（指大专及以上）文化程度的人口为 31328 人；高中（含中专）文化程度的人口为 39554 人；初中文化程度的人口为 97511 人；小学文化程度的人口为 62946 人（以上各种受教育程度的人包括各类学校的毕业生、肄业生和在校生）。与 2010 年第六次全国人口普查相比，每 10 万人中大学文化程度的由 5989 人上升为 11705 人；高中文化程度的由 10021 人上升为 14779 人；初中文化程度的由 33952 人上升为 36434 人；小学文化程度的由 34415 人下降为 23519 人。

2.各级各类在校学生人数

2019 年河口县共有各级各类学校 67 所，其中包括高中 1 所，职业高级中学 1 所，初级中学 4 所，完全小学 20 所，教学点 12 个（一师一校点 6 个），幼儿园 27 所（含民办 7 所），各级各类学校在校学生人数总计 15298 人；义务教育阶段在校学生人数为 11029 人，占全县在校总人数的 72.0%。2019—2020 年，瑞丽市共有各级各类学校 98 所，其中幼儿园 48 所、小学 40 所、初级中学 5 所、高级中学 1 所、完成中学 2 所、职业中学 2 所、义务教育阶段 47 所。2019—2020 年初，勐腊县共有各级各类学校 99 所，较上年增加 5 所，其中教师进修学校 1 所，职业中学 1 所，普通高中 3 所，初中 11 所（含 1 所九年一贯制学校），小学 39 所，小学教学点 7 个，幼儿园 44 所。[①] 全县各级各类学校共有在校生 50435 人，义务教育阶段在校学生人数为 37546 人，占全县在校学生总人数的 74.4%。（见表 6-11）

表 6-11　2019 年跨境经济合作区各级各类在校学生人数　（单位：人 / %）

| 　　　　　地区<br>类别 | 河口县 | 瑞丽市 | 勐腊县 |
|---|---|---|---|
| 在园幼儿数 | 3174 | 10293 | 7699 |
| 小学在校学生数 | 8459 | 19688 | 26335 |
| 普通中学在校学生数 | 3601 | 10850 | 14631 |
| 职业中学在校学生数 | 64 | 744 | 1770 |
| 学龄儿童入学率 | 99.87% | — | 87.2% |
| 初中阶段毛入学率 | 99.10% | — | 111.5% |
| 高中阶段毛入学率 | 71.9% | — | 84.14% |

数据来源：《2019 年河口瑶族自治县人民政府工作报告》《勐腊县 2019—2020 学年初教育事业发展统计公报》。

（三）人口结构

人口问题涉及政治、经济、社会、资源、环境各方面，充分了解分析人口结构、解决人口问题是一件关乎区域经济及未来发展的全局性大事。少儿抚养比是指某一区域中少年儿童人口数与劳动年龄人口数之比；老年抚养比是指人口中非劳动年龄人口数中老年部分与劳动年龄人口数之比；可以说，抚养比从年龄的角度反映了少年儿童、成年人和老年人在数量上的对比关系，很大程度上也反映了他们之间的抚养与被抚养的关系。[②]（见表 6-12）

---

① 勐腊县教育体育局：《勐腊县 2019—2020 学年初教育事业发展统计公报》，2020 年。
② 国家统计局人口和就业统计司编：《2004 中国人口》，中国统计出版社 2005 年版，第 17—55 页。

表6-12　第七次全国人口普查跨境经济合作区人口年龄构成情况表

| 地区＼年龄 | 人口总数（人） | 0—14岁（人） | 15—59岁（人） | 60岁以上（人） | 0—14岁人口比重（%） | 65岁人口比重（%） |
|---|---|---|---|---|---|---|
| 河口县 | 101971 | 19962 | 69476 | 12533 | 19.58 | 8.24 |
| 瑞丽市 | 267638 | 48702 | 195693 | 23243 | 18.20 | 5.38 |
| 勐腊县 | 304953 | 58455 | 209945 | 36553 | 19.17 | 7.43 |

由此可见，瑞丽市人口年龄结构较为合理，河口县、勐腊县的65岁及以上老年人口占总人口的比例较大，进入老龄化社会。

## 二、人力资源的特征

### （一）人口规模趋于合理

表6-13　2015—2018年跨境经济合作区人口规模演变表

| 年份＼地区 | 河口县 | | 瑞丽市 | | 勐腊县 | |
|---|---|---|---|---|---|---|
| | 总计（人） | 人口自然增长率（%） | 总计（人） | 人口自然增长率（%） | 总计（人） | 人口自然增长率（%） |
| 2015 | 93188 | 4.58 | 201872 | 6.91 | 245047 | 5.63 |
| 2016 | 92017 | 4.98 | 205360 | 7.09 | 248742 | 5.18 |
| 2017 | 92786 | 6.19 | 208550 | 7.17 | 245074 | 6.07 |
| 2018 | 93188 | 5.56 | 210196 | 7.20 | 250811 | 4.06 |

由表6-13中的数据可知，2015—2018年跨境经济合作区所在的河口县、瑞丽市、勐腊县人口增长缓慢，趋于稳定；其中河口县、勐腊县近四年间的人口自然增长率在4%—6%之间浮动，2017—2018年出现明显的下降，河口县人口自然增长率从2017年的6.19%下降到2018年的5.56%，比2018年云南省人口自然增长率（6.9%）低1.34%；比2018年我国人口自然增长率（3.81%）高1.75%；勐腊县人口自然增长率从2017年的6.07%下降到2018年的4.06%，比2018年云南省人口自然增长率（6.9%）低2.84%，比2018年我国人口自然增长率（3.81%）高0.25%。

（二）民族资源丰富

河口县、勐腊县是典型的少数民族自治县，其地形地貌丰富、高原立体气候典型，民族众多、民族文化多元，并且千百年来依然保留了相对完整的民族文化和民族传统。

河口县统计局有关数据显示，汉族、瑶族占据河口县总人口的绝大多数。2019 年全县总人口为 93374 人，汉族人口为 28298 人，占全县总人口的 30.3%；瑶族人口为 25888 人，占全县总人口的 27.7%；苗族人口为 17048 人，占全县总人口的 18.3%；壮族人口为 12085 人，占全县总人口的 12.9%；彝族人口为 3948 人，占全县总人口的 4.2%；傣族人口为 2659 人，占全县总人口的 2.8%；布依族人口为 2609 人，占全县总人口的 2.8%；其他少数民族 839 人，占全县总人口的 1%。

《瑞丽市统计年鉴》数据显示，2018 年瑞丽市常住人口为 210196 人，其中汉族 123385 人，占全市总人口的 58.7%，傣族 61148，占总人口的 29.1%，景颇族 14792，占总人口的 7.0%，德昂族、傈僳族等少数民族占总人口的 5.2%。

《勐腊县统计年鉴》显示，2018 年勐腊县总人口为 250811 人，汉族、傣族、哈尼族在全县总人口中占比较大，其中汉族人口为 64876 人，占全县总人口的 25.9%；傣族人口为 61977 人，占全县总人口的 24.7%；哈尼族人口为 62777 人，占全县总人口的 25.0%；彝族人口为 24493 人，占全县总人口的 9.8%；布朗族人口为 3427 人，占全县总人口的 1.4%；拉祜族人口为 2118 人，占全县总人口的 0.8%。

虽然各地少数民族的人口不多，但有其独特的民族文化，并且各民族之间相互团结、彼此影响，有利于社会的繁荣安定。

（三）人口文化素质偏低

此部分主要分析河口县和勐腊县的情况。

河口县地理环境有三大特点：一是气（热），二是水，三就是山。河口县的山又以多、大、秀而闻名。全县 1313 平方千米的面积，山就占了近 90%。①

———————————

① 《河口瑶族自治县概况》编写组：《河口瑶族自治县概况》，云南民族出版社 1985 年版，第 5 页。

由于其特殊的地质和气候,主要以种植农作物为主,工业化水平低,经济基础薄弱。第七次全国人口普查数据显示,河口县受教育程度自小学到研究生呈现递减的趋势,拥有小学学历的人数最多,拥有研究生学历的人数最少,学历差距悬殊,说明河口县的教育公共事业有待进一步发展。河口县大部分为条件艰苦的山区,一方面,教育发展落后,缺乏重视教育的理念,教学基础设施不完善;另一方面,虽然国家近些年重视边境地区的发展并投入大量资金,但是由于科技落后、地势偏远、交通不便、环境气候等因素,很难引进外部人才到该地区发展。

勐腊县由于气候温暖湿润,自然资源丰富,盛产甘蔗、茶叶、橡胶等经济作物,农业和旅游业得到快速发展。勐腊县人口受教育程度普遍偏低。根据第七次全国人口普查数据,勐腊县总人口为 304950 人,文盲人口(15 岁及以上不识字的人)为 21113 人。此外,勐腊县文盲率为 6.92%,高于同时期我国文盲人口平均水平(2.67%)4.25 个百分点。

(四)产业结构与就业结构不协调

1. 三次产业从业人员分布不均衡

仍以河口县和勐腊县为例,2018 年河口县第一、二、三产业总产值分别为 105695 万元、148987 万元、335616 万元,占地区生产总值的比重依次为 17.9%、25.3%、56.8%,从业人口依次为 62968 人、7679 人、22541 人。第一产业产值最低,但从业人口最多,占全部从业人员的 67.6%。勐腊县第一、二、三产业总产值依次为 355474 万元、154472 万元、414106 万元,占地区生产总值的比重依次为 38.5%、16.7%、44.8%,从业人口依次为 195987 人、6871 人、47953 人。由此可见,勐腊县从业人员也主要分布在第一产业,占全部从业人员的 78.1%。

2. 产业结构和就业结构偏离度

改革开放以来,我国政府在推进沿边开放方面不断创新举措,随着边境经济合作区的设立和发展,边境城市基础设施明显改善,对外贸易显著增长,产业结构和就业结构也不断调整优化,但就目前来看,二者仍然存在不协调关系,这也成为影响跨境经济合作区经济快速发展的主要因素之一,因此本部分将采用产业结构偏离度来分析产业结构和就业结构的现状。产业结构偏离度是衡量劳动力结构与产值结构之间是否处于对称状态的指标，[①] 据此我们可以直接判断产业结构和就业结构是否协调。产业结构偏离度公式为：

$$P = \sum_{i=1}^{n} |L_i - C_i|$$

$P$ 为产业结构偏离度，$L_i$ 为 $i$ 产业的就业人数比重，$C_i$ 为 $i$ 产业产值比重，$n$ 为产业数，其含义是 $P$ 值越大，产业结构偏离程度越大，就业结构与产业结构越不协调，产业效益越低下。[②]

表6-14　2018年跨境经济合作区三次产业结构偏离度

| 产业　　　地区 | 第一产业（%） | | | 第二产业（%） | | | 第三产业（%） | | |
|---|---|---|---|---|---|---|---|---|---|
| | GDP比重 | 劳动力比重 | 偏离度 | GDP比重 | 劳动力比重 | 偏离度 | GDP比重 | 劳动力比重 | 偏离度 |
| 河口县 | 17.9 | 67.6 | 49.7 | 25.3 | 8.2 | −17.1 | 56.8 | 24.2 | −32.6 |
| 勐腊县 | 38.4 | 78.1 | 39.7 | 16.7 | 2.7 | −14 | 44.9 | 19.2 | −25.7 |

数据来源：《中国县域统计年鉴》（2019年）、《勐腊县统计年鉴》（2018年）、《2018年河口瑶族自治县领导干部经济工作手册》。

产业结构合理化是指产业间的协调程度和资源有效利用程度，是衡量要素投入结构与产出结构耦合程度的重要指标。[③] 数据显示，2018年河口县、勐腊县产业和就业结构不协调，在两个县域中第一产业都以农业为主导。由于农林牧渔业对学历要求较低，技术含量不高，集聚了大量农村从业人员，河口县2018年第一产业劳动力比重为67.6%，勐腊县第一产业劳动力比重为78.1%，由此也导致了以工业、建筑业为主的第二产业，以服务业为主的第三产业劳动人员比重相对偏低。数据调查显示，同年河口县、勐腊县第二产业劳动力比重分别为8.2%和2.7%，第三产业劳动力比重分别为24.2%和

---

①　段禄峰：《产业结构偏离度研究——以西安市为例》，《西安石油大学学报》（社会科学版）2016年第3期。

②　王亚会：《西安市产业结构分析及调整研究》，西安电子科技大学硕士学位论文，2011年。

③　吴传清、周西一敏：《长江经济带产业结构合理化、高度化和高效化研究》，《区域经济评论》2020年第2期。

19.2%。与该地区第一产业从业人员相比，第二、三产业从业人员严重不足。产业结构和就业结构之间的不协调显然会影响该地区经济社会的快速发展。此外，分析表内数据可知，河口县、勐腊县第一产业偏离度远大于零，偏离度较高，说明两地区的产业结构与就业结构不协调，第一产业产值比重远低于劳动力就业比重，也就是从业人数过多，应该向外转移劳动力；河口县、勐腊县第二、三产业偏离度小于零，偏离度较低，说明两地区第二、三产业的劳动力占比低于农村劳动力占比，劳动生产效率较高，人力资源提升空间大，因此应积极推进农村劳动力转移，使产业结构升级与就业结构调整相协调。（见表6-14）

## 第四节　建议与对策

基于上述数据分析与描述分析发现，云南省三个跨境经济合作区产业升级与劳动力结构调整的协调问题、人力资源优化配置问题都亟须进一步解决。根据配第定理，随着产业结构的不断变化，劳动力应该由第一产业转入第二产业中，并且当人均GNP持续升高时，劳动力会再次转移到第三产业中。因此，针对跨境经济合作区产业结构与劳动力就业结构存在的问题，本节主要从产业结构与人力资源结构协调发展的角度提出可行性建议，以期为促进跨境经济合作区经济平稳快速发展提供决策依据。

### 一、优先发展教育，奠定产业结构优化的基础

加大教育投资，大力发展基础教育、职业教育。通过查阅文献以及分析相关数据可知，跨境经济合作区存在着人口素质偏低、产业结构与劳动力就业结构不协调等问题，造成这些问题的主要原因之一是该地区教育事业不发达，同时，受"读书无用论"思想的影响，文盲率较高。例如，第七次全国人口普查数据显示，河口县文盲人口（15岁及以上不识字的人）占全县总人口的4.54%；勐腊县文盲人口（15岁及以上不识字的人）占全县总人口的6.92%。扫盲工作是人力资源开发过程中的一项重要工作，也是影响人口质量

的重要因素。一方面，学校要积极开展教育宣传活动，向全社会宣传普及科学教育理念，定期召开家长会与家长进行密切沟通，及时了解家长的思想动向，经常组织家访以加强对每个学生现状的了解，对需要帮助的家庭及时给予帮助；另一方面，学校与政府相关部门合作成立扫盲工作小组，到当地农村进行扫盲，在宣传普及九年义务教育的同时，还要根据当地实际情况并结合民族特点，开展多种形式、多样化内容的教学，以满足当地人民的实际需求。此外，职业教育是培养技能人才的主要途径，近年来，云南省的职业教育虽然得到一定的发展，但一些学校的教学模式和教学质量仍有待提升。数据显示，2019 年河口县职业中学在校学生人数为 64 人，仅占全县在校学生人数的 2%；而勐腊县职业中学在校学生人数为 1770 人，占全县在校学生人数的 23%，因此职业教育的创新改革势在必行。职业教育的特点是文化课与专业技能课同时进行，主要为那些初高中未能升学的学生提供再学习的机会，为当地的社会建设、经济发展输送一大批具有专业技能的中专学生，一部分学习优异的学生还有再深造的可能，所以建议政府主导，加强中等职业学校与专科、本科学校的联系，搭建普职"立交桥"，使学生"升学有路"。这不仅能够缓解当地的就业压力，还能促进人才的培养与发展。产业结构的调整主要是从以体力劳动为主的劳动密集型产业转向以脑力劳动为主的技术、资本密集型产业，因此，实现产业升级需要集聚大量高素质的劳动力。稳固基础教育、发展职业教育都是以提高劳动力素质为目的，可以为产业结构的优化升级储备高质量的人力资源。

### 二、促进劳动力转移，推动产业结构优化升级

劳动力结构与产业结构是相互作用、相互影响的。前面的数据分析显示，跨境经济合作区劳动力人口主要集中在第一产业，但第一产业产值低于二、三产业。农村高素质人才短缺，对产业结构优化调整造成了不利影响，加快劳动力结构的调整是促进产业结构优化的关键一步，那么，如何调整优化劳动力结构，要从以下几个方面着手。

第一，提高劳动力综合素质。由于云南省地处边境，经济相对不发达，人口总体受教育程度较低，甚至还存在文盲人口，这不利于农村劳动力进入

其他产业部门。因此我们应该巩固基础教育，积极推进教育质量工程，大力发展职业教育和高等教育，推进普职融通。

第二，努力提高第二产业发展水平。跨境经济合作区第二产业发展缓慢，不仅产值低，劳动力人数也最少，轻工业发展滞后，因此应当根据跨境经济合作区的实际情况，在推进新兴产业发展的同时，升级传统行业，重视轻工业的发展，推动产业间结构优化。

第三，政府主导，积极引导农村剩余劳动力转移，提高城镇化水平。相关数据显示，2018年河口县城镇化率为43.06%，低于同年我国城镇化率（59.58%）16.52个百分点；勐腊县城镇化率为48.7%，低于同年我国城镇化率10.88个百分点。因此通过政府制定相关政策合理进行城镇化建设，可推动一部分农业人口向第二、三产业转移。

### 三、大力引进高层次人才，加快产业结构优化升级

推出各项就业、创业政策，吸引高层次人才。跨境经济合作区经济的快速发展，一方面依靠政策、地理位置、自然资源等外在因素，另一方面要依靠人力资源，因此储备大量高素质人才尤为重要。通过对引进高层次人才优惠政策的分析发现，无论是云南省还是红河哈尼族彝族自治州、德宏傣族景颇族自治州，都采用了不同的人才引进模式，主要有以下几种：一是以颁布特殊政策的方式吸引优秀人才来本地工作；二是吸纳外出学成的人才回家乡作贡献；三是以"柔性流动"或"项目合作"的方式通过合作、借用等途径吸纳高层次人才。高层次人才一方面要靠本土培养，另一方面要靠外来引进，相对于外来引进人才来说，本土培养的高层次人才对当地的经济、社会、环境、政策要求等方面更熟悉，更有利于人力资源潜力的发挥，同时该群体还具有稳定性，不易流失。因此，应更加重视职业教育、高等教育，促进校企结合，大力培养具有专业技能的本土人才。此外，跨境经济合作区三地地处偏远，基础设施、经济条件、工资待遇、教育医疗水平等与发达地区相比还有差距，而较高素质的劳动力向条件更好的地区流动也是一种普遍现象，因此需要政策引导、理念渗透建设美好家乡的愿景、目标，留住本地人才，同时吸引外来高素质人才到本地工作。

### 四、优化产业结构，促进产业结构和就业结构协调发展

促进云南沿边跨境经济合作区繁荣发展，优化产业结构是必经之路，建议主要从以下几个方面进行。

第一，加快第一产业现代化进程，把农业生产放在首位。由前文数据分析可知，第一产业为该地区的生产总值作出了贡献，提供了更多就业机会，但产业结构偏离度高，显示出劳动生产率低下的问题，同时限制了劳动力向第二、三产业的转移，因此推动第一产业现代化是实现经济可持续发展的迫切需要，重点要调整农业结构、挖掘潜力、提高质量、增进效益等。首先，充分利用云南边境独特的地理优势、自然环境，创新理念，大力发展特色产业，如香蕉、橡胶、茶叶、花卉等，扩大农产品的转化和加工，实现农产品生产、加工、销售一体化，产学研协同，拓展农业发展的广度与深度。其次，为了进一步加强农村基础设施建设，鼓励企业引进先进的生产加工设备，将特色产业做精做优，同时解决好生态环境问题。最后，开拓国内外市场，提高开放水平，要积极培育出口农产品品牌，充分利用国内国外市场扩大农产品出口路径，完善农产品出口税收政策，为农产品出口提供便利。

第二，推动第二产业的发展、提升、淘汰。跨境经济合作区可着重于智能制造、新材料、高新技术制造业的发展，提升优化地方现有主导产业，淘汰污染、低效等企业。只有使高新技术成为调整经济结构、产业结构的主要力量，利用高新技术对传统产业进行改造，促进新旧产业优势互补，才能顺应世界经济、科技发展的潮流。此外，还要建立生态工业园区，集中微型、小型轻工业企业互相学习，逐步提高轻工业比重，从现有的轻工业类目中找到能对未来跨境经济合作区经济发展起到引领和推动作用的优质产业进行重点关注和培育，政府也可给予相关的政策性补助或减免部分税收，减轻部分企业的资金压力，加快这些优质产业在规模上的突破，扩大其产品的市场占有率。①

第三，合理优化第三产业。总体来说，第三产业产值在三个跨境经济合

---

① 李碧芳、赵虹婷：《云南省产业结构分析及优化对策》，《武汉商学院学报》2020 年第 4 期。

作区生产总值中占主导地位，提供了大量就业机会，有利于劳动力转移，但传统服务业比重较大，因此需大力发展信息传输、软件和信息技术服务业为引领的新兴生产性服务业，满足人民群众对美好生活需要的生活性服务业等。如跨境经济合作区旅游业的发展，可通过产业集群战略，规划旅游市场，举办艺术节、交易会等，不断提高发展层次，打造旅游产业链，使旅游的资源优势向经济优势的转变。[1] 通过旅游业辐射和影响房地产、餐饮住宿、交通、金融等其他行业的发展，发挥各行业的联动作用，促进第三产业内部结构合理化。

综上所述，我们认为，物质生产部门的增长可以引起服务部门的增长。即当充分利用高新技术提高第一、二产业的劳动生产率使国民收入大大提高时，经济的充裕会激发人们对美好生活的向往，形成对第三产业的强烈需求，由此可见，三次产业的发展是相互影响的。同时，随着科学技术的进步，第一、二产业劳动生产率提高，降低了对劳动力的需求，出现富余劳动力，第三产业规模扩大，可吸纳更多的从业人员。三次产业劳动力实现良性循环能够带动产业结构优化升级，最终实现产业结构与就业结构协调发展。

---

① 匡金辉：《新疆产业结构分析及优化调整研究》，新疆大学硕士学位论文，2012 年。

# 第七章　云南沿边跨境经济合作区人力资源调查个案研究

项目组经过多次调研，完成了勐腊县、勐腊县磨憨镇、河口县、瑞丽市、瑞丽市畹町镇人力资源相关研究报告。本章主要涉及勐腊县磨憨镇农村人力资源现状和职业教育对策研究、云南畹町镇农村人力资源开发策略研究、云南边境民族地区中等职业教育国际化发展个案研究。

## 第一节　勐腊县磨憨镇农村人力资源现状和职业教育对策研究

1992年3月，国务院批准磨憨口岸为国家一类口岸。1993年12月，中老两国磨憨—磨丁国际口岸正式开通。[①] 当下，作为影响磨憨镇经济社会可持续发展的重要因素，人力资源越发重要。同时作为人力资源开发的主要途径，职业教育也值得被关注。磨憨镇由于地理位置偏远、人口文化素质偏低，无法适应现代经济社会发展。我们通过《云南统计年鉴》《勐腊县年鉴》以及相关网站收集了大量数据，并在此基础上，对磨憨镇76位村民展开调查，其中

---

① 朱凌飞、李伟良：《流动与再空间化：中老边境磨憨口岸城镇化过程研究》，《广西民族大学学报》(哲学社会科学版)2019年第3期。

男性 40 名，女性 36 名。同时，也对相关部门工作人员进行了深度访谈，调查围绕磨憨镇当前就业情况与职业技能培训等方面展开。

磨憨镇位于西双版纳傣族自治州勐腊县东南部，东与老挝接壤，南与磨憨边境贸易区相连，西邻勐满镇，北接勐腊镇，总面积约 800 平方千米，人口近 3 万人，下辖 6 个行政村与 2 个社区，是一个多民族聚居的边境山区镇。中国与老挝山水相依，中老人民以和为贵，致力于将中老边界发展为友好、繁荣、和平的边界。多年来，中老双方交流频繁，在边境口岸的管辖与投入、经济与产业的发展、教育与文化的交流等方面展开多层次、个性化的研讨交流，战略合作伙伴关系不断巩固。

## 一、磨憨镇人力资源与职业教育现状

（一）磨憨镇人力资源与教育基本状况

1. 磨憨镇人口、民族、劳动力情况

2017 年末，磨憨镇全镇户籍人口为 4261 户、17763 人，其中农业人口 3434 户、15526 人，非农业人口 827 户、2237 人。同时研究者走访相关部门了解到，磨憨镇常住人口为 2.43 万人，流动人口约为 7000 人。表明目前磨憨镇农村人口多，城镇化率低，流动人口数量多。

磨憨镇民族资源丰富，少数民族人口占比高，类型多样。少数民族户籍人口数 14177 人，占比达 79.8%。其中主要以傣族（6438 人）、哈尼族（3046 人）为主，占比分别为 36%、17%；其次为苗族（1328 人）、瑶族（1257 人）、布朗族（878 人）、拉祜族（862 人）、彝族（282 人），占比分别为 7.4%、7%、4.9%、4.8%、1.5%；其他少数民族（86 人）占比 1.2%。

从劳动力情况来看，磨憨镇下辖 6 个村委会、2 个社区。数据显示，2017 年劳动力为 10168 人，且存在产业结构失衡。例如，从事第一产业人数为 9607 人，占 94.5%；从事第二产业人数为 0，从事第三产业人数是 240 人，占 2.4%；参加其他劳动生产的人数是 321 人，占 3.2%。

基于以上数据，磨憨镇农业人口多，户籍人口从事产业单一，再加上处于边境地区，流动人口多，人力资源集约型开发难度大。但近年来，为了抓住沿边开放发展机遇，磨憨镇积极贯彻落实就业优先战略，从企业改制、就业困难人员再就业、农村劳动力转移、创业促进就业等多方面开展工作，通过积极扩大就业、促进劳动力合理配置，支持全镇社会经济持续发展。目前全镇劳动力的转移形式主要包括以下方面：一是改制企业劳动力转移；二是剩余劳动力转移；三是大力发展当地水果、蔬菜、养殖专营社；四是转移失地农民劳动力；五是鼓励大专院校学生毕业后就地务工、创业和走出去务工。从总体上看，第三产业成为全镇劳动力转移的重点方向。

在调研过程中，受访者明确表示目前磨憨镇劳动力资源较为丰富，但素质偏低，缺乏工作技能。随着村民的频繁流动，尤其是进城务工人数大幅上升，转移就业进入新阶段；从产业类型来看，农、林、牧、渔等第一产业的从业者占比较大。随着磨憨开发开放重点实验区的建立，第二、三产业也蓬勃发展，因此技能型劳动力需求将会不断提高。

2. 磨憨镇教育现状

（1）磨憨镇学校教育

2018 年，磨憨镇有 1 所中学，6 所小学（含 2 个教学点）。磨憨中学初中有 14 个教学班，在校生 613 人，小学有 49 个教学班，在校生 2008 人。全镇中小学在校男女生比例平衡，少数民族学生比重大。据数据统计，小学入学率为 100%，初中毛入学率 99.61%，中小学毕业生人数少于招生人数，可见部分学生在中小学毕业后就不再上学，导致磨憨镇居民整体文化素质偏低。

（2）磨憨镇社会教育设施与现状

在新农村建设工作中，磨憨镇党委、政府按照政策要求并结合该镇实际，为试点村制定规划，以解决"三农"问题。2015 年，磨憨镇新建 2 个文化活动小广场，磨憨村建有 1 个文化站。2017 年，曼庄村委会设有 8 支文娱、科技宣传队，6 个图书室，6 个文化站；尚勇村委会设有 1 个文化站；尚岗村委会设有 3 个文化站，3 个图书室，4 支文娱、科技宣传队；龙门村委会设有 3 个文化站，3 个图书室；磨龙村委会设有 4 个文化站。尚勇村委会、磨憨村委会、磨龙村委会尚未建立图书室，曼庄村委会、尚岗村委会、龙门村委会虽设有图书室，但图书数量少，门类不全。

（3）磨憨镇职业教育现状

研究者在走访磨憨镇各部门时，有 4 个分管部门均涉及职业技能培训，分别是妇联、农业局、劳动局、扶贫办，且各部门职责不同。其中，妇联主要负责妇女劳动力管理，通过开展农村妇女劳动力技能培训，实现部分妇女转移就业；农业局主要负责村民养殖和种植培训；劳动局主要负责农民工务工前一系列职业培训；扶贫办则是结合群众需求，因地制宜开展技能培训，提升村民自主创收能力。针对磨憨镇特殊的地理位置以及实际需求，勐腊县对口的职业高中和农业技校一般每年安排70—80场农村职业技术教育培训，大多采用理论知识结合实践操作的形式，培训内容多样。此外，政府还会发放相应补贴，鼓励村民积极就业，逐步实现农村劳动力就业转移。

（二）磨憨镇人力资源与职业教育面临的主要问题

1. 人力资源方面

（1）劳动力资源丰富，但受教育程度低，技能素质不高

据2018年勐腊年鉴，磨憨镇实有劳动力10168人。在第一产业中，从事农业的有9097人，从事林业的有439人，从事牧业的有55人，从事渔业的有16人。从磨憨镇人口受教育程度来看，磨憨镇总人口17763人，2018年大专及以上文化水平的有310人，占1.75%；初中文化的有4985人，占28.06%；小学文化的有10058人，占56.62%；未上学的有2410人，占13.57%。从整体上看，磨憨镇农村人口受教育程度普遍偏低。2018年，全国文盲率为4.88%，云南省文盲率为7.60%，而磨憨镇文盲率却高达13.57%。全镇居民整体受教育程度偏低，文化素质不高，部分村民缺乏相应劳动技能，只能继续从事第一产业。同时，随着磨憨经济合作区开发日渐成熟，部分劳动力开始向第二、三产业转移，或者向本地企业转移，但由于多数行业都有准入要求，受教育程度低的村民只能继续从事第一产业。据不完全统计，目前磨憨镇居民从事第一产业的人数占比高达94%。

（2）就业观念较为落后，从事行业较为单一，劳动力转移困难

磨憨镇村民经济意识不强、就业观念落后，部分村民基本依靠征地赔偿款和国家扶助生活，且就业意愿较低，由此导致部分适龄青壮年劳动力待业在家，现有劳动力资源无法发挥相应作用。为此，项目组选择具有代表性的76位村民发放问卷，利用SPSS数据分析软件对76位调查对象进行结果分析。

表7-1　研究对象从事行业情况

| 从事行业情况 | 频率 | 百分比（%） | 有效百分比（%） | 累积百分比（%） |
|---|---|---|---|---|
| 农、林、牧、渔 | 54 | 71.1 | 71.1 | 71.1 |
| 采掘业 | 1 | 1.3 | 1.3 | 72.4 |
| 制造业 | 1 | 1.3 | 1.3 | 73.7 |
| 批发和零售业、服务业 | 1 | 1.3 | 1.3 | 75 |
| 其他 | 19 | 25 | 25 | 100 |
| 合计 | 76 | 100 | 100 | — |

从表7-1可知，从事农、林、牧、渔业的劳动力占比达71.1%；仅有3人从事第二、三产业，占3.9%；从事其他行业的占比为25%。磨憨镇大部分村民从事行业单一，就业观念落后，现有劳动力与潜在劳动力尚未得到充分利用与挖掘，劳动力转移较困难。

表7-2　研究对象的就业情况

| 从业情况 | 频率 | 百分比（%） | 有效百分比（%） | 累积百分比（%） |
|---|---|---|---|---|
| 在家务农 | 66 | 86.8 | 86.8 | 86.8 |
| 外出打工 | 7 | 9.2 | 9.2 | 96.1 |
| 村办集体企业上班 | 1 | 1.3 | 1.3 | 97.4 |
| 在家从事非农第三产业服务业 | 1 | 1.3 | 1.3 | 98.7 |
| 无业或待业在家 | 1 | 1.3 | 1.3 | 100.0 |
| 合计 | 76 | 100.0 | 100.0 | — |

本次问卷调查的对象中，在家务农人数占比86.8%，外出打工人数占比9.2%，1人在村办集体企业上班、1人在家从事非农第三产业服务业、1人无业或待业在家，合计占比3.9%。由于就业观念落后、安于现状，村民对外出务工就业及新兴产业参与度不高。（见表7-2）

表7-3 发展民族特色产业情况

| 发展民族特色产业情况 | 频率 | 百分比（%） | 有效百分比（%） | 累积百分比（%） |
|---|---|---|---|---|
| 想过，但难以实施 | 61 | 80.3 | 80.3 | 80.3 |
| 实施过，阻碍太多失败了 | 4 | 5.3 | 5.3 | 85.5 |
| 没想过 | 11 | 14.5 | 14.5 | 100.0 |
| 合计 | 76 | 100.0 | 100.0 | — |

通过调查发现，由于磨憨镇少数民族人口占比大，在发展民族特色产业方面，想过却觉得难以实施而放弃的占80.3%，实施过但因为阻碍太多而失败的占5.3%，没有想过发展民族特色产业的占14.5%。数据表明，村民对新兴行业有参与兴趣，但由于就业观念较为落后、参与度低，导致有发展民族特色产业意向的村民或正在发展民族特色产业的村民因为种种原因放弃。（见表7-3）

（3）缺乏统一管理，政府与社会难以形成合力

磨憨镇就业资源整合困难较大，各部门分工过于明确、缺乏合作，导致人力资源开发缓慢。此外，镇政府大力呼吁相关企业针对村民开展一系列公益培训，但是企业积极性与参与度不高。

表7-4 农业科技引进的途径

| 引进途径 | 频率 | 百分比（%） | 有效百分比（%） | 累积百分比（%） |
|---|---|---|---|---|
| 科技下乡 | 11 | 14.5 | 14.5 | 14.5 |
| 向乡村或附近有技术的人学习 | 24 | 31.6 | 31.6 | 46.1 |
| 跟亲戚朋友学习 | 36 | 47.4 | 47.4 | 93.4 |
| 乡镇安排专门学习的机会 | 5 | 6.6 | 6.6 | 100.0 |
| 合计 | 76 | 100.0 | 100.0 | — |

如表7-4所示，76名研究对象中，在科技下乡活动中学习农业科技的占14.5%；向村里或附近有技术的人学习农业科技的占31.6%；跟着亲戚朋友学习农业科技的占47.4%；通过参加乡镇安排的学习机会学习农业科技的占

6.6%。由此可以看出，村民更倾向于向乡村或附近有技术的人学习农业科技，但由于缺乏明确的目标与方向，磨憨镇职业教育仍发展缓慢。

（4）边境入境手续复杂，潜在劳动力转移受限

虽然老挝人民入境务工、通婚频繁，但就业手续较为烦琐，户籍管理复杂、用工难，对人力资源流动限制较大。入境的劳工主要以边民为主，劳动力素质普遍不高，具有自发性、短期性、流动性的特点。

2. 职业教育方面

（1）职业教育观念落后，农民参与职业培训的积极性有待加强

在访谈中，人力资源部门受访者指出，"农民参加培训的积极性不高，他们认为培训是耽误时间，作用不大"。

表 7-5　研究对象所在村镇组织农业技能培训情况

| 情　况 | 频　率 | 百分比（％） | 有效百分比（％） | 累积百分比（％） |
| --- | --- | --- | --- | --- |
| 组织过 | 38 | 50.0 | 50.0 | 50.0 |
| 没组织过 | 14 | 18.4 | 18.4 | 68.4 |
| 可能组织过，但没听说 | 24 | 31.6 | 31.6 | 100.0 |
| 合计 | 76 | 100.0 | 100.0 | — |

由表 7-5 可知，76 名研究对象中，38 人所在村镇组织过农业技能培训，占 50.0%；14 人所在村镇没有组织过农业技能培训，占 18.4%；还有 24 人对于村镇是否组织过农业技能培训情况不太了解，占 31.6%。但相关部门人员表示，农业技能培训经常组织开展，但村民参与度并不高，可见部分村民对职业技能培训并不热心。

（2）政府统筹和投入力度不足

一是职业培训主管单位太多，条块分割，职业教育的功能不能充分发挥；二是统筹职业教育力度不足，范围小，容易分散教育资源。政府没有设立专门的培训服务机构，许多村民表示希望政府多提供农业培训服务，但多数人在寻求职业教育培训时并不知道该咨询什么部门。此外，经费短缺，配套政策不完善等，造成职业教育教学、生产实习基地不足，影响了培训效果。

（3）办学条件有限，无法适应职业教育发展的要求

从职业教育师资力量来看，教师资源匮乏，导致教学质量提升困难。培训教师理论与实践无法完美结合，个别教师理论知识丰富，但缺乏实践操作能力；而在生产一线工作的校外教师，虽然技术成熟，有时却难以系统完整地传授给学生。磨憨镇村民反馈"在学校学习到的农业知识只是部分，缺乏专业的教师队伍开展行之有效的培训，导致理论无法与实践相结合"。

从磨憨镇整个教育环境来看，目前尚未形成良好的社会教育氛围，办学条件较差。教育资金短缺，缺少优质教育资源。文化站、农家书屋的创办也往往流于形式，部分图书室安置在村委会办公室里，图书数量较少，门类尚不齐全，为村民服务的作用未能充分发挥。

（4）培训形式、内容较为单一

培训是职业教育的切入点，也是为经济建设、社会发展提供服务的载体。目前磨憨镇职业教育培训内容单一，社会满足度偏低，社会服务能力较弱，与地方社会经济发展契合度不高，无法在短期内快速提高劳动者就业率。

表 7—6　研究对象希望培训的类型

| 类　型 | 频　率 | 百分比（％） | 有效百分比（％） | 累积百分比（％） |
|---|---|---|---|---|
| 种养加工技术方面 | 25 | 32.9 | 32.9 | 32.9 |
| 农产品手工技术方面 | 19 | 25.0 | 25.0 | 57.9 |
| 农机具操作技术方面 | 9 | 11.8 | 11.8 | 69.7 |
| 电子机械技术方面 | 22 | 28.9 | 28.9 | 98.7 |
| 其他 | 1 | 1.3 | 1.3 | 100.0 |
| 合计 | 76 | 100.0 | 100.0 | — |

如表 7—6 所示，76 名研究对象中，25 人希望参加种养加工技术培训，占 32.9％；19 人希望参加有关农产品的手工技术培训，占 25％；9 人希望参加农机具操作技术培训，占 11.8％；22 人希望参加电子机械技术培训，占 28.9％；仅 1 人希望参加其他类型培训，占 1.3％。在访谈中我们了解到，面对面授课、现场操作实习以及多种方式结合是村民们较容易接受的培训方式，村民们希望培训地点最好能够选在本村或者本乡镇。

当下，磨憨镇开展职业培训主要是传统的现场讲解或者讲座形式，培训模式限制了培训的规模。在访谈中，勐腊县人社局工作人员提到，"勐腊县政府支持加强电子信息网络建设，初步建成一个基于网络技术的职业培训基地，期望跟云南相关高校、技校相互合作，给予各乡镇人才引进与技术支持"。

### 二、云南省勐腊县磨憨镇人力资源开发主要对策——职业教育培训分析

#### （一）更新职业教育理念

职业教育是磨憨镇开发人力资源的主要途径，是提升当地劳动者文化素质、技能水平的有效手段，[①]应充分发挥职业教育在磨憨镇人力资源开发中的重要作用。

表7-7　研究对象对文化水平和收入关系的认知

| 二者关系 | 频　率 | 百分比（%） | 有效百分比（%） | 累积百分比（%） |
|---|---|---|---|---|
| 毫无影响 | 18 | 23.7 | 23.7 | 23.7 |
| 有一定影响 | 41 | 53.9 | 53.9 | 77.6 |
| 很有影响 | 17 | 22.4 | 22.4 | 100.0 |
| 合计 | 76 | 100.0 | 100.0 | — |

由表7-7可知，76名研究对象中，有18人认为文化水平对收入毫无影响，占23.7%；有41人认为有一定的影响，占53.9%；有17人认为很有影响，占22.4%。

表7-8　研究对象参与公益培训的意愿

| 参与情况 | 频　率 | 百分比（%） | 有效百分比（%） | 累积百分比（%） |
|---|---|---|---|---|
| 愿意 | 69 | 90.8 | 90.8 | 90.8 |
| 不愿意 | 7 | 9.2 | 9.2 | 100.0 |
| 合计 | 76 | 100.0 | 100.0 | — |

由表7-8可知，76名研究对象中，有69人愿意参与公益培训，占

① 王立岩：《基于人力资源开发视角下的职业教育发展研究》，《辽宁经济管理干部学院学报》2019年第4期。

90.8%；7人不愿意参与，占9.2%。在访谈中，磨憨镇村民普遍认为文化水平会影响收入水平，并且与收入多少成正比，但村民对于培训目的以及内容了解较浅显，因此应注意以下几个方面。

1. 加强舆论宣传

第一，建议有关部门定期或不定期召开职业教育工作会议，及时通报、交流、研究解决职业教育发展中面临的各种实际问题，制定可行性方案。第二，在磨憨镇人口较为密集的地方集中宣传有关职业教育的知识。第三，定期走访村民家，对家中待业人员进行有关职业教育培训的宣传。第四，充分发挥自媒体、网络、电视等媒体的宣传作用，改变村民对职业教育的错误认识。[①]

2. 创新"为农服务"理念

一方面，县政府、镇政府对积极接受职业教育培训的村民给予经济补贴，调动村民参与职业教育培训的积极性，在村镇营造良好的职业教育氛围；[②] 另一方面，要使村民意识到目前自身发展的局限，认识到发展职业教育能将磨憨镇现有人力资源开发成人才资源，进而推进磨憨镇以及磨憨口岸经济社会持续发展，提升家庭生活水平。

（二）完善职业教育管理机制，提供资源信息

表7-9　研究对象培训所面临的问题

| 问　题 | 频　率 | 百分比（%） | 有效百分比（%） | 累积百分比（%） |
|---|---|---|---|---|
| 不知该找哪个部门 | 48 | 63.2 | 63.2 | 63.2 |
| 服务态度较差 | 12 | 15.8 | 15.8 | 78.9 |
| 需要花费较长时间 | 12 | 15.8 | 15.8 | 94.7 |
| 其他 | 4 | 5.3 | 5.3 | 100.0 |
| 合计 | 76 | 100.0 | 100.0 | — |

如表7-9所示，在76名研究对象中，48人表示不知道该找什么部门，占63.2%；分别有12人表示服务态度差和花费时间长，均占15.8%；仅4人

① 王立岩：《基于人力资源开发视角下的职业教育发展研究》，《辽宁经济管理干部学院学报》2019年第4期。

② 田丽、辛宝英：《乡村振兴战略背景下农村职业教育发展路径探究》，《山东工会论坛》2019年第4期。

表示存在其他困难，占5.3%。在访谈中得知，镇政府对职业教育培训工作实行分散式管理，导致管理部门职能分块。此外，很多村民表示有意愿参与职业教育培训，却不知道该通过什么途径参加。对这些问题，可采用如下策略。

1. 统筹职业教育的管理

镇政府要高度重视职业教育的发展，社会也应给予相应支持，为职业教育的发展搭建良好的平台；要进一步完善政府、社会、企业共同参与的职业教育办学形式，积极与农业、林业等部门联系，落实国家、省政府等上级机构实施的扶贫政策，使创业者、就业者能够充分享受这些政策。另外，乡镇、企业要齐抓共管，落实机构和人员，开展有效的帮扶活动，形成政府推进、部门帮扶、社会支持的工作局面。

2. 整合、提供就业资源

镇政府应加大对农村职业教育的投入与管理，按照调整、改革的原则，优化、整合现有职业教育资源，引进更多优质的职业教育资源。做好就业宣传，多领域提供就业服务，传播劳务资讯，构筑农村职业教育信息平台。

（三）加强职业教育培训内容、形式与市场的联系

随着我国现代化的不断发展，市场对人力资源配置的影响越来越大。因此，职业教育培养的人才首先要适应劳动力市场的需求，才可能拥有好的未来。

表7—10　研究对象认为职业教育能解决的问题类型

| 类型 | 频率 | 百分比（％） | 有效百分比（％） | 累积百分比（％） |
|---|---|---|---|---|
| 就业信息问题 | 19 | 25.0 | 25.0 | 25.0 |
| 自身技能提高问题 | 15 | 19.7 | 19.7 | 44.7 |
| 农村技术培训问题 | 11 | 14.5 | 14.5 | 59.2 |
| 农村少数民族文化特色缺乏问题 | 19 | 25.0 | 25.0 | 84.2 |
| 农村人才缺乏问题 | 12 | 15.8 | 15.8 | 100.0 |
| 合计 | 76 | 100.0 | 100.0 | — |

如表7—10所示，在76名研究对象中，分别有19人认为职业教育能够解决就业信息和农村少数民族文化特色缺乏问题，占比均为25.0%；15人认为能解决自身技能提高问题，占19.7%；11人认为能解决农村技术培训问题，

占 14.5%；12 人认为能解决农村技术型人才缺乏问题，占 15.8%。访谈中，很多村民表示，希望通过培训，能够使自身满足当前市场对于劳动者的就业要求，顺利就业。村民普遍认为传统的培训讲授方法较为单一，培训内容少，导致村民参与度不高。

因此，职业院校要凸显边境民族地区职业教育培养特色，培养当地实用技术人才。无论在设置课程专业、选择教学方法和培训内容方面，还是在办学机制和培养优质师资方面，都必须结合地区特点，坚持从本地需求出发，关注磨憨镇及磨憨口岸企业与市场的变动与要求。

还可以联合职业技术学校或相关企业面向全体村民开展公益性新型职业农民培训。培训应充分结合当地经济发展、人口特点以及劳动力市场需求，以实用技术培训为主，开展不同班次、不同专业的短期速成培训班，使村民快速掌握相关的岗位知识与专业技能。同时，培训队伍应同时吸纳专业教师与高技术人才，从理论与实践方面推动磨憨镇职业教育培训的供需对接。①

（四）社会教育、学校教育、职业教育相融合

改善当前磨憨镇职业教育存在的问题，必须以社会为载体，依托勐腊县、西双版纳州、云南省各高校、职业技术学校，将社会教育、学校教育与职业教育相融合，以提高职业教育培训的质量。

1. 加强中、高等职业教育

数据表明，磨憨镇部分学生仅有初中学历水平，无法适应劳动力市场需求，青壮年劳动力无法发挥其作用。因此，提高人力资源素质是磨憨镇目前急需解决的问题。从中等职业教育出发改变学生学习态度，引导部分学生中学毕业后直接进入高级职业中学继续学习。从高等职业教育出发，采取定向委培方式，由政府统一出资，职业高中毕业生、普通高中毕业生只要成绩合格均可前往省府高等职业学校或高等学校继续深造。

2. 发挥社会教育对职业教育的影响

首先，加快乡村图书馆的建设与普及，增加农村文化站的活动项目及次

---

① 覃兵、何维英、胡蓉：《基于乡村振兴战略的农村职业教育问题审视与路径构建》，《成人教育》2019 年第 8 期。

数，推动村民积极参与文化活动，在文化活动中渗透农村职业教育培训内容，让村民在"干中学"和"学中用"。其次，要开拓电视教育、网络教育和远程教育体系，利用电视、手机等媒介，整合农村职业教育资源，实现农村职业教育资源利用率与效益率最大化。[1]

3. 依托磨憨口岸规划发展，为职业教育和人力资源建立"双赢"平台

根据国家沿边开放战略、"一带一路"建设和云南省人才工作的战略构想，结合磨憨口岸现状，依托勐腊中国—东盟培训中心和对口科技扶贫单位云南师范大学等单位，一方面，对本地人才进行职业再培训，以适应当地劳动力市场发展需求，提高就业率；另一方面，对当地外籍劳务人员开展汉语教学、法律法规、劳动技能等培训，充分挖掘潜在劳动力，缓解人力资源紧张的现状。

（五）推进具有边境民族特色的职业教育

磨憨镇是边疆少数民族村镇，具有浓郁的民族文化和民族风情。因此职业教育应从磨憨镇实际出发，既要基于磨憨镇经济发展的特点，也要考虑村民参与职业培训的意愿。第一，职业教育可开设民族历史、文化、语言、舞蹈、饮食等课程，使劳动者具备本民族应有的文化知识和修养。第二，大力在酒店服务、特色旅游等行业推行民族特色服务，输出民族特色服务人才。第三，利用各种机会，与老挝等国家进行文化交流，探索人力资源境外输出的新路子。

随着云南边境地区重点开发开放实验区的建设，以及国家、地区优惠政策的不断扶持与推进，边境口岸建设不断加快，对边境地区人力资源开发的要求也不断提高。本节对颇具代表性的地区——云南省勐腊县磨憨镇的农村人力资源和职业教育进行了研究。该地区位于磨憨口岸，与口岸经济建设密不可分。通过走访调查发现，磨憨镇人力资源状况存在诸多问题，这与该地区相对落后的职业教育息息相关。加快云南省勐腊县磨憨镇的职业教育改革与发展，有利于开发磨憨镇人力资源，提高人力资源素质，从而促进该地区经济和社会的可持续发展。

---

[1]　孙娜：《"文化礼堂 + 职业教育"——浙江新农村建设中农民教育新模式研究》，《太原城市职业技术学院学报》2019 年第 6 期。

## 第二节　云南畹町镇农村人力资源开发策略研究

畹町镇是瑞丽经济发展最为重要的四个引擎之一，位于云南省德宏傣族景颇族自治州南部，东北与芒市接壤，南与缅甸九谷市相邻，西北与瑞丽市姐勒乡隔江相望；东部有广董通道，中部有畹町口岸，西部有芒满通道，东、西通道和中部口岸公路均与亚太交通对接，是全国 17 个国家级边境经济合作区之一。2016 年 10 月 14 日，被国家发展改革委、财政部以及住建部共同认定为中国第一批特色小镇，[①] 是国家"一带一路"建设和"孟中印缅"经济走廊建设的重要节点。

畹町镇作为云南边境民族地区农村的典型代表，从过去繁华的中缅边贸前沿逐渐被边缘化，经济及社会发展日渐衰落，目前发展缓慢，这既有行政区划、交通方式变革的原因，也受产业、资源结构等现实因素的影响。除此之外，畹町镇人力资源开发不足也是制约地方经济发展的重要因素之一。[②] 人力资源开发是目前畹町镇重振往日辉煌的重要途径之一。随着沿边开放、"一带一路"建设的全面推进，中国—东盟自由贸易区的成型和运作，泛亚交通环境的改善，"桥头堡"战略、孟中印缅经济走廊（BCIM）和大湄公河次区域（GMS）经贸合作的加强，在一系列区域一体化规划和倡议实施的时代背景下，云南边境民族地区正迎来振兴发展的新机遇。而畹町镇作为云南边境民族地区农村的典型代表之一，如何最大化利用各类资源、地理优势，避开人力资源劣势，加快农村人力资源的系统开发成为目前最紧迫的任务。

本书以发放问卷为主要方法收集第一手资料，问卷调查内容包括经济状况、受教育程度、传统观念、宗教影响、政策扶持力度、社会重视程度、个人发展意愿等维度，为深入研究做准备。同时，查阅、收集、分析政府统计

---

① 中共中央住房和城乡建设部：《住房城乡建设部关于公布第一批中国特色小镇名单的通知》（建村〔2016〕221 号），2016 年 10 月。

② 李易之、刘一颖：《中缅边境边关名镇：畹町的现在、过去与未来》，《中国—东盟博览》2018 年第 7 期。

数据，进一步了解畹町镇农村人力资源开发的近况。此外，采取非结构式访谈法，对扶贫办主任、畹町镇宣传委员、芒棒村村委会成员及村民进行了面对面的访谈。访谈主要围绕农村剩余劳动力转移、扶贫规划、基础设施完善状况、引进项目计划、教育发展规划等展开，为研究收集更翔实、具体的资料，也为之后调查问卷的不足之处做补充。本节从定性、定量的角度分析畹町农村人力资源开发的现状并提出相应建议，其意义有二。第一，有助于畹町镇政府进一步了解本地农村人力资源开发的现状及存在的问题，为其制定人才培养规划提供参考，用更加科学的方法来推进相关政策的实施与推广。第二，作为基础性研究，以畹町镇为例使农村人力资源开发的研究更具本土化特色。

### 一、畹町镇概述

（一）畹町镇基本情况

畹町镇国境线长 28.646 千米，由西往东有 86、87、89、90、91、92、93 号界碑，是中国对缅甸贸易的国家一级口岸。畹町经济开发区成立于 1999 年，其前身是畹町市，现行政区域属瑞丽市。畹町经济开发区辖混板乡、芒棒乡、城关镇（16 个自然村）、畹町农场管委会（8 个生产队），面积 97.6 平方千米，全镇共有 3814 户，总人口达 13259 人，其中城镇人口 5478 人，占 41%；农村人口 7781 人，占 59%。

"畹町"在傣语中是"太阳当顶"的意思，所以人们把畹町叫做"太阳当顶的地方"，意为阳光普照、万物生长。1938 年滇缅公路通车，畹町为中方一侧终点站，通过畹町桥即与缅甸的九谷通往仰光的公路衔接，成为抗日战争中唯一的西南边境重要口岸和军事重地，也是文化科技的窗口。畹町是一座袖珍的历史名镇，居住着汉、傣、德昂、景颇等民族，是一个多民族聚居的乡镇。畹町境内有畹町桥、中缅友谊馆、南洋华侨机工回国抗日纪念碑、鹦鹉塔、5A 级景区边关文化园等特色景点，是中国闻名的"一城两国""一桥两国"地区。

（二）行政区划沿革

畹町，西汉属益州哀牢地，东汉属永昌郡，唐归南诏，宋归大理，元属金齿宣慰司，明清属遮放副宣抚司和勐卯安抚司，民国时期属潞西县。1950 年 4 月畹町解放，1952 年 12 月，经政务院批准，设县级畹町镇，为全国唯一的县级镇，属保山专区，1953 年属德宏傣族景颇族自治州。[①]

1985 年 1 月，国务院批准撤销畹町镇建立畹町市，隶属德宏州，1992 年 6 月，国务院批准畹町市为沿边开放城市，9 月设立畹町边境经济合作区（5 平方千米）。[②]

1999 年 1 月，国务院批准撤销畹町市，将其并入瑞丽市，同年 2 月 8 日，云南省决定成立瑞丽市畹町经济开发区（副县级），作为瑞丽市的派出机构，实行"政经合一"的管理体制，行使县级经济管理权限和行政职能，原管辖范围不变。

畹町自 1950 年解放后，初为县级镇，再为县级市，再由县级市并入瑞丽市，更名为畹町镇。现在，畹町的建制为畹町经济开发区。国务院几次对畹町行政区划的调整，都是以建立和完善与社会主义市场经济相适应的农村上层建筑，进一步解放和发展农村生产力为目标，充分体现了科学发展观的要求，是着眼未来、顺应潮流的。在畹町两乡一镇机构改革之后，机构和人员更加精简，行政区划和行政事业机构设置更趋合理，行政管理体系和运行机制更为高效，资源配置和生产力布局进一步优化，更加适应社会主义市场经济体制和农村生产力发展的需要，从而有效地加强了对"三农"工作及基层组织建设的领导，促进了畹町城乡经济社会持续、协调、健康发展，加快了畹町建设小康社会的步伐。

（三）畹町农村人力资源开发的必要性

1. 促进农村人力资源开发是畹町镇实施人才强国战略的具体举措，也是畹町走向现代化的必经之路

畹町镇是边境开放城镇，资源丰富但人才严重匮乏，导致自然资源得不到合理的开发和利用，形成巨大的资源浪费。当地农村人口占 59%，是畹町镇走向现代化面临的一大问题，也是全面建成小康社会的重点和难点。促进畹町农村人力资源开发，不仅落实了以人为本的科学发展观，还为畹町经济开发区的建设提供了必要的人力资本和人才支撑，有利于促进生产力的合理

---

① 《畹町镇人民政府关于做好将畹町镇改设为畹町市的通知》，畹政发〔1985〕12 号。

② 德宏州史志办公室编：《德宏年鉴》（2015 年）。

布局和经济社会的发展。

2. 促进畹町农村人力资源开发是加强民族团结、构建和谐社会的基础条件

畹町镇是一个多民族聚居的乡镇，2016 年总人口中傣族 4203 人，占31.7%；德昂族 472 人，占 3.6%；景颇族 683 人，占 5.2%；其他民族 595 人，占 4.5%。少数民族占总人口的 44.9%，在册流动人口 1347 人（在册流动人口指在畹町进行劳务工作的外籍人口）。① 傣族和德昂族主要信仰大乘佛教，景颇族主要信仰基督教。各民族之间文化差异较大，关系复杂，部分乡村与缅甸相邻，是典型的"一城两国"，影响民族团结和社会稳定的因素较多。因此，只有促进畹町农村人力资源开发，提高当地农村人力资源素质，加快少数民族地区发展，才能不断巩固和发展畹町镇平等、团结、互助、和谐的社会主义民族关系。

3. 促进农村人力资源开发，加快畹町经济社会发展的步伐，是巩固边防的重要保障

长期以来，边境地区各族人民群众为维护祖国统一、巩固边防作出了巨大的贡献。目前，畹町镇较其他边境开放城市发展落后，扩张性的经济增长方式也不再适应当前经济社会的发展。所以，要加快边疆民族地区建设，促进农村人力资源的开发，只有这样，才能集中优势，进一步激发各族干部群众建设边疆的积极性，为巩固边境奠定坚实的物质基础。

## 二、畹町农村人力资源开发与利用的现状

（一）问卷调查分析

1. 研究对象

本研究以畹町镇芒棒村村民为主要研究对象，共发放 60 份问卷，回收 50份，回收率 83.3%；有效问卷 50 份，有效率为 100%。调查组在畹町镇芒棒村范围内随机发放问卷，有效问卷中男性村民 26 人，占总人数的 52%，女性村民 24 人，占总人数的 48%。问卷调查结果用 SPSS17.0 中文版进行统计分析，在此基础上进行畹町农村人力资源开发与利用的现状描述。

---

① 《畹町镇政府工作报告》（2016 年）。

表7-11  样本分布情况（n=50）

| | 变量 | 人数（人） | 百分比 | | 变量 | 人数（人） | 百分比 |
|---|---|---|---|---|---|---|---|
| 性别 | 男 | 26 | 52% | 教育程度 | 小学 | 9 | 18% |
| | 女 | 24 | 48% | | 初中 | 30 | 60% |
| 年龄 | ＜15岁 | 1 | 2% | | 高中或中专 | 7 | 14% |
| | 15—29岁 | 11 | 22% | | 大学 | 4 | 8% |
| | 30—59岁 | 36 | 72% | 月收入 | ＜1000元 | 31 | 62% |
| | ≥60岁 | 2 | 4% | | 1000—2500元 | 10 | 20% |
| | | | | | 2501—4500元 | 5 | 10% |
| | | | | | 4501—6000元 | 3 | 6% |
| | | | | | ＞6000元 | 1 | 2% |

表7-12  家庭中完成九年义务教育的人数

| 人数 | 频率 | 百分比（％） | 实际百分比（％） | 累积百分比（％） |
|---|---|---|---|---|
| 1人 | 26 | 52.0 | 52.0 | 52.0 |
| 2人 | 19 | 38.0 | 38.0 | 90.0 |
| 3人 | 2 | 4.0 | 4.0 | 94.0 |
| 4人 | 3 | 6.0 | 6.0 | 100.0 |
| 总计 | 50 | 100.0 | 100.0 | — |

由表7-11、7-12可知，本问卷调查对象男女人数差异不大，分别占比52%、48%。其中有94%是青、中年人，受教育程度集中在初中（60%），接受完小学教育的人数占18%，月收入小于1000元的有31人，占62%，90.0%的调查对象家庭中只有一人或两人完成了九年义务教育。

2.调查结果分析

（1）传统观念调查

调查表明，村民对不同民族通婚持赞成态度的占58%，仅有4%的人反对，其中有84%的调查对象表明无宗教信仰。据调查数据可知，传统观念及宗教信仰对畹町农村村民发展的影响日趋减弱。但问卷中宗教信仰的调查结果与访谈内容有所出入，对此现象可做进一步调查。

（2）从业状况调查

调查显示，畹町镇农村村民目前在家务农的比例较高，占58%，其次是自由职业者，占30%，剩余8%在村办集体企业上班，4%在外务工。这也是畹町镇农村村民月收入低的原因，谋生方式单一，在一定程度上制约了农村人力资源的开发。

（3）对子女受教育的想法调查

表 7-13　对子女受教育的想法

| | 频率 | 百分比（%） | 实际百分比（%） | 累积百分比（%） |
|---|---|---|---|---|
| 找工作难，读书没多大意思 | 4 | 8% | 8% | 8% |
| 顺其自然，孩子读得好就供，读不好就算了 | 9 | 18% | 18% | 26% |
| 家里的经济条件好，不需要孩子有太高的学历 | 1 | 2% | 2% | 28% |
| 子女的教育很重要 | 36 | 72% | 72% | 100% |
| 总计 | 50 | 100% | 100% | |

据表 7-13 可知，大部分被调查者对子女的教育都很重视。其中72%的村民认为子女的教育很重要，但仍有8%的村民认为"找工作难，读书没多大意思"，对子女的教育表现出一种漠视的态度。还有18%的人选择"顺其自然，孩子读得好就供，读不好就算了"，在当前的教育政策下，这是对子女教育不负责任的表现。

（4）政府扶持政策了解情况调查

调查显示，仅有8%的村民享受过政府的就业扶持政策，66%的村民表示没有享受过政府的就业扶持政策，还有26%的村民对政府的专项优惠政策一无所知。

（5）学习需求调查

在学习需求调查中，56%的村民更想学习农业种植、养殖、维修技术，

22%的村民愿意学习本民族特色文化，18%的人想学习经营管理，4%的村民想参加餐饮服务培训。调查数据表明，村民更愿意学习与生活实际联系紧密、个人更擅长且与本民族特色文化相关的知识，不愿意学习个人了解不多的技能，这在一定程度上增加了农村剩余劳动力转移的难度。

（6）帮扶途径意愿调查

调查显示，由于受教育程度不同、经济状况不同，被调查对象中有6%的村民对目前家庭的现状很满意，34%的村民希望加大农业扶持力度，32%的村民希望得到现金补助，28%的村民希望得到从业技术培训扶持。此项调查结果与访谈内容较符合，数据表明大部分村民有很强的发展意愿，这是畹町农村人力资源开发的一大优势。希望得到现金补助的人数占比也很高，这是当前政策扶持衍生的弊端，需要改进。

（二）非结构式访谈分析

通过对调查问卷结果的分析，我们在一定程度上了解了畹町镇芒棒村村民的基本情况和畹町镇农村人力资源开发与利用的现状。但由于调研环境及民族交流存在困难，仅收集到50份问卷信息，出现部分调查结果与访谈内容不符的情况。因此，结合调查结果对部分访谈内容进行分析，以增强调查问卷的信效度和研究的科学性。

1.瑞丽市扶贫规划访谈

**问**：请问脱贫工作是如何整体推进的呢？

**答**：瑞丽农村户口有86000多人，贫困人口有35000多人，建档立卡的12950人，建档与非建档户划分的标准是看人均纯收入是否超过2736元。建档立卡户人均收入在这之下，还应有劳动能力和发展意愿，其余为非建档立卡户。我们划分了贫困县、贫困乡、贫困村、贫困自然村，确定扶贫空间之后，政府每年拨扶贫资金，以前都是1000万元，从去年开始是2000万元。这些资金一般是用于基础设施建设、种植养殖产业。农村也做过种植养殖培训，但不是大规模的，像养鸡、水稻灾害防治这些培训都有。创业方面也有很多政策性的贷款，主要是针对农村读高中回家的年轻人来发展特色种植养殖，只有一小部分人。妇联也在做一些创业支持，只是农村妇女的创业资金少一点，多部门的配合效果也更好。从目前来看，扶贫工作重点应放在基础设施环境改善方面，在这完成之后，重点要抓素质提升和各方面的技术培训。农民的总体素质不高，还是要以教育为主。当地初中生的辍学率较高，要巩固学生的入学率，从基础上提高人力资源素质。各片区的贫富差距还是很明显，需要进一步激发人们的发展意愿。

根据中央、省、州"精准识别、精准帮扶、精准脱贫"的工作要求，瑞丽市加大了精准扶贫的力度。但通过访谈，我们了解到瑞丽市农村的脱贫情况还不是很乐观：贫困人口总体偏多，大部分是少数民族，缺乏科学文化知识，综合素质偏低；在边境农村，吸毒致贫的人口较多；贫困群众缺乏脱贫意识，大部分人安于现状；畹町产业发展缓慢，市场竞争力弱，能够容纳的剩余劳动力少。同时，由于农村交通不便，基础设施落后，导致返贫现象严重，扶贫压力大，农村劳动力转移困难，影响了扶贫工作的开展。

2. 畹町镇基本情况访谈

**问**：能给我们介绍一下畹町镇人口素质提升和管理的基本情况吗？

**答**（畹町镇宣传委员）：畹町只有一个完中，高中有283人，初中有566人。素质提升我们主要是针对村干部培训，有3个村委会，总的有100多人参加培训，主要是农业技术培训。农业产业化方面，农民各种各的。合作社的不知道，是其他领导分管。中国人去缅甸承包种植的比较多，主要是地租、劳动力便宜。农作物成熟后会有人来订购，我们这里有个水果批发市场，物流比较方便。常住人口比户籍人口少，畹町由市转为镇后，很多人就只是空挂户了。

通过交谈可知，畹町镇高中在校生283人，初中在校生566人，还有部分"空挂户"，可见人力资源储备不足。能力素质提升工程只针对村干部，培训不全面，发展能力不强。此外，农业产业发展不成规模，各户土地不多，农村经济发展提升困难。

3. 畹町镇芒棒村村委会农村产业发展情况访谈

**村主任**：我们村上大学的人数总体来说很少，上本科大学的人更少。大学生毕业后都很少回来，人都不在还怎么创业？但是，针对大学生创业我们有很好的创业支持政策，比如我们有大学生创业贷款项目。不过有一个大学生养鸡倒是做得很好，形成了合作社，也有产业化发展，还带动了不少人，我们村里面也有几家开始形成同样的模式。本地农民有一些创业的，但也是小规模养殖。现在像水泥厂之类的都已经关闭了，国家在控制污染。但是克钦木业有限公司正在发展。合作社我们计划重点发展养殖，比如养牛、养猪，目前正在养牛，还没有形成很大的规模，养出来后有公司来收。此外，我们还种植坚果，每个寨子家家房前屋后都有，甚至绿化带都是，准备发展生态旅游。前几年也种凤凰木，要打造凤凰村寨。我们有个寨子被评为全国"民族团结村"，在国务院都有挂牌子。

由此可见，畹町镇农村人力资源质量偏低。文化素质相对较高的大学生也很少愿意回家乡发展，导致农村产业结构不合理，农产品科技含量低，合作社发展不成规模，经济效益低。但是，畹町农村有较好的基础条件和政策支持，内部人力资源的开发与利用便成为畹町经济开发区发展中迫切需要解决的问题。

4.芒棒村村民就业情况及就业信息获取途径访谈

**村小组长**：少数民族寨子和汉族寨子离得很近，关系还算和谐。平时就农忙的时候忙一些，现在土地少了，地里的活不多，村里的人大多聚在一起打牌、打麻将。有些困难家庭孩子在读着书，但是缺少手艺找不到合适的工作，远的又不愿意出去做，就拿着政府的那点补助维持着。有部分家庭条件倒是可以，但是孩子又不愿意读书，他自己对学习不感兴趣也没办法。在附近寨子里条件很好的家庭除了创业的就是外出务工的家庭。

**村民**：在目前这种情况下，为了改善家庭条件，大家都是愿意学习的。自从没有读书以后，很少有机会学习了。政府也有组织培训，还有奖品可以拿，但是学了以后没有用处，就拿一个证，好多人就不愿意去了。出去打工的汉族比较多，少数民族出去的少，像这些消息只能从亲戚朋友那里知道。政府鼓励支持创业政策了解得更少，就算知道了也没有资金和技术支持自己创业。

在访谈中我们观察到，村里剩余劳动力较多，大部分少数民族村民的家庭条件都不是很好，少数几家条件好的也是外出务工家庭。究其原因，首先，对教育的不重视，或多或少地影响了当地人力资源的开发。其次，劳动力文化素质偏低，缺少手艺、不懂技术，不利于外出就业。除此之外，就业信息宣传途径单一、鼓励政策不完善、宣传不到位也影响了农村剩余劳动力的转移。当地可增强汉族与少数民族的联系，建立和谐的民族关系，扩大交流，互相影响，促进少数民族观念更新。

（三）数字乡村资料分析

由于调研中收集的有效问卷仅50份，属于小样本，且非结构式访谈对象人数较少，在分析上存在一定的局限性。因此，笔者在数字乡村信息网上摘录相关数据信息，并进行对比分析，以增强研究的科学性。

表7-14　畹町镇各村委会户籍人口状况表　　（单位：人）

| 项目 ＼ 村委会 | 芒棒村委会 | 新合村委会 | 混板村委会 | 合计 |
|---|---|---|---|---|
| 乡村人口（按户籍） | 2235 | 851 | 3128 | 6214 |
| 农户数 | 511 | 201 | 750 | 1462 |
| 农业人口 | 2195 | 640 | 2977 | 5812 |
| 劳动力 | 1703 | 486 | 2101 | 4290 |
| 从事第一产业人数 | 1496 | 365 | 1762 | 3623 |
| 男性 | 1091 | 244 | 1471 | 2806 |
| 女性 | 1144 | 607 | 1657 | 3408 |

此部分数据来源于云南省德宏畹町经济开发区畹町镇数字乡村新农村建设信息网。根据统计资料分析，畹町在籍农村人口共6214人，对比调研信息，可知外籍务工人员较多（1567人）。畹町农村劳动力共有4290人，占总人口的69%。其中从事第一产业的人数占劳动力总人口的84.5%，反映出当地农村的经济增长方式还是粗放型的，就业结构不合理。女性人口较多，共3408人，但第一产业所需劳动力不多、第三产业不发达，这可能是导致剩余劳动力增多的原因之一。（见表7-14）

表 7-15　畹町镇各村委会户籍人口受教育程度情况　　（单位：人）

| 受教育程度＼村委会 | 芒棒村委会 | 新合村委会 | 混板村委会 | 合计 |
|---|---|---|---|---|
| 乡村人口（按户籍） | 2235 | 851 | 3128 | 6214 |
| 大专及以上 | 44 | 27 | 112 | 183 |
| 中学 | 745 | 507 | 1244 | 2496 |
| 小学 | 1192 | 173 | 1468 | 2833 |
| 未上学 | 254 | 144 | 304 | 702 |

据云南省德宏畹町经济开发区畹町镇数字乡村新农村建设信息网上的数据分析，畹町镇农村人口中小学文化程度的占 45.6%，中学文化程度的占 40.2%，大专及以上文化程度的仅占 2.9%，文盲人口占 11.3%。总体来看，畹町镇农村人口文化素质偏低，接受新知识的能力不强；且文盲人口占比较大，劳动力素质不高，在一定程度上影响了农村经济社会的发展。（见表 7-15）

在问卷调查、分析访谈及文献查阅的基础上，笔者认为，目前畹町农村人力资源开发与利用整体呈现出如下特点：

1. 劳动力资源总量丰富

资料显示，2016 年畹町镇的城镇人口为 5478 人，占总人口的 41%，农村人口 7781 人，占总人口的 59%。[①] 畹町镇大部分劳动力资源集中在农村，农村劳动力丰富。且全镇四所中小学在校生 1537 人，说明畹町农村适龄劳动人口的存量较大。

2. 文化与科技素质偏低

据畹町镇各村委会户籍人口受教育程度情况表，小学文化程度和中学文化程度的占比达到 85.8%，大专及以上文化程度的仅占 2.9%，文盲人口占到 11.3%。初中生的辍学率高，受教育程度低。且外出务工农村居民的受教育程度普遍高于在家务农的农村居民。由于受教育程度不高，学习途径单一，导致对科学技术的接受能力不强，在一定程度上限制了自身的发展。

---

① 《畹町镇政府工作报告》（2016）。

### 3. 农村剩余劳动力较多

调查数据显示，畹町镇农村人口中自由职业者占 30%，针对政府提供的"现金补助""从业技术培训""加大农业扶持力度"等帮扶政策，选择"现金补助"的村民占 32%。表明畹町农村不仅存在大量剩余劳动力，还有部分村民表现出"机会主义"倾向。比起通过自身的努力致富，他们更依赖于政府的现金扶持，这也是导致剩余劳动力增加的原因之一。

### 4. 开发方式不恰当

首先，畹町镇农村 84.5% 的劳动力从事第一产业，就业结构不合理。另外，计划引进的产业发展项目与劳动力能力素质提升工程项目关联不大，且参加培训的主要是青年村干部，村干部学成后再带领村民学习，导致培训效果不明显，部分村民在接受完培训之后仍无业可就，也不具备利用所学知识创业的能力。对农村人力资源的开发独立于农村发展规划之外，不仅不利于提高农民的就业积极性，还浪费了资源。

### 5. 开发效果不显著

由于村民受教育的层次不同、经济基础不同，导致个人的发展能力也不同。政府部门在农村人力资源开发方面的投入较低，但组织职业技能培训的技术人员需从外引进，在内容、时间、实践等方面不能兼顾，重点培训致富带头人的能力也有限，导致开发效果不明显。

## 三、畹町镇农村人力资源开发的 SWOT 分析

SWOT 分析是一种国内外流行的战略规划工具，用于组织、机构识别和利用自身的优势去把握机会，认识和减少弱点，并尽量降低已知的威胁和挑战。SWOT 分析的目的是收集、分析和评估信息，并在特定时间内确定社区、组织或个人的战略选择。它是一种基于内外部竞争环境和竞争条件下的态势了解，将与研究对象密切相关的各种主要优势、劣势、机会和威胁等组合起来分析，以制定出适合本研究实际情况的战略或策略的方法。[1] S 代表

---

[1]　Che Maznah Mat Isa, Hamidah Mohd Saman and Christopher Nigel Preece, *Strategies for International Market Expansion: Strength, Weakness, Opportunity and Threat (SWOT) Attributes of Malaysian Construction Firms*, Jurnal Intelek, Vol. 9, No.1, 2014, pp. 69–78.

strength（优势），W 代表 weakness（弱势），O 代表 opportunity（机会），T 代表 threat（威胁）。其中，SW 代表内部因素，主要分析研究对象的内部条件，如自身的实力及弱势；OT 代表外部因素，主要分析外部条件，如外部环境的变化及可能面临的威胁。通过调查，根据 SWOT 分析方法，把研究对象的优势、劣势与机会、威胁组合列举出来，并依照矩阵形式排列，形成 SO、ST、WO、WT 策略。SO 指依靠内部优势，抓住外部机会；ST 指利用内部优势，规避外部威胁；WO 指抓住外部机会，弥补内部劣势；WT 指减少内部弱点，避免外部威胁。[①] 然后用系统分析的思想，结合研究对象的实际情况选择最优策略，从中得出相应的结论。

畹町自 2005 年设立经济开发区之后，行政区划和行政事业机构设置更趋合理，资源配置和生产力布局进一步优化，其经济、社会都取得了长足的发展。我们将从畹町镇的历史及未来的发展态势入手，结合内、外环境，分析其所面临的优势、劣势、机会、威胁，并进行组合，形成 SO、ST、WO、WT 策略并进行甄别和选择，确定目前畹町镇农村人力资源开发应该采取的具体策略。

（一）优势

1. 农村人力资源开发基础条件优越

畹町镇南与缅甸九谷市相邻，辖国家一级口岸，区位优势明显；面积 97.6 平方千米，属南亚热带山地湿润季风气候，农、林、牧、渔业发展条件好；历史悠久，特色旅游景点多。

2. 农村劳动力资源较丰富

2017 年瑞丽市人口资料显示，畹町镇农村人口 7142 人，约占总人口数的 54%，年龄在 15—59 岁的村民约占 70%，由此可见畹町镇可开发的适龄劳动力资源大部分都集中在农村，农村劳动力资源存量较大，农村剩余劳动力开发、转移潜在机会大，人力资源开发基础条件优越。

3. 农村人力资源开发意识到位

调研资料显示，畹町镇政府在农村教育、扶贫、卫生、基建、项目引进

---

① Ifediora Christian Osita, Idoko Onyebuchi R. and Nzekwe Justina, "Organization's stability and productivity: the role of SWOT analysis an acronym for strength, weakness, opportunities and threat", *International Journal of Innovative and Applied Research*, Vol. 2, Iss. 9, 2014, pp. 23–32.

等方面较为重视，人力、物力、财力投入大。近年来，畹町镇政府为促进畹町经济社会发展，响应习近平总书记在云南考察时提出的"云南应主动服务和融入国家发展战略，闯出一条跨越式发展的路子来，努力成为我国民族团结进步示范区、生态文明建设排头兵、面向南亚东南亚辐射中心"①的重要指示，一直致力于开发本地区人力资源，引进人才，打造抵边小集镇。在政府科学决策的基础上，畹町镇农村产业结构不断优化，基础设施不断完善，综合治理不断加强，经济社会取得了跨越式发展。

4.民族文化资源丰富，地区民族关系和谐

畹町镇总人口中少数民族占42.3%，以傣族、景颇族、德昂族为主，少数民族特色突出，民族服饰、民族风俗习惯、风土人情保存较好。问卷调查结果显示，有88%的调查对象愿意参与自己民族的文化实践，有76%的调查对象确定自己会继续保持本民族的风俗习惯和文化传统。同时畹町还是抗战生命线"滇缅公路"的入境点，历史遗迹颇多。正是由于其特有的历史底蕴、民族文化、民族风俗以及其特殊的地理位置、气候条件，畹町旅游发展历史悠久，早在30年前就成为中缅边贸前沿，成为云南一景。

（二）劣势

1.农村人力资源整体质量不高

根据人力资源质量结构理论，农村人力资源受教育水平是评价农村人力资源质量结构的重要指标。②此次问卷调查及人口普查数据显示，畹町镇15岁以上人口小学文化程度的占18%，初中文化程度的占60%，高中文化程度的占14%，大学文化程度的占8%。受教育程度为小学及初中的占78%，文盲与半文盲人员仍然存在，大专及以上文化程度者占比较小。从以上数据可以看出，畹町镇农村人力资源整体文化素质不高，在一定程度上制约了农业科技知识和新信息技术的推广。

2.村内基础设施建设滞后，瓶颈制约显著

畹町镇村民小组基本上实现村小组"五通"、农户"五有"的具体目标，

---

① 陈豪：《闯出一条跨越式发展的路子来》，《人民日报》2017年9月6日。
② 王文锋：《河南省农村人力资源开发研究》，北京林业大学博士学位论文，2013年。

通村公路网络已形成，交通较为便利。但公路等级低，路面质量差，通行和运载能力弱；农田灌溉渠系和防灾设施建设滞后，成灾概率大，现有基础设施水平只达到脱贫程度。[①] 同时，文化、科技、信息网络等公共服务建设发展落后，离人民群众的需求还有一定差距。

3.农业产业结构不够合理，科技含量低，产品附加值低，抵御风险、支撑发展的能力不强

畹町镇农村经济增长方式还是粗放型，但是传统的经济增长模式已经适应不了科技的进步和农业生产的机械化。[②] 不合理的产业结构不仅导致了大量剩余劳动力的产生，还阻碍了人力资源向第三产业的转移，产业的带动能力未能充分发挥。

4.人才缺乏，创新能力不足

畹町镇农业生产技术培训人员大多从外引进，工作时间不固定，培训内容很难做到理论与实践相结合及因地制宜，且潜在人力资源尚未得到充分开发，在生产、管理方面创新能力不足。

5.禁毒防艾、维护稳定工作形势严峻

调研资料显示，畹町镇农村在册吸毒人员及艾滋病感染者仍占相当高的比例。需进一步加强依法治镇能力，维护村落稳定，为农村经济的发展打好基础。

（三）机会

1.桥头堡建设及"一带一路"倡议的全面推进

国家扶持西部地区、民族地区的力度更大，支持沿边开发开放的政策更好。云南加快建设面向西南开放重要桥头堡，瑞丽作为"桥头堡中的桥头堡、前沿中的前沿、窗口中的窗口"，地位更加凸显。而畹町镇位于瑞丽开发开放试验区核心经济区，发展机会更多。

2.第三产业发展迅速

第三产业吸收能力大、覆盖面广，能为农村人力资源的开发与利用创造巨大的成长空间。畹町镇民族文化资源丰富，生态文化、边关文化、外交文

---

① 《畹町镇芒棒村委会脱贫发展规划》( 2016—2018 年 )。
② 王文锋：《河南省农村人力资源开发研究》，北京林业大学博士学位论文，2013 年。

化特色突出，景点优势明显，旅游业的发展对解决农村人力资源过剩、传播民族文化、提高农村人力资源素质具有重要作用。

3. "兴边富民"行动进入新时期

2017年6月，国务院印发了《兴边富民行动"十三五"规划》，"兴边富民"行动从"十二五"规划进入"十三五"规划全面发展时期，其中明确提出"围绕产业兴边大力发展边境地区特色优势产业"[①]，产业的新一轮发展使得畹町镇迎来了新的机遇。

4. 中国—东盟自由贸易区全面建成，区域经济一体化发展的趋势更加明显

中国—东盟自由贸易区的建立不仅有利于促进中国与东盟经贸关系的发展，还稳定了我国与东盟各国的友好关系，为边境农村地区提供了较好的发展机会。

5. 瑞（丽）畹（町）姐（告）三区抱团发展

边境经济合作区扩区同城化发展的战略选择能在更大范围内进行资源配置，三区发展的空间更广阔，发展的机会更多。瑞畹姐同城化战略有助于畹町破解地方小、人口少等发展的"瓶颈"，加强畹町工业园区、贸易加工区、口岸等功能。

（四）威胁

1. 调整产业结构、促进经济增长方式转型任务繁重

要逐步调整畹町农村产业结构，转变单一农业生产经营方式，促进农林牧协调发展，加快农业产业化进程。同时，加快旅游文化产业转型升级，转变经济增长方式，推动地方经济发展。

2. 边境安全与稳定形势严峻

畹町镇国境线长28.646千米，南与缅甸九谷市相邻，部分村落与缅甸只有一河之隔，边境的安全与稳定对畹町镇的发展至关重要。

3. 国内经济增长存在下行压力，物价上涨压力大

2014年，畹町外经贸企业完成进出口额192554.80万元，同比下降

---

① 《国务院办公厅关于印发兴边富民行动"十三五"规划的通知》（国办发〔2017〕50号），2017年5月。

36.25%，其中进口 120562 万元，下降 47.16%，出口 71992.80 万元，下降 2.55%。同年，畹町经济开发区受国内经济下滑的影响，固定资产投资呈现疲软状态。经济复苏的不稳定性、不确定性上升，国内经济增速放缓导致的下行压力加大。经济大环境变化带来的物价上涨风险，对畹町农村经济的影响不可忽视。

笔者利用 SWOT 方法对畹町农村人力资源开发与利用情况进行了分析。结果表明，畹町镇农村正处于外部有机会，但内部条件不佳的阶段。为了扭转畹町农村人力资源开发的内部劣势，应回避弱点，采取先稳定后发展的战略，即先采用稳定战略（WO 战略）后采用发展战略（SO 战略）。可在稳定战略的基础上，结合部分发展战略，推动实现农村人力资源开发效益最大化。（见表 7—16）

表 7—16　畹町农村人力资源开发的 SWOT 矩阵

| 内部环境<br><br><br>外部环境 | 优势（S）<br>1. 开发基础条件优越；<br>2. 农村劳动力资源丰富；<br>3. 人力资源开发意识到位；<br>4. 民族文化资源丰富，地区民族关系和谐。 | 劣势（W）<br>1. 农村人力资源整体质量不高；<br>2. 村内基础设施建设滞后；<br>3. 农业产业结构不够合理，科技含量低，支撑发展的能力还不够强；<br>4. 人才缺乏，创新能力有待提高；<br>5. 禁毒防艾、维护稳定工作形势严峻。 |
|---|---|---|
| 机会（O）<br>1. 桥头堡建设及"一带一路"倡议的全面推进；<br>2. "三农"政策及"统筹城乡发展战略规划"的机遇；<br>3. 第三产业发展迅速；<br>4. 中国—东盟自由贸易区及孟中印缅经济走廊全面建成，区域经济一体化发展的趋势更加明显；<br>5. 瑞畹姐三区抱团发展。 | SO 战略<br>1. 加强旅游小镇建设，着力提升旅游品牌，发展第三产业；<br>2. 大力发展口岸贸易，转移农村剩余劳动力，促进经济发展；<br>3. 建立入境人口管理体系，利用外籍人员开发本地资源。 | WO 战略<br>1. 以基础设施建设为重点，着力改善发展条件；<br>2. 调优结构，着力促进经济发展；<br>3. 推动社会事业发展，注重农村劳动力能力素质提升，提高人力资源质量；<br>4. 开发、引进所需人才；<br>5. 依法治镇，维护社会稳定。 |
| 威胁（T）<br>1. 农村调结构、转方式任务繁重；<br>2. 边境安全与稳定形势严峻；<br>3. 国内经济增长存在下行压力，物价上涨压力大。 | ST 战略<br>1. 加强边境地区的管理，确定边民的安全，维护社会稳定，为经济发展提供保障；<br>2. 稳中求进，统筹协调，促进产业结构及经济增长方式成功转型，避免大起大落。 | WT 战略<br>维护社会稳定，在可控的范围内发展农业，改善现状，巩固农村经济，寻求新的机会。 |

### 四、畹町镇农村人力资源开发的对策分析

随着"一带一路"建设的不断推进，中国—东盟自由贸易区、孟中印缅经济走廊的全面建成，笔者在 SWOT 模型分析的基础上，以发挥优势、克服弱点、利用机会、化解威胁为基本思路，着眼于稳定战略（WO 战略）并结合部分发展战略，提出具体的可促进边境农村人力资源开发的对策，以期对边境农村人力资源开发有所助益。

（一）全力推进基础设施建设，抓基础设施扶贫，着力改善发展条件

首先，贯彻落实《兴边富民行动"十三五"规划》，改善边境农村交通状况，着力抓好道路通畅工作，全面实施村内户外道路硬化工程，提高道路的通行和运载能力，促进农村和城市的交流。其次，加快推进村组网络平台建设步伐，做到互联网宽带村村通；建立电子商务平台及就业信息、惠民政策信息宣传平台，少数民族寨子可利用网络建立语言学习平台，增强村民对外界的了解，提高农民的学习能力。最后，要积极推进农村危房改造和易地搬迁扶贫政策落实，改善城乡居民居住条件，以保障和改善民生为目的，提高人民群众生活质量。

（二）大力发展教育，实现农村人才可持续发展

要加大对农村人力资源开发的投入力度，大力发展学生义务教育和职业教育、农村劳动力技术培训、初高中毕业未就业人员技能教育培训、妇女培训等，以促进农村人力资源的可持续发展。

第一，普及双语教育，打牢农村义务教育基础。畹町有 5 所学校，都为公办学校，其中有完全中学 1 所（包括初中、高中），小学 3 所（含 1 个教学点），幼儿园 1 所。农村小学附设学前班 4 个，基础教育发展总体较缓慢。需按照基础教育布局，改善教学条件，提高教学水平，确保农户孩子就近上学前班、上小学、上中学。认真落实义务教育保障机制和"两免一补"政策，加快发展学前教育，进一步巩固"两基"成果，加快普及高中阶段教育。

第二，加强"控辍保学"和扫盲工作。由访谈和调查结果可知，畹町镇农村的文盲率较高，达 11.4%；同时，畹町初中的辍学率很高，特别是很多少数民族学生不能完成九年义务教育。这是农村人力资源开发过程中的一大

阻碍，加强"控辍保学"和扫盲工作势在必行。从"控辍保学"来说，一方面，学校宜开展多种形式的教育宣传活动，进一步增强学校、家庭等方面的教育责任和意识；加强与家长的沟通，及时了解学生的现状并给予帮助。另一方面，学校可根据本地实际情况和民族文化特色因地制宜调整教学科目、教学方法，激发学生的学习兴趣，全方位做好"控辍保学"工作，降低学生辍学率。对于扫盲工作，可与当地学校合作，增加兼职教师或招收青年志愿者，成立扫盲工作小组，对青壮年进行强制扫盲。认真做好宣传动员工作，落实扫盲经费及扫盲教学工作，采用"送教上门""合作互学""一对一"等灵活多样的教学方式，帮助青壮年文盲掌握所需知识或技能，提高农民学习科学文化知识和农村实用技术的能力。

第三，创新办学机制，大力发展职业教育。职业教育是教育体系的重要组成部分，是培养高技能人才和高素质劳动者的摇篮。畹町镇的职业教育同全省一样始于 20 世纪 80 年代，但受到办学规模、生源、师资、经费、设施等因素的制约，发展缓慢，不利于畹町农村人力资源的开发。畹町镇地方小、人口少、生源不足，恢复高考以来，畹町镇每年为国家输送了一定数量的大、中专学生，然而能直接升学的学生毕竟是少数，畹町的建设主体是那些初高中毕业未能升学的青年，他们生在畹町，长在畹町，是畹町各行各业劳动的后备军，这些人素质的高低对畹町经济的发展有着极大影响。因为畹町镇生源有限，并不具备单独办职业技术学校的条件，所以建议创新办学机制，加强与职业院校的合作，创建义务教育对接职业教育、职业教育链接成人教育的办学机制。通过联办、代办的形式，针对畹町镇重大项目或待发展产业的用工需求，扩大学历教育的范围，确保农村初高中毕业生"升学有门，回乡有路"。以此缓解新一代就业压力，为本地的发展培养人才，提供人才及智力支持。

第四，根据畹町农村劳动力的受教育程度，建立长期培训机制，有针对性地进行引导性实用技术培训，培养新型知识型农民。依托国家"农村远程教育工程"，促进引进项目和当地生产实际的结合，统筹协调、长期规划农村劳动力培训工作。充分利用农村学校的基础设施资源，有目的、有计划地对农村劳动力进行实用技术培训，着力提高群众产业发展能力。一方面，根据当地实际情况和未来农村网络及信息技术的推广与应用、引进项目的具体需求，对初高中文化程度且有发展意愿的农民开展先进技术技能培训，培养致富带头人、培训管理人员、技术指导人员。另一方面，对小学文化程度或对培训内容感兴趣的农民开展农村农业实用技术、农村劳动力实用技能和创业培训，如种植、养殖等，广泛开展针对性强、形式多样的技能培训。深入推进科普进村入户，提高群众依靠科技增收致富的能力。最好能在培训后创造条件或提供相关就业机会，使其学以致用，促进农村人力资源开发。

第五，开展妇女培训，提高外籍妇女的文化素质，充分发挥少数民族妇女的作用。首先，对跨国婚姻外籍妇女展开培训，进行再教育。畹町与缅甸村寨相依，跨国婚姻现象普遍。调研发现，跨国婚姻中的缅籍妇女文盲、半文盲较多，具有小学及以上学历的少之又少。虽然这些外籍妇女可能与我国边民同根同族，但是她们低下的受教育水平和邻国的政治文化印记不仅不利于畹町农村人力资源的开发，甚至会影响到边境的安全及经济社会的发展。因此，很有必要对她们展开培训，提高其文化素质，帮助她们融入中国主流文化，更好地发挥其作为妻子和母亲在中国家庭中的作用。除此之外，要充分发挥少数民族妇女的作用。由畹町镇农村户籍人口数据可知，女性人口占55%。而许多边境地区的男性都外出务工，留下的都是女性、老年人和儿童。女性成为联系三代人的纽带，其特殊地位和作用不容忽视。可加强对少数民族女党员、村干部和小组妇女干部的培训，动员妇女（包括外籍女性）参与社会管理，积极学习农业科学知识，不断提高自身素质和能力。同时，发展各村寨有较高威信和社会影响力的女性担任宣传员，用大家喜闻乐见的方式，传达国家鼓励就业、创业的信息，开展法律法规知识宣传、禁毒防艾宣传等工作。培养少数民族妇女成为联系群众的桥梁和纽带，成为促进边疆稳定、文化发展的主力军。

（三）建设农村学习型社区，优化农村人力资源开发环境

《国家中长期教育改革和发展规划纲要（2010—2020）》明确指出："广泛开展城乡社区教育，加快各类学习型组织建设，基本形成全民学习、终身学习的学习型社会。"从畹町农村基础设施建设相对滞后、农村人力资源丰富但文化素质偏低、人才缺乏的现状来看，建议建设政府主导的农村学习型社区，促进农村人力资源的开发。由政府推动、牵头，由以农村基层组织为代表的

政府力量来主导，在村级组织建设农村学习型社区。

首先，进一步发展农村基础设施，建立学习中心。在村委会或老年活动中心建设图书室、学习中心等设施，为村民提供学习、交流的场所。在了解村民学习、阅读需求的基础上，尽量满足不同类型的学习需求。在乡村图书馆备齐农业、科技、民族文学等资料，实现资源共享，做到"你想学什么，就能学什么"。利用好村里的每一间房、每一面墙，搞好宣传工作，优化畹町农村人力资源开发环境，在潜移默化中促进农村人力资源的全面发展，构建终身教育体系，形成学习型社会。

其次，利用网络科技，整合利用资源。加大对农村学习型社区的投入，建设村组计算机房，为村民建一所"没有围墙的学校"。高科技信息技术的广泛应用，能够让人们最快掌握最新、最广泛的知识与技术，有效地打破了农民学习的时间、空间和内容限制。从目前来看，畹町农村暂时还不具备建立全镇学习网的条件，可先通过建设村组计算机房，给村民提供学习信息技术的条件，倡导"电子化学习"，设立管理人员为村民提供学习咨询服务。通过网络平台开展宣传教育活动，发布培训、政策推行等信息，提高农村人力资源的学习能力。

最后，传承优秀民族文化，精心打造边境地区民族文化品牌。扩大交流，开展多种形式的文化进乡村活动。以文化活动为依托，丰富组织形式，开展系列科普知识讲座活动，倡导先进文化，寓教于乐、寓学于乐。在活动中加强汉族与少数民族之间的沟通交流，传递新思想新信息，增强民族凝聚力，提高村民的科学文化素质。

通过农村学习型社区的建设，加强宣传力度，克服知识贫困，为村民提供学习、生活的另一种形式，提高农民的知识素养，促进当地农村人力资源开发。

（四）根据地方特色，开发、转移各类人才，引进所需人才，推出惠民的就业、创业政策，吸引人才回流

一是利用畹町的地理优势和民族文化特色，针对计划发展的第三产业展开相关培训，转移部分农村剩余劳动力资源。如紧紧抓住建设特色旅游小镇的契机，充分开发畹町农村民族文化、生态旅游资源，积极打造特色旅游小

镇。科学规划，正确处理好开发与保护的关系，突出东南亚、南亚及德宏民族文化的特点；重点打造边关文化、抗战文化和外交文化；利用畹町生态优势和区位优势，着力打造以康体健身和休闲度假为主的旅游小镇；充分利用好畹町桥、畹町边关文化园和南洋华侨机工纪念公园等景点优势，打造畹町旅游特色小镇新亮点。围绕旅游文化发展第三产业，增加农村劳动力的就业机会，缓解就业压力，减轻当地人口对土地的依赖。

二是以开发当地人才为主，以引进高科技人才为辅，促进农村人力资源开发，为畹町经济开发区的后续发展储备人才。要大力组织能力素质提升培训，提高农村人力资源质量，充分挖掘农村潜在人才资源。引进发展所需的技术人才和领导人才，为开发畹町农村人力资源提供指导。同时，根据畹町当地的发展情况，因地制宜地推出地方性的惠民政策，制定创业、就业优惠政策，加大招商引资宣传力度，吸引本地人才回流，为畹町农村的发展提供保障。

三是可充分利用口岸区位优势，加强平台建设，构建全方位、宽领域、多层次的对外开放格局。发展口岸贸易及边境互贸，转移剩余劳动力，吸引更多企业项目入驻，引进所需人才。

（五）调整畹町农业产业结构，发展特色农业，促进农村产业规模化发展

第一，创新机制，调整农业产业结构，使其适应科技的进步和农业生产的机械化。一方面，要充分利用特色资源，巩固提升现有优势产业并引进适宜发展的项目，改变单一农业生产经营方式，促进农林牧协调发展，加快农业产业化进程。另一方面，着力打造大牲畜养殖、水产养殖、无公害蔬菜、花卉苗木基地，坚果、石斛、毛叶枣种植加工等农业生产基地，提高产品科技含量、附加值，增强发展动力和活力，推动畹町农村经济发展。

第二，依靠特色农业，成立农村专业合作社，发展庄园经济。在土地不足的村落，可发展跨境种植。在统一管理下，发展农产品跨境种产运销一条龙经营，带动仓储物流产业的发展。土地资源丰富的地方可成立专业合作社，进行统一生产、管理、收购，通过项目示范、能人带头、支部引领、公司支持等多种方式，促进增收产业发展和培育。依托各村特色农产品，辐射周边，集

中成片规划建设石斛、柠檬、有机蔬菜园区及畜牧养殖带。总之，围绕农业产业发展要求，不断增加投入，推广普及农业科技，依托项目建设，带动农村产业化规模发展，实现农产品安全生产和农民持续增收。

（六）依法治镇，加强禁毒防艾宣传教育，维护边境社会稳定

加大禁毒防艾工作的宣传力度，不断增强广大人民群众的禁毒、防毒、防艾意识，深入学校、社区、村民小组开展禁毒防艾宣传教育，不断完善禁毒防艾工作长效机制。积极开展"无毒村寨""无毒社区""无毒学校"等创建活动，严厉打击涉毒违法犯罪行为。继续做好民兵队伍建设，充分发挥民兵队伍在农村维稳、应急救援工作中的主力军作用。严密防范境内外敌对势力和恐怖组织的渗透，依法打击各类违法犯罪活动，切实保障边境民族团结、社会和谐稳定。

促进畹町农村人力资源开发不仅关系畹町经济开发区经济社会的稳定、持续、健康发展，还影响桥头堡建设和"一带一路"建设的推进。而畹町经济开发区的建设需要大量的人力资源，仅靠引进人才远远不能满足。如何促进农村人力资源开发、合理配置人力资源成为促进畹町进一步发展的关键战略性问题。一方面，要从基础设施、教育培训、农村学习型社区建设、社会稳定、开发农村人力资源、改善发展条件等方面，为畹町农村经济的发展提供基础保障和人才、智力支持；另一方面，从调结构转方式、第三产业发展、口岸贸易下手，为农村劳动力创造更多的就业机会，转移农村剩余劳动力，促进畹町农村人力资源开发效益最大化。

## 第三节　云南边境民族地区中等职业
## 教育国际化发展个案研究

### 一、中等职业教育国际化综述

（一）中等职业教育国际化发展的背景及必要性

2013 年，国家主席习近平相继访问了哈萨克斯坦与印度尼西亚，提出建设"丝绸之路经济带"与"21 世纪海上丝绸之路"的倡议，获得了众多国家

的关注与支持，该倡议也被称为"一带一路"①倡议。"一带一路"倡议提出的
根本目的在于以"合作共赢"的理念联系沿线相关国家开展多层次、多方位
合作，以开放包容的态度互学互鉴，全面促进务实合作，使沿途国家和地区
真正成为经济一体和文化包容的"命运共同体"，形成责任、利益一体的发展
格局。2015 年 3 月，国家发展改革委、外交部、商务部联合发布了纲领性文
件《推动共建丝绸之路经济带和 21 世纪海上丝绸之路的愿景与行动》（以下简
称《愿景与行动》），从时代背景、共同建设的原则、框架构想、合作重点以
及合作机制等方面系统说明了"一带一路"的合作主张、合作内涵、合作方
向和任务，力图通过"一带一路"倡议实现各国之间平等互惠的经济合作与
经济互助，让人才资源无障碍地流动。②基于此，国家相关部门于 2016 年印
发了促进教育国际化的相关文件，以《关于做好新时期教育对外开放工作的
若干意见》为代表，该意见明确了新时期中国教育对外开放的各项要求与部
署，文件中多次强调，教育走向国际化需要以开放包容的心态开展相关工作，
要真正乐于"走出去"和"引进来"，有效地将中国教育文化传送到世界各个
角落，开创更有质量、更高水平的教育对外开放新局面，同时也强调了在中
国教育对外开放发展中需要注意的原则性问题。③为让"一带一路"愿景与行
动在教育领域落地生根，教育部发布了新时期教育对外开放工作的指导性文
件《推进共建"一带一路"教育行动》，该文件是对《关于做好新时期教育对
外开放工作的若干意见》的补充细化，是教育领域发布的具体落实方案，明
确了教育助力"一带一路"建设的发展方向。《推进共建"一带一路"教育行
动》指出，教育国际化交流是为"一带一路"国家人民交流、民心相通架起
的桥梁，能够真正输出培养国际化的人才，保障沿线各国在政策、贸易、设
施以及资金等方面都能够无障碍地进行合作交流。倡议"一带一路"国家面
对新时期变化莫测的发展趋势，相互理解，加强合作，正视共同命运与责任，

---

① 《正确认识"一带一路"》，人民网，2018 年 2 月 26 日。

② 《推动共建丝绸之路经济带和 21 世纪海上丝绸之路的愿景与行动》，新华网，2015 年 4 月
6 日。

③ 中共中央办公厅、国务院办公厅：《关于做好新时期教育对外开放工作的若干意见》，中华人
民共和国中央人民政府网，2016 年 4 月 29 日。

扩大开放，促进互学互鉴，共同构建"一带一路"发展模式。[①]"一带一路"教育共同体的发展对新时期各类教育提出了新要求，其中职业教育作为促进经济社会发展、培养技术人才最直接的教育类型，与"一带一路"建设联系最为密切，对"一带一路"建设具有支撑作用。

2019 年 1 月，国务院办公厅颁布的《国家职业教育改革实施方案》指出，中等职业教育作为普及高中阶段教育的重要基础，是绝大多数城乡新增劳动力接受高中阶段教育的重要形式，是为当地培养适应经济社会发展的技术技能人才的主要渠道。[②]在经济全球化影响下，经济社会发展需要大批熟悉国际标准、具有国际意识、了解国际规则、具备国际沟通能力、掌握一定专业技能的一线劳动者，中等职业教育作为培养一线劳动者的重要教育类型，加快推进其国际化发展势在必行。同时，随着"一带一路"倡议的推进和实施，我国教育部门抓住"一带一路"发展机遇，先后召开多次会议，涉及多个主题，其中关于"一带一路"国家教育国际化合作的议题颇受关注。"一带一路"倡议涵盖金融经济、社会建设、教育文化等多个领域，如何为这些领域输送高质量的国际化人才需要引起国家教育部门的充分关注。中等职业教育作为培养技术技能型人才的专门教育领域，理应承担起培养国际化人才，为"一带一路"输送国际化人才的重任，为"一带一路"建设提供文化保障和智力支撑，进而提高国家核心竞争力。首先，"一带一路"倡议的核心是实现"五通"，即在政治、设施、贸易、资金、民心这五个方面实现融会贯通。而实现"五通"的基础与根本是民心，只有把握住了民心相通才能够真正保证其他方面的高效运营。而教育则是促进民心相通最有效的手段。通过职业教育，可以培养出具备职业精神与合作精神的人才，承担起沟通民心、联系民意的重任。其次，在发展教育国际化的过程中仍然需要建立"一带一路"人才支持机制，国内外各企业都需要具备相关领域专业知识、熟练掌握外语的技术人才，熟悉外语是国际交流的基础，企业从技术与语言入手进行教育培

---

① 教育部外教司：《推进共建"一带一路"教育行动》（教外〔2016〕46 号），2016 年 7 月。

② 李丽、杨如安：《乡村振兴背景下边境民族地区农村职业教育的困境与路径》，《云南师范大学学报》（哲学社会科学版）2020 年第 4 期。

训，才能培养出"一带一路"建设需要的创新型人才。①结合我国国情以及社会体制，在"一带一路"倡议实施背景下，以推动经济结构转型升级为目标的职业教育国际化发展方向日益明确，国际化发展路线逐步显现，初步建立了自主培养与双向互动的国际化教育体系。中等职业教育一直是我国现代化职业教育体系建设的基础，背负着为我国不断输送技能型人才以及高质量劳动者的重任。自改革开放以来，中等职业教育为我国经济社会发展提供了数之不尽、用之不竭的人力资源，为我国经济建设及社会发展作出了巨大贡献。进入 21 世纪，中等职业教育面对新的教育形势，迎来了更多的机遇与挑战。面对"一带一路"倡议的持续推进，中等职业教育应积极回应国家期待，以服务"一带一路"倡议为发展目标，顺应国际化发展潮流与趋势，培养"一带一路"国家所需要人才，对接融入国家战略部署，立足当下教育发展趋势以及宏观的国家发展战略，积极参与教育国际化发展，坚持改革不动摇，以强大勇气实现发展蜕变，逐步提高国际化发展水平，不断满足"一带一路"建设对技能人才培养的新要求。②

（二）云南边境民族地区中等职业教育国际化发展的机遇与挑战

随着"一带一路"倡议的不断推进与实施，以及各类教育与经济政策的制定，云南边境民族地区中等职业学校国际化发展迎来重要机遇期与挑战期。各学校应利用自身优势，抓住发展机遇，积极应对发展机遇背后的挑战，培养适应国际化发展的技能人才，提高国际化发展水平。首先，从中等职业教育自身发展来看，其作为快速培养技能型人才的重要途径，在我国经济快速发展的背景下，肩负着较强的社会教育与服务功能，为我国经济社会持续发展提供了有力的人力资源保障，因此，中等职业学校应该主动响应国家国际化教育发展政策，充分发挥自身教育优势，与国外具有丰富办学经验的院校加强合作交流，不断吸收国际化办学经验，扩大优势。其次，充分利用国家"一带一路"倡议对中等职业学校的扶持政策，加强国际化发展，从教育观念的国际化、组织机构的国际化、课程设置的国际化以及师生队伍的国际化入

---

① 郭静：《职业教育服务"一带一路"研究综述》，《中国职业技术教育》2019 年第 12 期。

② 程宇、刘海：《愿景与行动："一带一路"战略下的职业教育发展逻辑》，《职业技术教育》2015 年第 30 期。

手，增强校园内部的国际化教育氛围，通过中外办学或合作培训等方式实现中等职业学校国际化发展的革新，牢牢把握发展机遇，不断创新人才培养模式。云南省地处中国西南边陲，拥有 25 个边境县（市），25 个少数民族，边境县（市）分别与缅甸、老挝和越南交界，在社会发展、经济贸易、民族交往、文化交流等方面已经具有良好的传统和基础，正逐步成为"一带一路"倡议下经济带衔接的重要门户，形成面向南亚、东南亚辐射中心，在云南省参与"一带一路"建设中脱颖而出，其职业教育国际化也进入快速发展阶段。教育部与云南省政府于 2016 年签署了《教育部与云南省政府开展"一带一路"教育行动国际合作备忘录》，明确提到"扩大云南省职业院校国际合作交流，全面提升云南省职业教育国际化水平"[①]。同时，中等职业教育作为乡村振兴战略的重要一环，能够为乡村振兴培养一大批新型农村实用人才。可以说，推进云南边境民族地区中等职业教育国际化发展既是云南边境民族地区巩固乡村脱贫成效、落实乡村振兴战略的关键，也是推进兴边富民行动、"一带一路"建设、西部大开发的必然要求。云南边境民族地区交通不便，受民族文化影响深远，即便部分地区对外开放历史悠久，与"一带一路"参与国接壤，处于"一带一路"建设的核心区域，但其经济、社会、教育等发展仍相对滞后，人们对中等职业教育也存在一些偏见，因此云南边境民族地区中等职业教育国际化发展既迎来发展的机遇期，也面临经费短缺、社会发展落后等现实问题的挑战。

（三）教育国际化发展的相关理论

1. 全球化理论

（1）全球化

"全球化"一词出现在第二次世界大战之后，被收录词典则始于 20 世纪 60 年代，是指促进世界各国人民在文化、政治、经济、技术和环境等生活的各个方面日益紧密联系的进程，也指居于统治地位的社会、文化和政治准则及惯例在全球范围内的扩散。[②] 在学术界，学者们对全球化进行了比较深入

---

① 张小雪：《云南边境民族地区高等职业教育国际化对策研究》，云南师范大学硕士学位论文，2018 年。

② 冯增俊、陈时见、项贤明主编：《当代比较教育学》，人民教育出版社 2015 年版。

的研究，因此有着更深刻的认识。在资本、数据、经济资源、劳动分工和生产社会化、市场经济以及现代化等向全球范围扩展和延伸的过程中，带动全球化快速发展，这也意味着全球化是发展的必然结果，并不是主权国家和国际经济组织推动的结果。[①] 对于全面的全球化来说，涉及的重要因素包括政治、经济、文化、军事、技术和能源等。[②] 我们可以从经济、政治、文化三个层面探讨全球化：在经济全球化的进程中，世界范围内或者全球性的人类活动逐渐增多，人们开始从一个不相连的时间和空间过渡到高度相关的环境中，通过跨越不同空间、文化制度、不同民族和不同国家的界限等，打破了社会和政治的阻碍，每一个国家都在努力加强与世界其他国家政治生活与经济生活的联系，促进世界经济与国际政治的融合。政治全球化的形成，主要是由于世界各国的发展模式不同，每个国家都有自己独特的政治网络，政治全球化可以使更多国家冲破国家主权去影响全球化发展，建立世界治理意识，促进各国之间的合作。对于文化全球化来说，主要是指站在全球的角度去考虑问题，结合全人类的思想，不仅要尊重各国之间存在的差异，还要针对某些问题快速达成全人类的共同认知，只有这样，共同实践的目的才有意义。

（2）教育全球化

教育全球化，就是在世界经济全球化、贸易自由化的推动下，教育资源在国际间进行合理充分的分配，教育要素在国际间加速流动与共享，教育交流在国际间更加的频繁与平常，使得世界各地之间的教育相互影响、交融、竞争、共存的一种现象。从具体形态上讲，教育全球化就是"教育资源的全球流动""全球性的教育现象""在全球范围内开展的教育活动"。教育全球化作为一种最常见的模式，反映了不同国家、不同民族和不同文明体系之间的教育观念、制度和方法上的一种相同发展趋势。教育全球化的基础是世界教育一体化。教育全球化越发展，各国教育之间的相互依赖性也越强，教育一体化程度也就越高。教育全球化有三点要求：第一，要求世界各国在教育领

---

① 蒋衡、朱旭东：《当代西方教育与全球化理论研究评析》，《比较教育研究》2010 年第 6 期。
② 吴志强：《"全球化理论"提出的背景及其理论框架》，《城市规划汇刊》1998 年第 2 期。

域要同国际教育接轨，做到合理开展国际化教育，推动全球教育健康发展，努力培养一批全球型人才；第二，要求世界各国教育的开放与适应；第三，要求世界各国教育参与竞争。

2. 合作与竞争理论

合作与竞争理论主要以竞争者和对抗者为主体，通过认识自身的缺陷，适应复杂环境，这一理论是矛盾对立统一辩证法在经济学中的具体运用，[①] 最早研究这一理论的学者有耶鲁大学管理学教授拜瑞·内勒巴夫（Barry J. Nalebuff）和哈佛大学企业管理学教授亚当·布兰登勃格（Adam M.Brandenburger），他们在 1996 年的时候，一起编写了《合作竞争》这本著作，[②] 他们认为企业的经营活动其实就是一场特殊的竞争，而在这场谋取利益的竞争中可以实现双赢。在企业环境下，要站在竞争的角度去分析不同商业间的互助关系，要维护好商业竞争活动中所有参与者的权利，确保竞争活动公平合理，这样才能实现最终的双赢。在合作竞争理论中，合作作为最关键的点，企业在制定战略时可以优先考虑，避免不正当竞争，最大限度减少竞争弊端，这样一来，新的发展思维就可以顺利注入网络经济时代的企业中。虽然这个理论来自企业管理领域，现如今在公共管理和社会科学领域同样被广泛应用。同时，从系统的观点来看，合作与竞争的实质就是资源的整合，在全球化与网络信息技术快速发展的大环境下，合作与竞争的结合意义重大。"一带一路"倡议的推进为职业教育国际化发展搭建了合作与交流的良好平台。《愿景与行动》明确提出要重视职业院校与企业之间的各项合作，着力提高二者之间的合作成效，设立相关合作中心；同时要积极整合各自优势资源，使得沿线各国可以进行不同层次的交流和合作，推动沿线各国共同发展。

研究对象勐腊县职业高级中学位于云南省边境地区，与"一带一路"参与国老挝毗邻，与老挝北部六省合作历史悠久，立足于合作与竞争理论，整合双方资源能进一步推动其职业教育国际化发展。

---

① 黄烨菁、金芳、周大鹏、李珮璘等：《"一带一路"建设与中国开放型经济新阶段》，上海社会科学院出版社 2018 年版，第 176 页。

② ［美］拜瑞·J.内勒巴夫、亚当·M.布兰登勃格：《合作竞争》，王煜全、王煜昆译，安徽人民出版社 2000 年版。

3. 蛛网模型理论

1934 年，英国经济学家尼古拉斯·卡尔多在研究商品的市场价值和供需量时发现，随着时间的不断推进，会出现涨跌的现象，因为在记录价格变化的过程中，出现了类似于蜘蛛网的图形，所以将其称为"蛛网模型"。传统蛛网理论中提到的蜘蛛网发散模型主要用于解释农产品供求的不稳定性，它在国内研究农业、农村问题以及中国早期产品贸易发展方面发挥了重要作用，蛛网模型有三种，即收敛性蛛网、发散性蛛网、稳定性蛛网。后期，人们在不同领域结合实际情况提出了新的蛛网模型，分别是专业人才市场蛛网模型、品牌检测蛛网模型、用于评价员工工作绩效的蛛网模型、关系营销蛛网模型、国际化蛛网模型等。[①]

教育学界各位学者根据教育发展规律、学校发展情况构建了职业学校国际化发展评价指标体系，对各项指标进行赋分统计，绘制蛛网模型，直观清晰地展示了职业院校国际化发展的优势和劣势。笔者利用中国知网（CNKI）主题词"职业教育"和"蛛网模型"进行模糊搜索，进一步对文章内容进行筛选，发现不少学者已经在该领域展开详细研究，其中以刘伟[②]、柯婧秋[③]、买琳燕[④]、菊梦[⑤] 为代表，笔者在这些学者研究的基础上，结合中等职业教育发展的特点和趋势，从六个纬度对中等职业教育国际化发展程度进行结构化数量分析：教育观念的国际化、组织机构的国际化、课程体系设置的国际化、师生队伍的国际化、校园教育氛围与文化的国际化、中外合作办学与合作培训项目。

（四）中等职业教育国际化发展内容

1. 职业院校国际化程度评价体系

当前教育全球化发展趋势越发明显，国内外的许多职业院校开始以职业

---

[①] 常娟、王晓东、毛北行：《蛛网模型理论分析》，《科教导刊》（中旬刊）2014 年第 6 期。

[②] 刘伟：《衡量高职院校国际化程度的八维座标体系探讨》，《职业技术教育》2013 年第 17 期。

[③] 柯婧秋、王亚南：《高等职业教育国际化：现状、问题与对策——基于全国 231 所高职院校的调查》，《职业技术教育》2017 年第 36 期。

[④] 买琳燕：《职业教育国际化：现状、问题与对策——基于对广州市职业院校的调查分析》，《职教论坛》2016 年第 4 期。

[⑤] 菊梦：《"一带一路"背景下高职院校国际化发展研究》，西安建筑科技大学硕士学位论文，2019 年。

教育为主体，借助这个机会大力发展国际化教育，通过建立教育交流与合作平台，共同开发相关专业课程，向国际合作学院指派优秀教师参加专业技能培训，增加国内外学生的学术交流项目，促进国内外学生的学术交流，树立共同办学的理念，按照国际上的要求办学、开展相应的技能培训，然后通过认证后发放职业证书等，通过这些途径提升职业院校教育国际化水平。然而，受地区环境和经济因素的影响，不同区域的不同职业院校在国际化发展的过程中，形成了差异化发展模式，除了发展程度不同，发展速度也有所不同。对于各职业院校来说，在向国际化发展时需要从不同的方面进行考量，因此，如果要衡量职业院校国际化的发展程度，就需要建立一套科学的衡量标准。目前学界很多学者从不同角度对职业教育国际化的衡量标准进行了研究，本书在已有研究的基础上，一方面汇集各位学者已有的评价指标体系，另一方面结合当地情况，制定了适宜的国际化评价指标体系。（见表7-17）

表7-17 职业院校国际化程度评价体系

| 指 标 | 观测点 |
|---|---|
| 教育观念的国际化 | 职业教育国际化发展目标已纳入学校发展规划<br>有专门负责对外交流合作的专门机构<br>鼓励国际交流合作的计划<br>师生对国际化的重要性认识<br>每年国际交流合作项目的经费预算<br>与其他国家展开合作交流相关会议 |
| 组织机构的国际化 | 完整的外文网页（或网站）<br>留学生宿舍及相应活动场所<br>每年设置购置外文书刊（原文）和电子资源的经费<br>建设相应的实验室或实训基地时，优先购买行业内国际先进的实训设备<br>配套完善的外教公寓及活动场所<br>购买原版或合作开发教材的专业数 |
| 课程体系设置的国际化 | 按国际化人才市场要求纳入人才培养目标专业的比例数<br>设立与职业教育国际化发展相关的专业数<br>可颁发国际认可的职业资格证书的专业数<br>引进境外教材并以双语或双语教师授课的专业数<br>与国际知名企业共同开发课程的专业数<br>学校设置相关的国际理解公共课程 |

（续表）

| 指　标 | 观测点 |
|---|---|
| 师生队伍的<br>国际化 | 具有双语教学能力的教师占院校教师总数的比例<br>外籍教师、专家占院校教师总数的比例<br>具有海外学习工作经历的教师占院校教师总数的比例<br>每年留学生（学历及非学历）的人数<br>资助师生赴境外学习交流、实习实践的专项经费<br>境外就业学生人数 |
| 校园教育氛<br>围与文化的<br>国际化 | 经常在校园里举办各种国际化交流活动<br>经常宣传职业教育国际化发展前沿动态的次数<br>每年国际知名人士来校讲学的次数<br>学校的标识、指示牌及宣传资料均为双语对照<br>国际类专业社团个数<br>提供职业教育国际化发展服务（如国际学术交流、海外实习、出国留学等）的平台 |
| 中外合作<br>办学与合作<br>培训项目 | 与国外相关高校、职业教育机构联合举办培训项目（非学历）的专业数<br>与国外相关高校、职业教育机构合作培养学历学生的专业数<br>与国外相关高校、职业教育机构合作开发课程与教材的专业数<br>与涉外企业合作举办专业的专业数<br>与国外学校或国外企业合作培训办学的专业数<br>为外国或国外企业培养人才的专业数 |

2. 中等职业学校国际化程度评价指标分析

本书在研究中等职业学校国际化发展的过程中，主要通过对教育观念的国际化、组织机构的国际化、课程体系设置的国际化、师生队伍的国际化、校园教育氛围与文化的国际化、中外合作办学和合作培训项目六个维度的探究，据学校实际情况，结合学界目前给出的评价指标体系，每个指标维度下设六个观测点，观测点为该维度下中等职业学校国际化发展过程中最基本、最核心的内容，此外在每个观测点下，结合中等职业学校的现状和国际化发展趋势，列出 3 个选项作为答案，按照刘伟的研究，答案 A、B、C 的分值分别设为 9 分、5 分和 1 分。①

① 刘伟：《衡量高职院校国际化程度的八维座标体系探讨》，《职业技术教育》2013 年第 17 期。

（1）教育观念的国际化

就中等职业学校来说，要想快速提高学校国际化发展程度，应该明确学校国际化发展目标，找准国际化发展方向，着重提高全校师生的国际化意识以及师生对学校设置的国际化目标的认识与认可程度。（见表7-18）

表7-18 "教育观念的国际化"观测点与选项

| 观测点 | 选项 | | |
|---|---|---|---|
| 职业教育国际化发展目标已纳入学校发展规划 | A.已纳入 | B.拟纳入 | C.尚未纳入 |
| 有专门负责对外交流合作的专门机构 | A.有且独立 | B.有但未独立 | C.尚无专门机构 |
| 鼓励国际交流合作的计划 | A.已制订 | B.计划制订 | C.尚未制订 |
| 师生对国际化的重要性认识 | A.认为很重要 | B.不了解 | C.认为不重要 |
| 每年国际交流合作项目的经费预算 | A.已经有固定经费 | B.拟设置经费 | C.尚未预算 |
| 与其他国家展开合作交流相关会议 | A.定期召开 | B.计划召开 | C.尚未计划 |

（2）组织机构的国际化

办学条件的国际化是提升中等职业学校国际化发展水平不可或缺的因素，主要从软件和硬件两个方面来考虑，软件主要指外文网页、外文资料、外文书籍等，硬件主要指境外来校师生的校舍、符合国际化发展的实训基地等。（见表7-19）

表7-19 "组织机构的国际化"观测点与选项

| 观测点 | 选项 | | |
|---|---|---|---|
| 完整的外文网页（或网站） | A.已有且常更新 | B.有，但不常更新 | C.尚未有 |
| 留学生宿舍及相应活动场所 | A.已有 | B.正在建设 | C.尚无专门场所 |
| 每年设置购置外文书刊（原文）和电子资源的经费 | A.每年均有投入 | B.计划投入 | C.尚未计划 |
| 建设相应的实训室或实训基地时，优先购买行业内国际先进的实训设备 | A.全部优先 | B.部分优先 | C.几乎不 |
| 配套完善的外教公寓及活动场所 | A.已修建 | B.拟修建或正在修建 | C.未修建 |
| 购买原版或合作开发教材的专业数 | A.已购买 | B.计划购买 | C.尚未计划 |

（3）课程体系设置的国际化

课程体系设置的国际化是教育国际化的核心内容，是培养国际化人才的根本途径。要想真正推动职业教育的国际化发展就必须要确保课程体系设置的国际化。（见表7—20）

表7—20　"课程体系设置的国际化"观测点与选项

| 观测点 | 选 项 | | |
|---|---|---|---|
| 按国际化人才市场要求纳入人才培养目标专业的比例数 | A.60% | B.40%—50% | C.40% 以下 |
| 设立与职业教育国际化发展相关的专业数 | A.10% 以上 | B.10% 以下 | C. 无 |
| 可颁发国际认可的职业资格证书的专业数 | A.10% 以上 | B.10% 以下 | C. 无 |
| 引进境外教材并以双语或双语教师授课的专业数 | A.40% 以上 | B.40% 以下 | C. 无 |
| 与国际知名企业共同开发课程的专业数 | A.10% 以上 | B.10% 以下 | C. 无 |
| 学校设置相关的国际理解公共课程 | A. 已开设 | B. 拟开设 | C. 未单独开设 |

（4）师生队伍的国际化

推进职业教育国际化的前提，就是建设一支高水平的教师队伍，这不仅是职业教育国际化发展的基础，还能推动职业教育国际化发展的进程，是实现中等职业学校国际化发展的根本保证。因学生来源的多样化，职业院校国际化发展成为必然趋势。可以说，师生队伍的国际化是提升中等职业学校国际化发展水平的重要方面，一般而言，主要体现在师生的来源是否国际化、教师队伍双语能力等方面。（见表7—21）

表7—21　"师生队伍的国际化"观测点与选项

| 观测点 | 选 项 | | |
|---|---|---|---|
| 具有双语教学能力的教师占院校教师总数的比例 | A.5% 以上 | B.1%—5% | C.1% 以下 |
| 外籍教师、专家占院校教师总数的比例 | A.2% 以上 | B.1%—2% | C.1% 以下 |
| 具有海外学习工作经历的教师占院校教师总数的比例 | A.5% | B.1%—5% | C.1% 以下 |
| 每年留学生（学历及非学历）的人数 | A.200 人以上 | B.200 人以下 | C. 无 |
| 资助师生赴境外学习交流、实习实践的专项经费 | A. 已经设置专项经费 | B. 未设置专项经费，但有其他经费 | C. 无 |
| 境外就业学生人数 | A.100 人以上 | B.100—50 人 | C.50 人以下 |

（5）校园教育氛围与文化的国际化

校园文化建设包括校园物质文化、精神文化、制度文化和活动文化四个方面。建设校园文化对于保障学校人才培养质量具有重要意义。随着全球化的推进，职业学校需要营造开放、包容、多样的校园文化。（见表7—22）

表7—22 "校园教育氛围与文化的国际化"观测点与选项

| 观测点 | 选 项 | | |
|---|---|---|---|
| 经常在校园里举办各种国际化交流活动 | A. 经常有 | B. 偶尔有 | C. 未曾有 |
| 经常宣传职业教育国际化发展前沿动态的次数 | A.10 次以上 | B. 5—10 次 | C. 5 次以下 |
| 每年国际知名人士来校讲学的次数 | A.2 次 | B. 有但非每年 | C. 没有 |
| 学校的标识、指示牌及宣传资料均为双语对照 | A. 全部 | B. 部分 | C. 没有 |
| 国际类专业社团个数 | A.3 个 | B.3 个以下 | C. 无 |
| 提供职业教育国际化发展服务（如国际学术交流、海外实习、出国留学等）的平台 | A. 已经提供 | B. 拟建设 | C. 无 |

（6）中外合作办学与合作培训项目

对于职业院校来说，衡量标准主要包括以下方面：职业院校与国外相关高校、教育机构以及培训机构所合作的项目，同规模较大的跨国集团和企业开展进出口的培训项目，同交流密切的城市、姐妹学校等合作伙伴，共同开展国际项目的合作。（见表7—23）

表7—23 "中外合作办学与合作培训项目"观测点与选项

| 观测点 | 选 项 | | |
|---|---|---|---|
| 与国外相关高校、职业教育机构联合举办培训项目（非学历）的专业数 | A. 多数专业 | B. 部分专业 | C. 无 |
| 与国外相关高校、职业教育机构合作培养学历学生的专业数 | A.5 个以上 | B.5 个以下 | C. 无 |
| 与国外相关高校、职业教育机构合作开发课程与教材的专业数 | A. 多数专业 | B. 部分专业 | C. 无 |
| 与涉外企业合作举办专业的专业数 | A.5 个以上 | B.5 个以下 | C. 无 |
| 与国外学校或国外企业合作培训办学的专业数 | A.5 个以上 | B.5 个以下 | C. 无 |
| 为外国或国外企业培养人才的专业数 | A.5 个以上 | B.5 个以下 | C. 无 |

　　评价中等职业学校国际化水平的六个维度，在进行量化分析的过程中，可以建设一个适合中等职业学校国际化发展的平面六维坐标体系。利用赋分表达式，详见公式 2.1，对公式中的 $W_j$ 和 $X_i$ 进行赋值计算。本书采用刘伟建议的赋分值，即选项 A 为 9 分，选项 B 为 5 分，选项 C 为 1 分，每一指标维度的得分按以下公式计算，根据计算出来的结果求相应的分数值，最终连接形成一个多边形蛛网模型，据此可以简便、直观、精确地衡量中等职业学校国际化发展程度。

$$W_j = \sum_{i=1}^{6} X_i \qquad\qquad (2.1)$$

　　$W_j$ 表示指标维度的得分，其中 $j=1，2，3，4，5，6$，这六个数值表示六个维度；$X_i$ 表示不同的观测点上选项 A、B、C 对应的数值，其中 $i=1，2，3，4，5，6$，这六个数表示六个观测点上的指标维度，最后将这些维度的结果连接到一个六边形蛛网模型中，这种近似于网状的模型图直观、清楚、具体，在相同标准之下，如果六边形的形状完整、面积比较大，就说明当前研究的院校六个维度的发展更加平衡，国际化发展也更加稳定；如果六边形的形状不规则，就说明这个院校在国际化进程中出现了不平衡状况，而且发展短板也很明显。（见图 7—1）

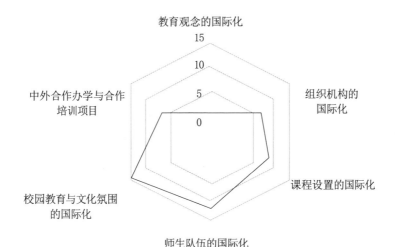

图 7—1　职业院校国际化发展测量图

本章之所以选择绘制蜘蛛网模型图，主要是因为该模型图可以较为直观地看到测量结果，可以更好地观察到职业院校的国际化发展程度。此外，在院校国际化发展的整个过程中，院校可以随时对本校国际化发展程度进行自我评估，同时也可以评价其他相同类型院校的国际化发展程度，通过与其他院校的对比，了解本校的发展优势，找出本校在国际化发展过程中存在的不足，进而明确国际化发展方向，提高职业院校的国际化程度。但是，由于评价指标并不完善，在评价过程中仍存在一些问题，例如个别维度和观测点设置不合理，难以具体、准确和有效地表现中等职业学校国际化发展的现状；一旦设置的观测点不能表明实际含义，就会直接影响不同指标的准确值，因此最终计算出来的结果也有误差；与此同时，我国的相关政策也在不断变化，中等职业学校在国际化发展过程中，仍然存在许多的不确定性。在绘制模型图基础上，对个案学校全体师生展开问卷调查，并对问卷进行统计分析。与此同时，笔者深入个案学校课堂、宿舍等场所进行实地调研，并对该校个别教师展开追踪访谈，收集与该校国际化发展相关的各类资料。在综合分析的基础之上，探究个案学校国际化发展的现状、存在的问题，提出提高该校国际化发展水平的相关建议。

## 二、勐腊县中等职业教育国际化发展现状调查

### （一）个案选择的依据

案例学校位于云南省最南端西双版纳傣族自治州勐腊县，勐腊县是云南省实施"中路突破，打开南门，走向亚太"经济发展战略的前沿，是澜沧江与湄公河次经济区的技术合作门户，是建设"两堡一垒"的重要前沿地区，是我国面向东盟之门。2013 年，习近平总书记提出了"一带一路"倡议，为加快推进"一带一路"建设，开始面向西南地区开放桥头堡，促进中老全面战略伙伴关系的发展，深化澜沧江—湄公河次区域合作，维护边境地区的民族团结和社会稳定，实现西南边疆地区、民族地区与全国小康社会同步发展。2015 年，国务院同意在云南建立重点开发开放实验区，勐腊县抓住发展机遇，凭借其独特的区位优势搭上"一带一路"建设快车，紧紧围绕"中老战略合作重要平台、联通中南半岛各国的综合性交通枢纽、沿边地区重要

经济增长极、睦邻安邻富邻示范区"发展定位，促进勐腊县重点开发开放试验区、中老经济合作区的建设，对外开放格局日益稳定，开放经济体系更加成熟，沿边开发开放新高地逐步形成。推进"一带一路"建设的关键在于人才，根本在于教育，其中职业教育可以为"一带一路"项目建设提供不可替代的人才和技术支持。因此，积极搭建职业教育国际交流平台，可为我国"一带一路"建设营造良好的社会文化氛围和国际合作环境。同时，勐腊县与毗邻国在文化、经济和教育等方面合作历史悠久，已经具有深厚的基础，经济和文化的深度交流为勐腊县职业教育的国际化发展提供了绝对的优势。

从民族、人口分析，截至 2019 年末，勐腊县常住人口 29.79 万人，其中少数民族人口 18.22 万人，占户籍人口的 74.3%。勐腊县共生活居住有 26 个少数民族，其中主要的少数民族有傣族、哈尼族、瑶族、彝族，属于典型的边境民族县。四个主要少数民族均是我国典型的跨境民族，傣族作为东南亚各国人口数量最多的民族，分布地区非常广泛，与"一带一路"国家老挝老龙族、越南泰族、缅甸掸族等民族有着共同的族源，在亲缘关系和文化习俗上具有高度的相似性，同属于傣—泰文化圈。哈尼族是一个分布较广、支系繁多的跨境民族，国内主要分布在云南省，境外哈尼族以阿卡人为主，主要分布在老挝、缅甸、越南、泰国。境内外哈尼族同宗同源，民族文化认同感较强，生活习惯、兴趣爱好、宗教信仰、风俗人情等方面都极为相似。瑶族国内主要分布西南省区内，境外主要分布在越南、老挝、泰国。境内外瑶族均源自中国，文化风俗相近，一脉相承，同根同源。彝族是我国历史悠久、文化古老的民族之一，也是我国目前人口较多、分布较广的少数民族之一，境外主要分布在越南、老挝，被称为倮倮族，与我国彝族同源，均从我国迁徙而来。综上所述，从勐腊县民族人口来看，主要分布民族均与"一带一路"沿线国老挝、越南、缅甸、泰国部分民族同宗同源，民族文化、风俗习惯、宗教信仰等相似，与毗邻国老挝合作交流历史悠久，保持着历史与现实的天然联系。因此，本书选取勐腊县作为调查点，具有显著的代表性。

从旅游发展分析，勐腊县旅游资源丰富、类型齐全，素有"动植物王国"

和"物种基因库""旅游天堂"的美誉；勐腊县地处三国交界处，山水景观相辅相成，自然人文组合有序，民族风情浓郁，集中原文化、边地文化、民族文化于一地，由于其边境特色、悠久的古茶文化、丰富的物产资源，2020 年5 月被认定为云南首批省级全域旅游示范区。同时，勐腊县所处的西双版纳傣族自治州旅游开发历史悠久，是中国最早开发的少数民族旅游区。勐腊县作为西双版纳东部旅游圈的重要旅游片区，随着"一带一路"建设的不断推进，要重点发挥自身的国际区位优势，利用本地区的发展特点，发挥口岸优势，加强与东南亚国家的区域旅游合作意识，打造多级旅游圈。现在勐腊县已成为西双版纳、澜沧江—湄公河国际旅游区、云南省、大湄公河次区域和中国—东盟旅游区的重要组成部分。

勐腊县职业高级中学作为勐腊县唯——所高级中学，融职业教育、高等教育、成人教育于一体，自 2001 年开始招收老挝籍学生以来已有 20 余年的对外合作历史，在老挝享有盛誉，同时个案学校积极融入"一带一路"建设，坚持国际化办学，积极参与中国—东盟职业教育中心创办。其独特的区位、多元的民族、特色的办学，是真正意义上的、具有代表性的边境民族中等职业教育案例，因此，无论从勐腊县具有的民族亲缘、边境地缘和国际旅游优势，还是从个案学校自身办学来看，选其作为边境民族中等职业教育的个案展开研究，具有显著的示范性和科学性，其教育国际化发展经验和做法同样适用于云南省另外七个边境民族地区。只有资源共享、携手共进，才能推动云南省其他边境民族地区中等职业教育国际化发展。

（二）勐腊县职业高级中学概况

1. 基本情况

1986 年，勐腊县创立了职业高级中学，两年后，把职业高级中学合并于教师进修学校，两所学校合二为一，实现了教育资源合理共享。勐腊县职业高级中学是勐腊县唯——所融职业教育、成人教育和高等教育于一体的综合类学校，2003 年 12 月被云南省教育厅确认为省级合格职业高中，目前该校实行"几块牌子，一套班子"的办学体制，集进修学校、职业高中、东盟教育培训、勐腊县华文教育基地、云南师范大学教学点、开放大学工作站等几个功能于一身。学校现有 64 名教职员工，28 名特聘人员，17 名工勤员工。

管理及教学人员均为本科以上学历；专任教师中，拥有高级职称的教师占比30%，"双师型"教师占比52.2%。学校采用双语教学模式，语言类专业专任教师24人，其中汉语教师20人，老挝语教师4人。学校占地面积约43.7万平方米，建筑面积约为26000平方米，拥有一栋教学楼、两栋综合楼、一栋实训楼、两栋学生宿舍，学校设有独立的学生食堂、浴室、运动场和篮球场，同时为学生学习实践配备了专门的计算机室、语言室、艺术教室、音乐教室、餐厅培训室、茶室、汽车维修培训室、物流培训室、跨境电商培训室、电子商务企业模拟培训室、电子商务摄影棚、制造商空间、图书馆、文体室和多功能报告厅。

2. 特色发展

勐腊县位于西双版纳的东南部，与老挝接壤，随着国家"一带一路"建设的持续推进，我国加快了西部大开发的速度，随着昆曼大通道的开通、泛亚铁路的建成和东盟自由贸易区的正式建立，以及南亚次区域经济合作的逐渐增强，国家在勐腊县建立国家级口岸开发开放实验区，积极与周边国家开展合作。职业教育将在对外开放、加快经济发展等方面发挥越来越重要的作用，所以未来职业教育的发展将会面临更多的机会和挑战。此外，随着中老双方的深入交流和合作领域的快速扩展，老方需要大量的汉语翻译人员。在此背景之下，老挝北部的有关省、县向勐腊县提出为其培养汉译人员的需求。为了促进合作，勐腊县政府于2001年4月上报西双版纳傣族自治州人民政府，得到批准同意在本地区开设汉语翻译专业课堂，其目的是培养更多的汉语翻译人才。2001年8月中旬，中老双方举行了一次会议，签订了相关合作协议，截至2007年9月，共有269名学生参加了六个批次的培训班，每期培训班的学制为3年（全日制）。2008年7月，勐腊县人民政府、勐腊县教育局与老挝北部诸省在勐腊县进行教育会晤，决定继续在勐腊县职业高级中学举办汉语专业培训班，并签订了办班备忘录。在县委和县政府的关心、关注和带领下，在县教育局的具体指导下，勐腊县与老挝友好合作，自2001—2020年，勐腊县职业高级中学开办"老挝特色班"已有近20年的历史，20年间招收老挝籍学生累计34个班次，1714名学生，目前在校生达903人，生源来自老挝诸省及经济特区。多年的办学经验再加上勐腊县得天独厚的区位优势，勐腊县职业高级中学在职业教育发展中摸索出具有自己职业特色的办学路子，"教育对外辐射"已经成为该校教育对外交流的最大亮点。

（三）个案现状调查分析

1. 勐腊县职业高级中学国际化发展现状调查

勐腊县职业高级中学地处中老边境，属于云南边境民族县市中较为典型的中职学校，该校自 2001 年起招收老挝籍留学生，对外教育交流历史悠久，比较重视国际化发展，在云南省中等职业学校中享有一定声誉，极具边境民族特色。其国际化发展现状一定程度上反映了云南边境地区中等职业教育国际化发展的情况。为此，笔者从问卷调查、访谈和交流等方面入手，对勐腊县高级职业中学国际化发展的现状进行了调查，探讨勐腊县高级职业中学国际化发展存在的问题，同时对其原因进行深入的分析。

（1）问卷及访谈提纲的设计

①调查目的

为进一步推动云南边境民族地区中等职业教育国际化发展，笔者对该校在校全体学生及老师进行问卷调查，同时对部分学生和老师进行了面对面的访谈和沟通。通过整理已经获取到的数据，并对其进行统计分析，找出了勐腊县职业高级中学国际化发展的成就和存在的问题，特别是"一带一路"倡议提出后在国际化发展过程中取得的成绩和不足，以期为云南边境民族地区中等职业教育国际化发展提供思路和策略。

②调查对象

勐腊县职业高级中学目前学生人数约 1700 人（中国学生 + 老挝学生），老师 69 人，为保证调查的真实性、全面性，本次共发放学生问卷 1700 份，老师问卷 69 份。受新冠疫情影响，老挝籍留学生未返校，无法对其进行深度访谈，此外由于老挝网络不稳定，问卷回收受到影响。共回收学生问卷 1480 份，老师问卷 69 份。

③调查问卷及访谈提纲的编制

本次调查问卷主要围绕笔者制定的中等职业教育国际化发展衡量指标体系的六个维度（教育观念的国际化、组织结构的国际化、课程体系设置的国际化、师生队伍的国际化、校园教育氛围与文化的国际化、中外合作办学与合作项目）进行设计，在设计问卷的同时结合"一带一路"倡议的政策背景，问卷主要分为两类，一类针对该校学生展开调查，另一类针对该校教师展开调查。访谈提纲也分为两类，一类针对学校的校长，另一类针对学校的其余教师，主要涉及访谈对象的背景调查、对学校国际化发展现状的认识以及对学校国际化发展的想法。

（2）问卷及访谈的实施

①问卷实施

问卷分为学生问卷与教师问卷，全部采用电子问卷（问卷星链接形式），共计发放学生问卷 1700 份，教师问卷 69 份，累计回收学生问卷 1480 份，教师问卷 69 份。学生问卷回收率达到 87.1%，教师、领导问卷回收率 100%。初期问卷统计，利用 Excel 工作表对收集来的数据进行整理、归类和分析。

②访谈实施

除对该校所有学生与教师展开问卷调查外，笔者还收集了该校 20 余年发展过程中各个部门，例如，对外交流与合作处、教务处、学生处等核心部门积累的各项数据以及学校每年的对外交流报告、年度学校发展总结报告等文献材料。在综合分析各类资料的基础之上，针对个别问题对勐腊县职业高级中学的校长、副校长、团委书记以及对外交流与合作处、教务处等部门的相关负责人进行了深入访谈，同时走进课堂对个别教师进行访谈。

（3）问卷及访谈的结果分析

在对各种相关文献进行查阅和研究分析的基础上，我们完成了《中等职业学校国际化发展现状调查问卷》的编制，问卷由学生问卷和教师问卷两部分组成。由于该校学生均为 16—18 岁的未成年人，所以学生问卷主要调查该校学生对中等职业教育国际化发展的认识以及对学校目前国际化发展水平的看法，教师问卷则在此基础上更加细化，两类问卷均涵盖两大部分：一是调查对象的基本信息；二是中等职业教育国际化发展评价的六个指标。对两类问卷问题进行编号汇总，汇总结果见表 7—24、7—25。

表 7—24　学生问卷问题编号汇总

| 调查内容 | 问题编号 |
|---|---|
| 学生基本信息 | 1—5 |
| 教育观念的国际化 | 6—8 |
| 组织机构的国际化 | 9—13 |
| 课程体系设置的国际化 | 13—18 |
| 师生队伍的国际化 | 19—21 |
| 校园教育氛围与文化的国际化 | 22—23 |
| 中外合作办学与合作培训项目 | 24—25 |

表 7—25　教师问卷问题编号汇总

| 调查内容 | 问题编号 |
|---|---|
| 教师基本信息 | 1—13 |
| 教育观念的国际化 | 14—16 |
| 组织机构的国际化 | 17—19 |
| 课程体系设置的国际化 | 20—22 |
| 师生队伍的国际化 | 23—25 |
| 校园教育氛围与文化的国际化 | 26—28 |
| 中外合作办学与合作培训项目 | 29—30 |

　　问卷调查结果显示，1700 份学生问卷中有 1480 份有效问卷，接受问卷调查的男女学生比例均衡，少数民族居多，其中主要民族是傣族、哈尼族、彝族，年级比例均衡，从高一到高三均有涉及，并涉及该校的每个专业；教师问卷发放 69 份，回收 69 份，均为有效问卷。问卷结果为我们了解勐腊县职业高级中学的国际化发展情况提供了有力支撑。

　　①教育观念的国际化

　　**学生问卷**

　　中等职业教育在经济建设、社会发展过程中发挥了重要作用，自"一带一路"倡议、西部大开发战略、兴边富民行动等提出以后，经济社会发展对熟悉国际标准、具有国际意识、了解国际规则、具备国际沟通能力、掌握专业技能的一线劳动者的需求越来越大，中等职业教育作为培养一线劳动者的重要教育类型，需要加快国际化发展步伐，而中等职业学校对国际化人才培养的重视态度决定了其国际化发展的进程。勐腊县职业高级中学作为当地快速培养技能型人才的主要力量，国际化发展势在必行。学校作为学生接受信息的第一阵地，其对中等职业教育国际化发展的宣传力度、学生对职业教育国际化的认识和理解程度等都可以体现出该校是否重视中等职业教育国际化发展。

综上所述，学生问卷首先对勐腊县职业高级中学学生对职业教育国际化的了解程度进行了调查，调查显示，1480 名学生中，7.25% 的学生很了解职业教育国际化，66.67% 的学生对职业教育国际化一般了解，12.17% 的学生仅仅听过名称，不了解职业教育国际化的内涵，还有 13.91% 的学生对职业教育国际化完全不了解。

其次，对学生对职业教育国际化发展的重要性的认识进行了调查研究，问卷结果表明，1480 份学生问卷中，77.1% 的学生认为学校国际化发展非常重要，22.32% 的学生因不了解学校国际化发展是什么无法作出选择，仅有 0.58% 的学生认为其不重要。

对学生了解职业教育国际化的途径，调查研究发现，该校学生对于"一带一路"的了解途径主要来自学校宣传，占比 31.88%，然后依次是通过手机、电脑了解以及老师上课提到、通过电视了解，分别占比 30.72%、17.68%、12.46%，没听说过的占 7.25%。

从这些数据我们可以看出，该校对中等职业教育国际化发展极为重视，积极宣传职业教育国际化发展内涵，紧紧抓住国家相关战略为中等职业教育国际化发展带来的机遇，努力提高学校国际化发展水平。

**教师问卷**

对学生问卷只是进行简单分析，对教师问卷的分析则是带着问题进行的。该校教师 69 名，全部完成本次问卷，问卷针对该校教育观念的国际化提出的问题有"学校是否将国际化明确列入学校发展规划？""学校是否建立了国际化发展委员会或领导小组？""学校是否成立了独立的国际交流与合作处？"从问卷结果来看，该校自建校以来一直将国际化发展目标纳入学校发展规划。随着"一带一路"倡议的提出与深化推进，该校与老挝教育合作越发紧密，学校特色老挝班招生人数日益增长，学校已经单独成立了对外交流与合作处，但由于教师比较缺乏，很多老师都承担了一到两项工作，该校对外交流合作工作目前由四位老师负责，四位老师均学习过老挝语，常年在中老教育合作一线。自对外交流与合作处成立以来，先后邀请云南民族大学澜湄学院、云南师范大学等高校教授前往指导工作，成功挂牌中国—东盟教育培训中心，学校围绕"一带一路"倡议多次召开相关工作会议，旨在提高学校国际化办学水平，但目前并没有形成固定的会议模式。在实地调研中，笔者多次与对外交流与合作处负责的滕老师交流，滕老师表示目前学校围绕"一带一路"发展制订了许多国际化办学计划，有些已经开始实施，有些由于学校经费紧张，在等待时机，更是表示"随着老挝班人数日益增加，目前学校在老挝已经享有盛誉，每年有大量老挝学生通过口岸过境来到学校学习"。

②组织机构的国际化

**学生问卷**

组织机构的国际化学生问卷主要从硬件和软件两方面展开调查，硬件主要看学校是否为留学生提供宿舍，是否为全校学生提供国际化的实训设备，是否为学生提供海外实习实践基地；软件主要看学校图书馆是否为学生提供外文文献，学校是否有外文网页。从调查结果以及笔者实地调研来看，目前学校在硬件方面已经逐步具备国际化办学实力，首先，学校为老挝留学生提供了独立宿舍，宿舍条件较好，完全尊重老挝学生的生活习惯；其次，学校各专业均拥有专业实训设备，设备符合专业国际化发展要求，学生操作设备学校也以国际化标准来要求；再次，学校既为中老学生提供实习基地，也为中老学生提供升学对口学校，目前学校在校企合作方面有多家对口的中国企业和老挝企业，中国学生可以通过学校前往老挝实习实践，老挝学生也可以留在中国实习实践。如果学生要继续升学，中国学生可以参加高职考试，老挝学生通过 HSK（汉语水平考试）后，可以申请到国内高校继续深造学习。软件方面，学校的图书馆都有外文文献和一些民族语文献供学生阅读参考，学校网页也一直是中老双语，包括每年的招生宣传都是双语版，方便老挝学生浏览阅读。

**教师问卷**

教师问卷中的问题主要针对勐腊县职业高级中学国际化发展的基础条件展开调查，涉及以下六个方面：一是是否建成国际交流与合作项目的专门网页？二是是否有比较完善的英文网页？三是是否购置行业内国际先进的实训设备？四是图书馆是否有专门的外文图书和电子资源？五是是否有专门的供留学生及外籍教师住宿及活动的场所？六是针对学校的外籍教师和留学生是否有专门的管理规定？针对教师答案的汇总见表7—26。

表7—26　国际化基础条件建成情况教师答案汇总表

| 问　题 | 答案汇总 |
| --- | --- |
| 国际交流与合作项目的专门网页 | 已建成 |
| 比较完善的英文网页 | 规划建设 |
| 购置国际先进的实训设备 | 已建成 |
| 外文图书和电子资源 | 已建成 |
| 留学生及外籍教师宿舍及活动场所 | 已建成 |
| 针对学校的外籍教师和留学生专门的管理规定 | 已建成 |

通过表7—26可以发现，该校目前已经具备国际化发展的基础条件，但就笔者实地调查来看，已经具备的基础条件并未发挥其最大效用，学校必须抓住"一带一路"带来的发展机遇，充分利用已有的基础设施，发挥其最大效益，以提升学校国际化办学水平。

③课程体系设置的国际化

**学生问卷**

针对如何设置国际化课程，问卷主要调查了该校主修特色专业双语授课和小语种课程的学生，学生的外语水平能够对职业院校国际化的进程产生关键影响，"一带一路"建设对人才的外语培养要求不单指英语，因为英文并不是周边国家的通用语言，所以职业院校可以设立专业英语和小语种专业。由于该校是职业高中，且约有900名老挝学生，又有针对"金三角"旅游区域发展开设的旅游外语专业，因此该校学生语言学习分为三类：英语学习、应用老挝语学习、汉语学习。英语学习主要是高中英语学习，属于高中必修基础课，和普通高中英语教材相同，不再针对专业开展专业英语教学；旅游外语学习主要是为了适应当地旅游业发展，在英语学习基础上，增加老挝语学习；而老挝学生则以汉语学习为主。实地调研发现，勐腊县职业高级中学的语言课程设置比较特殊，老挝学生对汉语的重视程度远超过中国学生对外语的重视程度，老挝学生学习汉语的情况也要优于中国学生学习外语（英语、应用老挝语）的情况，原因有二：一是职业高中学生的学习主动性有待加强；二是由于老挝学生学习汉语回报率较高，老挝需要大量中老翻译人才。目前，该校的老挝特色班国际商务专业闻名全省，该专业只招收老挝籍学生，学校根据老挝学生情况设计了一套汉语学习的课程，主要学习汉语翻译，课程设置多以汉语教学为主，其中"九义"为我国九年义务教育中语文的简称，HSK 课程为汉语等级考试课程。

"一带一路"沿线以东南亚国家居多，且部分东南亚国家与中国社会体制、发展历史相近，还有部分国家与中国接壤，部分民族同宗同源，合作关系紧密，其中联系比较紧密的有马来西亚、新加坡、越南、菲律宾、老挝、泰国等。勐腊县与老挝接壤，参与了打造"金三角"旅游圈，因此学习东南亚小语种对于勐腊县职业高级中学与"一带一路"国家合作交流至关重要，老挝语和泰语等是主要的小语种。从调查问卷可以看出，所有回答问卷的学生中学习小语种的有 150 名，主要学习应用老挝语，主要原因是：第一，随着"一带一路"建设的推进，中国与老挝各方面合作加强，大量中老企业需要翻译人才；第二，由于近年来赴老旅游的人数增加，前往老挝游玩费用低，手续简单，许多旅行社在勐腊县组织跨境旅游，需要大量老挝语导游。调查问卷也反映了该校理论课和实训课所占的比重，"一带一路"建设对国际化人才的培养提出了更高要求，即培养高素质、高技能型人才，因此学校不仅要重点关注学生的技能提升，也要关注学生的综合素质能力培养，学生对于此类课程设置的满意程度也反映出该校在课程设置方面是否合理。根据理论课程与实训课程所占比重可以看出，56.52% 的学生认为学校所开设的理论课程与实训课程比例合理。关于实训课的学习情况，60.29% 的学生认为上完实践课收获较大，专业技术能力得到提升。（见表 7−27、7−28）通过数据分析，结合笔者实地调研可知，勐腊县职业高级中学目前已将学生综合素质与技能的均衡发展作为课程设置的依据之一，使得专业理论课能够与实训课相互适应，既注重加强学生的理论知识储备，以便学生参加高职考试，进入更高层次学府学习，又注重学生实践能力的培养，帮助学生更好进入社会，适应工作需求。

表 7−27　专业课程开展形式

| 专业课程开展方式 | 选项占比 |
| --- | --- |
| 理论课偏多，实训课偏少 | 26.38% |
| 实训课偏多，理论课偏少 | 17.1% |
| 差不多，比例合适 | 56.52% |

表 7−28　实训课的收获

| 实训课的收获 | 选项占比 |
| --- | --- |
| 收获比较大，专业技术能力有所提升 | 60.92% |
| 收获一般，能够简单操作 | 35.07% |
| 没有收获，不会操作 | 4.01% |

　　笔者对填写问卷的一些学生进行了深入采访，并实地进入课堂参与学习，以该校旅游外语（应用老挝语方向）为例。课程表显示，旅游外语（应用老挝语方向）专业包含三个学习板块：公共学习板块，和普通高中所学课程几乎没有区别；专业学习板块，涵盖专业基础学习、综合实训学习、专业核心学习、专业拓展学习、专业选修学习五部分内容；素质拓展板块，分为考取职业资格证的学习、民族文化的继承等。随着国家"一带一路"倡议的实施，老挝作为"一带一路"参与国中最积极的东南亚国家，与中国的交往合作愈发紧密，中国许多企业看好老挝市场，纷纷前往老挝开办企业，同时许多老挝企业也将投资方向转向中国市场，对中老翻译人才形成较大需求。除此之

外，近年来前往老挝旅游的人数增加，同时老挝到中国参观交流学习的人数也在增加，旅行社也需要大量精通两国语言的专门人才。云南省作为中国唯一与老挝接壤的省份具有得天独厚的区位优势，勐腊县则是云南省与老挝接壤县市中优势最明显的。因此勐腊县职业高级中学看准时机，大力发展旅游外语（应用老挝语方向）专业，努力将该专业学生培养为技能型高素质人才，一方面要求该专业学生热爱国家、热爱民族，践行社会主义核心价值观，另一方面要求其具有扎实的老挝语听、说、读、写和翻译能力，掌握老挝政治、经济、文化各领域的基本知识。但实际学习情况并不乐观，笔者从侧面了解到，该专业学生学习老挝语并不精通，技能和综合素质并不高，且无对口专业升学，导致了学生学业不精通又升学无门的困境，毕业后真正从事老语翻译的学生很少。因此勐腊县职业高级中学在未来的发展中不仅需要注重技术型人才的培养，又要把学生的综合素质能力作为提升重点，使学生的综合素质与专业技能均衡发展，培养出越来越多的国际化人才。

"一带一路"背景下的中等职业学校在国际化进程中既需要大力培养高素质高技能型人才，还要求其熟悉国际规则、国际文化，所以学校不仅要设立高中常规课程和专业课程，还要主动设置跨文化交际课程。通过对学校老师以及领导进行问卷调查和访谈，我们了解到学校还没有设立此类课程，这是该校今后在课程设置方面契合"一带一路"建设国际化发展的一个方向。其余问题主要调查该校教师在教授课程时是否采用双语教学，是否对学生所学课程提出了国际化发展要求，其中61.22%的教师所教授的课程采用双语教学，59.18%的教师要求学生学习专业知识要有国际化视野，说明该校教师虽然人数少，但授课水平、授课质量以及教育国际化观念并不低。

④师生队伍的国际化

**学生问卷**

学生国际化主要调查该校学生的来源、留学生的人数以及该校学生所具备的国际化能力。该校在校生约1700名，其中有约900名老挝生，800名中国学生，留学生数量多。老挝学生来自老挝各个省份，中国学生多数为当地少数民族学生，以哈尼族、傣族、彝族为主。从国际化能力调查来看，首先，该校大部分学生认为自己国际化方面的优势在于热爱祖国、热爱民族，富有责任感，具备主动应变能力和敏锐的洞察力，具备终身学习的能力，在掌握专业领域内前沿知识和技能，掌握国际规则，英语学习，创新、合作、务实的国际竞争能力方面则相对欠缺。对一些学生进行访谈后我们了解到，很多专业的学生都不具备很好的国际语言交流能力。其次，通过实地调研，发现该校学生学习积极性不强，学习兴趣不浓，课堂学习氛围比较淡。学生整体能力与国际化人才要求有一定差距。笔者针对统计图对该校教师、领导进行访谈，不少教师认为该校学生国际化能力还不够，一个原因是学校缺乏对于各个专业学生综合素质能力的培养，还有一个原因是学生也缺乏提升自我综合能力的意识。目前该校在学生培养方面不能满足现阶段"一带一路"建设对于职业技术人才的需求，学校国际化人才培养处于困境之中。造成困境的原因较多，涉及学生自身、家庭、学校、社会等各个方面。

**教师问卷**

教师问卷主要从该校教师的学历水平、是否具有海外学习经历等方面展开调查。从对教师、领导的调查结果来看，该校共 69 名在职在编教师，28名特聘教师，其中 14 名外聘教师（老挝籍），本科以上学历占 98.3%，研究生学历占 1.4%，拥有教师高级职称的占 30%，全校"双师型"教师占专任教师的 52.2%。69 名教师中 85.7% 的教师没有海外学习工作经历，14.3% 的教师有海外工作学习经历。其中有海外工作学习经历的前往的均是东南亚国家，以老挝为首。除此之外，问卷还对该校教师是否参加过国际化会议和培训以及是否在国际刊物上发表过文章展开调查，其中参加过国际化会议和培训的教师仅占 18.4%，在国际刊物上发表过论文的仅占 6.1%。从调查结果来看，该校教师队伍无论学历水平还是国际化水平都不能较好地满足"一带一路"建设对中等职业学校国际化办学的要求，学校应尽力为教师提供更多机会和激励机制鼓励教师提升学历、参加国际化会议，以提升教师队伍的国际化水平。

⑤校园教育氛围与文化的国际化

**学生问卷**

学生问卷主要了解该校开展国际化交流活动的具体情况，包括活动具体形式、学生参与方式、学生参与次数以及他们对自身国际化的评价等。调查结果显示，该校学生中有 23.7% 根本不知道学校举办过国际化交流活动，64% 的学生知道这类活动但并没有参加过，究其原因，一是学生本身对活动没有兴趣；二是该校多数活动没有将中老学生联合起来，没有充分发挥国际学生较多的优势。根据笔者所收集的资料，勐腊县职业高级中学作为一所职业高中虽然开展国际化交流活动次数有限，但该校在结合当地民族特色的基础上，一直努力为学生创设国际化校园氛围，每年积极组织各类文化娱乐活动，如泼水节、中老学生排球联赛等活动。

**教师问卷**

对教师、领导的问卷调查主要围绕学校目前是否经常开展国际文化交流活动以及是否经常有境外学校代表团前往勐腊县职业高级中学访学展开。69 名教师中肯定答案与否定答案占比差别不大，笔者分别对给出肯定答案和否定答案的教师进行访谈，给出肯定答案的教师认为"目前学校还是比较经常开展活动，活动类型丰富，要求中国学生与老挝学生共同参与，相互交流，学校一直积极地为全校学生营造国际化校园氛围，尽管经费有限，但在学生活动方面，学校一直给予学生最好的。至于访学团，每年都会有老挝的访学团，他们虽然过来是学习经验的，委托我们帮他们培养翻译人才，但和他们交流我们也学到很多东西，受益匪浅"。给出否定答案的老师则表示"学校并没有特别的国际文化交流活动，每年也很少有境外学校代表团前往学校访学交流"。笔者追问原因，有些老师认为"一是由于学校地理位置偏远，县市经济发展也比较落后，学校经费有限，一切活动都只能从简；二是由于有些活动中国学生参与度并不高，活动效果并不好，学校大部分活动针对的是老挝学生，因为他们更喜欢参与活动，活动积极性高"。由此表明，该校还要持续不断地为学生营造更浓的国际化校园氛围，部分活动可以邀请全校教师参与，利用学校中老文化融合的优势开展更丰富的活动。在访学团这一块要充分利用"中国—东盟教育培训中心"的招牌以及云南各高校挂点教学的高校资源。

⑥中外合作办学与合作培训项目

从学生问卷以及教师问卷综合分析，目前该校合作办学项目较少，仅与老挝北部五省以及部分经济特区有联系，很多项目都在规划建设中，由于各种原因，与该校对外合作处的老师进行交流时，几位老师均表示"他们很期待合作办学，想抓住'一带一路'发展机遇大力和东南亚学校联合办学，将该校国际商务、电子商务、应用泰语等专业办好，提升学校国际化发展水平，但人力、物力、财力有限，十分无奈"。

　　问卷按调查对象分为两类，笔者在对两类问卷进行整理分析的基础上，将其中涉及中等职业教育国际化发展六个方面的问题汇总并进行对比分析。第一，在教育观念国际化方面，该校教师和学生均认为学校国际化发展十分重要，但学生对中等职业教育国际化发展内涵理解程度较低，故对教育观念国际化更深层次的问题倾向于通过教师问卷来调查，因为教师在学校教学时间比学生学习时间更长，对学校的整体发展了解更深入。但总体而言，教师和学生都比较重视教育观念的国际化，学校在培训教师以及教育学生时均会涉及中等职业教育国际化相关内涵的普及。第二，在组织机构国际化方面，学生问卷与教师问卷调查关键点大致一致，主要从硬件和软件上调查，得到的结果也大同小异，该校的硬件国际化水平高于软件国际化水平，学生调查结果与教师调查结果存在差异主要是由于该校学生学习欲望不是特别强烈，不太关注学校提供的一些学习资源和学习设备，这一点笔者在课堂实地调研时体会较深。第三，在课程体系设置国际化方面，两类问卷的侧重点都在于学生，调查学生对课程设置是否国际化的直接感受，同时笔者走进课堂，收集了该校部分专业的课程表，学生的调查结果和教师的调查结果差异较大。分析原因主要在于学校的课程设置不合理，没有发挥外籍学生队伍的优势，国际化水平较低。第四，师生队伍的国际化方面，该校学生国际化程度大于教师国际化程度，教师的国际化水平整体不高。此外，该校由于毗邻老挝，境外招生历史悠久，外籍学生多于中国籍学生，但该校中国学生与老挝学生并没有很好地融合。第五，校园教育氛围与文化的国际化方面，学生问卷侧重于了解该校开展国际化交流活动的具体情况，包括活动具体形式、学生参与方式、学生参与次数以及他们对自身国际化的评价等，教师问卷侧重于学校目前是否经常开展国际文化交流活动以及是否经常有境外学校代表团前往勐腊县职业高级中学访学。对比来看，学生问卷调查结果优于教师问卷调查结果，主要原因在于学校经费有限，经费多用于学生发展，忽略了教师的整体发展。第六，中外合作办学与合作项目方面，两类问卷结果都不太理想，说明该校此方面有待改进。

结合两类问卷调查的结果来看，我们能够明显地看出勐腊县职业高级中学为了适应"一带一路"建设进程所作出的改变和努力，学校一直在对教育观念、组织结构建设、校园文化氛围、课程体系设置、师生队伍、对外合作办学六大板块进行改革，该校已逐渐明白学校国际化发展的重要性，知道学校要不断改革这六个方面以适应"一带一路"建设的发展，适应勐腊县开发开放试验区、中老经济合作区的快速发展。与此同时，该校也发现了自身的不足之处并且开始改进。经过 20 余年的探索与改革，该校积累了宝贵的经验，而且取得了不错的效果。但是，由于自身所处地理位置、经济社会发展现状与天津、广东、浙江等职业教育发达地区不同，学生、教师水平存在客观差距，加上"一带一路"的特殊性，因此在国际化宣传过程中暴露出一些问题，比如学校没有一个明确的服务"一带一路"国际化发展的目标定位，制度方面仍需不断完善。

2. 勐腊县职业高级中学国际化发展程度分析

本书通过使用职业院校国际化程度评价指标对院校在教育观念、组织机构、课程体系设置、师生队伍等方面的国际化、校园教育氛围与文化的国际化、中外合作办学与合作培训项目等 6 个国际化测量维度 36 个观测点进行定向调查，具体选项如表 7-29 所示。

表 7-29 "一带一路"背景下勐腊县职业高级中学职业教育国际化发展程度得分表

| 维度 | 观测点 | 选项 |
|---|---|---|
| 教育观念的国际化 | 职业教育国际化发展目标已纳入学校发展规划 | A. 已纳入 |
| | 有专门负责对外交流合作的机构 | A. 有且独立 |
| | 鼓励国际交流合作的计划 | A. 已制定 |
| | 师生对国际化重要性的认识 | B. 不了解 |
| | 每年国际交流合作项目的经费预算 | B. 拟设置经费 |
| | 与其他国家展开合作交流相关会议 | C. 尚未计划 |

（续表）

| 维度 | 观测点 | 选项 |
|---|---|---|
| 组织机构的国际化 | 完整的英文网页（或网站） | C.尚未有 |
| | 留学生宿舍及相应活动场所 | A.已有 |
| | 每年设置投入购置外文书刊（原文）和电子资源的经费 | C.尚未计划 |
| | 建设相应的实训室或实训基地时，优先购买行业内国际先进的实训设备 | B.部分优先 |
| | 配套完善的外教公寓及活动场所 | C.未修建 |
| | 购买原版或合作开发教材的专业数 | C.未计划 |
| 课程体系设置的国际化 | 按国际化人才市场要求纳入才培养目标专业的比例数 | C.40%以下 |
| | 设立与职业教育国际化发展相关的专业数 | B.10%以下 |
| | 可颁发国际认可的职业资格证书的专业数 | B.10%以下 |
| | 引进境外教材并以双语或双语教师授课的专业数量 | B.40%以下 |
| | 与国际知名企业共同开发课程的专业数量 | B.10%以下 |
| | 学校设置相关的国际理解公共课程 | C.未单独开设 |
| 师生队伍的国际化 | 具有双语教学能力的教师占院校教师总数的比例 | B.1%—5% |
| | 外籍教师、专家占院校教师总数的比例 | B.1%—2% |
| | 具有海外学习工作经历的教师占院校教师总数的比例 | B.1%—5% |
| | 每年留学生（学历及非学历）的人数 | A.200人以上 |
| | 资助师生赴境外学习交流、实习实践的专项经费 | C.未设置 |
| | 境外就业学生人数 | C.50人以下 |
| 校园教育氛围与文化的国际化 | 经常在校园里举办各种国际化交流活动 | A.经常有 |
| | 经常宣传职业教育国际化发展前沿动态的次数 | C.5个以下 |
| | 国际知名人士每年来校讲学的次数 | B.有但非每年 |
| | 学校的标识、指示牌及宣传资料均为双语对照 | A.部分 |
| | 国际类专业社团个数 | B.3个以下 |
| | 提供国际化发展服务（如国际学术交流、海外实习、出国留学等）的平台 | A.已经提供 |

（续表）

| 维度 | 观测点 | 选项 |
|---|---|---|
| 中外合作办学与合作培训项目 | 与国外相关高校、职业教育机构联合举办培训项目（非学历）的专业数 | B. 偶尔有 |
| | 与国外相关高校、职业教育机构合作培养学历学生的专业数 | B. 5—10 个以下 |
| | 与国外相关高校、职业教育机构合作开发课程与教材的专业数 | C. 没有 |
| | 与涉外企业合作举办的专业数 | B. 3 个以上 |
| | 与国外学校或国外企业合作培训办学的专业数 | C. 无 |
| | 为外国或国外企业培养人才的专业数 | B. 拟建设 |

从表 7—29 能够知道勐腊县职业高级中学在办学理念、组织机构、课程体系设置、师生队伍等方面的国际化以及校园教育氛围与文化的国际化、中外合作办学与合作培训项目 6 个方面的具体得分项，将值代入函数公式赋分计算，可以得出勐腊县职业高级中学国际化发展程度分值。（见表 7—30）

表 7—30　勐腊县职业高级中学职业教育国际化发展程度赋分统计表

| 观测维度 | 评分 |
|---|---|
| 教育观念的国际化 | 38 |
| 组织机构的国际化 | 18 |
| 课程体系设置的国际化 | 22 |
| 师生队伍的国际化 | 27 |
| 校园教育氛围与文化的国际化 | 38 |
| 中外合作办学与合作培训项目 | 22 |

通过对上述分值的统计，根据蛛网模型图的绘制方法，绘制勐腊县职业高级中学国际化发展蛛网模型图，可以更直观地呈现该校在"一带一路"背景下国际化发展的优势与劣势。

这一部分所使用的蛛网模型测量方法不仅可以直观呈现该校国际化发展的程度，让该校在国际化发展过程中随时进行自我检查，而且可以了解评价其他同类型中等职业学校的国际化程度，在比较中扩大自身优势，发现自身的不足，并进行改进，为云南边境民族地区中等职业学校国际化发展指明了方向。从图7-2可以看出，勐腊县职业高级中学国际化发展取得了一定成效。但纵观蛛网图整体，该校的蛛网图形面积不大，且图形不规则，由此可知勐腊县职业高级中学国际化发展程度不高，有很多地方需要改进提升。勐腊县职业高级中学应将"一带一路"建设作为突破困局的契机，把培养国际化技能型人才作为学校发展目标，并结合边境民族特色，着力提高该校乃至云南边境民族地区中等职业教育国际化发展水平。

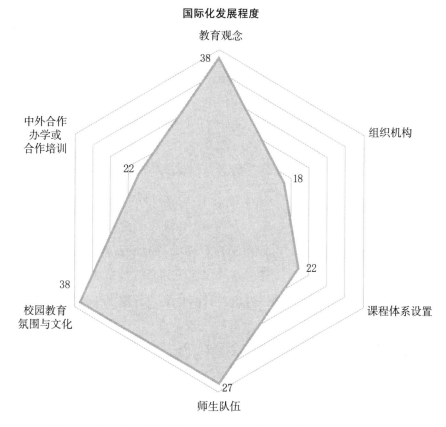

图7-2　"一带一路"背景下勐腊县职业高级中学国际化发展程度图

### 三、勐腊县职业高级中学国际化发展存在的问题

"一带一路"倡议的提出给云南边境民族地区中等职业教育国际化发展带来机会，中等职业教育作为培养技能型人才的重要力量，对于推进文化、人

才和技术交流等起着关键作用。目前我国的职业教育国际化发展速度快，但地区发展不均衡，层次发展不均衡。中等职业教育本身处于职业教育整体的末端，其国际化发展程度远落后于高等职业教育，基于其重要性，笔者在综合分析回收问卷、访谈以及该校提供的文献数据资料的基础上，结合实地的调研情况，根据勐腊县职业高级中学职业教育国际化发展蛛网模型图，了解到现在勐腊县职业高级中学国际化发展存在以下不足。

（一）国际化办学实力薄弱

由于勐腊县职业高级中学位于云南省西南端的一个边境民族县，虽与"一带一路"参与国老挝部分省份及经济特区教育合作紧密，挂牌"中国—东盟教育培训中心"，但由于其地处边境县市，国际化办学教育资源与国内一些高水平的职业院校相比差距明显。天津、浙江、广东等地的职业院校不仅拥有良好的教育资源和办学基础（经济实力以及过硬的办学条件）、较为浓厚的国际化氛围，还积极响应"一带一路"建设，围绕"一带一路"倡议开展了各类国际交流合作项目，与多个"一带一路"参与国建立了合作关系，搭建了职业教育国际化发展平台，创建了职业教育国际化合作联盟。例如，天津的"鲁班工坊"、广东省的"一带一路"职业教育联盟等。而勐腊县职业高级中学所在的勐腊县集边境、民族、贫困等特征于一体，经济结构单一，自身发展受限。2019年，勐腊县刚刚退出贫困县行列，赢得脱贫攻坚第一战，2020年乃至以后全县仍重点关注经济发展，巩固脱贫攻坚战果，因此在教育上投入有限，远不如内陆的发达城市。目前全县教育重点关注入学率、扫盲率以及"控辍保学"率，其中对教育的投入分到中职教育部分的则更有限。勐腊县职业高级中学尽管新校舍修建完工，硬件条件逐步完善，但与内陆发达城市相比，其教育资源相当有限。虽然在省政府、州政府以及县政府的大力支持下，勐腊县职业高级中学凭借其独特的区位优势，20年来一直致力于国际化办学，积极招收留学生，开办国际化专业，在职业教育发展中探索出具有自己职业特色的办学路子，在"一带一路"倡议提出之后，更是积极与云南民族大学、云南师范大学等高校联系，率先挂牌"中国—东盟教育培训中心"，承担勐腊县国际化人才短期培训，为老挝培养大量翻译人才，但其职业教育国际化发展并不能满足我国"一带一路"建设的需求。职业院校与

"一带一路"国家展开合作不仅要有丰富的国际资源,更主要的是院校要有自身的特色专业,既要适应"一带一路"建设的深化发展,同时也要结合地方发展。勐腊县职业高级中学地处云南边境民族地区,开办专业既要紧跟"一带一路"发展,又要体现边境民族特色。现在该校设置的专业有重复,尤其是国际化办学专业只有国际商务和应用老挝语,属于文科类专业,缺乏"一带一路"国家所需的机电、汽修等应用技术性专业,另外,该校不具备学校内部优势和专业优势,需要提升学校自身的国际化办学水平。

（二）国际化发展层次较低

自2001年勐腊县职业高级中学开办老挝班,20余年间在各级政府的大力支持下,该校把国际化人才作为培养重点,但国际化发展层次较低。首先,在对外交流活动方面。通过对该校提供的各年度对外合作交流总结报告以及该校举办的国际交流活动的总结分析,发现该校进行的国际化交流与合作项目比较单一,开展的活动大多数是针对老挝学生,活动主要目的是让老挝学生适应中国的生活环境,而针对"一带一路"背景下中国学生的国际化交流活动甚少,几乎没有。"中国—东盟教育培训中心"的定期交流活动也是流于形式,活动对象大多是勐腊县各单位、各机关的办事人员,大多数师生并不了解,参与度也极低。其次,师资队伍互换、学生联合培养方面。笔者通过对该校师生的问卷及访谈调查,了解到该校并没有制订具体的关于师资队伍交换和学生联合培养等项目的计划,暂未开展实质性的活动,学生和老师的国际化综合能力仍有待提高。该校已经展开的国际化交流项目集中在老挝北部五省,主要是为老挝北部培养适应"一带一路"发展的汉语翻译人才,"一带一路"发展对国际技术人才的培养要求以及合作院校的培养需求被忽视,此外该校合作院校的质量也并不高。同时,该校为中国学生提供的对外交流仅仅是把有意愿前往老挝深造学习的学生送去老挝的合作院校进行学习交流,且大多为自费形式,由于当地学生的家庭经济条件一般、家长教育观念落后、学生学习主动性不强,同时受家乡情怀重等因素影响,学生到国外交流学习的兴趣并不浓。据该校领导回忆,目前当地学生前往老挝学习、实习、工作的人数极少,因此该校学生互派只是在形式上实现了国际化合作培养的目标,并没有实质性的突破。最后,课程研发和技术交流方面。尽管该校在进行国际化学习与交流方面发挥了自己的专业优势，但没有足够多的技术交流项目，没有制定统一的教学标准。所以勐腊县职业高级中学需要根据自己的特色专业和学校实力，去推进更高水平的"一带一路"国际交流项目。

（三）国际化师资队伍欠缺

"一带一路"建设为我国职业教育的发展带来崭新的机会，不论是高职院校还是中等职业学校都应顺应"一带一路"发展趋势，积极整合资源，广纳贤才，建立一支高水平的国际化师资队伍，提高国际化发展水平。然而，从现在勐腊县职业高级中学的教师水平来看，无法满足勐腊县职业高级中学"走出去"的发展要求，也不能满足国际化人才培养引进与输出的需求，使得该校在国际化办学方面缺乏竞争力。勐腊县职业高级中学地处边境，面临大多数偏远地区均面临的问题——好教师"留不住"，新教师"不愿来"，在校教师大多数是勐腊县本地人，学历多数为本科，学校虽然积极鼓励老师深造，但由于学校层次不够高，并未对教师学历提升作硬性规定，同时该校一直以招收老挝学生为特色，但实际学习过老挝语且前往老挝深入学习过老挝语的教师仅有4人，4人服务近900名老挝学生，师生比也极其不合理。在人才强国战略背景下，针对偏远地区教师提升学历、进修深造，云南省政府推出了许多扶持项目，但该校教师参与度并不高。现在在"一带一路"背景下，该校不断推动国际化办学进程，教师们也获得更多的学习机会，不仅是国内的，部分优秀教师甚至可以前往老挝合作学校交流学习，但除国内进修深造和派教师前往老挝学习，该校暂时并没有其他方案用于提升师资队伍国际化水平，因此，对于国外的优秀教学经验、先进的教学模式、理念和方法等，部分英语水平略强或者学习主观能动性强的教师只能通过阅读国外文献以及查找资料等方式来学习，对于国外的实际教学情况不能真实掌握，不能实现自我转化，所以培养一批高水平和高素质的国际化教师人才成为当务之急。

（四）学生国际化程度不高，国际化发展能力欠缺

学生作为教育活动的主体之一，其国际化程度是衡量职业院校国际化发展水平的重要标准。学生的综合素质、专业能力和国际化水平影响着职业院校的国际化发展。中等职业教育具有特殊性，主要体现在学生方面，中职学校学生很多学习基础较差、学习积极性不高。此外，近年来中等职业学校招

生人数急剧下降，选择读职业高中的学生越来越少，因此"一带一路"建设过程中我国中等职业学校国际化发展不仅面临着人才数量不足的挑战，也存在人才质量不高的问题。但中等职业教育作为职业教育的基础，改革开放40多年来，对我国经济社会发展作出了不可替代的贡献，为国家社会发展培养了一大批具有专业技能的人才，特别是在一些偏远的县市表现更为明显。本书选择的案例学校——勐腊县职业高级中学作为云南边境民族地区一所办学历史悠久的老牌县级职业高中，自办学以来为勐腊县、为老挝培养了大批专业技术人才。在"一带一路"背景下该校国际化人才培养迎来了新的发展机遇，同时也面临不小的挑战。首先，学校要制定契合"一带一路"建设要求的国际化人才培养目标；其次，学校要多学习优秀的国内经验，密切国家之间的文化交流，努力培养出视野宽广、在国际活动中有所作为的国际化人才。结合问卷及各类资料综合分析，当前该校即使拥有许多独特的优势，但学生的国际化水平总体不高，国际化发展能力欠缺，可从以下四个方面看出来：一是学生很少参与校内举办的国际化交流活动，很多学生对此不关心，很少能够真正有机会参与到国际化活动中去开阔他们的视野。二是该校提供给中国学生出国深造的机会并不多，虽然有，但学生参与度极低。这一情况不仅仅在勐腊县职业高级中学存在，几乎所有中等职业学校乃至高职院校都存在。三是该校留学生的来源局限并且质量不高，目前该校仅招收接壤国老挝的留学生，且仅有国际商务一个专业。目前，该校累计招收1700多名老挝学生，2020年在疫情影响下也招收了近300名学生。由于老挝属于东南亚地区发展较落后的国家，教育并不发达，因此留学生中部分质量不太高，他们进入中国学习汉语目的非常单纯——就业，很多学生读着读着就回国工作了，也有少部分学生继续在我国高层次的学府继续深造。四是该校学生国际化能力不能满足"一带一路"建设的需求，甚至难以满足地方企业的需求。

（五）课程体系设置国际化水平较低

中等职业学校在国际化办学过程中，必须重视国际化课程体系的建设，既要体现中职教育的特色和优势，又要具有鲜明的国际化特点。通过蛛网模型图不难发现，该校课程体系国际化得分较低，说明课程体系设置国际化水平低。该校目前开设了旅游外语（应用老挝语方向）、汽车运用与维修、物流服务与管理、电子商务、旅游服务与管理、民族音乐与舞蹈、果蔬花卉生产技术、国际商务等专业。大部分专业课程设置还是以职高常规课程为主，实践课与理论课相结合，虽然学校斥巨资购买了符合国际化标准的设备仪器供学生实操，但由于学生能力有限，设备仪器并没有得到充分利用。在这些专业中，课程设置国际化特色最明显的是旅游外语（应用老挝语）和物流服务与管理，但笔者在课堂观察中发现，学校并没有充分利用学校的独特资源优势将两个专业的课程设置得更具国际化特色，例如旅游外语专业可以与老挝留学生形成互助团体，在语言方面进行深度交流；物流服务与管理专业是否可以和该校的电子商务专业相结合，利用勐腊县的茶叶等优势产品帮助学生在学习中创业，利用淘宝、抖音等平台"直播带货"，将勐腊县的茶叶等优势产品推向全国、全世界，利用口岸优势，积极打造跨境电商，或者联系企业出资、出货，学生利用专业知识兼职实习等。学校应当按照社会需求、面向国际，培养学生外事服务能力，提升学生国际化水平。

### 四、勐腊县职业高级中学国际化存在不足的原因

从该校职业教育国际化发展现状来看，其也在推动国际化发展上不断作出努力，并初见成效，但是国际化发展还不够完善。笔者结合勐腊县职业高级中学的办学历史、办学规模以及所处的地理位置等，从经济、社会、学校及学生四个层面深入挖掘造成勐腊县职业高级中学国际化发展存在问题的原因，深度剖析问题背后的影响因素，以期对勐腊县职业高级中学国际化发展有所助益，同时为云南边境民族地区中等职业教育国际化发展提供借鉴。

（一）经济层面

1.地方经济落后

教育和社会经济往往是平行的。社会经济的发展影响着教育的发展规模和速度、人才培养的规格和质量、课程和教学内容的设置以及教育结构、教育体系、教学组织方式和教学方法等。但是反过来，教育可以促进经济发展，提高劳动生产率。一方面，它可以将可能的劳动力转化为实际劳动力；另一方面，它可以使科学知识得到推广，并且可以产生新的科学知识。随着经济社会的不断发展，中等职业教育作为我国教育的重要组成部分，肩负着培养

高素质劳动者和技能型人才的重任，由于许多地区并没有高等职业院校，因此中等职业教育在该区域经济发展中更是起着重要作用。但中等职业教育发展需要经济支撑，贫困地区往往忽略了中等职业教育的发展，将人力、物力、财力投入基础教育、普高教育中。勐腊县职业高级中学所在的勐腊县虽然具有得天独厚的区域优势，但其经济发展水平、教育发展水平较低。2019 年 5月勐腊县经省政府批准退出贫困县行列，目前全县致力于巩固脱贫成果，努力将脱贫攻坚与乡村振兴有机衔接。2019 年，勐腊县年 GDP 增长首次超过百亿大关，约 125.88 亿元，同比增长 9.1%，其中第一产业增长 5.9%，第二产业增长 27.3%，第三产业增长 6.6%，人均地区生产总值 42937 元，比上年增长 8.4%。从生产总值来看，在全县人民的努力下，勐腊县在脱贫攻坚方面取得一定成果，但就勐腊县得天独厚的区位优势以及自然资源优势而言，地区经济发展水平相比其他拥有区位优势的地区仍有一定差距，例如东北地区的丹东（768.2 亿元）、延吉（319.5 亿元），内蒙古地区的满洲里（148.6 亿）等，与云南省瑞丽市（149.1 亿）相比也有一定差距。勐腊县职业高级中学国际化发展程度不高很大程度上是受勐腊县经济发展的约束，因此，勐腊县仍然要大力发展经济，只有县域经济发展水平提升，才有可能在教育领域投入更多的人力、物力、财力，中等职业教育的国际化发展水平才能获得较快提升。

2. 学校国际化发展经费有限

勐腊县职业高级中学目前经费并不宽裕，勐腊县目前对中等职业教育的财力投入并不大，与基础教育、普高教育相比还有所差距，同时自 2010 年《国家中长期教育改革和发展规划纲要（2010—2020）》提出逐步实行中等职业教育免费制度，中等职业教育不仅不收费，还要给予学生一定的补贴，学校完全不盈利。笔者在对学校领导进行访谈时，领导也表示目前学校经费紧张，多数用于校舍修建、教学设备购买、学生日常开支，用以推进国际化发展的经费十分有限。问卷数据表明，学校对资助师生留学没有经费规划，师生接触不到国外先进经验。在与学校相关领导交谈中，学校领导首先表示学校正准备对国际化发展的专项经费作出规划，但最终规划成果还是取决于政府拨款，很难邀请国内外知名专家前来讲学，大部分前来的是云南省省内部分高校的专家教授。因此，学校国际化发展程度不高与该校用于国际化发展的经费有限密切相关。

（二）社会层面

从国内社会层面分析主要是由于目前中等职业教育社会认可度低，中等职业学校被视为教育系统的末流。中等职业教育一般被视为无奈选择，在诸多方面受到社会的不公平对待，具体体现在以下几个方面：第一，政府对中等职业教育的投入不足。以 2019 年为例，国家对高等教育投资为 13464 亿元，对普通中学的投资为 5113 亿元，而对中等职业学校的投资仅为 2617 亿元，中等职业教育的经费明显不足。没有良好的办学条件，无法采购需要的实训设备，教师的工资待遇不高，对于优秀教师没有吸引力，造成人才流失等各种问题。第二，民众观念上的轻视。我国自古以来就有"学而优则仕"的观念，所以更加重视学术而忽视了技术，中等职业教育常被认为是无奈的选择，2019 年普通高中的招生人数为 839.5 万人，中等职业教育的招生人数为 600.4 万人，招生人数差距明显，学生家长普遍认为进入中等职业学校是没有前途的，许多父母宁愿为子女上普通高中交纳高昂的费用，也不愿让子女接受免费的中等职业教育。部分送孩子接受中等职业教育的家长也认为自己孩子学习上低人一等。第三，升学和就业歧视。从就业来看，随着知识经济时代的到来，学历层次成为人才能力的一种外在体现，全社会对学历层次的要求逐步提升，很多单位在招聘中"崇拜学历、轻视技能"，社会为中职学生提供的工作岗位只局限在最初级，体制内岗位（公务员和事业单位）几乎没有适合中职学生的。中职学生从学校毕业以后，大都只能从事初级技能岗位的工作，从事与"劳力"相关的职业，而初级技能工人在职业竞争中常年处于弱势地位，因此许多适龄青壮年劳动力不愿意从事与之相关的职业，也造成国内许多地区青壮年劳动力就业率低。从升学来看，中职学生面对的升学制度，呈现出"玻璃的天花板"的特点，中等职业教育其实已经形成比较闭塞的低水平教育体系，所以中职学生没有足够宽阔的上升渠道。尽管近年来"高职考"成为人们热点关注的问题，但"中高职的衔接"仍然没有一个好的解决方案，大多数中职学生不能踏入我国的高等院校继续学习。因此，勐腊县职业高级中学国际化发展水平要进一步提高，更进一步说我国中等职业教育国际化发展水平要提升就必须从提高国内社会的认可度入手。因为个人和社会的惯性思维会对问题决策产生影响，全社会的整体思维惯性，也会影响一个行业未来很多年的发展，只有从思想上改变社会对中等职业教育的歧视，我国中等职业教育发展才能真正与国际接轨。

笔者在与勐腊县职业高级中学相关领导多次交谈中得知，目前勐腊县职业高级中学国际化办学之所以存在问题，除了上述提到的社会对中等职业教育的不认可，还有一个重要原因，即云南省政府没有明确勐腊县职业高级中学具有留学生招生办学资质。在国家进一步扩大对外开放的背景下，在2001、2004、2008年，勐腊县教育局代表中国政府与老挝北部五省教育厅签订《中国勐腊县与老挝北部五省联合举办汉语专业培训班备忘录》，并报西双版纳州人民政府备案。但在有关部门的多次检查、审计中，都表示该校对外招生没有云南省教育厅正式批文。因此勐腊县职业高级中学虽然在老挝享有一定声誉，在云南省办学也有一定名气，但招收老挝籍学生的合规性有待加强，只有合规，学校才能享受云南省教育厅的各项政策支持，老挝籍留学生才能享受外国留学生待遇，学校留学生招生规模才能进一步扩大，学校国际化发展程度才能获得实质性的提高。

（三）学校层面

1. 学校多边合作格局尚未形成

虽然勐腊县职业高级中学尽力朝着国际化方向努力，参与了一些全球化合作项目，但收效甚微。一方面是由于该校所在区域有所局限，另一方面则是由于该校合作的国家有限，合作层次低，没有形成多边合作格局。勐腊县职业高级中学作为"一带一路"沿线的一所中等职业学校，目前合作的国家、合作的项目并不多，该校要发展必须根据院校的发展需要以及当地企业的实际需求来调整原来的规划，首先要以正确的以及更加包容的心态来面对各国，学习对方的长处，以此来推动国际化合作，形成多边合作格局。

2. 学校师资严重不足

勐腊县高级职业中学实行"几块牌子，一套班子"的办学体制。由于学校编制紧张，人员紧缺（教师严重不足，特别是缺少老挝语教师），教师既承担进修学校、几个培训中心的授课任务，又承担职高的教学任务，并且还承担扶贫、外出培训、国外支教、教学点教学、基层调研、送教下乡、举办教师培训班等许多工作。在云南省许多边境民族地区，职业中学除本身教学任务外，还承担全县的就业技能培训、就业扶贫等工作，学校教师、领导工作都十分辛苦。笔者在学校调研期间，不少老师上午上课，下午下乡扶贫或参与其他工作，例如该校对外合作处的一位老师，一边承担学校老挝语教学及对外交流与合作处的工作，一边承担口岸防疫工作（老挝语）。

（四）学生层面

1.学生综合素质有待加强

"一带一路"建设需要国内中等职业学校培养出具有熟练的外语口语交流能力，能够正确处理不同文化背景下各合作方关系，并具有优秀的业务能力的人才。据此，我们可以推导出学生在学校应该如何发展自己以适应这些需求，比如培养自律意识、提高学习能力等。但是我们从调查问卷的结果看出，勐腊县职业高级中学的学生参与国际化活动的意愿普遍较低，实际参与的人数就更少了。根据分析，勐腊县职业高级中学的学生本身学习能力不太强，大部分学生由于学习基础太过薄弱导致学习动力明显不足，学习意愿较低，由此使得该校学生在主观上对各种国际交流活动产生排斥心理。

2.学生国际化发展意愿较低

勐腊县职业高级中学所处的地理位置独特，位于少数民族边境地区，在校的学生也多为少数民族学生。不同的生长环境和民族文化，在一定程度上影响了该校学生国际化发展的意愿。首先，少数民族在语言、文化、心理、风俗习惯等方面与汉族地区差异较大，该校学生以傣族、哈尼族、彝族为主，其中学生人数较多的哈尼族是典型的"直过民族"，所谓"直过民族"特指新中国成立后，未经民主改革直接由原始社会过渡到社会主义社会的民族，他们有自己独特的饮食习惯和生活习俗，不喜欢从事商业活动，不愿意离家到外地谋生，他们接受职业教育的意愿本就不强烈，就读职业中学一方面是因为比普高录取分数低，另一方面是因为未成年进入社会不安全，职业中学变成了"混日子"的地方，其国际化发展意愿自然就更低。其次，云南人素有"家乡宝"之称，主要是指云南人一般不愿意离开家乡到外地求学、就业，家乡情结浓厚。对于云南边境民族地区而言，"家乡宝"现象更普遍，笔者在走访调查中，许多老师表示该校许多学生家长都是从事橡胶业，也就是"胶农"，这些学生并不愿意离开勐腊县，毕业后也会继续从事橡胶业。

### 五、云南边境民族地区中等职业教育国际化发展策略

云南虽然地处边境地区，连接外部，但是由于缺乏国家层面的内外联动政策，经济一直较为落后。"一带一路"倡议的提出使云南省成为对外开放的前沿地区。而经济的发展需要各方面的支持，需要文化、教育、基础设施等各方面实力的提升，教育作为国家的根本更是重中之重。"一带一路"倡议不仅为云南带来了经济、社会发展的巨大机遇，同时也为云南边境民族地区中等职业教育的发展带来了机遇，但机遇与挑战往往是并存的。本部分将探讨以勐腊县职业高级中学为代表的云南边境民族地区中等职业学校应该如何抓住"一带一路"这个发展机遇，结合学校实际的教学水平和学生的综合素质改变职高已经过时的发展策略，以使云南各中等职业学校能适应国际化发展需要，为国家的"一带一路"建设服务。

（一）树立国际化教育理念

1.增强学校服务"一带一路"意识

笔者认为，应该从学校、老师、学生三个方面分析如何增强中等职业学校的"一带一路"意识。首先，从学校的角度来看，管理层应该根据"一带一路"建设的实际需要调整和完善学校整体规划和办学方针，为教师的教学提供指引和方向。同时，学校可以招纳一些具有海外学习经历的人才，成立专门机构如国际交流合作处负责处理相关工作，这样可以解决本地老师相关经验不足或者能力不匹配的问题。同时联系外部资源，多在校园内举办一些国际化的文化交流活动，使学生在校内就可以早早接触到外部文化，并提前适应。第二，从老师的层面来看，一方面可以招聘具有这方面经验的新老师，另一方面也需要对老教师进行相应的培训，使老师的能力得到提升，以便为学生提供更好的教学服务。同时，各专业各科的老师需要加强对自己学生的了解，做到以学生为中心，分析他们的弱项，适时调整自己的教学模式和内容。第三，从学生的角度来看，学生要大胆主动地参加学校举办的各项文化

交流活动，积极参与国际合作项目，并为此付出努力。

2. 创新中等职业学校国际化发展模式

（1）联合高校，发挥本校特色优势

中等职业学校与本科院校相比，各种软件或硬件条件都相对薄弱。因此，各中等职业学校在向国际化发展的过程中，除了自身积极努力之外，还可向力量更强的本科院校寻求帮助，建立帮扶办学机制，以节省时间和资金来为"一带一路"建设输送更多更好的人才。勐腊县职业高级中学致力于成为全国重要的中老翻译人才培养中心，但是与云南省其他本科院校相比，在师资力量、教学能力等各方面都存在不足，因此政府可推动各中等职业学校与相关经验丰富的本科院校如云南大学、云南民族大学等建立帮扶办学关系，借鉴云南民族大学澜湄国际学院、云南华文学院的国际化发展经验。中等职业学校的一大特点就是非常重视专业人才的职业技能培训，与市场的实际需求接轨，注重实践性。在转型过程中，实践性作为中等职业学校的显著优势需要继续保持，但仅仅依靠实践是不够的，成功的实践需要正确的理论指导，因此中等职业学校需要向建立了帮扶办学关系的本科院校多多学习，定期举办多校教师共同参与的学术交流活动。面对全球化的发展，云南省省内各高等职业院校、本科院校和中等职业学校应加强合作，共同迈向国际化。

（2）实行国际联合办学，实现发展战略目标

与传统办学模式不同，开展国际联合办学不仅仅是与其他学校合作，同时也是与外国文化的交流，在转变办学模式的过程中，学校需要首先改变办学理念，把握住大方向。目前，勐腊县职业高级中学仅与老挝的高校开展了联合办学，毕业生留学深造的选择有限，迄今为止，中国学生毕业后选择在老挝留学和工作的人很少。勐腊县作为云南省与老挝接壤县市中地理优势与自然优势最明显的地区，自2001年招收老挝特色班至今，已有多所学校同老挝多个地区的学校建立了联系，开展了合作，也打造了一些中老合作办学示范校，但与其他东南亚国家合作联系较少。云南边境民族地区中等职业学校普遍也存在此种状况，因此，在"一带一路"背景下云南边境民族地区的中等职业学校要树立国际化办学理念，主动创造机会，各个学校也应当主动与

"一带一路"国家建立各类友好联系，并进一步寻求发展机会，推进国际合作办学，联合培养人才，为优秀学子开辟一条求学深造之路。在上述基础上，学校可以与建立友好关系的国外院校展开深入合作，如组织两校学生共同参加的国外游学活动或短期的交换生项目，合作成熟之后再开启长期交换生项目，使本校学生在学校学习期间能通过游学活动亲身实践和体验异域文化和环境，扩展学生的国际视野，使学生对自己的职业作出更加清晰的规划，增强学生在本阶段学业完成之后前往友好国家留学的意愿，提高学生自主学习外语和专业知识的积极性和主动性。

（二）适应国际化发展需求，培养国际化人才

当今世界是一个全球化的世界，各国的政治、经济、文化、教育等方面的联系都日益加强。中等职业学校应抓牢"一带一路"的发展机会，在全球化潮流中积极创新，不断为国家培养"一带一路"所需要的专门人才。

1. 完善人才培养模式，提高学生外语水平

在中国过去几十年的教育过程中，英语是全国各地各个学校的主流外语科目。但其实世界上共有200多种语言，"一带一路"沿线也有40多种语言，不过使用人数不如英语的使用人数多，在中国只能作为小语种教授，学习的学生人数也非常稀少。国内的热门小语种一般是日语、西班牙语、韩语等，国内学生对"一带一路"国家的了解较少，选择学习这些语言的更少，因此这些小语种人才稀缺。语言是开展各种交流活动的基础，各学校应主动加强对"一带一路"国家的了解，招聘小语种教师，开设相关课程，已有的课程可以扩大规模，提高教学水平。其次，"一带一路"建设规模巨大，不同的岗位需要不同专业的人才，且所需人数规模庞大，中等职业学校要仔细研究相关政策，依据本校实际情况调整并新增相关专业，培养热门的国际贸易人才、小语种人才、机械制造人才，等等。人才的培养不能仅仅拘泥于课堂教学，学校可与"一带一路"国家的院校开展合作，互相输送交换生，实现人才的全方位培养。

2. 注重培养学生跨文化的交际能力，拓宽学生实训锻炼渠道

学生毕业后在国外工作和生活，进入一个与中国文化完全不同的文化环境中，如何尽快适应异国环境，这就涉及跨文化交际的问题。在实际生活中，

很多人刚刚到达一个新的国家时可能会感到新奇、兴奋，一段时间后，一部分人就会面临"文化休克"，这是因为他们在对待外国与中国的文化差异时，由于不能理解或者不能适应而产生了恐慌、害怕等情绪，加之身边也没有家人和朋友的陪伴，更是缺乏安全感，这就导致一些人不能继续适应外国环境，甚至会因此选择回国。跨文化问题听起来非常可怕，但这其实是每个初到国外的人都会遇见的。不过不用太过担心，根据几十年的留学教育经验，中国的留学教师已经总结出一套行之有效的解决跨文化交际问题的方案。虽然方案主要针对的是英语国家，但是我们也可以将其套用在小语种国家上，再在细节问题上根据实际情况加以调整。比如，勐腊县可以在职业高级中学开设介绍老挝国情的课程和跨文化交际课程，聘请老挝的教师在本校任教，使学生们提前接触外籍教师。此外，勐腊县职业高级中学要利用拥有大量老挝学生的优势，让本国学生与老挝学生组成帮扶小组，一方面在语言学习上相互帮助，另一方面在国情文化上相互沟通交流。同时，职业高级中学要进一步完善实训基地，合理安排时间，使每个学生都能得到实践训练。

（三）打破校企合作地域限制，搭建国际化平台

学生在校内实习期间和毕业找工作时会遇到很多问题，比如，由于社会经验不足和信息获取渠道较少，无法找到与自己专业相匹配的工作，这就可能导致专业人才的浪费，甚至有的毕业生会被骗从事违法活动。为了避免这些问题，学校应当提供一些保护措施，比如，积极联系相关企事业单位，为本校学生争取实习或工作的名额，这样既可以解决企业招人难的问题，也解决了毕业生找工作难的问题，一举两得。在当前"一带一路"背景下，国家也非常重视教育问题，提出了"丝绸之路"合作办学计划，倡导各国及其院校打破校企合作的地域限制，沿线各国也加大了合作留学力度，并制定了国外留学、实习、就业的优惠政策。勐腊县职业高级中学完全可以根据老挝企业的实际需求来增减自己的课程，完善教学模式，学生如果想去老挝发展就可以优先选择合作院校就读，培养自己的专业技能，不用担心毕业后找不到工作，不用担心所学知识无用武之地。

（四）提高教师素质，建设国际化队伍

教师作为教学的重要主体，在中等职业学校国际化发展过程中具有非常

重要的作用，教师的国际化也是职业教育国际化的一项重要衡量指标。一直以来，中等职业教育教师水平和素质不是很高。随着"一带一路"建设的推进，不仅对学生的要求提高，对教师的要求也提高了，因此必须培养一批国际化的优秀教师。

1.培养教师国际意识，提升教师专业能力

以前中等职业学校的定位就是培养具有专业实践技能的学生，院校在招聘老师时也主要是看重他们的专业技能和实践动手能力而不是理论知识。随着时代的进步，我们对中等职业学校的老师们又提出了新的要求，其中一个重点要求就是要具备优秀的外语能力和广阔的国际视野。首先，培养教师的国际意识，提高师资的整体素质。老教师们具有丰富的教学经验，故培养的重点应该放在提高国际意识上面。意识层面的东西，可以说简单，也可以说很难，主要看教师个人的领悟能力，单一的培训肯定不如亲身体验，因此，除了建立交流生和留学通道，也要注重建设老师的交流学习渠道，比如互派访问学者，或者直接派老师前往国外带薪学习。通过在国外的学习，教师们可以接触到与国内不同的教学方法、理论知识或者实践技能，拓宽自己的视野，提高自己的国际意识，回国后可将自己的所学与国内经验相结合，探索出更先进的教学模式，完善校本教材，进而提升自己的专业素养。除了教师，校长和其他管理人员也需要进行相关层面的相互交流、访问和进修。

2.聘请优质外籍教师，打造师资培训基地

在让本校老师"走出去"到国外进修、学习外国文化和知识的过程中，中等职业学校也可以公开招聘一批在国外学习和成长起来的优秀外籍教师。他们掌握了国外先进的教学模式、教学理念，学习的也是国外的系统化知识，通过招聘他们到本校任教，本土教师就可以与外籍教师相互交流，相互学习。同时由于中等职业学校的学生不是每个人都有机会作为交换生被派出去，或者出国留学，聘请外籍教师到校任教使得每位学生在校期间就能接触到外国人，并且还是学识较为渊博的可以从他身上学习到知识或经验的人士。同学们可以提前感受到中外文化差异，可以在一个纯正的小语种环境中学习外语。另一方面，中等职业学校还应当打造师资培训基地，除了引进外教在国内培训，还可以开展小语种教师海外授课培训。勐腊县的职业高级中学目前就已经聘请了 14 名老挝籍外教，实行中外教师合作教学。

3. 坚持教师队伍"引进来、走出去"并举

我们在师资队伍的培养上采取"引进来"与"走出去"相结合的方针，但是由于云南位于西南边陲，经济发展较为靠后，很难将优秀的海外人才留下来。所以在方针的具体实施过程中，我们把重点放在"走出去"上，即定期选派一批职业院校的老师到国外留学。近些年的公派留学反馈表明，由于西南地区教育资源较弱，教师质量不如东部发达地区和中部地区，因此在留学的交流学习过程中，西南地区的教师与国外教师的交流频率和层次都较低，而深层次的科研合作几乎空白，难以达到学习国外知识和教学经验的目的。量变产生质变，随着国际交流活动的增加，西南地区的教师们与刚开始相比已经取得了长足进步，因此政府需要继续加大教师出国学习培训的力度，培养一批优秀的一线骨干教师。与此同时，中等职业学校也可以经常邀请行业专家、国内外优秀院校的教师到本校担任客座教授，开办讲座，双线并行加快教师培养的进程。

（五）拓宽中等职业教育国际化发展思路

1. 提高国际化办学主动性

"一带一路"倡议的提出得到了众多国家的响应，因为"一带一路"倡议符合他们的发展需求和发展利益，有利于各国的经济发展和国际文化交流融合。在这样一个背景下，国内部分中等职业学校已经先后同老挝、越南、柬埔寨等国家进行了友好合作，在各方的努力下创办了一系列中外培训交流机构，并取得了一些成绩。随着全球化的推进，合作的程度也会继续加深。在未来的建设中，国内外联合办学应着重注意以下几个方面：一是中国的中等职业学校在同友好院校合作过程中要充分发挥积极性和主动性，在寻求合作之前认真分析中国中等职业教育的优缺点，认清自身的优势和劣势，然后寻找国外院校主动创造交流合作的机会，这样才能在合作过程中切实解决痛点问题，有选择性地学习国外办学经验。二是国内的中等职业学校在借鉴国外教学模式和教学经验调整完善自身的过程中，应始终做到以中国国情为出发点，以中国的教育体系为主体，以具有相同办学理念的国外友好院校的教学经验为辅助，开展如"2+1""3+1""2+1+1"等多种形式的合作，助力我国中

等职业教育发展。

2.构建国际化课程体系

（1）多方位打造契合"一带一路"发展的国际化课程

从 2014 年发布的《现代职业教育体系建设规划》我们可以发现，在我国义务教育和高等教育发展较为成熟的背景下，我国的职业教育发展水平仍较为落后，发展不太理想。笔者认为主要有以下几个原因：一是家长和学生对职业教育依然抱有偏见，认为只有成绩不好的孩子才会在职业学校上学，进职业学校是一件不光彩的事情，也认为从职业学校毕业找不到好工作。二是在先前的发展阶段，国家着重发展九年义务教育和大学高等教育，对职业教育的关注度不够，投入的资金和师资等各方面力量较少，不能为职业教育的发展提供足够的动力。"一带一路"倡议提出后，职业教育开始逐渐得到重视，云南边境民族地区的中等职业学校在推进中等职业教育国际化的过程中就坚持以课程设置国际化为教育抓手，政府为一线教师们提供公派留学的机会，使得教师们能够接触到国外优秀职业学校的教学模式，学习到他们的教学经验，并在学成回国后将自己的所学贡献给国内中等职业教育事业，帮助引进国际化的课程体系和优秀的教育资源，开设更加多样的国际化课程，为中等职业学校的学生提供了更加广阔的学习平台，拓展了学生的国际视野。同时一些职业院校也通过直接购买版权的方式，购买职业教育国际化发达国家和地区的已经系统化的成熟课程，直接供国内学生学习使用。此外，要结合"一带一路"发展需求，开设以社会发展、市场需求为导向的特色专业，如国际贸易、计算机、金融、工业设计等专业，符合国际市场需求的专业设置会给国内中等职业学校的学生提供更加多样化的学习选择，进而为"一带一路"建设提供更多的专业人才。

（2）增设语言课程，服务"一带一路"建设

勐腊县职业高级中学目前开设的专业涉及语言课程与非语言课程，语言课程作为该校的特色课程，主要包括两个专业，旅游外语（应用老挝语方向）与国际商务，该校语言课程为中老合作培养了大量的中老双语翻译人才，在云南省享有一定声誉。纵观云南边境民族地区，相邻的国家有老挝、越南、缅甸，要想推进其中等职业学校国际化发展，一方面，应在语言课程上下功

夫，增设更多小语种课程，如越南语、缅甸语。目前一些学校在老挝语课程上已经有了较为丰富的教学经验，可以将此经验应用于其他小语种教学，开设更多"一带一路"建设所需要的小语种课程，破除语言壁垒，培养各门小语种人才，为学生的发展提供更广阔的平台。另一方面，中国也应大力推广对外汉语教学，致力于将汉语发展为"一带一路"官方语言之一。这就需要中等职业学校重点发展汉语国际教育专业，培养一批可以到国外教授中文的优秀对外汉语人才。对于沿线的合作国家，可以免费为他们提供汉语教育培训，在当地设置孔子课堂，派遣优秀教师前往教学，为国际化合作培养了解中国文化、能进行中文沟通的人员。同时，云南边境民族地区各中等职业学校也应欢迎其他国家的人才到我国进行访问或者留学，增强我国对国际人才的吸引力。

（3）明确招收来华留学生办学资质，加强汉语课程教学

勐腊县职业高级中学作为国内外籍学生就读人数最多的一所中等职业学校，自 2001 年 9 月至 2019 年 9 月，共招收 18 期 42 个班 2160 名老挝籍学生，目前在校生共计 1047 人。[①] 经过 20 余年努力，勐腊县职业高级中学不断开展国际交流合作，提高国际化办学水平。但就目前情况来说，学校要想进一步提高国际化办学水平，首先要明确招收留学生的办学资质。该校虽然有 20 余年的对外招收留学生历史，在老挝诸省享有一定盛誉，并且在"一带一路"背景下，留学生招生人数不断增多，但该校招收留学生的依据仅仅是 2001 年、2004 年、2008 年由勐腊县人民政府委托勐腊县教育局代表中国政府与老挝北部五省教育厅签订的《中国勐腊县与老挝北部五省联合举办汉语专业培训班备忘录》，并报西双版纳州人民政府备案，存在资质不确定的情况，只有解决该校办学资质的问题，勐腊县职业高级中学才能减轻国际化办学压力，其老挝籍学生才能获得相关补贴，享受外国留学生待遇。其次，国内现在的职业教育留学生培养体系需要根据实际情况进行调整和完善。政策应向"一带一路"国家倾斜，提高这些国家的留学生录取比例，不局限于招收老挝学生，还可以招收缅甸、越南等东南亚国家学生，让留学生结构更加多样化。

---

① 受新冠疫情影响，2020 年老挝学生招生人数统计不全，不计入本次研究。

学校也应不断提升自身的教学水平，提高业务能力，为留学生提供更好的教学服务，同时在生活上为留学生提供更多帮助，让他们感受到中国人民的热情友好，提升对中国的好感度，吸引更多的留学生来华。

（六）提高中等职业教育国际交流合作成效

1. 积极与国外开展联合培训项目

在与国外开展联合培训项目方面，国内的中等职业学校可以借鉴本科院校对外合作方面的丰富经验，以此为基础，灵活调整策略。在以前，本科院校为了学习国际上其他学校的先进理论知识会邀请知名大学的教授到中国进行访问、办讲座或者授予其客座教授的头衔，以方便随时沟通。如今在"一带一路"国家中，我们依然可以主动联系国外院校尽可能多地搭建各种类型的合作平台，并定期将国内不同行业的优秀专家派出去进行授课，使"一带一路"国家的学生也能分享中国的先进经验，从而促进各个国家的交流合作。

2. 发挥"一带一路"东南亚职业教育联盟优势

笔者在前文多次提到中等职业学校应当积极主动地与国外院校建立联系，打通相互输送学生和教师进行学习的通道，但从实际情况来看，单凭一个中等职业学校的实力和资源，要做成这件事非常困难，会遇到许多问题。针对这种情况，由政府牵头，各行业的企业、各中等职业学校和相关的行业协会等组织共同参与创建的职业教育联盟应运而生。职业教育联盟的最大优势就是合作创办的各个主体实现了资源共享，职业院校通过政府提供的一些优惠政策不断提升自己的软件和硬件条件，相关合作企业与院校建立了直接联系，实现了专业人才的定向输送。近年来，"一带一路"倡议的提出和相关政策的实施，使职业教育联盟得到了迅速发展，并且在全国各个省市开办了许多分支机构。中等职业学校借助职业教育联盟这个平台得到了一定的发展，并且不断朝着国际化方向转型。因此，职业教育联盟在未来的发展过程中需要注重以下几点：一是除了国内各地区中等职业学校，也要积极吸引国际知名的中等职业学校加入职业教育联盟，实现国内和国际的资源互通。二是在这个平台的基础上，应尽可能多地开展更深层次的交流与合作。比如职业院校除了输送自己学校的学生到企业工作，也可以为企业招纳的新员工提供专业的职业技能培训。只有政府、企业和中等职业学校共同努力，中等职业教育才能更好地"走出去"。目前对于勐腊县职业高级中学而言，要抓住"一带一路"发展机遇，积极参与"中国—东盟教育培训中心"的各类活动项目，与周边东南亚国家在教育合作上形成良性互动，充分发挥"一带一路"东南亚职业教育联盟优势。

（七）坚持国际化与边境民族特色相结合

云南位于我国西南边境地区，与老挝、越南等多个国家接壤，具有得天独厚的与国外交流往来的地理优势。而云南又是 20 多个少数民族的聚居地，各个少数民族都有自己的历史传承和文化传统。因此，云南的中等职业学校在与国外院校的合作过程中，应该注重体现自己的民族文化特色。

1. 契合边境民族地区经济发展

云南边境民族地区中等职业教育国际化发展的最终目的是帮助边境民族地区培养人才，发展经济，因此中等职业学校国际化发展需要契合"一带一路"建设需要，需要契合云南省、西双版纳州、勐腊县经济社会发展需要。只有发挥各方优势，才能探索出中华传统文化与少数民族文化并存、具有国际化特色的人才培养模式。一方面，需要政府大力支持与帮助。在"一带一路"倡议下，中等职业学校不可能只靠自己就能与"一带一路"国家的院校建立起联系，国内企业依靠自身力量同国外企业进行合作难度也很大，因此必须依靠国家力量，政府提供资金、政策等方面的扶持，搭建适合当地中等职业教育发展的国际交流平台。另一方面，要联合企业，开展校企合作。云南边境民族地区中等职业教育国际化发展，企业的参与不可或缺，中等职业学校的学生学习的最终目的是找到一个好工作，而在找工作过程中，毫无社会经验的学生无疑会走很多弯路，甚至可能放弃原来所学的专业知识而造成专业人才的浪费。因此，政府应当积极联系中等职业学校和相关企业，建立起人才输送的直接通道。首先，学校需要同企业进行交流，了解企业需要的人才类型和水平，并以此为基础调整原有的课程设置。其次，企业应该为学生提供到专业岗位实习的机会，锻炼他们的实践能力。例如，勐腊县职业高级中学电子商务专业的学生可以到当地茶厂实习，旅游外语、国际商务专业可以联合部分涉老企业、中老合资企业开展合作办学。

2. 加强民族文化交流，坚持民族特色

云南边境民族地区的中等职业学校在寻求国际化转型的过程中，应当以特有的少数民族文化为立足点，彰显出自身的特色，一方面要体现少数民族的特点，另一方面要尊重边境的地理特色。中华文化在五千年的漫长发展过程中积累了深厚的历史底蕴，并且非常注重同其他文化的交流融合，同周边地区的其他民族开展了各种类型的交流。文化在交流中才能不断繁荣发展，拒绝同其他文化交流只会使自己日渐衰亡。中华文化包括多种少数民族文化，云南地区更是一个少数民族的聚居地，所以云南的教育承担着双重使命，不仅要对学生进行中华传统文化的教育，更要把当地特有的少数民族文化纳入教育体系和课程设置。在同"一带一路"国家的合作中，也要大力宣传自己的少民族特色文化。正是因为胞波情谊深厚，云南边境民族地区才能与相邻国家开展深度交流与合作，也只有与相邻国家加强文化交流，打破国家界限，才能进一步提高云南边境民族地区中等职业教育国际化发展程度。在"一带一路"倡议下，中等职业学校在转变原先人才培养模式、寻求国际院校合作的过程中，同国外其他院校的联系和沟通肯定不是每次都有结果、都能成功的，那么如何才能提高合作的成功率呢，笔者认为中等职业学校应首先挖掘自身潜在的优势，明确双方合作需求，提供本校特色资源。例如对云南省的中等职业学校而言，当地的少数民族文化就是一个非常好的突破点，是独属于云南省的文化名片，在世界范围内也独具特色。云南边境民族地区存在跨境民族、跨境婚姻、口岸流通等特殊情况，中等职业教育国际化发展必须要尊重边境特色，利用边境特色进行国际化发展，积极将自己打造成区别于其他地区、具有云南边境民族特色的中等职业教育国际化范本。

# 第八章 云南沿边跨境经济合作区人力资本优化的对策研究

习近平总书记在党的十九大报告中指出，中国经济已由高速发展阶段转向高质量发展阶段。经济发展进入新时代，"稳增长、调结构"不仅要关注量的发展，更要注重质的提高。"人力资本是经济增长的源泉"，人力资本结构由低向高演进是与中国经济增长阶段同步的。① 经济高质量发展阶段，人口红利会迅速消失，这就亟须调整人力资本结构水平以与经济新常态相匹配。在知识经济浪潮中，在"一带一路"发展背景下，云南跨境经济合作区人力资源的发展必须同时进行两个转变，即人力资源向人力资本转化，进而实现人力资本优化。前者是增加对人力资本的投资过程，后者是人力资本的提升过程。人力资本的优化还必须与区域社会的实际情况、发展战略、目标及国际竞争需要等相联系。

## 第一节 云南沿边跨境经济合作区人力资本优化的理念

### 一、人力资本优化的内涵

亚当·斯密认为，熟练技能劳动者酬金与普通技能劳动者酬金存在差异；

---

① 刘智勇、李海峥、胡永远、李陈华：《人力资本结构高级化与经济增长——兼论东中西部地区差距的形成和缩小》，《经济研究》2018 年第 3 期。

有用的学识、能力是一种固定资本。舒尔茨提出，人力资本是凝结在劳动者身上的知识、技能及其所表现出来的能力，对社会生产具有促进作用。[①] 贝克尔进一步提出，教育、保健和劳动力流动等构成了人力资本的重要内容。[②] 国际经济合作与发展组织（OECD）对人力资本的界定是"个人拥有的能够创造个人、社会和经济福祉的知识、技能、能力和素质"[③]。综上，学者们对人力资本的共识为：人力资本是凝聚在人们身上的教育、知识、技能的综合体，其中教育的投入在人力资本素质提高过程中扮演着关键作用。

　　按照能力，可将人力资本类型划分为四类：基础型、技能型、知识型、制度型[④]，其中后三类人力资本同属于特殊型人力资本。（见表8-1）

表8-1　人力资本的类型

| 人力资本类型 | 特　征 |
| --- | --- |
| 基础型 | 具有分析能力、计算能力、学习能力和适应能力等基本生产能力，其能力水平是社会基础水平。基础型人力资本存量主要是通过基础教育和为完成特定工作的简单培训形成。 |
| 技能型 | 受过专业化教育和特殊培训，其存量水平高于基础型人力资本，通常指受过中专、职业高中、大专以上教育，具有专业知识和技能的人力资本。 |
| 知识型 | 具有组织管理能力，即在资源约束条件下，能够将现有的各种资源实现最佳配置、组织和协调。该类型人力资本受过中高等以上教育，更注重工作经验的积累，具有丰富的工作经验和知识。 |
| 制度型 | 具有资源配置能力、决策能力和预见力，能够在不确定的市场环境中作出准确的判断并给出果断的决定。通常，制度型人力资本受过中高等以上教育，具有丰富的工作经验和阅历，具有很高的能力素质水平，典型的代表为企业家、政治家、社会活动家、经济学家和教育家等。 |

　　① Theodore W. Schultz, "Capital Formation by Education", *Journal of Political Economy*, University of Chicago Press, Vol. 68, 1960, pp. 571-571.

　　② Becker G S., *Human capital: A theoretical and empirical analysis, with special reference to education*, University of Chicago Press, 2009.

　　③ OECD, *The New Economy: Beyond the Hype*, Final Report of the OECD Council at Ministerial Level, Paris, 2001.

　　④ 韦吉飞、罗列、李录堂：《新知识经济时代下我国人力资本优化研究》，《商业研究》2008年总第377期。

人力资本优化，一方面指区域产业结构与人力资本总量的合理组合，另一方面指对在各个层次的人力资本进行合理投资以促进平衡，主要包括地区人力资源整体素质的逐步提高，人力资本结构优化及高效利用等。了解一个地区人力资本的状况，可从人力资本的总量、结构两个方面来考察。总量优化可通过对地区教育的投入来提升，如通过对各级各类教育的投入、对劳动力的培训与健康投资等形式来促进人力资本的优化，同时通过改善区域人才环境、产业集聚、推进城市化进程等吸引外来人才，从而提高人力资本总量优化。人力资本的结构优化可从层次、分布来考虑，目的在于使得区域人力资本更好地适配本地产业结构的升级。某些产业领域的劳动力剩余或不足，都会影响生产资本的有效结合。另外，影响人力资本结构优化的因素还有劳动者的学历、性别，所在的区域、产业等。

## 二、人力资本优化的维度

新时代，经济发展的前提是劳动者素质的提高，加大对各级各类教育的投资，有利于人力资本层次结构的优化升级。此外，既需融入国家区域发展战略，又需了解本地特色资源，人力资本的现状，从男女性别、城市农村、产业行业等方面规划人力资本优化方向。（见表8-2）

表8-2　人力资本优化的维度分析 [①]

| 层次分布 | 基础型人力资本 | 技能型人力资本 | 知识型人力资本 | 制度型人力资本 |
|---|---|---|---|---|
| 性别人力资本优化 | 社会角色分析 | 学习能力及强度 | 从事行业特点 | 各种社会组织及公共管理 |
| 区域人力资本优化 | 区域资源禀赋、优势资源 | 区域特色经济、优势经济、地方主导产业 | 区域人口、民族、地理区位 | 国家区域发展战略、方向、目标 |
| 城乡人力资本优化 | 社会公平指数、经济状况、劳动力禀赋 | 农村专业技术人才 | 经济状况、劳动力禀赋 | 新农村建设管理 |

---

① 韦吉飞、罗列、李录堂：《新知识经济时代下我国人力资本优化研究》，《商业研究》2008年总第377期。

（续表）

| 层次分布 | 基础型人力资本 | 技能型人力资本 | 知识型人力资本 | 制度型人力资本 |
|---|---|---|---|---|
| 行业人力资本优化 | 行业技术状况、行业经济总量 | 行业发展核心竞争力、国际竞争力 | 区域行业优势 | 行业发展战略规划 |
| 产业人力资本优化 | 产业发展现状、趋势、发展需求 | 重点比较优势产业发展支撑力 | 产业结构调整、人们的消费结构 | 产业结构趋同情况、产业优化与升级方向 |
| 专业人力资本优化 | 经济发展层次、各行业发展情况 | 重点专业、强化与薄弱产业、支持优势产业 | 各专业人才需求量 | 专业管理人才 |

　　人力资本优化与经济发展是相辅相成的（见图8-1），对劳动力资源的开发、二次开发等，可促进不同层次人力资本的合理组合。同时，通过政策引导以及劳动力市场的调节疏通劳动力流动的渠道，调整和改善其布局与结构，促进其合理配置，以为地区产业结构调整升级、增强竞争能力提供合理、持续的智力支撑。

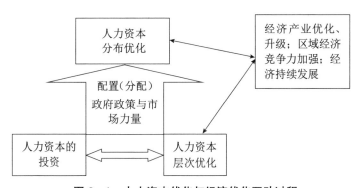

图8-1　人力资本优化与经济优化互动过程

## 第二节　云南沿边跨境经济合作区人力资本优化设计

### 一、指导思想和基本原则

（一）指导思想

科学把握发展新阶段，构建地区新发展格局，以高质量发展为主题，以现代化发展为基础，结合国家"一带一路"建设发展的需要，解放思想、转变观念，完善人才培养体系，提升人力资源优化配置水平。遵循高质量发展的时代要求与人才成长规律，充分利用跨境经济合作区现有资源开拓创新，营造一个和谐的发展环境，培养、留住本地人才，吸引新型人才，为推动跨境经济合作区经济发展奠定坚实的基础。要树立"人力资本是经济发展的第一要素"的观念，充分认识到人力资本在经济发展中的重要作用。

（二）基本原则

1. 党管人才、区域合作原则

着力加强党管人才工作，创新以人为中心的领导体制、运行机制和工作格局。利用区域优势，结合产业结构优化升级对人力资本优化配置的需要，提升优化水平。要本着双边互惠、平等民主的原则，逐步推进跨境经济合作区建设，以达到合作共赢、协同发展的目的。

2. 服务大局、以人为本原则

着力促进人力资本优化与转变经济发展方式、扩大开放、加速发展的协调，实现人才强区。要重视人才培养、引进工作，尊重人才价值，努力形成人才辈出、人尽其才、才尽其用的生动局面。

3. 市场导向、合理配置原则

要不断完善人力资本服务体系、激发市场活力，发挥市场在人力资源配置中的决定性作用，推动劳动力的合理配置。营造符合国际惯例、国家规定、来去自由的宽松环境，构建高效的跨境经济合作区人才信息网络，放开视野，精准选才。

4. 分类施策、充分就业原则

在产业结构调整升级的基础上，依据不同领域、层次人才的实际，在培养、配置、评价等方面分类施策。充分就业包括城乡所有的劳动人口，这需要着力增强人力资源优化配置的针对性、精准性。

5. 开放聚才、立德树人原则

人力资本优化是一个长期的过程，要坚持党的领导，坚持正确的办学方向，深入推进育人方式、办学模式、管理机制创新，推动职普融通，增强职业教育的适应性，培养更多高素质、具有国际化视野的人才。同时实施更加积极、开放、有效的人才政策，聚天下英才而用之。

## 二、战略目标和实现路径

### （一）战略目标

通过"内强素质"加强各类人才的培养，"外增动力"吸引、留住人才，"发挥效能"高效利用人才等战略机制，提升地区人力资本水平。同时，通过人力资本优化，形成与边境特色相结合、与产业结构调整升级相适配的，人才辈出、人尽其才的社会环境，最终达到人力资源的合理配置和有效利用，从而大幅提升区域的整体实力，加快推进边境地区社会主义现代化进程。

### （二）实现路径

#### 1. 基本思路

第一，坚持正确方向，坚持党委在人力资本优化工作中的核心作用，确立人才优先发展战略布局。第二，实施产人互动的人才优化战略，以产业结构的调整升级不断提升高素质劳动者的集聚规模和配置效率。第三，建立完善的人才培养新机制，营造终身学习的氛围，打造智慧教育环境，完善培训培育机制。第四，推动"互联网＋人力资源服务业"升级，提供优质高效人力资源优化配置服务。第五，坚持多向开放，充分发挥跨境经济合作区门户优势，统筹国内国际资源，坚持自主培养开发人才与引进海外人才和智力并举，加强与各国的互鉴、互容、互通，积极融入"一带一路"大格局。

#### 2. 主要路径

#### （1）完善教育培养机制，整体优化

目前，云南跨境经济合作区除具有完备的基础教育外，还建有中职学校：河口县建有河口职业高级中学，瑞丽市建有瑞丽市职业中学（公办）和瑞丽市翡翠国际珠宝学校（民办），勐腊县建有勐腊县职业高级中学。此外，云南师范大学是勐腊县的对口扶贫单位。云南民族大学澜湄国际职业学院（职业技术学院，简称"澜湄学院"），在云南省边境口岸设立了 8 个培训基地，在缅甸、老挝等国也设有培训基地。云南省共有 89 所高等院校（包括专科院校、成人高等学校），应充分利用这些教育资源，创新人才培养模式、培训方式，促进地区劳动力整体素质的提高。

（2）完善人才吸引新机制，广纳贤才

云南跨境经济合作区地处西南边陲，经济相对落后。政府及相关企事业单位要采取多种优惠政策及措施，积极吸引其他地区丰富的人力资源。要努力营造尊重知识、尊重人才的良好氛围，出台相关配套政策，建立合理的人才激励新机制，以开明开放的姿态，广开才路、招贤纳才。

（3）完善人力资源使用新机制，发挥效能

创新人力资源使用机制，需打破常规，不拘一格用人才。要创设公平竞争的从业环境，建立开放灵活的人才流动机制，合理有效的绩效考核制度，科学规范的人才选拔、晋升、奖惩机制等，努力做到人适其位、人尽其才、才尽其能。

# 第三节　云南沿边跨境经济合作区人力资本优化的策略

## 一、人力资源优化整体提升策略

（一）制定人力资源优化发展战略规划

一是突出人力资源开发利用重点，在全社会形成共识，将人力资源开发利用作为中长期战略目标。二是动员社会各方面，形成政府、社会、用人单位、个人等多元化投入机制。三是统筹跨境经济合作区国内国际两种资源，制定人力资源开发、引进相关规章制度。

（二）积极发展各类教育，提高教育质量

积极组织实施学前教育三年计划，完成建设、改建和扩建公立幼儿园的工作，继续开展附属小学的工作，鼓励和支持民办幼儿园和隶属于村级行政区划的幼儿园，努力实现幼儿园全面覆盖，解决上幼儿园难的问题，加快普及学前教育。办好必要的农村教学点，强化"控辍保学"工作，采取"一人一策"、动态监测措施，做到"控辍保学"精准化。加强义务教育阶段学校的规范化建设，减少薄弱学校数量，提高办学质量。通过提升教师教育教学水平、改革课堂教学模式等促进初高中阶段教育内涵发展、均衡发展。

鼓励地方政府与大型企业联合投资办学，根据企业需要开设专门学科或者专科院系。加大培养本地人才的力度，提高云南跨境经济合作区人力资源的整体质量。

（三）加强农村人力资源培训

一是培养在地农民，对农民进行科学技术培训，帮助他们掌握先进的科学技术，引导农民借助先进的科学技术创新致富，进而带动整个跨境经济合作区的发展。二是加强农村劳动力转移培训，将职业培训与扫除功能性文盲工作相结合，培养能走出农村、适应城市化建设的人才。

## 二、根据产业结构的调整优化人力资源

（一）跨境经济合作区产业发展现状

国家给予云南三大跨境经济合作区极大的政策扶持，使得云南跨境经济合作区的地区生产总值呈现逐年递增的趋势。2016 年至 2018 年，勐腊县第一、三产业的总产值最大，以发展第一、三产业为主，且第一、二、三产业呈现逐年递增的趋势。河口县 2018 年人均生产总值 76063 元，2019 年 88638元；非公经济增加值 643988 万元，占 GDP 比重 65.7%，按可比价计算增速17.3%。河口县第三产业所占比重最大，第二产业次之，第一产业所占比重最小。2019 年，瑞丽市全市实现地区生产总值（GDP）149.1 亿元，按可比价计算，比 2018 年增长 9.4%。瑞丽市以发展第二、三产业为主，第一产业所占比重小。

综上所述，在三大跨境经济合作区中，瑞丽市和河口县以发展第二、三产业为主，第一产所占比重较小；勐腊县以发展第一、三产业为主，第二产业所占比重较小。由此可见，第三产业在三大跨境经济合作区中占有举足轻重的位置。

（二）跨境经济合作区人力资源分布现状

人力资源在各大行业的分布情况在一定程度上反映了跨境经济合作区经济发展的情况，对云南省三大跨境经济合作区人力资源优化具有启示意义。

从瑞丽市 2014 年至 2018 年人力资源分布情况来看，其中在岗职工人数占社会所有从业人员人数的比例较小；2017 年之前第一产业的从业人员数量较多，2016 年之后第一产业从业人数逐年减少；第二、三产业从业人数逐年

递增，且第三产业从业人数高于第一、二产业从业人数。

《2019 年中国县域统计年鉴（县市卷）》数据显示，2018 年勐腊县户籍人口为 250811 人，其中第二产业从业人员 6871 人，第三产业从业人员 47953 人。参照勐腊县 2015—2018 年年鉴可知，虽然勐腊县第二、三产业从业人口逐年增加，但第一产业从业人口占比最大。

《2019 年中国县域统计年鉴（县市卷）》数据显示，2018 年河口县户籍人口为 93188 人，其中第二产业从业人员 1679 人，第三产业从业人员 22541 人，第一产业从业人员占比最大。

（三）加强人力资源结构调整

云南跨境经济合作区三地，除瑞丽市第三产业人力资源比重高于全国平均水平外，勐腊县、河口县目前第一产业的人力资源比重均高于全国及云南省的平均值。由此可知，云南跨境经济合作区三次产业的人力资源结构需进行合理的调整。在云南跨境经济合作区的发展中，要加强区域之间、产业之间的人力资源分工合作，调整人力资源在三次产业的分布，形成优势互补的人力资源产业结构体系，促进人力资源结构的升级调整，提高该区域的人力资本优化水平。同时，勐腊县、河口县还需加强农村人力资源结构的调整。

1. 引导第一产业的人力资源提升、流出

河口县、勐腊县农业人口数量占比大，素质偏低，大多采用粗放式的劳动生产方式，产出效益较低。针对这一状况，一方面，加强政策导向，引导农业向优质高效的新型农业、现代农业发展，加强对农村劳动力农业科学知识、技术技能的培训，提高生产效能。另一方面，加快城镇化建设，积极开展劳动力转移培训，制定各种优惠政策，引导农村剩余劳动力转移至第二、三产业。

2. 根据产业结构调整提高第二产业人力资源素质

随着云南跨境经济合作区产业结构的调整，第二产业比重渐增。伴随着第二产业的发展，智能制造、新材料、高端装备等新兴产业成为发展培育的主要方向，这对人力资源提出了更高的要求。要对从业人员进行科学知识技能培训，使他们成为第二产业需要的现代化技术工人。

3. 增加第三产业的就业人员

在云南跨境经济合作区中，瑞丽市的第三产业发展最为迅速，第三产业从业人员人数高于第一、二产业从业人员人数。而勐腊县、河口县第三产业发展状况低于全国平均水平，第三产业从业人员所占比例低于全国平均水平，因而需大力发展第三产业，推动剩余劳动力流入第三产业。

### 三、统筹兼顾，促进人力资源优化国际化进程

2016 年，云南与教育部签订了《开展"一带一路"教育行动国际合作备忘录》。备忘录明确提出"一心三地"，即把云南建设成中国面向南亚东南亚区域教育辐射中心，中国面向南亚东南亚开放重要人才培训基地、中外人文交流基地、中国教育对外开放新高地。云南省教育厅根据省委全面深化改革领导小组的安排，起草了《云南省对外投资重点国别国际教育交流合作实施方案》（以下简称《方案》），旨在进一步解放思想，助推全省经济和教育发展。要支持语言学习，深化沟通交流，支持举办孔子学院（课堂）等，促进云南省与对外投资重点国别的人文交流与民心相通；鼓励双向留学，培养区域人才。提升留学生服务管理工作水平，建立来滇留学毕业生人才库，做好来滇留学校友工作等。依托政策优势，提高人力资本优化水平，加速云南跨境经济合作区经济的发展。

### 四、灵活机制，柔性引智

要想吸引人才、留住人才，建立一个长效的人才吸引机制十分必要。要将跨境经济合作区打造成经济发展较快的综合型区域，应制定更具有吸引力的人才吸引和激励机制。政府应加强对跨境经济合作区的经费投入和环境建设，把跨境经济合作区打造成云南省边境贸易的"排头兵""试验田"。根据当前国际国内经济形势，要不断培养人才，补充和更新人力资源的知识结构，使人尽其用、用尽其才，充分挖掘他们的潜力。加快创建各种适合人才发展的有利环境，为留住人才提供保证。利用跨境经济合作区自身及周边已有的区位优势，将科学技术转化为生产力，有利于稳定人才、留住人才。对于既具备专业知识又具有管理技能的综合型人才，可为其提供广阔的发展空间。

加快"互联网＋人力资源"建设，完善人力资源信息库，促进生产力的发展。加快人才的培训速度，有计划、有步骤地推进人才交流和人力资源优化配置。总之，云南跨境经济合作区的人力资源优化是一个长期的不断调整的过程，不能一蹴而就。

# 第九章　云南沿边跨境经济合作区人力
# 资源合理配置的对策研究

## 第一节　云南沿边跨境经济合作区人力资源合理
## 配置的基本目标、原则、模式选择

　　"人"是具有多种自然属性和社会属性的综合体。在社会属性中，经济性是一个极为重要的属性，它既代表人是生产的主体，也代表人是消费的主体，而作为劳动者的人所具有的经济性更为突出。因此，"人的经济性主要表现于他从事社会生产的推动力，即从客观经济运动的角度看，人也是生产要素，是经济资源与人力资源。"[①] 人力资源是存在于人的自然生命机体中的一种国民经济资源，以人口为自然基础。姚裕群将人力资源界定为某一区域内的总量人口中存在的劳动力的总和，并提出人力资源是宏观意义上的概念，既可以国家为单位来划分或计量，也可用于区域、单位及企业等。

　　资源配置是指将各类资源按照一定的形式进行组合，不同的配置会给国民经济的发展带来不同影响。由于组成人类社会的资源要素甚多，在社会发展的进程中，不同阶段对不同类型资源会有不同的需求，一些在数量上难以满足人们需求的资源则表现出稀缺性，而通过对这部分有限的资源进行合理

---

　　① 姚裕群主编：《人口大国的希望——人力资源经济概论》，中国人口出版社1991年版，第2页。

的配置，既能最大限度满足人们的需求，又能有效减少资源耗费和浪费，实现最优化效益。因此，从某种程度上讲，资源的合理配置对于国家、地区或企业的发展至关重要。在经济学领域，人力资源被称为国民经济的主体资源，是其他资源利用的主要载体，在一定程度上决定了其他生产要素的开发和利用程度。人力资源还具有一定时效性，不仅难以保存，还面临折旧的问题，因而不适宜的配置会造成人力资源的贬值，而合理配置既能保证人力资源的合理运用并促进其自身价值的发挥，也能提高附着于其上的其他物质资源的利用效率。"人力资源配置是人力资源开发和管理的重要环节，是指在一定的区域或部门之间对劳动者的合理安排、使用、调配，使人力资源能够真正服务于区域经济和社会发展，服务组织的不断发展壮大。通过人力资源的合理配置能够充分发挥人力资源在各个区域、各个行业、各个部门的作用。在人力资源配置的过程中应按照一定的原则和目标进行配置，实现人力资源配置的最优化。"①

**一、云南沿边跨境经济合作区人力资源合理配置的基本目标**

人力资源是经济增长的重要因素，人力资源合理配置就是在区域内对人力资源实现充分利用。人力资源配置的目标具体表现为以下三个方面。

第一，实现区域内人口的充分就业。区域内劳动者的就业或失业程度在一定程度上被看作人力资源配置效率的根本标志，区域内劳动者就业程度越高，表示该地区人力资源的配置效率越高；反之，如果区域内劳动者的失业程度过高，则说明该地区人力资源的配置效率较低；而如果区域内人力资源和其他资源的配置效率较为合理时就业就会比较充分。充分就业也被称为完全就业，指有能力且有意愿的劳动力都能获得合适的工作岗位。云南沿边跨境经济合作区通过人力资源的合理配置，可促进人口的充分就业，减少人力资源的浪费，并有助于经济发展和社会稳定。但由于充分就业并不等于全部就业，因而在实现该目标时要注意一些具有隐蔽性、特殊性的劳动力失业问题，保证合作区内所有人力资源的供给情况都能得到完全的显露和评估，没

---

① 吕薇：《人力资源配置的原则与目标》，《中外企业家》2018 年第 15 期。

有被忽视和遗漏的人员。另外，劳动力与岗位的配置是一个双向选择的结果。一方面，区域内会出现劳动力自愿失业的现象，即存在部分有劳动能力但不愿工作的人口，这类群体并不能被视为严格意义上的失业；另一方面，未到或超过法定劳动年龄的人口（小于16周岁和大于退休年龄的人口）也不能被认定为失业人口，因此不纳入实现充分就业的范围。

　　第二，改善区域人力资源配置的不均衡性。社会发展会造成一个区域经济环境、产业结构、人口文化结构的变化，导致固有人力资源配置形式不再适应现有经济发展环境，造成了配置的不均衡性。人力资源的区域配置是以人力资源在区域间的流动为基础的，人力资源在一个区域内的流动是否顺利决定着其配置的效率。云南沿边跨境经济合作区三地位于我国西南边疆，受限于自然环境、基础设施和交通通达度，区域发展具有一定的封闭性。信息不对称会造成人力资源市场机制不完善、市场分割、区域封锁等问题，进而导致人力资源缺乏活力，造成供给与需求的错位，使该区域内人力资源短缺和闲置现象并存。这种错位和封闭在区域内如果得不到及时的解决，将会带来严重的失业问题，降低人力资源对区域社会经济发展的促进作用，危及地区的社会稳定。因此，应根据市场的发展变化，促进沿边跨境经济合作区人力资源配置的灵活性，充分调动人力资源在区域内和区域间的流动，促进人力资源的合理配置，以适应不断变化发展的产业格局，这既有利于提高产业集聚效益，也有利于打破云南沿边跨境经济合作区人力资源市场的局限性。

　　第三，提高区域内各行业部门的生产效率。"人力资源包含就业人口（也称之为经济活动人口）与求业人口（也称之为可供劳动力人口），是一种社会经济发展的投入要素，直接具有经济意义。"[①] 对于合作区与劳动资料已结合的就业人口而言，经济、技术和社会的发展会对其质量水平提出更高的要求。伴随社会经济的发展，已从业的劳动者如不能提高自身的劳动效率，将难以应对由于各种原因（如物质资料供应中断、停电、裁员、消极工作等）造成

――――――――――

　　① 姚裕群：《人力资源概论》，中国劳动出版社1992年版，第139页。

的低效率和"在职失业"的问题，[①] 因而需要充分利用在职劳动力，采取措施改善甚至重新配置人力资源（包括追加人力资源投入，变换原有专业人员的岗位等），才能保证在岗人力资源的活力和高效劳动，最大限度地激发劳动者的工作热情、创造性，从而实现更高的经济效益。另外，第二次世界大战后，诸多发展中国家制定了人力资本赶超战略，将高等教育事业作为教育发展的重中之重。经过几十年的发展，高等教育得到快速扩张，但"知识失业"[②] 现象也越来越严重。大量优质的人力资源不能及时或恰当参与到社会生产中，造成能力与岗位、所学专业与从事职业的不匹配，自身知识技能难以得到充分利用，人力资源的经济效益和社会效益得不到充分体现。这不仅导致社会投资的浪费，也影响附着于人力资源上的各类生产要素效能的发挥，不利于区域内各行业部门生产效率的提高。而人力资源的合理配置，有利于减少"知识失业"现象，促进各行业部门生产效率的提高。

## 二、云南沿边跨境经济合作区人力资源合理配置的原则

人力资源作为一种生产要素，只有投入生产活动中，且与其他资源协调匹配，才能凸显其最大价值。基于人力资源的特殊性，在对其进行合理配置时，需要遵循一定的原则，才能保证配置的科学性和合理性，提高人力资源的利用率，做到人尽其才、人尽其用，推动国民经济发展取得最大效益。

（一）能级对应原则

云南沿边跨境经济合作区内各行业部门有职位、层次、种类之分，占据不同的社会位置，并有与之需要相匹配的不同能级，这些能级表现为可拥有不同的权力、利益及荣誉等。合作区内的劳动力水平和能力具有差异，因此，为了实现人尽其才、才尽其用，区域人力资源的配置需尽可能使劳动力的能级与其职业岗位层次水平相对应，从而在行业内构建相对稳定的劳动力组织形态。同时，由于能级本身具有动态性、可变性及开放性等特点，故能级对应在一定程度上也是动态的和灵活的。劳动者普遍具有实现自我价值的强烈

---

① 姚裕群主编：《人口大国的希望——人力资源经济概论》，中国人口出版社1991年版，第112页。

② 周德禄：《人力资本配置效益研究》，山东人民出版社2012年版，第2页。

愿望，希望自己的能力能够得到充分发挥和提高，行业或企业也可提供竞争规则，为个体能力的发挥创造更多的条件。因此，根据能级对应原则进行人力资源配置，可以保证人力资源所附着的各要素服从且适应于行业运行系统，提高生产效率。另外，能级对应原则作为一种以人为本的管理方式，是人力资源开发和配置的重要原则，这项原则的使用可以最大限度地发挥人的能力，使其成为经济发展中最活跃的因素，以实现管理目标。

（二）目标定位原则

区域的发展受自身基础条件、地理位置、经济水平、市场环境、政策等多方面因素的影响，这既为该区域人力资源的配置提供了先决条件，也在一定程度上对其实践有所制约。且区域社会效益不仅体现在社会、经济、政治、文化、科学等显性方面，还涉及许多隐性关系。因此，跨境经济合作区在进行人力资源配置前应科学地规划相应配置目标，提高配置的准确性和全面性，使区域人力资源配置的措施能最大化实现社会经济效益。首先，云南跨境经济合作区有其特殊的地缘优势和自然资源优势，但同时也面临基础设施薄弱、经济发展较为落后、发展后劲不足、城乡发展不均衡等劣势。因此，当地人力资源的配置需要在充分考虑区域特色、区域发展优劣势的基础上，处理好各类资源与生产能力的关系，并依据地方的产业结构、知识结构、技术结构等编制适当的配置目标，有目的、有计划地进行人力资源配置，促进地方均衡发展。其次，目标定位原则有利于加强对现有资源的开发和合理利用，能更精确地引导当地重点行业、新兴行业的发展，将其作为人才培养和配置的重要方向，可提升人力资源配置的效率。最后，云南跨境经济合作区作为面向东南亚的重要门户，是我国实施对外开放以及推进"一带一路"建设的重要战略点，政府为其提供了诸多政策、资金支持并引导地区规划发展方向。因此，当地人力资源的配置应当紧扣国家以及地区部门的整体社会经济发展的战略要求，以此作为制定发展目标的重要依据，制定好人力资源配置的中长期规划，以提升区域人力资源配置的合理性。

（三）动态调节原则

区域人力资源的配置结构需具有稳定性，但受社会发展、经济环境变化、人力资源结构以及政策变化等因素的影响，已有人力资源配置的结构会逐渐与区域发展不相适应，如果不能及时对其进行调整，将影响区域经济的可持续发展。人力资源配置的动态调节原则要求跨境经济合作区根据经济环境的变化或岗位要求的变化及时调整人力资源的配置，将适合的人安排在适合的岗位上，并依据区域发展方向有计划地增加或削减各行业部门人力资源的投入，不断优化人力资源配置的结构。遵循人力资源配置的动态调节原则可增加区域人力资源配置的弹性，使之能够较快适应环境的变化，并迅速地作出决策，让知识和实践更能密切地配合，促进经济效益提高。动态调节原则在宏观层面上体现为保持某一地区一定规模的人力资源在区域内或区域间的合理流动，实现人力资源与区域内其他资源的良性结合。当区域人力资源供给大于需求时，除将部分人力资源转换为非可供资源外，还可以改变其投入的方向，提高其自身效益。动态调节原则在微观层面上体现为在促进行业部门发展时，需要不断地调整员工的岗位配置，提高员工与其工作岗位的匹配度，并以此不断为岗位再次筛选更合适的人才。在此过程中，人力资源应增强自我学习能力和实践能力。行业部门应采取内部选择、继续培训等措施开发员工潜力，并调节相应的岗位，为员工提供更高的发展平台，将人力资源投放到更合适的位置上。

（四）效率最大化原则

效率最大化原则是经济学中的重要原则，也是体现经济发展的一种价值取向。由于人力资源在经济发展中具有重要地位且云南跨境经济合作区的发展需特别突出其经济属性，因此该区域进行人力资源配置时更应强调效率最大化原则。人力资源的配置需与其他资源相适宜才能保证效率最大化，因此特别需要注意以下几点：首先，强调自然资源、社会资源和劳动力个体自身资源的效率及其在配置中所达到的水平和能力，即促进各类资源本身最大效益的发挥。针对自然资源和社会资源，可以采用充分利用、多次利用和合理利用的方式来提升自身利用效率。而人力资源的利用过程则强调有效劳动，即保证投入的人力资源能实现最优化的经济效果，减少无效劳动，保证有效劳动，增加高效劳动，尽可能实现产出大于投入，以保证人力资源配置的效率。其次，将对经济的贡献率作为区域人力资源配置是否合理最主要的衡量标准。衡量人力资源配置是否合理的标准众多，如维护公平性、保持生态平衡、实现资源的深度开发、挖掘区域或部门发展潜力、促进产业结构和技术结构的调整等。人力资源的合理配置是提高我国国民经济效益的根本途径之一，因此我们将经济效益视为人力资源合理配置最重要的衡量标准。最后，将分配效率作为影响跨境经济合作区人力资源合理配置稳定性和长期性的重要因素。"分配效率是指经济运行过程中分配领域的效率，是说明要素所有者的投入与报酬之间的关系，即'多劳多得'的分配过程的内在要求。"[1] 强调分配效率可以提高人力资源报酬分配的排他性水平，可以促进产出效益最大化，也有利于维护社会公平，调动劳动者的积极性。同时，推动人力资源的合理配置，也能促进区域财富的公平分配和占有，平衡劳动与资本收益，维护区域经济发展的长久与稳定。

### 三、云南沿边跨境经济合作区人力资源合理配置的模式选择

（一）宏观配置模式

区域人力资源配置模式在宏观层面上主要可分为计划配置（也被称为"行政强制型配置"）模式、市场配置模式、计划与市场相结合的综合型配置模式。

1. 计划配置模式

计划配置模式主要运用于计划经济背景下，即"在高度集中的计划经济体制下，人力资源的再生产和优化配置都是通过政府的行政计划来实现的"[2]。在计划配置模式下，政府居主导地位，人力资源配置的类别、范围、规模等，包括相应人力资源的工资收入、岗位设置、人员调遣等，都是通过政府行政计划来实施。计划配置模式赋予了行政单位绝对的权力，容易形成稳固、僵化、不变的一元格局，在一定程度上对提高配置效率有积极意义。但由于计划配置模式的实施是建立在削弱了人力资源本身的自主权，并将其视为行政计划的被动附属品的基础之上，因此，随着区域经济的发展，这种配置模式开始阻碍区域人力资源流动，导致用人单位不够灵活，状态单一老化，难以适应

---

① 周德禄：《人力资本配置效益研究》，山东人民出版社 2012 年版，第 53 页。
② 望山：《人力资源配置的三种模式和三个目标》，《唯实》1996 年第 4 期。

灵活多样的市场发展和变化，降低了人力资源配置与市场环境的匹配度，使其生产效率低下，进而造成人力资源浪费。如果区域信息闭塞，将加重区域的封闭性，不利于区域经济社会的迭代和发展。

2. 市场配置模式

"市场配置模式，是通过市场机制、收入杠杆实现劳动者与就业单位的双向选择，以此调节区域人力资源的供求关系，实现劳动者与企事业单位的相关配置。"[①] 市场配置模式适用于市场经济背景下，市场是劳动力配置的主要途径，国家和政府则尽量对人力资源配置不做干预。在这种模式下，市场调节发挥着决定性作用，用人单位与劳动者都表现出较强的主动性、双向选择性，就业、择业、裁员、辞职等现象明显增多。选择该种模式进行人力资源配置，需赋予市场较大的权利，以最充分地发挥市场的作用，并通过供求、酬劳、竞争等机制，在保证稳定性的同时又兼顾灵活性，促进人力资源配置与区域经济的发展需求高度匹配，提升人力资源市场配置效率。但市场配置模式也会造成择业频繁、失业现象剧增、市场秩序较乱、人力资源配置的稳定性较差等问题，导致企业人员流动性较大、员工培训负担加重，进而影响企业的经济发展效益。对于劳动者而言，在这种模式下劳动者缺少职业安全感和稳定感，失业风险压力大，容易挫伤其工作积极性。

3. 综合型配置模式

上述两种模式在实践中都表现出其局限性，对于云南沿边跨境经济合作区的人力资源而言，采取任何一种都难以达到合理配置的目的。而综合配置模式就将这两种模式结合起来，扬长避短。就人力资源配置而言，政府的干预和市场的调节都有其必要性，两者结合既可以打破计划配置模式的僵化性，又能提高市场配置的稳定性和效率性。合作区基础设施仍然较为落后，经济发展还较为薄弱，区域发展对传统产业（木材加工业、旅游业、种植业）的依赖明显，且由于教育资源有限，当地人力资源特别是高质量人力资源较为缺乏，还易出现人才外流的现象。另外，合作区内稳定的人力资源多是依托传统产业进行培养和配置，但随着产业结构固化问题的加剧，

---

① 萧鸣政编著：《人力资源开发概论》，北京大学出版社 2014 年版，第 198 页。

区域发展缺乏活力且抵御外在风险的能力有限。通过人力资源的合理配置，可在一定程度上改善其产业发展固化问题。因此，合作区在人力资源配置方面存在较大的改善空间。

云南沿边跨境经济合作区是我国对外开放的重要战略区域，政府赋予其较大市场自主权，但现阶段仅靠市场调节，已经难以促进合作区产业结构的升级，因此，应充分发挥人力资源配置对产业发展的推动作用。合作区人力资源的配置应在市场配置模式的基础上加大计划配置的力度，通过政府调节加大对区域优势资源的开发和利用，依托地缘优势促进新兴经济的发展，为招商引资、对外贸易、跨境金融的发展提供更大的平台；改善、升级当地传统优势产业，促进产业的均衡发展和技术的提高，以此改变合作区人力资源配置结构，进而发挥计划配置模式的作用，在评估当地人力资源基本情况的基础上，对市场需求进行调研，并进行规划、预判，建立完善的劳动力市场。

（二）微观配置模式

云南沿边跨境经济合作区涉及各类企业和个体工商户，经营范围涵盖交通运输、仓储与邮政、信息传输、租赁、科研、水利、教育等领域，各企业的发展都需要采取适宜的模式促进其内部人力资源的合理配置，以此推动企业生产效率和经济效益的提高。区域人力资源的宏观配置模式较多关注区域的整体发展，而在区域的企事业组织内部也同样面临人力资源配置的问题，需要采取不同的、更具体的配置模式。

1. 人岗关系型

人岗关系型模式主要"通过人力资源管理过程中的各个环节来保证组织内各部门各岗位的人力资源数量及根据员工学识、能力与岗位的对应关系进行配置。"[①] 其配置形式主要有招聘、轮换、试用、竞争上岗、末位淘汰、双向选择等。这一配置模式涉及用人单位内部劳动力配置的各个环节，是微观人力资源配置的常用模式。其中，招聘是一种以岗招人的人力资源配置形式，当企业或部门的劳动力不能满足其发展需求时，便依据定位、定向的原则进

---

① 萧鸣政编著：《人力资源开发概论》，北京大学出版社 2014 年版，第 198 页。

行人力资源引进。轮换是指在部门组织内人力资源数与岗位数基本对等的情况下，当劳动者不能满足岗位的需要，或劳动者对岗位不满意，又或者是部门需进一步挖掘劳动力的内在潜力时而采用的交叉、对调的人力资源配置形式。试用是指当以差额招聘形式使组织部门内的劳动力数量大于岗位实际需要时，需在正式配置前对新上任的劳动力进行考察的形式。竞争上岗是指当对岗位有意向的人力资源大于岗位数时，为了保证选择最优劳动力而采取的竞争型配置形式。末位淘汰是指当员工数多于岗位数，或岗位数有所减少，即岗位供给少于已入职员工需求时，为了维持企业的竞争力，减少企业人力成本，而根据一定标准对能力较差或考核排名靠后的员工采取下岗或者淘汰的措施。双向选择多运用于员工数与岗位数相同的情况下，是指企业在提前公布岗位要求的前提下兼顾员工自由选择的以岗选人的配置形式。

2. 移动配置型

这是一种通过员工在其岗位的上下左右岗位之间的移动，以激励员工不断进行自我开发，努力工作，使员工效益最大化，从而保证人岗相适的人力资源配置方式。移动配置型模式的具体形式主要包括晋升、降职和调动。晋升是指在职位有等级之分的情况下，人力资源个体从低级别岗位向高级别岗位配置的形式。降职则与晋升相反，是一种将劳动者从较高职位向较低职务转移的配置形式。调配则是同级别职务间的调配。

3. 流动配置型

流动配置型是一种通过员工在企业和人力资源市场之间的内外流动，以保证企业内每个部门、岗位对员工数量与结构需求的人力资源配置方式。该模式具体形式包括安置、调整和辞退。安置是指将新入职的劳动者分配到相应的岗位。调整是指依据已入职的劳动者的数量、技术水平、人岗匹配度等对其岗位进行调整，以不断适应变化的生产需求。辞退是指对于能力、价值观、技术等不符合岗位要求或违反纪律、失职的劳动者，由单位主动解除劳动关系，属于一种流出组织的人力资源配置形式。

微观人力资源的配置模式较为多样，但是都具有一定的局限性，比如主观性、强制性、盲目性、经验性、随意性等。云南沿边跨境经济合作区三地由于基础设施相对薄弱，劳动密集型企业众多，高技术人才引进困难，对高新技术的运用有限。因此合作区政府应积极引导当地企业提高人力资源配置的科学性和合理性，包括以科学的素质测评方法和程序取代个人经验和印象，对被安置或调动的员工与岗位的适配性进行深入细致的分析与研究，提高人岗匹配度，并提高企业人力资源管理的规范性，减少因为竞争准则或规则不清，管理者缺少相应的管理约束而仅凭经验进行判断导致的人岗配置不佳等问题。

## 第二节　云南沿边跨境经济合作区人力资源合理配置的思路和策略架构

### 一、人力资源宏观合理配置的思路和策略架构

云南沿边跨境经济合作区人力资源的宏观配置主要为区域配置，即以一个区域的人口和人力资源现状为基础，以该地区的生产能力、资源储备、发展潜力、市场经济条件、人口需求和经济发展规划为依据，通过地区间人口与劳动力迁移和对不同地区的人口政策和劳动力政策的调节来实现人力资源的合理配置。宏观配置往往针对不同区域，将不同地区视为配置对象，其人力资源配置的目的是实现区域效益的最大化。

人力资源的宏观配置有利于发挥云南沿边跨境经济合作区资源优势，并获得长期的综合效益。从具体情况分析，合作区地处西南边境，地缘特色、政策支持、资源丰富等是其发展的特殊优势，是我国重要的经济发展战略区域，但是由于当地自然条件较为落后，交通通达度不高，经济基础较为薄弱，文化发展程度有限，高质量人才稀缺，难以适应未来高速发展的需求。因此，需要为该区域的发展创造必要条件，促进区域智力、财力、劳力相结合，其中人力资源是区域经济发展的重要条件，通过合理配置，可以促进区域经济发展。在宏观方面，人力资源的配置往往需要且受到国家或整个区域领导机构的直接关注，涉及多个行政部门。因此，云南沿边跨境经济合作区在进行人力资源宏观配置时应以经济社会效益最大化为目标，充分考虑投入与产出的比例，有计划、有预判地协调好各部门间的关系。

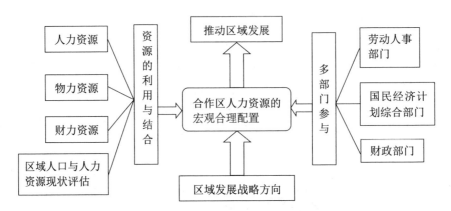

**图9-1　合作区人力资源的宏观合理配置示意图**

云南沿边跨境经济合作区人力资源的宏观合理配置如图9-1所示。该区域人力资源的宏观配置应以目标导向型的配置思路来进行策略架构，其目的是尽可能选择最适宜的行为和措施以实现区域人力资源的合理配置和社会经济的快速发展，并使动机强度维持于一个较高水平，减少时间、资源等浪费，提高行动效率。首先，"明确区域的发展方向是进行人力资源配置的前提，目的在于使配置的决策能有一定的背景参考依据"[1]。跨境合作区进行人力资源配置的最终目标是推动该区域的发展，因而配置思路和措施选择应以区域发展效益最大化为主要依据，而区域发展目标主要包括社会、经济、生态环境、技术、人力资源结构等方面。

其次，跨境经济合作区人力资源的配置是基于对本地区人力资源现状的充分了解，以及对该区域发展战略方向的把握来进行合理配置，并将其视为相关策略制定的依据。其中人力资源现状评估需要对现有的劳动力供给和未来的需求作出预测，分别涉及数量需求、质量需求和结构需求三部分。通过基础性数据资料的收集和分析对已有人力资源的数量、质量、结构等方面变动情况进行预判是人力资源配置的重要前提，有助于提高区域人力资源配置的效率，促进产业间、行业间及城乡间供求的平衡。但在评估过程中，应多

---

[1]　汪晏伊：《地方政府视角下的区域人力资源配置研究——以苏州市吴江区为例》，西北农林科技大学硕士学位论文，2013年。

关注影响区域人力资源发展的多种因素，如区域现有经济的发展水平、当前区域的产业结构、区域经济形势的波动、人口数量和结构的变化、主流思想观点的变化等。而制定区域发展战略规划，主要考虑国家政策和国家发展规划对合作区人力资源配置的影响。依据合作区整体规划对区域人力资源进行调整，即在保持区域人力资源供求基本平衡的大前提下，对区域内各产业、行业和城乡间的人力资源，制定合理的配置机制和开发方式。

最后，调动各方力量推动人力资源的合理配置。市场经济背景下，市场化机制能通过供求关系决定薪酬高低，而薪酬高低又直接引导人力资源的流动，使人力资源配置具有自发性和灵敏性。同时，考虑到成本因素，人的主体性发挥能直接促进劳动力潜力的开发，推动人力资源素质的整体提升。但市场调节往往具有盲目性和滞后性，特别是宏观人力资源配置涉及的人口数量众多，而且分散，容易造成信息不对称和利益分配不公平等问题，难以满足产业更新换代的需求。因此，尽管市场调节机制是人力资源配置的基础，但容易出现失灵，不利于人力资源的合理配置。在此过程中，应将政府干预机制作为市场配置机制的有效补充，对人力资源的配置起到引导和规范作用，同时，合作区人力资源的配置涉及对人力、物力、财力和自然资源的开发、利用和配置，多部门的参与更有利于提高配置效率。

## 二、人力资源微观合理配置的思路和策略架构

人力资源的微观配置主要涉及人力资源在区域内各部门或各行业间的配置以及不同职业间的配置。其中，"部门或行业配置是国家以及各地区经济领导机构直接关注，国民经济计划综合部门、劳动人事部门、财政部门等多方面参与的部门间配置"[①]。各部门的发展是推动区域整体发展的重要环节，但部门发展需要大量资金和劳动力的投入，特别是一些新兴行业部门对人力资源素质和机械设备的要求较高，其投入的人均资金占有量也比传统行业更高，因而在进行人力资源合理配置过程时，往往需要多部门的支持。而在一些生产技术工艺相对简单的部门，随着生产力的提高，投入的劳动力数量可能会

---

① 姚裕群：《人力资源概论》，中国劳动出版社 1992 年版，第 139 页。

减少，人力资源的需求结构也会有所变化。（见图9-2）

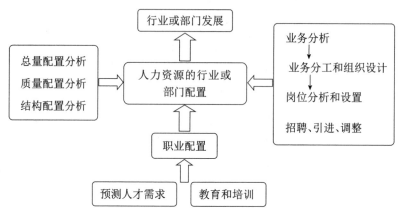

**图9-2　合作区人力资源的微观合理配置示意图**

　　云南沿边跨境经济合作三地的人力资源配置，首先应当对未来需求的人才作一定预测，然后针对性地进行教育和培训，比如外贸发展会对未来国际贸易、跨境金融、小语种翻译等人才的需求增加，而瑞丽在推动翡翠珠宝行业的发展时会对鉴定、加工等方面的人才需求较大。区域内学校的发展应强调相关专业的开设和技能的提高，并针对性地展开继续教育和职业培训，以满足区域发展对专业人才的需求，提高人力资源与岗位的匹配度。职业配置的上位目标是推动区域内各行业和部门的发展。在培养了诸多可利用和可配置的人力资源后，需要通过市场主导和政府调控机制将其分配到各个行业和部门。人力资源的行业或部门配置，首先需要各企业对其所需的人力资源的总量、结构和质量进行分析，如考虑岗位数和人员数的相互匹配，即人力资源能否满足区域产业发展的需求。当企业内出现人力过剩、人力不足或两者皆具的情况时，应先强调企业内部人力资源的合理配置，即先在企业内部进行人力资源配置调整，再通过补充、招聘、借调等多种方式引入新劳动力，保证人岗配置的合理性。结构配置是由于不同岗位具有不同的性质和特点，因此要选择最适合的劳动力，以提高岗位的生产效率。企业应先分析现有人员的使用情况，结合员工的特点和能力，衡量组织架构内人力资源的使用效益，列出岗位人数，调整工作量不饱和的岗位，避免出现直接或间接的人力资源浪费。质量配置是指调整人力资源与岗位之间的质量关系，使不同难易程度岗位与不同能力层级水平劳动力相匹配。为了合理使用人力资源，企业应对人力资源的构成和特点，如身体条件、受教育程度、实践经验等进行详细了解，在尊重其个体差异的前提下，按照能力大小、水平高低将其安排在相应的能级层次岗位上。人力资源质量配置不符的情况主要包括人力资源素质低于现任岗位要求和人力资源素质高于现任岗位要求两种。如果人力资源素质低于现任岗位要求，则可以采用技能培训、降职、转岗等方式来调节现有人力资源配置；如果人力资源素质高于现任岗位要求，则应当通过升职、提拔等形式为其提供更高平台，促进其潜力进一步发挥。另外，近年来一些行业或单位为提高员工整体文化素质，在选拔人才时可能会过分注重学历要求。人力资源配置需保证"量材"与"适用"，才能保证配置的稳定性。

人力资源配置的具体路径多按照业务分析、业务分工和组织设计、岗位分析和设置、引进招聘调整的顺序进行。业务分析、业务分工和组织设计可根据企业发展重点进行相关岗位设置，判断自身所需要的员工类型和特点，以对人力资源规划进行统领和协调。岗位分析和设置则是当部门内某岗位出现人员空缺时，应当先对岗位进行相关分析，确定该岗位的工作性质、责任及任职标准，并在招聘前考虑岗位变动的可能性以及该岗位任职资格的变化，然后再进行招聘。

## 第三节　云南沿边跨境经济合作区人力资源
## 合理配置的特殊性和相关策略

### 一、云南沿边跨境经济合作区人力资源合理配置的特殊性
（一）区域特色对人力资源配置的需求

随着区域一体化进程的加快，沿边跨境经济合作区与周边国家形成紧密的合作机制。由于地域相邻、文化相似、人口流动频繁等原因，合作区三地的经济功能在加强，逐渐成为经济发展的前沿地带。合作区地处口岸城市（县），是跨国经济走廊的中心节点、物流枢纽、进出口加工商贸服务基地及

跨国金融试验区，需要大量加工制造、跨境商务和旅游、国际金融、物流、会展的从业人员，而人力资源的配置涉及人力资源如何与生产资料恰当结合、劳动力如何与岗位相协调匹配，以及如何产生最大经济效益等问题，因此对推动合作区的经济发展具有重要意义。同时，特殊的地缘特色也使得合作区的产业结构、市场供求情况、技术发展水平、经济政策等具有了特殊性，其人力资源的配置需以当地发展特色和需求为依据。另外，随着时代的进步，全球高新技术发展日新月异，科技更新迭代速度加快，产业结构的发展也更为多元，未来社会对具有专业技术、复合型技术、较强的创新能力和学习能力的人才需求量越来越大，而当地人力资源的合理配置不仅有利于合作区现有人力资源的开发和使用，更有助于当地的产业转移、跨国贸易发展、地区的可持续发展和我国对外开放能力的提升。因而，合作区的区域战略规划将更注重相关人力资源的开发和配置。

（二）区域人力资源配置存在一定改善空间

一方面，云南沿边跨境经济合作区三地地处我国西南山区，农业人口较多，城市化水平不高。同时，由当地自然环境艰苦、交通通达度有限、基础设施建设薄弱、产业结构单一和缺少大型企业支撑等问题导致的当地人力资源引入困难、配置机制不灵活等现象明显，因而合作区人力资源的开发和配置存在较大改善空间。另一方面，合作区在人力资源配置实际操作过程中面临的挑战不容忽视。首先，有限的教育资源难以为合作区人力资源的开发和配置提供保障。教育是地区人力资源开发和储备的关键，也是人力资源进行配置的基础，但由于合作区的经济较为落后，教育投资有限，区域内缺少优质的教育资源，特别是高等院校和研究机构较少，因此难以为当地培养高质量的人才。同时，合作区基础条件和经济发展水平对人才的吸引力不足，容易出现人才外流，导致合作区从根本上缺少高素质人力资源，不利于当地的人力资源储备和配置。其次，区域产业固化不利于人力资源的多样化发展。合作区毗邻东南亚，与老挝、缅甸、越南相邻，这使当地的旅游、外贸等第三产业的发展具有得天独厚的优势。但优势产业的发展在为沿边跨境经济合作区创造经济效益和就业机会的同时，也形成了较为稳定的人力资源配置结构，同时也会造成三大产业发展不协调。强调第三产业的支柱产业地位，会造成第一产业和第二产业较为薄弱。如果区域过度依赖第三产业的发展，还会造成产业发展差距加大，造成产业固化的问题，这不仅影响未来的产业规划，还容易使培养出的人力资源类型趋于一致。由于各行业市场有限，同质性人力资源过多会加剧各行业间的人才竞争，容易造成人力资源饱和或过剩。最后，外籍劳动力的流入为地区人力资源管理带来困难。云南沿边跨境经济合作区与老挝、缅甸、越南相邻，边境人口往来流动较为频繁。中国相对于邻国而言具有更大的就业市场，能为劳动力提供更多的工作岗位和更优厚的薪资待遇，而外籍劳动力的成本相对更低，因此区域内诸多商户、企业愿与外籍劳动力合作，以降低生产成本。但受到不同国家政策法律、职业传统和工作习惯的影响，我国对外籍劳动力管理较为困难，且由于边境地形复杂，外籍人员流动有很强的随意性，不少外籍劳工并未取得签证，甚至未进行个人信息登记，这对地区稳定造成一定隐患，同时也不利于这部分人力资源的合理配置。且一些外籍劳动力习惯于一种"短工"的工作形式，职业、岗位流动性较大，会干扰雇主的生产经营，影响区域人力资源配置。

## 二、云南沿边跨境经济合作区人力资源合理配置的相关策略

### （一）合理评估当地人力资源配置情况

人力资源作为一种重要资源，对其进行合理配置在一定程度上不仅能缓解地方人力资源短缺的问题，甚至能弥补其他资源的不足。云南沿边跨境经济合作区经济发展相对落后，区域劳动力市场发育不够完善，仅靠市场的自我调节难以达到对人力资源进行合理配置的目的，因而政府的干预对区域人力资源的配置具有重要意义。合作区政府应先对区域内人力资源的配置情况进行合理的评估。一方面，应在基于当地人力资源基本情况的前提下，充分了解当地劳动力人口的构成和流动情况，包括静态评估一定时间内劳动人口的总量、结构、分布、年龄构成、文化程度、专业技能和外籍劳动人口的职业及其管理等，以便于对现有人力资源的数量、质量和发展方向能否满足当地发展需要作出合理的评估，并进行优势和劣势分析，为人力资源的进一步开发、利用和配置奠定基础。另一方面，由于人力资源的配置是一个动态的过程，政府在评估时应考虑未来一段时间内的人岗变化情况，特别是对区域

内基础岗位转换的从业人员的变化和调动进行一定分析和规划，以达到对人力资源投入方向进行控制和调整的目的。同时，合作区政府应将区域内人力资源的配置评估放置于全国甚至全球大环境背景下进行。随着大经济环境的发展，对于人力资源配置的评估标准也应得到相应提高。由于合作区教育资源相对欠缺，区域人口的文化水平提升有限，容易在全国乃至全球市场竞争中处于劣势，因此，合作区政府应保持一定的危机感，在加大教育投资、在岗培训力度，不断提高区域人力资源素质的同时，加强对人力资源配置的要求，进一步保障沿边跨境经济合作区人力资源配置的合理性。

（二）提高区域存量人力资源的质量，为人力资源合理配置奠定基础

人力资源的存量是区域对人力资源投资和积累的结果，也是促进区域人力资源合理配置的基础。要想提高云南沿边跨境经济合作区人力资源配置合理性，首先应提高人力资源存量，保证合作区一定时间段内的人力资源总量能满足当地经济发展的需要，并在此基础上通过合理配置提高劳动生产率。教育是保证存量人力资源质量的主要途径。一方面，教育不仅是提高人口和劳动力素质和知识水平的最重要手段，能增强区域人力资源的就业能力，推动区域的发展，进而增加就业机会，而且是维护区域公正化的途径，对未来的社会发展产生效益。合作区地处我国西南部，教育整体水平还较为落后，因此，应加大力度促进三个地区教育的均衡发展，加快学校软硬件建设，改变因教育不均衡发展而导致的人力资源素质低下的状况。另一方面，应发挥职业教育对区域人才培养的作用。"职业教育是直接连接教育与职业的桥梁，在解决贫困、失业、劳动力转移等社会问题方面发挥了重要作用。"[1] 对云南沿边跨境经济合作区而言，职业教育作为一种能在较短时间内帮助劳动者走向工作岗位并且能根据区域产业的发展进行专业设置的教育途径，可以满足合作区对服务业、旅游业、木材和珠宝加工业及外贸业的人力资源需求，保证区域有充足的人力资源存量。合作区应扩大对中高职教育的投入，扩大院校规模，提高教学内容与区域发展的适宜性。同时，应加强与社会、企业和个

---

[1] 张怡欣、田静:《中职教育公平问题探究——兼论云南沿边跨境经济合作区中职教育发展》，《职业教育》2020 年第 23 期。

人的联合投资，特别是校企合作，保证职业教育培养的人才与合作区市场发展相匹配，提高区域人力资源的配置效益。

（三）发挥区域内市场对人力资源配置的效益

市场调节机制不仅影响经济发展，受价值规律和竞争规律的影响，它对地区人力资源的配置也具有重要影响。人力资源市场配置是指将人力资源作为一种稀缺资源，通过一系列制度安排使人力资源从开发、选拔、评价到激励都纳入市场运行轨道，运用市场手段对其进行调节和管理，发挥人力资源市场配置人力资源的基础性作用，充分实现人力资源的价值，提高人力资源的配置效率。同时，市场调节机制强调发挥劳动力自身的主体性，相对于其他配置措施而言，其配置方式具有主动性、灵活性，且成本较为低廉。因此，合作区应充分发挥市场调节机制对人力资源配置的作用。云南沿边跨境经济合作区三地应当调动市场的竞争力，创造一个活跃、健康、有秩序的市场环境。在此过程中，政府可以依据相关法律法规对市场（包括人力资源市场）进行合法的干预，并进行规范和监督，以缓解合作区劳动力市场存在的发展不够完善、服务不够健全等问题，保证市场的正常运行，激发各种市场要素积极发展，为市场择业提供良好的平台，减少因市场失调导致的人力资源配置的盲目性等情况，提升人力资源配置的合理性。另外，由于产业结构会影响市场的发展，为了保证经济的可持续发展，合作区应针对各地方产业的发展状况及国内外的需求，及时对产业结构进行优化和调整，特别是应减少对第三产业的过度依赖，进而通过改变产业结构发挥市场对人力资源合理配置的调节作用。

（四）促进人口流动和迁移，提高区域人力资源市场的开放程度

人力资源的流动可以起到调整区域人口分布、配置劳动力、促进文化交流、加快地方资源开发、实现民族团结的作用，在一定程度上也属于对资源的调配范畴，能提高区域人力资源配置的灵活性与开放性。合作区由于经济发展落后、基础设施不够完善等客观因素，对外来人口的吸引力较为有限，不利于吸纳高素质人才，影响区域人力资源的结构优化。因此，合作区应当提供更完善的社会制度保障，健全当地劳动力市场，并缩小因区域间的经济差异而导致的社会保障差异，为引进外来人口、促进人口流动提供更好的福

利。同时，降低劳动力市场的分割程度，采用"人才共享"等多样化人力资源配置形式，特别注重对地方所需的各类高素质人才的引进，通过制定相关优惠政策，使人才进得来，也留得住。人口流动和迁移在提高合作区人力资源素质的同时，也能带来更多样、先进的人力资源管理制度和就业思想，激发当地人力资源市场的灵活性。同时，区域内人口流动和迁移也有助于改善人力资源城乡分布不均的情况，并与产业结构的调整和升级相结合，减少农村劳动力的闲置和浪费，缩小城乡发展差距。

# 主要参考文献

## 一、图书

1. 毕革新、许召元等：《我国人力资源配置效率研究》，中国发展出版社 2016 年版。

2. 陈雷：《东北地区人力资源配置研究》，中国社会科学出版社 2018 年版。

3. 陈磊、陈昭：《中国老挝磨憨—磨丁经济合作区——"一带一路"愿景的落地与承接》，面向"一带一路"的律师法律服务——第八届西部律师发展论坛，2016 年 9 月 22 日。

4. 陈立生、洪波主编：《中国—东盟年鉴（2018）》，线装书局 2018 年版。

5. 崔松虎：《思想解放与市场经济：理论　实证　借鉴》，光明日报出版社 2013 年版。

6. 邓蜀生：《世代悲欢"美国梦"——美国的移民历程及种族矛盾》，中国社会科学出版社 2001 年版。

7. 冯增俊、陈时见、项贤明主编：《当代比较教育学》，人民教育出版社 2015 年版。

8. 国家统计局编：《国际统计年鉴—2022》，中国统计出版社 2023 年版。

9. 国家统计局编：《中国统计年鉴—2021》，中国统计出版社 2021 年版。

10. 国家统计局农村社会经济调查司编：《2016 年中国县域统计年鉴（乡镇卷）》，中国统计出版社 2017 年版。

11. 国家统计局人口和就业统计司编：《2004 中国人口》，中国统计出版社 2005 年版。

12. 何顺果：《美国史通论》，学林出版社 2001 年版。

13. 《河口瑶族自治县概况》编写组：《河口瑶族自治县概况》，云南民族出版社 1985 年版。

14. 黄烨菁、金芳、周大鹏、李珮璘等：《"一带一路"建设与中国开放型经济新阶段》，上海社会科学院出版社 2018 年版。

15. 李福增、张鸣、彭松建主编:《人才与经济发展》,中国展望出版社 1987 年版。

16. 李工真:《文化的流亡——纳粹时代欧洲知识难民研究》,人民出版社 2010 年版。

17. 林文勋、张瑞主编:《勐腊县》,云南大学出版社 2015 年版。

18. 齐平主编:《欧盟区域性人力资源管理》,吉林大学出版社 2008 年版。

19. 全洪涛、杨寿禄、龙汝林、李银编著:《沿边开放的战略选择:中缅跨境经济合作区研究》,经济管理出版社 2012 年版。

20. 任新民、汤文志、梁勇主编:《云南省人力资源系统开发研究》,云南人民出版社 2006 年版。

21. 任新民:《云南少数民族地区梯度结构与人力资源梯次开发》,云南大学出版社 2012 年版。

22. 申旭、马树洪编著:《当代老挝》,四川人民出版社 1992 年版。

23. 史忠良主编:《新编产业经济学》,中国社会科学出版社 2007 年版。

24. 汤国辉:《姐告边境贸易区发展的思考》,《云南省国际贸易学会云南省国际贸易学会理事会暨 2001 年学术年会论文集》,云南省国际贸易学会,2002 年 6 月。

25. 田启云主编:《德宏年鉴》,德宏民族出版社 2015 年版。

26. 王建中、李彩云、周防主编:《云南边境经济贸易全书》,云南人民出版社 1993 年版。

27. 王赞信、魏巍:《跨境经济合作:原理、模式与政策》,社会科学文献出版社 2017 年版。

28. 吴忠观主编:《人口科学辞典》,西南财经大学出版社 1997 年版。

29. 萧鸣政编著:《人力资源开发概论》,北京大学出版社 2014 年版。

30. 杨红英:《少数民族发展中的人力资源开发研究——基于云南民族文化传承与民族教育开发》,云南大学出版社 2008 年版。

31. 杨治:《产业经济学导论》,中国人民大学出版社 1985 年版。

32. 姚裕群:《人力资源概论》,中国劳动出版社 1992 年版。

33. 姚裕群主编:《人口大国的希望——人力资源经济概论》,中国人口出版社 1991 年版。

34. 尹乐、苏杭主编:《人力资源战略与规划》,浙江工商大学出版社 2017 年版。

35. 云南省人口普查办公室、云南省统计局编:《云南省 2010 年人口普查资料》,中国统计出版社 2012 年版。

36. 云南省人民政府主办:《云南年鉴 2016》, 云南年鉴社 2016 年。

37. 张莹玉:《经济发展与人力资源配置》, 立信会计出版社 2000 年版。

38. 张增臣:《外商直接投资与产业结构优化升级问题研究》, 河北人民出版社 2018 年版。

39. 赵曙明:《国际企业:人力资源管理》, 南京大学出版社 2010 年版。

40. 中国口岸协会主编:《中国口岸年鉴（2019 年版）》, 中国海关出版社有限公司 2019 年版。

41. 周德禄:《人力资本配置效益研究》, 山东人民出版社 2012 年版。

42. 周胜皋编:《越南华侨教育》, 华侨出版社 1961 年版。

43. [美] R. 韦恩·蒙迪、罗伯特·M. 诺埃:《人力资源管理（第六版）》, 葛新权等译, 经济科学出版社 1998 年版。

44. [美] 拜瑞·J. 内勒巴夫、亚当·M. 布兰登勃格:《合作竞争》, 王煜全、王煜昆译, 安徽人民出版社 2000 年版。

45. [美] 加里·S. 贝克尔:《人力资本——特别是关于教育的理论与经验分析》, 梁小民译, 北京大学出版社 1987 年版。

46. [美] 劳埃德·拜厄斯、莱斯利·鲁:《人力资源管理》, 李业坤等译注, 人民邮电出版社 2005 年版。

47. [美] 韦恩·F. 卡肖:《人力资源管理》, 王重鸣译, 机械工业出版社 2006 年版。

48. [美] 西奥多·W. 舒尔茨:《论人力资本投资》, 吴珠华等译, 北京经济学院出版社 1990 版。

49. [英] 史蒂芬·皮尔比姆、马乔里·科布纳基:《人力资源管理实务》, 廉晓红、贺靖雯译, 经济管理出版社 2011 年版。

## 二、期刊

1. 白庆哲、阮征宇:《浅析跨国人口迁移的现实动因》,《学术论坛》2004 年第 6 期。

2. 曾彦、曾令良:《跨境经济合作区的特征与法律和机制保障》,《时代法学》2012 年第 5 期。

3. 常娟、王晓东、毛北行:《蛛网模型理论分析》,《科教导刊》(中旬刊) 2014 年第 6 期。

4. 陈倩:《中英人力资源管理专业的人才培养教学模式比较研究与启示》,《经济研究导刊》2016 年第 27 期。

5. 程宇、刘海:《愿景与行动:"一带一路"战略下的职业教育发展逻辑》,《职业技术教育》2015 年第 30 期。

6. 戴长征、乔旋:《跨国人口流动的原因及其对国家安全的影响》,《教学与研究》2009 年第 1 期。

7. 段禄峰:《产业结构偏离度研究——以西安市为例》,《西安石油大学学报》(社会科学版)2016 年第 3 期。

8. 段学品、刘军:《"一带一路"背景下中老经济走廊建设的进展与挑战》,《云南行政学院学报》2020 年第 4 期。

9. 方文:《中老经济走廊建设论析》,《太平洋学报》2019 年第 27 卷第 3 期。

10. 付永丽:《中缅跨境民族人口流动现状及其特点》,《楚雄师范学院学报》2018 年第 6 期。

11. 关英伟:《越南当前的华文教育》,《八桂侨史》1997 年第 4 期。

12. 郭静:《职业教育服务"一带一路"研究综述》,《中国职业技术教育》2019 年第 12 期。

13. 郭立国、贾芳琳:《我国第三产业发展的结构障碍及财政对策》,《哈尔滨商业大学学报》(社会科学版)2003 年第 5 期。

14. 郭绍芳:《浅论人力资源开发》,《理论探索》2005 年第 3 期。

15. 蒋衡、朱旭东:《当代西方教育与全球化理论研究评析》,《比较教育研究》2010 年第 6 期。

16. 金伟、任启胜:《构建大学——企业——政府三螺旋创新型人力资源开发模式》,《辽宁师专学报》(社会科学版)2008 年第 1 期。

17. 康晓丽:《20 世纪 50 年代以来东南亚闽籍华人数量的估算》,《华侨华人历史研究》2016 年第 3 期。

18. 柯婧秋、王亚南:《高等职业教育国际化:现状、问题及对策——基于全国 231 所高职院校的调查》,《职业技术教育》2017 年第 36 期。

19. 冷超:《江西产业结构与人力资源结构协同分析》,《消费导刊》2020 年第 3 期。

20. 李碧芳、赵虹婷:《云南省产业结构分析及优化对策》,《武汉商学院学报》2020

年第 4 期。

21. 李晨阳、孟姿君、罗圣荣：《"一带一路"框架下的中缅经济走廊建设：主要内容、面临挑战与推进路径》，《南亚研究》2019 年第 4 期。

22. 李静、盖志毅：《发达国家城乡人力资源配置一体化模式比较》，《世界农业》2006 年第 4 期。

23. 李丽、杨如安：《乡村振兴背景下边境民族地区农村职业教育的困境与路径》，《云南师范大学学报》（哲学社会科学版）2020 年第 4 期。

24. 李燕萍、孙红：《我国科技人力资源开发的现状、问题及对策》，《科技进步与对策》2009 年第 4 期。

25. 李易之、刘一颖：《中缅边境边关名镇：畹町的现在、过去与未来》，《中国—东盟博览》2018 年第 7 期。

26. 李雨锦、石秀霞：《美国人力资源继续教育开发探析》，《继续教育研究》2011 年第 1 期。

27. 李政云、孙明星：《培育"整全人"：美国基础教育发展新导向——基于〈从处于危险中的国家到充满希望的国家〉解读》，《教师教育学报》2020 年第 5 期。

28. 李志平：《国家重点开发开放试验区少数民族人力资源建设的思考——以瑞丽试验区为例》，《现代经济信息》2012 年第 1 期。

29. 刘亮：《新世纪美国教育和人力资源政策研究》，《中国教育与经济论坛》2004 年第 5 期。

30. 刘伟：《高职院校国际化程度模型实证分析》，《职业技术教育》2014 年第 11 期。

31. 刘伟：《衡量高职院校国际化程度的八维座标体系探讨》，《职业技术教育》2013 年第 17 期。

32. 刘渝阳：《推动自贸试验区人才资源开发与引进的政策探索——以中国（四川）自贸试验区为例》，《经营与管理》2019 年第 9 期。

33. 刘智勇、李海峥、胡永远、李陈华：《人力资本结构高级化与经济增长——兼论东中西部地区差距的形成和缩小》，《经济研究》2018 年第 3 期。

34. 罗青：《美国〈2014 年科学与工程指标〉概论——科技人力资源和科研产出》，《全球科技经济瞭望》2014 年第 5 期。

35. 吕珂、胡列曲：《跨境经济合作区的功能》，《学习与探索》2011 年第 2 期。

36. 吕薇：《人力资源配置的原则与目标》，《中外企业家》2018 年第 15 期。

37. 买琳燕：《职业教育国际化：现状、问题与对策——基于对广州市职业院校的调查分析》，《职教论坛》2016 年第 4 期。

38. 牛建宏：《"一带一路"战略背景下临沧边境经济合作区面临的机遇与挑战》，《云南行政学院学报》2016 年第 6 期。

39. 潘金娥：《越南经济革新的历程及理论探索》，《前线》2020 年第 8 期。

40.《瑞丽国家重点开发开放试验区　中国（云南）自贸试验区德宏片区开启沿边开放新篇章》，《人民周刊》2019 年第 24 期。

41. 石翠红：《民族地区人力资源开发的现状及对策研究》，《前沿》2011 年第 1 期。

42. 孙娜：《"文化礼堂＋职业教育"——浙江新农村建设中农民教育新模式研究》，《太原城市职业技术学院学报》2019 年第 6 期。

43. 孙文桂：《缅甸教育概况及其教育特色研究》，《广西青年干部学院学报》2016 年第 6 期。

44. 覃兵、何维英、胡蓉：《基于乡村振兴战略的农村职业教育问题审视与路径构建》，《成人教育》2019 年第 8 期。

45. 唐威迪、刘明明、廖亚辉：《缅甸：2017 年回顾与 2018 年展望》，《东南亚纵横》2018 年第 1 期。

46. 田丽、辛宝英：《乡村振兴战略背景下农村职业教育发展路径探究》，《山东工会论坛》2019 年第 4 期。

47. 王立宾、肖少华、韩秀莲：《美国农民职业培训体系的特点及启示》，《中国成人教育》2016 年第 4 期。

48. 王立岩：《基于人力资源开发视角下的职业教育发展研究》，《辽宁经济管理干部学院学报》2019 年第 4 期。

49. 王士录：《简论越南现代教育的形成与发展》，《东南亚》1992 年第 4 期。

50. 王维、李仕明、李钰：《2005—2010 年四川省人才需求预测》，《电子科技大学学报》（社科版）2005 年第 2 期。

51. 王艳玲、殷丽华、董树英：《中缅边境地区缅籍学生跨境入学现象研究——基于云南省德宏傣族景颇族自治州的调查》，《学术探索》2017 年第 12 期。

52. 王展硕、周观平：《跨境经济合作区建设：模式、困难与对策——以中国龙邦-越南茶岭跨境经济合作区的建设为例》，《国际经济合作》2017年第11期。

53. 望山：《人力资源配置的三种模式和三个目标》，《唯实》1996年第4期。

54. 韦吉飞、罗列、李录堂：《新知识经济时代下我国人力资本优化研究》，《商业研究》2008年总第377期。

55. 魏靖、田静：《云南河口跨境经济合作区人力资源现状及开发研究》，《山西经济管理干部学院学报》2019年第4期。

56. 吴传清、周西一敏：《长江经济带产业结构合理化、高度化和高效化研究》，《区域经济评论》2020年第2期。

57. 吴兴帜、和光翰：《中越边民社会跨境民族婚姻研究——以金平、河口县为例》，《百色学院学报》2015年第3期。

58. 吴志强：《"全球化理论"提出的背景及其理论框架》，《城市规划汇刊》1998年第2期。

59. 肖文巧：《抢抓瑞丽国家开发开放试验区建设机遇　打造国际边境金融中心——瑞丽国家重点开发开放试验区金融创新思考》，《时代金融》2013年第26期。

60. 谢静、魏靖、田静：《云南边境民族地区农村人力资源开发策略》，《合作经济与科技》2019年第20期。

61. 熊保安：《中国河口—越南老街跨境经济合作区建设的意义、现状和前景》，《红河学院学报》2019年第4期。

62. 衣保中、任莉：《论日本的区域经济政策及其特色》，《现代日本经济》2003年第5期。

63. 于震：《乡村振兴战略背景下农村人力资源开发途径研究》，《乡村科技》2019年第17期。

64. 袁志刚、封进、张红：《城市劳动力供求与外来劳动力就业政策研究——上海的例证及启示》，《复旦学报》（社会科学版）2005年第5期。

65. 张车伟、赵文：《当前的就业形势及劳动力市场表现》，《中国劳动》2019年第5期。

66. 张弘、赵曙明：《人力资源管理理论辨析》，《中国人力资源开发》2003年第1期。

67. 张家忠：《瑞丽市外籍流动人口的特点》，《湖北警官学院学报》2014年第1期。

68. 张敏、顾萍萍、王晓燕、芮佳伟、龚敏、许倩：《江苏省高新技术产业科技人才需求预测研究》，《科技信息》2014年第15期。

69. 张怡欣、田静：《中职教育公平问题探究——兼论云南沿边跨境经济合作区中职教育发展》，《职业教育》2020 年第 23 期。

70. 张振助、张珏、陆璟：《教育和人力资源是立国之本——美、日、韩追赶先进国家的历史经验》，《教育发展研究》2003 年第 2 期。

71. 赵曙明：《中、美、欧企业人力资源管理差异与中国本土企业人力资源管理应用研究》，《管理学报》2012 年第 3 期。

72. 赵中建：《STEM：美国教育战略的重中之重》，《上海教育》2012 年第 11 期。

73. 朱丽玲：《区域人力资源配置方式的选择探析》，《中外企业家》2019 年第 5 期。

74. 朱凌飞、李伟良：《流动与再空间化：中老边境磨憨口岸城镇化过程研究》，《广西民族大学学报》( 哲学社会科学版 ) 2019 年第 3 期。

## 三、学位论文

1. KHIN SWE SWE WIN ( 李瑞文 )：《缅甸教育制度背景下中小学汉语课程大纲编制研究》，中央民族大学博士学位论文，2012 年。

2. SISOMPHONE TOUKTA ( 习逗逗 )：《中老铁路建设对中老经贸关系的影响研究》，海南大学硕士学位论文，2020 年。

3. 曾明星：《极化增长区域人力资源优化配置研究——以长江三角洲大都市圈为例》，华东师范大学博士学位论文，2005 年。

4. 陈美君：《老挝华校华文教育的现状、困难与改革》，苏州大学硕士学位论文，2012 年。

5. 冯愉佳：《美国基础教育中全球胜任力培养研究》，上海师范大学硕士学位论文，2020 年。

6. 葛小菊：《邮政企业营销人员激励型薪酬体系研究》，吉林大学硕士学位论文，2006 年。

7. 菊梦：《"一带一路"背景下高职院校国际化发展研究》，西安建筑科技大学硕士学位论文，2019 年。

8. 匡金辉：《新疆产业结构分析及优化调整研究》，新疆大学硕士学位论文，2012 年。

9. 刘颖甜：《我国边境经济合作区的经济效应与政策研究》，武汉大学硕士学位论文，2019 年。

10. 马纳：《中国企业对缅甸直接投资的区域软环境研究》，云南师范大学硕士学位论文，2018 年。

11. 邵昱：《宏观人力资源开发与配置研究》，西南财经大学博士学位论文，2000 年。

12. 石丽娜：《美国联邦政府学前残疾儿童教育政策的发展历程研究（1965—2012）》，东北师范大学博士学位论文，2015 年。

13. 水永强：《美国普及义务教育历史研究》，西北师范大学硕士学位论文，2003 年。

14. 汪先永：《北京产业结构调整研究》，北京工业大学博士学位论文，2006 年。

15. 汪晏伊：《地方政府视角下的区域人力资源配置研究——以苏州市吴江区为例》，西北农林科技大学硕士学位论文，2013 年。

16. 王文锋：《河南省农村人力资源开发研究》，北京林业大学博士学位论文，2013 年。

17. 王亚会：《西安市产业结构分析及调整研究》，西安电子科技大学硕士学位论文，2011 年。

18. 王雨婷：《经济风险对中国在东盟直接投资的影响研究》，广西民族大学硕士学位论文，2019 年。

19. 徐影：《珲春—罗先跨境经济合作区发展模式的选择》，长春工业大学硕士学位论文，2014 年。

20. 许海洋：《美国跨国公司留住核心员工激励措施的研究》，东北财经大学硕士学位论文，2007 年。

21. 杨得志：《中缅跨境民族问题研究》，华中师范大学博士学位论文，2014 年。

22. 于海兵：《我国国有商业银行薪酬研究》，山东大学硕士学位论文，2006 年。

23. 张梦瑶：《中缅边境经济合作区区域旅游合作模式构建与路径选择》，云南财经大学硕士学位论文，2014 年。

24. 张小雪：《云南边境民族地区高等职业教育国际化对策研究》，云南师范大学硕士学位论文，2018 年。

25. 周晓庆：《产业结构优化研究——以福建省为例的分析》，西北大学硕士学位论文，2010 年。

## 四、地方文献

1. 国家统计局云南调查总队：《云南省 2018 年国民经济和社会发展统计公报》，云南省人民政府，2019 年。

2. 河口县人力资源和社会保障局编：《河口县劳动力及技术人才情况》，2020 年 7 月 23 日。

3. 河口瑶族自治县编：《领导干部经济工作手册》（2015、2016、2017、2018、2019）。

4. 勐腊县教育局：《勐腊县国门学校情况报告》，2016 年 6 月。

5. 勐腊县教育局：《勐腊县教育局 2015 年工作总结及 2016 年工作安排》，2015 年 11 月。

6. 勐腊县教育体育局：《勐腊县 2019—2020 学年初教育事业发展统计公报》，2020 年。

7. 勐腊县人民政府：《勐腊县第十四届人民代表大会第四次会议政府工作报告》，2016 年 2 月。

8. 勐腊县统计局编：《勐腊县国民经济统计提要》（2019 年）。

9. 勐腊县统计局编：《勐腊县统计年鉴》（2015、2016、2017、2018 年）。

10. 瑞丽市史志办公室编：《瑞丽年鉴 2015》，昆明骏美彩色印务有限公司 2015 年。

11. 瑞丽市史志办公室编：《瑞丽年鉴 2018》，昆明骏美彩色印务有限公司 2018 年。

12. 瑞丽市统计局编：《瑞丽统计年鉴》（2015、2016、2017、2018 年）。

13.《畹町镇芒棒村委会脱贫发展规划》（2016—2018 年）。

14.《畹町镇政府工作报告》（2016 年）。

15. 西双版纳教育局：《西双版纳州教育事业发展"十三五"规划（2016—2020 年）（征求意见稿）》，2016 年 6 月。


## 五、外文文献

1. Anne S. Tsui, "From Homogenization to Pluralism: In-ternational Management Research in the Academic and Beyond", *Academy of Management Journal*, Vol.50, No.6, 2007.

2. G.S.Becker, *Human capital: A theoretical and empirical analysis, with special reference to education*, University of Chicago Press, 2009.

3. Bob Watson, *Employment in the UK*, Employment in the UK–Office for National Statistics, 2020-9-15.

4. Donald J. Bogue, "Internal Migration", In *The Study of Population: An Inventory and Appraisal*, Chicago: University of Chicago Press, 1959.

5. C. Hsieh and P. Klenow, "Misal location and Manufacturing TFP in China and India", NBER Working Paper, No. 13290, August 2007, *Quarterly Journal of Economics*, Vol.124, No.4, 2009.

6. Gary S. Becker, *Human Capital: A Theoretical and Empirical Analysis*, with Special Reference to Education, New York: National Bureau of Economic Research, 1964.

7. "Healing a divided Britain: the need for a comprehensive race equality strategy", Equality human rights, Equality and human rights commission.

8. Henk V.Houtum, "Internation Alisation and Mental Borders", *Tijdschrift voor Economische en Sociale Geografie*, Vol.90, No.3, 1999.

9. "Investigating the Accuracy of Predicted A Level Grades as part of 2009 UCAS Admission Process", Department for Business Innovation and Skills.

10. C. A.Lengnick Hall and M.L.Lengnick, "Strategic Human Resource Management: A Review of Literature and Proposed Typology", Academy of Management Review, Vol.13, No.3, 1988.

11. Martin Trow, "Elite and Mass Education Higher Education: American Models and European Realities", In *Research into Higher Education: Process and Structures*, Stockholm: National Board of Universities and Colleges, 1979.

12. Martin Trow, "Problems in the Transition from Elite to Mass Higher Education", In *Policies for Higher Education*, from the General Report on the Conference on Future Structures of Post-Secondary Education, Paris: Organization for Economic Co-operation and Development, 1974.

13. Michael Lubell, *Navigating the Maze: How Science and Technology Policies Shape America and the World*, Academic Press, 2019.

14. National Association of Colleges and Employers, *Job Outlook 2002*, 2020-10-23.

15. National Center for Education Statistics, NCES, *Projections of Education Statistics to 2026*, 2020-2-2.

16. NGA, *Innovation America, Building A Science, Technology, Engineering And Math Agenda*, Washington, 2007.

17. OECD, *The New Economy: Beyond the Hype*, Final Report of the OECD Council at Ministerial Level, Paris, 2001.

18. Ratti, Remigio, "Spatial and Economic Effects of Frontiers: Overview of Traditional and New Approaches and Theories of Border Area Development", in Remigio Ratti and Shalom Reichman (eds), *Theory and Practice of Transborder Cooperation*, 1993.

19. *School teacher workforce*, UK Gov. Department for Education.

20. Department for Education, *Schools*, *pupils and their characteristics*, January 2019.

21. Theodore W. Schultz, "Capital Formation by Education", *Journal of Political Economy*, University of Chicago Press, Vol.68, 1960.

# 后　记

　　位于中国西南的云南省，西部与缅甸接壤，南部和老挝、越南毗邻，国境线 4060 千米，有 8 个州（市），25 个边境县，全省国土面积 39.41 万平方千米，常住人口约 4693 万人，少数民族总人口约 1563 万人。云南省一共有 25 个少数民族，其中 17 个少数民族跨境居住，占全国跨境民族总数的将近一半，是全国沿边跨境民族最多的省份。跨境民族所居住的地区是国防第一线，如此独特的地理环境是云南能够成为我国对外开放的重要门户的主要原因。2021 年 6 月，项目组成员齐心协力，共同完成了国家社科项目"云南跨境经济合作区人力资源供需形势与优化配置研究"。2021 年 9 月，课题顺利通过结题验收后，我们在课题研究报告的基础上修改而成本书。研究围绕"云南跨境经济合作区人力资源供需形势与优化配置"这个核心命题展开实地调查研究和理论建构。在调查分析云南沿边跨境经济合作区人力资源的供需概况、优化配置现状、问题等基础上，借鉴国内外人力资源优化配置的经验，针对云南沿边跨境经济合作区人力资源需求，进行人力资源优化配置的对策性研究，从宏观和微观角度提出相应的对策和建议。在新时代背景下，基于构建区域和谐、边境安全、共同发展等根本原则，重点探究沿边跨境经济合作区人力资源优化配置的路径、方法等理论性问题，从而对沿边跨境经济合作区的发展理念予以充实和深化，为新时期云南沿边跨境经济合作区人力资源优化配置提供方案参考。

　　全书由田静总体设计、确定框架和提纲，并负责书稿最后的整合、修改和定稿。调研、资料收集整理、撰写、校稿等工作的人员及分工如下：前言，田静；第一章，田思敏、田静、刘晗冰；第二章，陈婉瑜、黄丹、魏紫、田静；第三章，张怡欣、田静；第四章，高媛、闫青青、陈婉瑜、田静；第五章，田思敏、田静；第六章，高雪莉、田静；第七章，魏靖、田静、杨倩、谢静、张国梅、袁会珍、田梦曦、丁少骅、申洋洋；第八章，苏小津、田静；第九章，张怡欣、田静、梁敏诗；后记，田静。

　　需要说明的是，本书参考、引证了大量政府部门、地方权威机构和专家学者的相关数据、文献和研究成果。报告的主要资料来源有《瑞丽统计年鉴》《勐腊县统计年鉴》《河口瑶族自治县领导干部经济工作手册》以及瑞丽市、勐腊县、河口县等相关部门提供的资料。

　　在本书出版之际，我们真诚感谢为本书出版提供帮助的单位和个人！

　　此外，由于我们的水平和能力有限，书中错误疏漏之处在所难免，敬请各位专家和读者批评指正。

图书在版编目（CIP）数据

沿边跨境经济合作区人力资源优化配置研究：以云南省为例 / 田静等著 . —北京：
人民出版社，2023.10
ISBN 978 - 7 - 01 - 025605 - 4

Ⅰ . ①沿…　Ⅱ . ①田…　Ⅲ . ①人力资源管理—研究—云南　Ⅳ . ① F249.277.4

中国国家版本馆 CIP 数据核字（2023）第 065886 号

沿边跨境经济合作区人力资源优化配置研究
YANBIAN KUAJING JINGJI HEZUOQU RENLI ZIYUAN YOUHUA PEIZHI YANJIU
——以云南省为例

田静　等　著

人 民 出 版 社 出版发行
（100706　北京市东城区隆福寺街 99 号）

北京汇林印务有限公司印刷　新华书店经销

2023 年 10 月第 1 版　2023 年 10 月北京第 1 次印刷
开本：710 毫米 × 1000 毫米 1/16　印张：21.5
字数：336 千字

ISBN 978 - 7 - 01 - 025605 - 4　定价：68.00 元

邮购地址 100706　北京市东城区隆福寺街 99 号
人民东方图书销售中心　电话（010）65250042　65289539